Wissenschaftliche Untersu
zum Neuen Testament · 2

Herausgeber / Editor
Jörg Frey (Zürich)

Mitherausgeber / Associate Editors
Markus Bockmuehl (Oxford) · James A. Kelhoffer (Uppsala)
Hans-Josef Klauck (Chicago, IL) · Tobias Nicklas (Regensburg)
J. Ross Wagner (Durham, NC)

459

Veronika Niederhofer

Konversion in den Paulus- und Theklaakten

Eine narrative Form
der Paulusrezeption

Mohr Siebeck

VERONIKA NIEDERHOFER, geboren 1986; Studium der Theologie in Regensburg und Leuven; Wiss. Assistentin am Lehrstuhl für Exegese und Hermeneutik des Neuen Testaments in Regensburg; 2016 Promotion; seit 2017 Bildungsreferentin beim Forum für Hochschule und Kirche e. V. der DBK in Bonn.

ISBN 978-3-16-155143-7
ISSN 0340-9570 (Wissenschaftliche Untersuchungen zum Neuen Testament, 2. Reihe)

Die Deutsche Nationalbibliothek verzeichnet diese Publikation in der Deutschen National-bibliographie; detaillierte bibliographische Daten sind im Internet über *http://dnb.dnb.de* abrufbar.

© 2017 Mohr Siebeck Tübingen. www.mohr.de

Das Buch wurde von Laupp & Göbel in Gomaringen auf alterungsbeständiges Werkdruck-papier gedruckt und von der Buchbinderei Nädele in Nehren gebunden.

Vorwort

Die vorliegende Arbeit wurde im Sommersemester 2016 von der Fakultät für Katholische Theologie der Universität Regensburg als Dissertation angenommen. Für die Publikation wurde sie geringfügig überarbeitet und die seit der Abgabe der Arbeit erschienene Literatur in Auszügen berücksichtigt.

Dank gilt an erster Stelle meinem Doktorvater, Prof. Dr. Tobias Nicklas. Er führte mich bereits früh in die „apokryphe Welt" ein, als er mir als studentischer Hilfskraft an seinem Lehrstuhl die Teilnahme am Colloquium Biblicum in Leuven im Sommer 2011 ermöglichte. Gleich der Eröffnungsvortrag weckte in mir großes Interesse, näher in Apokryphe Apostelakten zu schauen – dabei ist es geblieben. Durch die Assistenz an seinem Lehrstuhl war ich bei unzähligen Projekten nah dabei, konnte zahlreiche Gastreferenten kennenlernen und bei Workshops und Tagungen Einblick in die neutestamentliche Welt gewinnen.

Neben der fachlichen Betreuung sage ich ihm ein großes Dankeschön für die überaus gute Zusammenarbeit: Ich bin jederzeit auf großes Verständnis gestoßen, durfte viel eigenverantwortlich arbeiten und die Arbeit rund um den Lehrstuhl aktiv mitgestalten.

Zudem danke ich Prof. Dr. Jörg Frey für die Erstellung des Zweitgutachtens und die jahrelange Zusammenarbeit, die mir Einblick in weitere Forschungsfelder gab. Für die Annahme der Arbeit in die Reihe Wissenschaftliche Untersuchungen zum Neuen Testament, Zweite Reihe, danke ich den Herausgebern und für die verlegerische Betreuung dem Lektorat. Michaela Woiton, Andrea Niederhofer und Philipp Augustin danke ich schließlich sehr für das zuverlässige Korrekturlesen in der Endphase der Arbeit.

Ganz besonders wichtig ist mir das jährliche Treffen zum Internationalen Doktorandenkolloquium geworden, das abwechselnd in Berlin, Leuven und Regensburg stattfindet. Der Austausch mit Promovierenden und Professoren über inhaltliche, methodische und auch alltägliche Dinge hat oft gutgetan und mich ermutigt. Dr. Veronika Hirschberger, Dr. Julia Snyder und Dr. Elisabeth Lorenz danke ich ganz besonders für den jahrelangen Austausch, das gegenseitige Aufbauen und Ermutigen bei so vielen kleinen, wichtigen Gelegenheiten und den Mittags- oder Kaffeepausen, die wir uns an langen Arbeitstagen gegönnt haben. Frau Gertraud Kumpfmüller, Sekretärin am Lehrstuhl von

Prof. Dr. Tobias Nicklas, danke ich von Herzen für ihr offenes Ohr, das sie mir in so mancher Stunde geschenkt hat.

Am meisten möchte ich mich bei meiner Familie bedanken. Sie war für mich all die Jahre ein lebensnotwendiger Ort, der mir Kraft und Mut gegeben hat und an dem ich selbstverständlich auf Rückhalt und Verständnis gestoßen bin.

Und einen lieben Dank möchte ich Philipp Augustin sagen, der mir auf jenem oben erwähnten Colloquium begegnet und im Lauf der Jahre zunehmend zu einem unschätzbaren Begleiter geworden ist – ein großes Geschenk, das mich durch die Zeit getragen hat.

Regensburg, im Mai 2017   Veronika Niederhofer

Inhaltsverzeichnis

Erster Teil

Hinführung

I. Antike christliche Apokryphen und die historische Rückfrage – Aktueller Forschungsstand

1. Wahrnehmung antiker christlicher Apokryphen

Christliche Apokryphen erfahren als Zeugnisse, die Zugänge zum Verständnis frühchristlicher Entwicklungen geben, zunehmende Bedeutung. Dazu gehört, sie als Texte wahrzunehmen, die weder als ein „geschlossenes Corpus" gelten können noch ihre Bezugsgrößen nur im „Neuen Testament" sehen und von ihm her verstanden und interpretiert werden können.[1] Die jüngere Forschungsgeschichte[2] nimmt sie vielmehr als wertvolle Dokumente wahr, die einen Zugang zu *ihrer* Zeit und *ihren* Entstehungskontexten geben, wie folgende zwei Aspekte zeigen:[3]

(1) Die Texte der christlichen Apokryphen spiegeln, ganz allgemein ausgedrückt, eine im Vergleich zu den Entstehungszeiten der ältesten Texte der kanonisch gewordenen Schriften andere Situation. Zum einen hat sich vor allem im zweiten und dritten Jahrhundert die Gruppe der christlichen Ge-

---

[1] Ein entscheidender Schritt ist dabei der Wechsel von der Bezeichnung „neutestamentliche" zu „christliche" Apokryphen, ein „Meilenstein für ein verändertes Apokryphenverständnis", so NICKLAS, Écrits apocryphes chrétiens 73, der zugleich zu Recht auf die Probleme, die der Ausdruck „christlich" mit sich bringt, hinweist und diese erörtert (85–90).

[2] Das Hauptaugenmerk der Ausführungen beschränkt sich im Folgenden aufgrund der Fragestellung auf den aktuellsten Forschungsansatz. Einen Überblick, der die ältere Forschungsgeschichte und deren Definitionsversuche aufzeigt und Literatur dazu gibt, bietet MARKSCHIES, Haupteinleitung, vor allem 90–114. SCHRÖTER, Apokryphe Evangelien 19–66, und NICKLAS, Écrits apocryphes chrétiens 70–95, geben jeweils eine Übersicht über die Entstehung einer historischen Sicht auf apokryphe Texte.

[3] Siehe dazu SCHRÖTER, Apokryphe Evangelien 23–24, der vorschlägt, dass „[…] apokryphe Texte nicht mehr einfach als ‚gefälschte' und von der Kirche abzulehnende Schriften betrachtet werden[, …] sondern als historisch wertvolle Informationen über das frühe Christentum und seinen historischen Kontext, die die biblischen Texte auf diese Weise ergänzen."

meinschaften erheblich vergrößert.[4] Zum anderen erweiterte sich diese um Gruppen, die nicht aus der jüdischen Welt stammten, sondern aus paganen Kreisen hinzutraten. Deren Gedankengut und kultureller Hintergrund – wie man an den apokryphen Apostelakten besonders gut beobachten kann – wurde in den jeweiligen Kontext integriert und lebte, mehr oder weniger „christianisiert", weiter.[5]

(2) Christliche Apokryphen sind „wichtige Zeugnisse dafür, wie antik-christliche Textschreiber sich der Anfangszeit ihres Glaubens erinnerten bzw. wie sie diese Anfänge ihren Lesern vor Augen malen wollten".[6] So können sie als „Glaubenszeugnis ihrer jeweiligen Entstehungszeit und ihres Entstehungsortes […], als Gestaltung verschiedener Bilder des frühesten Christentums aus der Perspektive späterer Christen", verstanden werden. Sie zeigen die „Vielfalt von _populären_ antiken christlichen Leben". Gerade dadurch konnten sie wiederum selbst zu „populären Texten werden".[7] Oder mit _Jan Bremmer_ gesprochen: „Yet, the _Apocryphal Acts_ constitute an important window into Christian life in the second half of the second century […].“[8]

Der von _Christoph Markschies_ in der Haupteinleitung zu den antiken christlichen Apokryphen formulierte Vorschlag einer „Analyse der jeweiligen Spiegelungen der Vielfalt von populärem antiken christlichen Leben" kann auf die Frage antworten, welche Motive bei der Entstehung der apokryph

---

[4] In diese Zeit und ihre Kontexte können zahlreiche Texte datiert werden, zugleich soll aber auch erwähnt werden, dass bei weitem nicht alle christlichen Apokryphen im zweiten und dritten nachchristlichen Jahrhundert entstanden sind.

[5] Vgl. SCHNEEMELCHER, Der getaufte Löwe 316–326 (aufgenommen in den Aufsatzband DERS., Gesammelte Aufsätze zum Neuen Testament und zur Patristik 223–239 [225], aus dem folgend zitiert wird), der verdeutlicht, dass die zum Teil unverbunden nebeneinander stehenden Praxeis auch die Überlieferung von Einzeltraditionen zeigen. Er empfiehlt, das Augenmerk auf die Einzelstücke zu richten: So könne man die zugrundeliegenden mündlichen Traditionen aufdecken und die Entstehungsgeschichte dieser Literatur aufzeigen, gleichzeitig die Frömmigkeit des christlichen Volkes, das sich Derartiges erzählte, und den Glauben der Menschen, die auch als Christen noch antike Menschen blieben, richtig in den Blick bekommen.

[6] So LÖHR, Kindertaufe 1531–1552, der gerade nicht das Taufverstehen bzw. das Profil der Taufpraxis einer bestimmten Epoche aufweisen möchte, sondern einige Einsichten in das Taufverständnis gibt, die zugleich wiederum Hinweise für den Blick der Alten Kirche auf die Taufe im entstehenden Christentum bieten.

[7] MARKSCHIES, Haupteinleitung 75. WEHN, Selig die Körper 182–198 (183), spricht in ihrem Beitrag, der mithilfe der Methode der sozialgeschichtlichen Exegese das Paulusbild der Paulus- und Theklaakten und dessen theologische und historische Bedeutung herausarbeitet, unter anderem von einer „theologischen Vielschichtigkeit", die nicht gegen die „[…] historische und theologische Relevanz der apokryphen Apostelakten für die neutestamentliche Wissenschaft" verwendet werden soll.

[8] BREMMER, Conversion 60. Die Hervorhebung ist aus dem Original übernommen.

gewordenen Schriften wirksam waren.[9] Darüber hinaus können durch geeignete Analysen breite Informationen über die Anfänge des Christentums gewonnen werden. Entscheidend ist dabei, so *Tobias Nicklas*, dass sich der

„historische Wert der Texte […] allerdings in vielen Fällen weniger auf der Ebene [ergibt], dass ihr Inhalt allzu viel an Authentischem (oder gar Neuem) über die frühesten Jahre des Christentums verraten würde. In Einzelfällen *kann* dies durchaus der Fall sein – viel wichtiger aber ist, dass die Texte auf pragmatischer Ebene zu historischen Zeugnissen der Vielfältigkeit von Entwürfen des Christentums werden können. […] Trotzdem bezeugen die Texte geistesgeschichtliche, sozialgeschichtliche oder religionsgeschichtliche Entwicklungen, können für das Werden christlicher Identitätsentwürfe stehen, verschiedene Perspektiven innerkirchlicher Auseinandersetzungen spiegeln und vieles mehr."[10]

Diese Wahrnehmungen von antiken christlichen Apokryphen als Zeugnissen mit erstaunlichem Eigenwert lassen mit *Nicklas* geradezu von einem „Paradigmenwechsel" in der Forschung sprechen.[11] Daher beachtet der neue Schlüssel zum Verständnis den Zusammenhang von Erzählform des Textes und historischer Rückfrage. Geeignete Analyse- und Exegesemethoden, die den Texten in ihrer Eigenart gerecht werden, tragen dazu bei, dass „ein apokrypher Text des fünften Jahrhunderts genauso historisch (wie auch literarisch und theologisch) ,wertvoll' sein [kann] wie einer, dessen Entstehung im 2. (oder gar 1.) Jahrhundert diskutiert werden kann."[12]

---

[9] MARKSCHIES, Haupteinleitung 77. Er führt an diesen Gedanken anschließend verschiedene Bemerkungen an, die auf viele dieser Schriften zutreffen und die darauf hinweisen, welche „Motive oder gar Anlässe" bei der Entstehung mit zu bedenken sind: „Man sammelte Traditionen autoritativer Figuren aus der Frühzeit der neuen Religion oder magistraler Gestalten des Alten Bundes […] und fixierte sie für die halböffentliche Verkündigung wie für die private Erbauung, um auf diese Weise autoritative Normen zu gewinnen", man möchte „die nun kanonisch gewordenen Texte […] ergänzen", „die kanonisch werdende bzw. gewordene Urgeschichte mit der profanen Geschichte und Figuren bzw. Verheißungen paganer Überlieferungen […] verknüpfen", es sei „ab dem dritten Jahrhundert ein Interesse an selbständigen Geschichten über Figuren kanonisch gewordener biblischer Schriften [erkennbar] für bestimmte theologische Positionen, Frömmigkeitspraktiken oder Gruppen zu werben"; ein weiterer Punkt sei „die Absicht, Leser zu unterhalten und zu diesem Zweck beispielsweise Stilmittel des antiken Romans aufzugreifen". „Das exakte Verhältnis von volkstümlichen Erzähltraditionen, populären Stilmitteln und theologischer Komposition muß für viele apokryph gewordene Schriften jeweils noch genauer bestimmt werden", so MARKSCHIES, Haupteinleitung 77–80.

[10] NICKLAS, Écrits apocryphes chrétiens 80–81. Die Hervorhebung in diesem Beitrag ist aus dem Originaltext übernommen.

[11] Vgl. dazu NICKLAS, Écrits apocryphes chrétiens 95, der in diesem Beitrag die Herausgabe der beiden EAC-Bände würdigt und dabei entscheidende Linien im Zusammenhang von Begriffsdefinition und Verständnis aufzeigt. Sie lassen ihn von einem „[…] hoch interessanten, äußerst tiefgreifenden Paradigmenwechsel in der wissenschaftlichen Auseinandersetzung mit christlichen Apokryphen […]" sprechen.

[12] NICKLAS, Écrits apocryphes chrétiens 80–81.

2. Wahrnehmung apokrypher Apostelakten im Speziellen

Als eine Gruppe innerhalb der antiken christlichen Apokryphen gelten apokryphe Apostelakten. Ein Einblick in die Forschungsgeschichte zeigt, dass die Wahrnehmung dieser Texte gerade in jüngster Zeit bedeutenden Änderungen unterliegt. Im Zentrum steht dabei oftmals die Frage nach der genauen Einordnung der Texte. Von einer „Gattung"[13] zu sprechen, ist jedoch in vielerlei Hinsicht problematisch. Die Erzählungen der apokryphen Apostelakten lehnen sich an damals bekannte und verbreitete wie auch beliebte Literatur an. So sind es vielmehr verschiedene Arten von Erzählungen,[14] mit denen apokryphe Apostelakten in Verbindung gebracht werden können.

Gleichzeitig müssen beim Versuch einer Einordung bzw. einer Annäherung an die Erzählungen die damit verbundenen Hauptmotive und Absichten berücksichtigt werden, die zur Entstehung dieser Gruppe von Texten beigetragen haben und ebenso differenziert zu verstehen sind. Die Erzählungen werden mit bekannter Traditionsliteratur verbunden. So bleibt das Grundmuster eines bekannten Genres in groben Zügen bewahrt, wird aber gleichzeitig in eine neue Situation, in der sich das Interesse, der Kontext und das Setting geändert haben, übertragen. So können neue bzw. andere Interessensgruppen und soziale Schichten erschlossen werden. Als Literaturgenre wird in diesem Zusammenhang gemeinhin der antike Roman genannt.[15] Der Stil wie auch die unterschiedlichen Merkmale – „Wanderung" des Protagonisten, der als Held mit wunderbaren Kräften und Tugenden ausgestattet ist, der sich mit Wesen und Gestalten der mythologischen Fabel- und Wunderwelten auseinandersetzt, erotische Motive als echte Liebesmotive und als asketisch-enkratitisch verstandene Gedanken – bringen apokryphe Apostelakten literaturgeschichtlich in den Zusammenhang mit diesem Genre.[16]

Dies geschieht oftmals durch den Rückbezug auf einen Apostel. Die apokryphen Apostelakten schließen dadurch an apostolische Zeiten und deren Erzählungen an, sind aber zugleich als „neue Gründungserzählungen", die entweder bekannte Ereignisse in neuem Mantel präsentieren oder ganz neue schildern, zu sehen. Dabei werden Ereignisse erzählt, die zum einen denen der „kanonischen Apostelgeschichte" ähnlich sind, zum anderen werden auch bewusst neue bzw. überarbeitete Bilder der kanonischen Apostelcharaktere

---

[13] Vgl. KLAUCK, Apokryphe Apostelakten 20, der VIELHAUER, Geschichte, BREMMER, The Five Major Apocryphal Acts, PLÜMACHER, Apokryphe Apostelakten, und HOLZBERG, Der antike Roman, heranzieht. Zur Frage der Genese und Definition des antiken Romans vgl. EHLEN, Leitbilder 17–43.

[14] Für diese Gruppe von Texten scheint daher anstelle des Begriffs „Apostelakten" auch „Apostelerzählungen" passend zu sein.

[15] Vgl. auch die Darstellung von THOMAS, Stories Without Texts 273–291.

[16] Vgl. SCHNEEMELCHER, Apostelgeschichten des 2. und 3. Jahrhunderts 76.

entworfen.[17] Die Apostel werden als Helfer und Wundertäter präsentiert, deren bedeutende Wunder die Größe des Glaubens zeigen.[18] Damit verbunden ist auch die Absicht der Legitimierung bestimmter Gemeinden und Kirchen, ihrer Tradition und Identität.

Nicht selten kommt der Person des Apostels mit der Zuschreibung von besonderen Zügen und Merkmalen an seine Person eine gewisse *hagiographische* Funktion zu; diese Absicht wird gestärkt und unterstützt durch die Einbettung in den Kontext von Martyriumserzählungen. An diese Beobachtung schließt sich der aktuelle Beitrag zu den Paulus- und Theklaakten[19] von *Glenn Snyder* an: „[…] I do believe that the author of the *Acts of Paul and Thekla* used the genre(s) of Greek-language romance novels to produce his work; and in my opinion, this occurs primarily in the first half of the work, the Iconium scene (*Acts of Paul* 3). But a complementary perspective may be acquired by considering another ‚genre‘ the author may have used: hagiography."[20]

Die Verbindung mit dem antiken Roman greift *Rosa Söder*[21] auf. Zur Kategorisierung der apokryphen Apostelakten als „Romanliteratur" weist sie wesentliche Motive von Romanliteratur in diesen Texten nach. Neuere Ansätze wiederum definieren sie als Texte, die literaturgeschichtlich im Zusammenhang mit antiker Romanliteratur stehen, aber keineswegs als ausgedachte Geschichten anzusehen sind, sondern als vom Autor oder einer Gruppe über-

---

[17] SCHNEEMELCHER, Der getaufte Löwe 226: „[…] einerseits wie die anderen apokryphen Apostelgeschichten von der Absicht bestimmt waren, die Gemeinde zu erbauen und zu unterhalten, andererseits aber darüber hinaus offenbar dem Paulusbild ihrer Zeit in der Form einer erbaulichen Darstellung des Missionsweges des Apostels Ausdruck verleihen wollten. Der Verfasser […] zeichnet das Bild des großen Apostels so, wie er es kennt und wie er es verbreitet haben möchte." Zum Paulusbild der Paulusakten vgl. auch MALHERBE, A Physical Description of Paul 170–175, der frühchristliche Quellen als Vorlage für die physische Beschreibung des Paulus angibt, die ihn „as a hero among the Greeks" vorstellen (175); sowie noch deutlicher GRANT, The Description of Paul in the Acts of Paul and Thecla 1–4, der meint, die äußerliche Beschreibung des Paulus in ActPlTh 3 (6–9 LIPSIUS, S. 237) „comes ultimately from Greek poetry perhaps by the way of Greek rhetoric. It owes nothing of Paul himself" (2–3).

[18] Die Vielfalt der Wunder, die mit Apostelgestalten in Verbindung gebracht sind, zeigt die Zusammenstellung im bald erscheinenden zweiten Band des Kompendiums der frühchristlichen Wundererzählungen, herausgegeben von ZIMMERMANN.

[19] Folgend wird bei Stellenangaben aus den Paulus- und Theklaakten die Abkürzung ActPlTh benutzt. Die in MARKSCHIES und SCHRÖTER, Christliche Apokryphen XIX, vorgeschlagene Abkürzung A. Paul. et Thecl. wird aufgrund ihrer Länge nicht verwendet.

[20] G. SNYDER, Acts of Paul 120. Die Hervorhebung ist aus dem Originaltext übernommen.

[21] SÖDER, Apokryphe Apostelgeschichten.

nommene kirchliche Traditionen, die als alt und wahr angesehen, neuen Kontexten angepasst und weiterverarbeitet wurden.[22]

Wilhelm Schneemelcher bezeichnet apokryphe Apostelakten als „volkstümliche Erzählungen, besser als Sammlungen im Volke lebendiger Traditionen von Abenteuern und Wundertaten, Glauben und Leiden, Liebe und Askese großer Männer der Vergangenheit", die in ihrer Gesamtgestaltung sowohl erbauen, unterhalten und belehren wollen als auch propagandistische Absichten verfolgen.[23] Sie geben somit Einblick in den „Prozeß der Einschmelzung antik-heidnischer Anschauungen und Gebräuche in die kirchliche Verkündigung und Frömmigkeit".[24]

Daran anschließend sieht *Hans-Josef Klauck* bei diesen Texten eine Kontinuität einer literarischen Gattung bei gleichzeitiger Erneuerung. Er versteht sie als Werke, deren Verfasser „die ein oder anderen Romane kannte, sich davon hinsichtlich der Motivik und der narrativen Struktur für sein eigenes Werk inspirieren ließ und damit zugleich zum Vorbild für Nachfolger und Nachahmer wurde [...]". Diese Tendenzen seien vor allem an Personalbeobachtungen und Gemeindetraditionen, genauer noch bei Gebeten und Hymnen etc. festzumachen.[25]

Die dargestellten Forschungsrichtungen, welche die Nähe zur Apostelgeschichte einerseits, aber auch zu antiken Romanen andererseits betonen, fügen sich in folgenden Aussagen von *Nicklas* zusammen: Als

„in sich schon Texte von äußerst unterschiedlichen Profilen, am Maß der kanonischen Apostelgeschichte zu messen, muss tatsächlich fast automatisch bedeuten, sie wegen ihrer angeblichen ‚Wundersucht' als geschmacklos oder minderwertig abzutun. Stellt man die Texte aber in den Kontext des antiken ‚Liebesromans', in dem das teratologische Element konstitutiv erscheint, kann dies nicht nur dazu führen, den (untereinander natürlich wiederum zu differenzierenden) Texten gerechter zu werden, sondern sie auch als Zeichen für die Auseinandersetzung gebildeter Kreise des antiken Christentums mit ihrer Umwelt zu lesen."[26]

Diese Wahrnehmung von apokryphen Apostelakten als Texten, die zahlreich von beinahe absurden Wundern erzählen und den Leser in diesem Zusammenhang häufig sehr ausgestaltete, abstruse Schilderungen von Bekehrungen

---

[22] Vgl. den forschungsgeschichtlichen Überblick in SCHNEEMELCHER, Apostelgeschichten des 2. und 3. Jahrhunderts 76, der in diesem Kontext auf KAESTLI, Principales orientations 49–67 (57–58), und vor allem JUNOD, Créations 271–285, hinweist.

[23] SCHNEEMELCHER, Der getaufte Löwe 223–239 (224), der in Anm. 2 darauf verweist, es sei ein „Charakteristikum" apokrypher Apostelakten, dass sie in ihren „theologischen Aussagen oft recht ungeklärt sind", und sie als Zeugnisse der volkstümlichen christlichen Religiosität bezeichnet. Zur Bedeutungsvielfalt der Begriffe „Volk" bzw. „volkstümlich" vgl. MERKT, Volk 17–27.

[24] SCHNEEMELCHER, Der getaufte Löwe 224.

[25] KLAUCK, Apokryphe Apostelakten 21.

[26] NICKLAS, Paradigmenwechsel 74–75.

von Hauptfiguren präsentieren, scheint der Frage nach dem historischen Wert apokrypher Apostelakten zunächst entgegenzustehen. [27]

3. Apokryphe Apostelakten und Konversion

Die Annäherung an das große Forschungsfeld der frühchristlichen Bekehrungen gibt zunächst einen forschungsgeschichtlichen Überblick und geht dann näher auf den Zusammenhang von Bekehrung und Initiation ein.

a) Forschungsgeschichtliche Schlaglichter

Zu den Konversionsparadigmen gibt es eine längere Diskussion, die an die Erzählung um die Wende des Paulus, wie sie Apg 9 schildert, anknüpft. In diesem Zusammenhang ist die grundlegende Frage zu stellen, ob in diesem Fall überhaupt von einer Konversion bzw. Bekehrung die Rede sein kann, einerseits, da Juden- und Christentum zu der Zeit noch nicht alternativ nebeneinanderstanden und daher nur von einer Konversion von einer jüdischen

---

[27] Apokryphe Apostelakten, die als erzählende Texte des zweiten Jahrhunderts auch Bekehrungsprozesse und die damit verbundenen Themen wie Initiation oder Zugehörigkeit zu etwas oder jemand behandeln, wurden in dem Diskussionszusammenhang bisher wenig hinzugezogen. Die groß angelegte, interdisziplinäre Initiative skandinavischer Neutestamentler zur Taufe im antiken Christentum und die damit verbundenen umfassenden Sammelbände (CHRISTER HELLHOLM, DAVID HELLHOLM, ØYVIND NORDERVAL und TOR VEGGE [Hrsg.], Ablution, Initiation, and Baptism. Late Antiquity, Early Judaism, and Early Christianity, 3 Bände, BZNW 176, Berlin 2011) behandeln gerade die narrativen Texte sehr kurz: Apokryphen Apostelakten wie auch anderen narrativen Gattungen ist kein eigener Beitrag gewidmet.

Zwei Studien beschäftigten sich in jüngster Zeit damit: Eine mögliche Verbindung von Narration und Identitätsformation zeigt die Arbeit von *Julia Snyder* (J. SNYDER, Language and Identity). Anhand dreier narrativer Texte, der Apostelgeschichte, den Johannes- und den Philippusakten, wird ein Zusammenhang zwischen der bewussten Wahl von Begrifflichkeiten durch einen Verfasser und sozialen Kontexten hergestellt. Diese soziolinguistische Studie macht deutlich, dass bewusste Wortwahl Aufschlüsse über Identitätsdiskurse bestimmter Gruppen gibt. Zudem ist *Diane Lipsett* (LIPSETT, Desiring Conversion) zu nennen, die anhand der Beispiele von Hermas, Thekla und Aseneth Konversionsvorgänge beschreibt. Diesen narrativen Schilderungen sei dabei das Verlangen der Hauptfiguren nach Bekehrung gleich, das von Wünschen, Hindernissen und Beschwerlichkeiten begleitet ist. Vgl. LIPSETT, Desiring Conversion 126. Die Zusammenstellung von Erzählungen, die verschiedenen Genres zugehören und geographische Hintergründe haben, scheint etwas ungewöhnlich. Die Erzählung über Joseph und Aseneth ist wohl auch zeitlich anders einzuordnen: Vermutlich ist der „Roman" in Ägypten vor dem für das ägyptische Judentum katastrophalen Aufstand von 115–117 n. Chr. entstanden.

Glaubensform zu einer anderen die Rede sein kann, andererseits, da Paulus selber auch eher Berufungsterminologie[28] verwendete.[29]

Aus diesen Gründen ist die Rede von einer „Wende" des Paulus weit verbreitet. *Rudolf Pesch* beispielsweise spricht diesbezüglich von einer „radikalen Wende vom Verfolger zum Missionar" bzw. „Verkündiger" und nennt die Erzählung in Apg 9 im selben Analysekontext eine „ekklesiologisch ausgerichtete [...] Bekehrungslegende".[30]

Viel diskutiert wird daran anknüpfend die Frage, wann bzw. in welchem Zusammenhang die Rede von einer Konversion treffend sein kann. *Moisés Mayordomo* macht darauf aufmerksam, dass es problematisch ist, heutige Vorstellungen und Assoziationen von Konversion auf neutestamentliche und frühchristliche Texte zu übertragen. Vielfach werde der Ausdruck Konversion (*conversion*) für alle Arten von religiösen Erfahrungen und Veränderungen kollektiv gebraucht. Er schlägt vor, für die Zeit andere Termini zu gebrauchen, *initiation*, *repentance*, *renewal* oder *transformation* beispielsweise.[31] Weitgehender Konsens herrscht darüber, dass der Begriff Konversion erst für die Phänomene einer Zeit, in der monotheistische Denkweisen vorherrschen, verwendet werden sollte, das heißt für die Zeit der Entwicklungen von monotheistischen Religionen wie Judentum und Christentum. Für die Hinwendung oder Neuorientierung innerhalb von Kulten der antiken polytheistischen Welt sei er nicht geeignet, da diese keine Exklusivität fordern würden, nur Loyalität.[32] Unterschiedlich werden die Vorgänge der Hinwendung zu und Abwendung von philosophischen Strömungen eingeordnet: *Arthur Darby Nock* schlug vor einigen Jahrzehnten beispielsweise vor, diese in die Definition von Konversion miteinzuschließen, *Mayordomo* als Vertreter neuerer Forschung dagegen, dafür eher einen Terminus wie „initiation" zu verwenden.[33]

---

[28] Vgl. dazu MAYORDOMO, „Conversion" in Antiquity 219–220, der die neutestamentliche Terminologie übersichtlich auflistet, GOETZMANN, „μετανοέω" 236, und KONRADT, Bekehrung, der einen Aufriss der forschungsgeschichtlichen Positionen gibt.

[29] Dazu ist STRECKER, Liminale Theologie, kulturwissenschaftlich interessant, auf Paulus bezogen jedoch problematisch. Strecker schreibt, Paulus sehe die Getauften immer noch in einem liminalen Zustand, diesen vergleicht er mit Riten der Initiation in anderen Völkern. Durch die Bezeichnung des Damaskusgeschehens als Initiation umgeht er die Bezeichnung Berufung/Bekehrung. Mit diesem ethnologisch bzw. ritualtheoretisch geprägten Terminus will er Komponenten beider Termini erfassen, sowohl die Transformation der Person als auch die Instruktion zur späteren Tätigkeit des Paulus, vgl. 93–96. Dazu auch GAVENTA, From Darkness to Light, und spezieller auf Paulus bezogen SEGAL, Paul the Convert 33, der bezüglich der Erzählung in Apg 9 von Paulus als einem „convert from one Jewish sect to another" spricht.

[30] PESCH, Apostelgeschichte 301.

[31] MAYORDOMO, „Conversion" in Antiquity 225.

[32] NOCK, Conversion 164–186.

[33] NOCK, Conversion 164–186, und Mayordomo, „Conversion" in Antiquity 223.

Interessant sind die Überlegungen *Michael Wolters*, der versucht, Bekehrungsreligion und Traditionsreligion zu definieren. Er ordnet das paulinische Christentum als eine Bekehrungsreligion ein, die sich dann Generationen später zu einer Traditionsreligion verändere.[34] Ob diese Beobachtung auf die apokryphen Apostelakten, die Bekehrungen im Zentrum ihrer Zeugnisse schildern, zutrifft, schließt sich als offene Frage an diese Diskussion an. Dies sei eine These, der anhand narrativer Analysen der Texte nachzugehen sei.

Neben den Diskussionen um die konkrete Begrifflichkeit stehen verschiedene Vorschläge, sich dem Thema Konversion in der Antike mittels Definitionen anzunähern. Folgend werden Konzepte und die Literatur, auf die sie aufbauen, vorgestellt.

Die literarischen Zeugnisse der ersten beiden Jahrhunderte, die diese Thematik aufgreifen, sind überschaubar. An erster Stelle sind diverse Passagen aus dem Neuen Testament zu nennen. Für die Zeit nach der Entstehung neutestamentlicher Texte, vor allem für das zweite Jahrhundert, gibt es kaum Berichte über Bekehrungen.

„Es fehlen aus dieser Zeit nahezu alle Berichte über die Bekehrung von weniger gebildeten Schichten – man hat es lediglich mit sehr knappen und typisierten Bemerkungen von Theologen aus Kreisen der Mittel- und Oberschicht zu tun", so *Markschies*. Es gebe nur „stark typisierte ‚Bekehrungsberichte' aus dem Kreis philosophisch leidlich (oder – seltener – sogar recht) gebildeter Theologen. Diese Typisierung und das mangelnde Interesse an allen psychologischen Details hängen natürlich damit zusammen, wie sehr die neutestamentlichen Bekehrungsberichte in unterschiedlicher Intensität Vorbild ähnlicher Erzählungen späterer Zeit blieben".[35]

Justin aus Rom schreibt in seinem Dialog mit dem Juden Trypho von seiner eigenen Bekehrung. Auf seiner Suche hörte er zunächst von diversen Philosophen und deren Lehren und auch von Christus, dessen Botschaft ihn letztlich überzeugte. Bei dieser Schilderung sollte jedoch mitbedacht werden, dass sie eher als Zeugnis einzustufen sei, so *Luz*, das einen fast rein intellektuellen Vorgang der Bekehrung von der platonischen Philosophie zum Christentum beschreibe.[36]

---

[34] WOLTER, Entwicklung 15–40.

[35] MARKSCHIES, Zwischen den Welten wandern 58: „Umstände christlicher Bekehrung einfacherer Menschen lassen sich allenfalls aus dem Spott der Gegner rekonstruieren".

[36] Vgl. LUZ, Conversion in the New Testament 236. Der griechische Text entstammt der Edition von MARCOVICH: (Iust. dial. 1,6; 2,1–8: 1,6 Καὶ ὃς ἀστεῖον ὑπομειδιάσας· Σὺ δὲ πῶς, ἔφη, περὶ τούτων φρονεῖς καὶ τίνα γνώμην περὶ θεοῦ ἔχεις καὶ τίς ἡ σὴ φιλοσοφία, εἰπὲ ἡμῖν. 2,1 [...] Τί ποτε δέ ἐστι φιλοσοφία καὶ οὗ χάριν κατεπέμφθη εἰς τοὺς ἀνθρώπους, τοὺς πολλοὺς λέληθεν· οὐ γὰρ ἂν Πλατωνικοὶ ἦσαν οὐδὲ Στωϊκοὶ οὐδὲ Περιπατητικοὶ οὐδὲ Θεωρητικοὶ οὐδὲ Πυθαγορικοί, μιᾶς οὔσης ταύτης ἐπιστήμης. [...] 3 Ἐγώ τε κατ' ἀρχὰς οὕτω ποθῶν καὶ αὐτὸς συμβαλεῖν τούτων ἑνί [...] καὶ διατρίψας ἱκανὸν μετ' αὐτοῦ χρόνον, ἐπεὶ οὐδὲν πλέον ἐγίνετό μοι περὶ θεοῦ [...] τούτου μὲν ἀπηλλάγην, ἐπ' ἄλλον δὲ ἦκα [...]).

Eine grundlegende Definition gibt *Nock* in einer Publikation zum Thema
Konversion aus dem Jahr 1933. Er nimmt religiöse Bekehrung in der Zeit von
300 v.Chr. bis 400 n.Chr. in den Blick und formuliert, unter Konversion
könne allgemein betrachtet „the reorientation of the soul of an individual, his
deliberate turning which implies a consciousness that a great change is in-
volved, that the old was wrong and the new was right" verstanden werden.[37]
Bremmer nimmt in einem aktuellen Beitrag die Definition Nocks auf, macht
aber zu Recht darauf aufmerksam, dass auch eine soziale Komponente die
Bekehrung prägt, sowohl vor als auch nach dieser. Anhand von Erzählungen
aus den ältesten apokryphen Apostelakten wird die Plausibilität dieser Ergänzung, die *Bremmer* vornimmt, deutlich.[38]

Luz' Beitrag im Sammelband „Religiöse Grenzüberschreitungen" thematisiert Konversion im Neuen Testament.[39] Er weist im Zusammenhang dieser
Thematik darauf hin, dass es einerseits neutestamentliche Texte gebe, die
zwar Konversionen erzählen, in denen das entsprechende Vokabular aber
fehle bzw. spärlich eingesetzt werde, andererseits Schilderungen, die dieses
verwenden, aber in diesem Zusammenhang kaum von lebensverändernden
Umständen berichten, die eine Konversion ausmachten. Bezüglich der neutestamentlichen Texte differenziert er somit zwischen Konversionen von Einzelnen, die direkt erwähnt werden (bspw. das Damaskuserlebnis von Paulus in
Apg 9), Konversion Einzelner, die in dritter Person geschildert werden (bspw.
in Apg 8–11 von Kornelius), und Berichten von Jüngern bzw. Jüngerschaft
(bspw. Mk 1,16–20; diese verwenden keine Bekehrungssprache, die Jüngerschaft an sich werde allerdings in der nachpaulinischen Zeit zu einem Modell
für Konvertiten). *Luz* nennt auf Basis dieser Differenzierung der neutestamentlichen Berichte Merkmale,[40] die diesen gemein sind: Ein erster Punkt
sei, dass alle Texte den Kontrast zwischen Damals und Jetzt markierten. Dies
werde auf verschiedene Weise zum Ausdruck gebracht: Die alte Welt stehe
der neuen, das Dunkel dem Licht, das Nichtsein des alten Menschen dem

---

[37] NOCK, Conversion 7. In einem weiteren Beitrag benennt dieser auf Grundlage der
Zeugnisse der ersten beiden Jahrhunderte auch, weshalb eine Konversion zum christlichen
Glauben gerade in der christlichen, vorkonstantinischen Zeit attraktiv erschien. Der „Dog-
matismus der christlichen Lehre" komme in dieser Zeit einerseits Menschen, die sich nach
Autoritäten und Orientierung sehnen und gerne Gefolgschaft leisten wollen, und anderer-
seits dem Vorherrschen einer allgemeinen Unzufriedenheit mit dem moralischen Zustand
besonders entgegen. In diesem Kontext sei eine Verheißung der Geistmitteilung in der
Taufe, die zu gutem Leben verhelfe und den Bekehrten mit „neuer Würde und kosmischer
Bedeutung [...]" ausstattet, da Christus, der gute Hirte, ihn gesucht und gefunden habe und
für ihn gestorben sei, besonders anziehend, so NOCK, Bekehrung 105–118.

[38] BREMMER, Conversion in the Oldest Apocryphal Acts.

[39] LUZ, Conversion in the New Testament 227–250. Der Sammelband beinhaltet Studien zu Bekehrung, Konfessions- und Religionswechsel.

[40] Vgl. LUZ, Conversion in the New Testament 241–246.

Sein des neuen gegenüber. Zweitens stünden Konversionsberichte oftmals in Zusammenhang mit ethischen Anweisungen oder Katalogen (1Kor 6,9) oder sie würden mit Erinnerungen an das vergangene Leben und dem damit verbundenen Status verknüpft (Eph 2,11–12). Drittens werde Konversion meist in Verbindung mit Taufe gebracht. Diese würden zusammengehören, das Verhältnis sei jedoch unterschiedlich: Lukas berichte oft von Taufen, die auf die Bekehrung folgten und als Zeichen der Buße gesehen werden könnten, sie seien zudem Zeichen der Zugehörigkeit. Dagegen könne in paulinischen Texten eher von Taufe im Sinne einer Initiation gesprochen werden; diese stehe aber nicht in Zusammenhang mit Bekehrung, die wiederum nämlich eine neue Zugehörigkeit mit sich bringe. Man gehöre zu Gott und Christus und dies verwandle den Menschen gleichsam (vgl. 2Kor 3,18). In vielen Texten wird mit Bekehrung auch eine eschatologische Komponente in Verbindung gebracht: Christus, der Retter, wird wiedererwartet (vgl. 1Thess 1,9–10).

Ein mit der Konversion eng verbundenes und auch für die Erzählung um Thekla relevantes Thema ist der Zusammenhang von Konversion und Initiation. Zwei grundlegende Beiträge von *Eugene Gallagher* und darauf aufbauend *Hans-Ulrich Weidemann* werden folgend vorgestellt.

b) Konversion und Initiation

Gallagher[41] stellt die Frage nach dem Zusammenhang von Konversion, Erlösung und Heil anhand der apokryphen Apostelakten des zweiten und dritten Jahrhunderts. Diese Texte geben Informationen zum Thema Konversion, die in drei Formen eingeteilt werden könnten: Es seien Erzählungen, die eine „minimal plot line" haben würden, das bedeutet, sie enthielten Dialogstrukturen und Interaktion zwischen dem Missionar und dem Konvertiten; dann gebe es auch Berichte über „conversions of anonymous crowds", die ohne lange Dialoge und Interaktionen geschehen würden, als Drittes gebe es „*references*, [which] would include all other information that can be drawn from the texts".[42] Als Beispiel nennt er Berichte, die Aufschluss über ein Hintergrundgeschehen geben, wie in den Paulus- und Theklaakten, dass sich die Menge über Paulus beschwere, dass er all ihre Frauen verwirre (15). Daraus könne man schließen, dass sich möglicherweise viele hin zur Bekehrung bewegen. Mit einem Durchgang durch die apokryphen Apostelakten zeigt *Gallagher* letztlich, dass in diesen Texten „no single understanding or ideology of conversion predominates [...]." Es tauchten zahlreiche Motive und Formen auf, die ein Konversionsgeschehen zum Ausdruck bringen könnten. Das Ziel solcher Erzählungen sei dabei, den Lesern zu zeigen, „what conver-

---

[41] GALLAGHER, Conversion and Salvation 13–29.

[42] GALLAGHER, Conversion and Salvation 15. Die Hervorhebung ist aus dem Original übernommen.

sion *already means* to those who have accomplished it and what it *can mean* to those who might consider it." Initiation, die oftmals „the focus for dramatic descriptions of personal transformation" war, habe im Zusammenhang mit Konversion mehr eine gesellschaftliche Bedeutung, das heißt, sie sei nicht so sehr „peculiar to the convert, but common to all."[43]

Weidemann[44] stellt die Frage nach dem Zusammenhang von Bekehrung und Initiation im Kontext der Überlegungen zu den Taufeucharistien in den Paulus- und den Petrusakten. Um sich dieser anzunähern, ordnet er zunächst die Texte ein: Sie könnten als narrativ-deskriptiv, präskriptiv oder fiktiv aufgefasst werden. Entscheidend sei dabei jeweils, welchen Wert man ihnen zuspreche. Dies müsse bei jedem Erzähltext einzeln analysiert werden, das bedeute zu klären, ob sie einen Idealzustand evozierten, vorhandene Praktiken kritisierten oder eine Einheit der Praktiken mit der Großkirche zum Ausdruck bringen wollten. Die Überlegungen schließen auch die Frage nach den Adressaten der Texte mit ein, ob sie als nach innen gerichtet betrachtet werden können, das hieße, sie eher als die Zustände kritisierend zu verstehen, oder nach außen. Dann könne man davon ausgehen, dass beabsichtigt sei, die zu Bekehrenden eher mit realen Zuständen zu konfrontieren.

Daran anschließend ist die Frage nach der Intention der Texte zu stellen. *Weidemann* verweist auf *Gallagher*, der die Wunder und die Wunderwirksamkeit eher im Zentrum der apokryphen Apostelakten sieht, anstelle der Absicht, liturgische Vollzüge möglichst genau zu schildern. Nach *Gallagher* stehe die „‚initiation' eher im Windschatten dieser ‚ideology of conversion'", so *Weidemann*. Dieser wiederum weist gut argumentierend darauf hin, dass aber gerade die im Zusammenhang mit Konversionsberichten geschilderten Taufeucharistien, eben „weil diese Texte in der Regel kein Interesse an der Regulierung oder Begründung der Taufgottesdienste haben [...]", sondern meist nur als Folge der Konversion genannt oder angedeutet werden, „wertvolle Quellen für den Taufgottesdienst im 2. und 3. Jahrhundert"[45] seien.

II. Folgerungen für die allgemeine Fragestellung

Das Hauptaugenmerk der folgenden Studie liegt darin, apokryphe Apostelakten als literarische Zeugnisse zu sehen und zu analysieren, die als solche einen kleinen Ausschnitt der Welten des frühen Christentums aufzeigen und darin Einblick gewähren. Anstelle einer Einordung in eine bestimmte Gattung sehe ich apokryphe Apostelakten eher als eine Gruppierung bestimmter, sehr

---

[43] GALLAGHER, Conversion and Salvation 28–29. Die Hervorhebung ist aus dem Original übernommen.
[44] WEIDEMANN, Taufe und Mahlgemeinschaft, besonders 119–129.
[45] WEIDEMANN, Taufe und Mahlgemeinschaft 120–121.

einheitlicher Texte,[46] die gerade aufgrund ihrer kreativen Gestaltung vielseitig Spielraum zur Interpretation geben (wollen), die wiederum auf verschiedenen Ebenen des Textes geschehen kann. Durch die Methode einer narrativen Analyse, die durch historisch-informierende Erläuterungen begleitet wird, soll ein Zugang versucht werden, der dem historischen Wert von Apostelakten einerseits und dem erzählerischen Charakter der Texte andererseits gerecht wird. Diese Methode greift somit methodologische Entwicklungen in der neueren Bibelexegese auf und überträgt die Verbindung von narratologischen und philologisch-historischen Ansätzen auf die apokryphen Apostelakten. So ermöglicht sich eine Lektüre der Texte von hohem heuristischen Wert: Narratologie nimmt Texte durch die ganzheitliche Wahrnehmung von Erzählperspektiven, Figurenkonstellationen und innertextlichen Dynamiken in den Blick, zugleich werden aber die für die Interpretation unerlässlichen historischen Einsichten und Perspektiven integriert.[47]

III. Methodische Folgerungen

1. Narrative Exegese als methodischer Ansatzpunkt

Leser bzw. Ausleger von schriftlichen Texten stehen immer neu vor der Aufgabe, aus einem großen Spektrum an Methoden einen Zugang zu wählen. Dies erfordert eine Entscheidung für geeignete Analyse- und Exegese methoden, die den jeweiligen Texten in ihrer Eigenart gerecht werden.

Der dieser Arbeit zugrundeliegende Text mit narrativem Charakter beeinflusst und fordert schließlich die narrative Analysemethode. Die vorliegende Arbeit möchte so mithilfe der Methode der narrativen Exegese einen Zugang zum Text finden und die Erzählung erschließen.

a) Aktuelle forschungsgeschichtliche Anknüpfung

Die Methode der narrativen Exegese als Zugang zu biblischen Texten zu wählen, ist im deutschsprachigen Raum erst seit wenigen Jahrzehnten mehr und mehr üblich. Ein ausführlicher Überblick, der diesen Zugang vorstellt, dabei auf die Entwicklung von Narratologie in Exegese und Literaturwissenschaft eingeht und die verschiedenen Schritte skizziert, wurde jüngst von

---

[46] Mein Verständnis ist dabei angelehnt an KLAUCK, Apokryphe Apostelakten, und SCHNEEMELCHER, Apostelgeschichten des 2. und 3. Jahrhunderts 71–81.

[47] Das Interesse der Arbeit richtet sich nicht primär auf die Textgenese bzw. den „historischen Wert" des Textes für die „Erzählte Zeit" des Paulus, sondern auf die Aufschlüsse, die sich aus dem interpretierten Text im Blick auf die Vorstellungen seiner Entstehungszeit ergeben.

Sönke Finnern publiziert.[48] Auf diese umfassende Erläuterung sei an dieser
Stelle verwiesen. Die erwähnte Publikation, eine Dissertation aus dem Jahr
2010, stellt ein umfassendes, aktuelles Grundlagenwerk zu Narratologie und
biblischer Exegese dar. Es zeigt die Entwicklung der Narratologie und ihre
bisherige Berücksichtigung in der Exegese auf. *Finnern* gelingt es, klassische
Methoden der Textinterpretation mit dem erzähltheoretischen Ansatz zu verbinden. Die einzelnen Schritte der Methode erläutert er anhand zahlreicher
Fragen, die an einen Text gestellt werden, genauer.[49] Die Methode wird durch
Beispiele nachvollziehbar vorgeführt. *Finnern* gibt in einem weiteren Beitrag,
der im „Handbook of Narratology" erschienen ist, einen Einblick in den Umgang mit Narrativität in den verschiedenen theologischen Disziplinen.[50]

b) Vorgehensweise einer narrativen Analyse

Als methodischer Ansatzpunkt wird die narrative Methode mit Schwerpunkt
auf Figurenführung mit ihren Fragestellungen gewählt, die in folgenden
Zeilen grundlegend erläutert werden:[51]

Ein Text in seiner narrativen Form ist dabei Ausgangspunkt der Analysen.
Diesem und den darin vorkommenden Figuren kann durch bestimmte Erzählstrategien auf verschiedenen Textebenen Bedeutung zukommen. So geht
einer detaillierten Einzelbetrachtung meist eine Analyse des Erzählgefüges
bzw. der Textstruktur voraus. Darauf folgt ein genauer Blick auf Aufbau und
Grundstruktur von kleineren Texteinheiten, um verschiedene *Erzählebenen*
der Episode kennzeichnen zu können. Daran schließt sich ein Blick auf die
Erzählumwelt an, das bedeutet, das zeitliche, räumliche und soziale Setting
der Handlung näher zu betrachten.

Ein weiterer großer Punkt der Analyse konzentriert sich auf die Beobachtung von Figuren und deren Dynamik innerhalb der Erzählung. Mithilfe der

---

[48] FINNERN, Narratologie. Vgl. auch die entsprechende Würdigung durch HÖLSCHER,
Rezension zu SÖNKE FINNERN, Narratologie.

[49] Dies zeigt FINNERN in Narratologie 244–254 z.B. anhand der Nikodemusgeschichte
auf, indem er in zwei großen Teilen die Methode anhand der vorab aufgelisteten Fragen
konkretisiert.

[50] FINNERN, Narration in Religious Discourse 435–446. Vgl. auch den aktuellen Beitrag
von BAMBERG, Identity and Narration 241–252, der die beiden Komponenten Narrativität
und Identität verbindet und die identitäts- und sinnstiftenden Wirkungen von Erzählungen
beschreibt. Als Muster für die Analyse narrativer apokrypher Texte gilt MERZ mit dem
Beitrag „Tränken und Nähren mit dem Wort", der die Mahlszenen der Paulusakten in den
Blick nimmt. Merz zeigt darin eine erste exemplarische Analyse der Apostelakten in der
Wahrnehmung als narrative Texte (269–295).

[51] Grundschemata bieten FINNERN, Narratologie, oder auch BAR-EFRAT, Wie die Bibel
erzählt, bzw. RESSEGUIE, Narrative Criticism. Die Konzepte sind in ihren Grundelementen
sehr ähnlich, die jeweils untersuchten Erzählungen zeigen, dass die Gewichtung der einzelnen Schritte je nach Text unterschiedlich ausfällt.

Untersuchung von Figuren-, Sprech-, Handlungskonstellationen nähert man sich der Erzählung und deren Handelnden von verschiedenen Seiten an:

Zuerst kann eine Handlungsanalyse, die in diesem Schritt vor allem auf der Makroebene des Textes erfolgt, vorrangig Stränge, Verläufe, Strukturen und Typen von Tätigkeiten in den Blick nehmen. Innere und äußere Handlungsabläufe wie auch deren zeitliche Aspekte – die Dauer, der Beginn und das Ende einer Handlung – sind zu differenzieren. Ein gezielter Blick auf den narrativen Kontext der Handlungsabläufe, das heißt auf Wortelemente der Szenen, kann diesem Vorgehen durch die Beobachtung folgender Elemente dienen:

Welche Abfolge von direkten Reden und narrativen Passagen ist festzustellen?
Können Wortelemente genauer identifiziert werden? Reden, Dialoge, Gespräche?
Können Elemente, die das Gesagte auf semantische und syntaktische Besonderheiten untersuchen, festgemacht werden?
Innerhalb der Untersuchung von Figuren und deren Dynamiken ist weiter die sogenannte *Rezeptions- bzw. Reaktionsanalyse* wichtig. Ein gezielter Blick auf die Entwicklung von Figuren, der sich auf Empathie, Sympathie, Emotionen und Erwartungshaltungen wie auch die geäußerten Bedingungen, Folgen und Ansprüche der Handlungsträger richtet, hilft, gewisse Strategien des Textes zu erkennen.
Daran schließt sich eng eine *Perspektivenanalyse* an. Diese geht auf Beteiligung, Distanz und Wahrnehmung und Innensicht der Figuren ein und nimmt auch den Erzähler und dessen Standpunkt in den Blick.[52]

Zusammenfassende Übersicht über die Analyseschritte:
Erzählebenen und Erzählumwelt
Die Dynamik von Figuren, unterteilt in:
Figurenkonstellationen
Dialogkonstellationen
Handlungskonstellationen
Reaktion bzw. Rezeption
Perspektivenanalyse

2. Figurenanalyse als methodischer Schwerpunkt

Der narrativen Exegese, die als methodischer Ansatzpunkt für die vorliegende Arbeit gewählt wird, schließt sich die Figurenanalyse als methodischer Schwerpunkt an. Wiederum werden zuerst für diese Methode wichtige aktuelle Forschungsbeiträge erwähnt, bevor eine Erläuterung von Vorgehensweisen, die der konkreten Einordnung von Figuren dienen, erfolgt.

---

[52] NICKLAS, Ablösung und Verstrickung 83, mit Verweis auf USPENSKY, Poetics of Composition, der vorschlägt, den Point of View in verschiedene Ebenen – *ideological*, *phraseological*, *spatial*, *temporal* und *psychological* – einzuteilen.

a) Aktuelle forschungsgeschichtliche Anknüpfung

Ruben Zimmermann[53] geht in einem jüngst erschienenen Artikel auf den Zusammenhang der beiden gewählten Zugänge Narratologie und Figurenanalyse ein. Er zeigt darin, dass „methodische Arbeiten zu einer Figurenanalyse Biblischer Texte in der Regel im Kontext narratologischer Gesamtentwürfe" stünden. Um dies zu verdeutlichen, erwähnt er wichtige Stationen dieser Forschungsrichtung und nennt wiederum *Finnern*, dem es in seiner Dissertation gelinge, „viele Aspekte unterschiedlicher Theorieentwürfe" zu bündeln.[54]

Mit diesem Beitrag bietet *Zimmermann* neben theoretischen Überlegungen zudem eine beispielhafte Figurenanalyse. Er gibt zuerst einen Überblick zu bisherigen Charakteranalysen von Figuren des Johannesevangeliums. Nach deren Klassifikation zeigt er anhand von Kriterien an den Beispielen Joh 4 und Joh 11 und an der Figur Johannes des Täufers Möglichkeiten und Grenzen solcher Studien auf. Generell warnt er vor Engführungen und schlägt eine „ausgewogene Balance zwischen historischen, narratologischen und auch rezeptionsästhetischen Ansätzen [...]"[55] vor.[56]

b) Einordnung der Figuren in den biblischen Erzählkontext

Letztlich können Figuren einer Erzählung anhand der Beobachtungen, die mittels einer narrativen Analyse, deren Schwerpunkt auf der Untersuchung der Figurenführung durch den Text liegt, in verschiedene Gruppen eingeteilt werden. Für biblische Figuren ist das Modell von *Adele Berlin*,[57] das vor allem auf einer Analyse alttestamentlicher Texte und deren Figurenzeichnung basiert, zu nennen. Sie unterscheidet zwischen voll ausgebildeten Charakteren (*character*), die der Erzähler auf vielfältige Weise zeichnet, Agenten (*agent*), von denen der Erzähler nur erwähnt, was zur Weiterentwicklung des Plots hilft, und Typen (*type*), die vom Erzähler nur bruchstückhaft charakterisiert werden, die sich „stereotyp" verhalten und somit repräsentativ für andere Figuren stehen.

---

[53] Vgl. ZIMMERMANN, Figurenanalyse 20–53.

[54] ZIMMERMANN, Figurenanalyse 24.

[55] ZIMMERMANN, Figurenanalyse 53.

[56] Als weitere Musteranalysen gelten ein kurz zuvor veröffentlichter Beitrag von Zimmermann, der mittels derselben, eben genannten Vorgehensweise auf Judenfiguren des Johannesevangeliums eingeht, vgl. ZIMMERMANN, The Jews 71–109, und die Dissertation von PHILIPP AUGUSTIN, welche die Judenfiguren im Petrusevangelium in den Blick nimmt. Die jüngst publizierte Dissertation von FREDERIK WAGENER nähert sich dem Thema Ethik im Johannesevangelium über die darin vorkommenden Figuren an. Er fasst den Text als Erzählung auf und wählt als Methode eine narratologische Analyse mit ethischer Ausrichtung. Durch die Analyse von vier Figuren ermöglicht sich ein Zugriff auf das Johannesevangelium und dessen ethischen Gehalt, vgl. WAGENER, Figuren als Handlungsmodelle.

[57] Vgl. BERLIN, Poetics 23–24.33–34.

Nicklas[58] wendet dieses auf neutestamentliche, johanneische, Texte an[59] und fügt Aspekte hinzu, die grundsätzlich bei einer Charakterisierung biblischer Figuren beachtet werden sollten, da narrative Texte Figuren auf vielfältige Weise darstellen und charakterisieren können. Eine wichtige Neuerung von *Nicklas*, die *Berlin* nicht in den Blick nimmt, ist dabei die Analyse von Texten und deren Figuren über intertextuelle Bezüge.[60]

Neben der expliziten Darstellung von Figuren durch direkt genannte Merkmale können Texte mithilfe der Technik der Kontrastierung bzw. Parallelisierung Charakterzüge einer Figur innerhalb einer Erzählung darstellen. Eine Möglichkeit ist somit, dass Figuren durch ihr Agieren gekennzeichnet werden. Das Verhalten oder der Charakterzug einer Figur ist dabei oft nicht nur durch das eigene, sondern durch das Verhalten anderer zu beobachten. Daneben können Erzählungen Figuren aufgrund von deren Äußerungen einordnen. Diese können semantisch wie auch inhaltlich aufschlussreich sein. Wortsemantische Analysen helfen dabei, die Aussagen und damit die Figur zu kontextualisieren. Sie setzen diese in Bezug zu Wortverwendungen in paganen, biblischen und christlichen Texten und grenzen sie von ihnen ab oder stellen sie in eine Linie mit ihnen. Grundsätzlich ist dabei jeweils zu beachten, ob ein Charakter in sich logisch oder unlogisch und widersprüchlich agiert, ob die Aussagen von Charakteren jeweils eindeutig zu beurteilen oder ob sie in sich widersprüchlich gestaltet sind.

Neben diesen Möglichkeiten, die dem Erzähler gegeben sind, Charaktere zu zeichnen, ist auch die Perspektive, die den Figuren innerhalb der Erzählung auf Dinge oder andere Figuren zugeschrieben wird, zu beachten: Die Beschreibungen und Kennzeichen von Figuren und Figurengruppen kann aus der Sicht des Erzählers selbst geschildert werden, wobei diese Perspektive dabei von derjenigen gruppeninterner Figuren und nochmals von der Außenstehender zu differenzieren ist.[61]

Eine Annäherung an einen narrativen Text des zweiten Jahrhunderts mit Fokus auf dessen Figurenführung soll mittels der von *Nicklas* erwähnten Ana-

---

[58] Vgl. NICKLAS, Ablösung und Verstrickung 84–85, und NICKLAS, Leitfragen 45–61 (60–61), der in diesem Beitrag Leitfragen zur prozeduralen Interpretation von Texten gibt, die ein „gegenseitig bedingtes Ineinander und Zueinander, das nur im Miteinander zur Interpretation führt", ermöglichen. Bei narrativem Charakter könnten zusätzliche Merkmale beachtet werden, dabei komme auch den Charakteren der Erzählung besondere Bedeutung zu.

[59] Auch ZIMMERMANN, Figurenanalyse 35, der ebenfalls versucht, die Figuren der erzählten Welt des Johannesevangeliums zu systematisieren, indem er diese in Haupt-, Neben- und Randfiguren einteilt. Die knappe Beschreibung der Figurengruppen zeigt einen Bezug zur Einteilung BERLINs, somit könnte *character* für Hauptfigur, *agent* für Nebenfigur, *type* für Randfigur stehen.

[60] Vgl. NICKLAS, Ablösung und Verstrickung 398.

[61] Vgl. dazu NICKLAS, Ablösung und Verstrickung 84–86.

lysetechniken versucht werden. Aufgrund der zeitlichen Distanz zu biblischer Literatur sind wortsemantische Analysen hinzuzufügen, die helfen, Erzählerkommentare oder Worte von Figuren näher einzuordnen, und dadurch entscheidend zu deren Charakterisierung beitragen können. Eine Einteilung der Figuren nach dem Vorschlag von *Berlin* soll ebenso zur grundlegenden Annäherung an die Figurendarstellung einer narrativen Erzählung erfolgen.

Auf Basis dieser Vorarbeiten werden folgend konkrete Schritte genannt, die für eine historisch-informierte narrative Analyse mit Schwerpunkt einer Beobachtung der Figurenführung auf einen erzählenden Text des zweiten Jahrhunderts angewendet werden können.

3. Folgerungen für die konkrete Vorgehensweise

Anhand leitender Schritte einer Erzählanalyse[62] werden im Hauptteil zuerst wesentliche Linien des Textes als Ganzem herausgearbeitet. Dafür wird die Erzählung in inhaltlich wie strukturell logische Sinneinheiten geteilt. Der erste Schritt der Analyse der Abschnitte[63] berücksichtigt dabei zuerst die Text- und Erzählstruktur. Das bedeutet, allgemeine strukturale und narrative Merkmale der jeweiligen Texteinheit werden beschrieben. Dazu gehören Angaben zu Erzähler, Erzählperspektive wie auch den Erzählebenen des Textes. Dabei wird die Erzählumwelt analysiert, das meint das räumliche, zeitliche und soziale Setting der Erzählung. Einige Abschnitte können darüber hinaus durch verschiedene Erzählweisen strukturiert werden. Die Gliederung ergibt sich dementsprechend aus der Abfolge von Monologen, Dialogen und Erzählstücken.

In einem weiteren Schritt wird die erzählte Welt beschrieben. Ein zweiter großer Analyseschritt nimmt Figuren des Plots und deren Charakterisierung in den Blick. Zuerst wird jeweils ihr Bestand, ihre Konfiguration und Konstellation zueinander beschrieben und analysiert. Daran schließt sich eine Beschreibung dieser an: Mithilfe von Untersuchungen zu Dialog- und Handlungskonstellationen sowie Emotionen und Reaktionen können gewisse Dynamiken und Entwicklungen von Figuren festgemacht werden. Als ein Ergebnis der jeweiligen Beschreibung sollen die Bedeutung und die Funktion der jeweiligen Figur für den Handlungsverlauf festgehalten werden. Insgesamt fügt sich dadurch im Verlauf der Analysen Stück für Stück ein Bild der Figuren zusammen.

---

[62] Die Methode der Erzählanalyse und ihre Kategorien bzw. Untersuchungsgegenstände sind der Einteilung von FINNERN, Narratologie, entnommen.

[63] Für die Fragestellung ist eine abschnittsweise Analyse vorzuziehen. Neben spezifischen Angaben des Textes sind es vor allem große Erzählbögen und die Gesamtdarstellung einzelner Figuren, die informativ und aufschlussreich erscheinen. Vgl. dazu auch PERVO, Acts of Paul 233: „The creator of this scene was more skilled in the broad outline than in details".

Die Erläuterung des Erzählgeschehens wird an vielen wesentlichen Stellen durch historisch-informierende Angaben erweitert. Dadurch werden die Beobachtungen der Textanalyse in einen historischen Kontext gestellt. Als Kriterium für die Einfügung solcher Informationen soll dabei einerseits deren Beitrag zur Charakterisierung der Figuren gelten. Das heißt konkret, insofern historische Informationen bereits genannte Elemente der Figurenanalyse oder weitere Aspekte ergänzen, werden sie in die Analyse integriert. Andererseits ist die Annäherung an die historische Ebene der Erzählungen durch solche Themenbezüge ausschlaggebend. Insofern der Text Hinweise zum weiten Themenfeld Konversion und Initiation gibt, werden historisch-informierende Ausführungen vorgenommen.

Wortsemantische Analysen dienen darüber hinaus zur näheren Einordnung aussagekräftiger griechischer Begriffe oder Begriffsfolgen innerhalb der Erzählung. Dabei wird zuerst ein Überblick über den Gebrauch dieser in paganen, biblischen und christlichen Texten gegeben. Daneben erfolgt eine Untersuchung der Verwendung der jeweiligen Worte im Erzählkontext der Paulus- und Theklaakten. Ein Vergleich der Ergebnisse kann in einem letzten Schritt helfen, Linien oder Bezüge in der Begriffsverwendung zu zeigen. Letztlich trägt die wortsemantische Analyse zur weiteren Einordnung des Textes und der Zeichnung von dessen Figuren bei.

Die Analyse der Abschnitte wird an relevanten Stellen durch Anmerkungen zu Grammatik und Wortwahl, aber auch zu rhetorischen und stilistischen Mitteln, die das Erzählgeschehen näher erläutern, ergänzt. Ausschlaggebend für die Anführung ist wiederum deren Beitrag zur Analyse der Figuren.

Für den analytischen Teil ist zwar ein abschnittsweises Vorgehen vorzuziehen. Da sich aber für die Gesamtdarstellung einzelner Figuren vor allem große Erzählbögen als informativ und aufschlussreich erweisen, führt jeder Abschnitt in ein Zwischenergebnis. Dieses nennt jeweils entscheidende Punkte, die eine Entwicklung von Figuren und deren Konstellationen aufzeigen. So werden einerseits die Linien der Analyse zusammengeführt und gebündelt, andererseits kann eine Dynamik in der Figurenführung Abschnitt für Abschnitt aufgezeigt und nachvollzogen werden.

4. Textauswahl

Besonders in den Blick der Forschung rückten in den vergangenen Jahren die *apokryphen Akten des Paulus*. Als narratives Zeugnis des Eindringens des Christentums in weitere Schichten der hellenistisch-römischen Gesellschaft sind sie bedeutend für die Entwicklung des christlichen Glaubens im zweiten Jahrhundert, der besonders auch von Identitäts- und Konversionsthematik geprägt ist.

Die Analyse richtet sich innerhalb der Paulusakten auf die *Akten des Paulus und der Thekla*. Eine formale bzw. narrative Analyse mit Schwerpunkt auf die Figurenführung bietet sich als Zugang zum Text an, um dessen narrativem Stil gerecht zu werden.

a) Einleitungsfragen zu den Acta Pauli

aa) Überlieferung und Editionen

Zwei bedeutende Editionen des 20. Jahrhunderts lassen die bis dahin bekannten, drei größeren Textabschnitte der Paulusakten – Theklaakten (ActPlTh), der Briefwechsel mit den Korinthern (3Kor) und ein Martyriumsbericht (MartPaul) – als Bestandteile eines großen Gesamtwerkes erkennen, das nicht vollständig erhalten ist, aber anhand der Aufenthaltsorte[64] des Apostels rekonstruiert werden kann. Die Inhalte sind durch Episoden und Etappen gegliedert.

Carl Schmidt erkannte 1896 in einem Konvolut von Papyrusstücken fragmentarische Überreste der Paulusakten. Die Universitätsbibliothek Heidelberg erwarb diese koptische Handschrift aus dem sechsten Jahrhundert[65] und *Schmidt* edierte sie erstmals 1904/05.[66] Ein weiterer fragmentarischer Textzeuge ist der griechische Papyrus Hamburg, der um das Jahr 300 zu datieren ist. Er wurde 1927 identifiziert und 1936 von *Schmidt* und *Wilhelm Schubart* ediert.[67] 1959 erkannte *Rudolphe Kasser* im Papyrus Bodmer 41 den Anfang der Ephesusepisode. Dieser koptische Papyrus ist in Übersetzung von *Kasser* in Band 2 der neutestamentlichen Apokryphen von *Schneemelcher* zugänglich (dort mit PG abgekürzt), 2004 erfolgte die Edition des Papyrus. Eine weitere Textausgabe von *Alfred Max Bonnet* und *Richard Adelbert Lipsius* bietet einen griechischen Text der Acta Pauli et Theclae aus elf griechischen Handschriften sowie lateinischen, syrischen, slawischen und arabischen Versionen und weiteren kleinen Zeugen.[68]

Den vorliegenden Ausführungen liegt der griechische Text dieser Ausgabe der Acta Pauli et Theclae zugrunde. Aufgrund des Fehlens einer aktuellen

---

[64] Folgende Stationen des Weges werden erwähnt: Damaskus – Jerusalem – Antiochien – Ikonium – Antiochien – Myra – Sidon – Tyrus – Smyrna – Ephesus – Philippi – Korinth – Italien – Rom.

[65] Vgl. G. SNYDER, Acts of Paul 2, der es als „late fifth or early sixth-century Coptic manuscript" datiert, den PHamb als ein „fourth-century Greek manuscript" bezeichnet.

[66] Eine Auflistung der Handschriften samt Editionsnachweisen findet sich bei GEERARD, Clavis 117–119.

[67] Weitere Hinweise auf zum Teil unedierte kleine Fragmente bestätigen die vorhandenen Textpassagen. Darunter sei der 1920 erfolgte Hinweis auf ein bisher unediertes koptisches Fragment des vierten Jahrhunderts mit einigen Zeilen des Anfangs der Paulusakten genannt; aufbewahrt wird es in der John Ryland Library (Ry).

[68] Ca. 50 Manuskripte bezeugen die Paulus- und Theklaakten. Der Text lässt sich lückenlos rekonstruieren.

maßgeblichen kritischen Edition werden an diversen Stellen neben dieser verschiedene weitere Übersetzungen vergleichend herangezogen.

Da in der Analyse gelegentlich Verweise bzw. Bezüge zu weiteren Episoden der Paulusakten erfolgen, werden die Abkürzungen der einzelnen Papyri bzw. Textfragmente auch aufgelistet:

Aa   für den griechischen Text der Acta Pauli et Theclae, der aus elf griechischen
          Handschriften sowie lateinischen, syrischen, slawischen und arabischen Versionen zusammengestellt ist und dazu noch weitere kleine Zeugen enthält.[69]
PHeid   für den koptischen Papyrus Nr. 1 in Heidelberg des sechsten Jahrhunderts, der
          umfangreiche Fragmente der ganzen Paulusakten bietet.[70]
PHamb   für den griechischen Papyrus der Hamburger Staats- und Universitätsbibliothek,
          der folgende Episoden enthält: Ephesus (p. 1–5), Korinth (p. 6–7), Fahrt von
          Korinth nach Italien (p. 7–8), Teile des Martyriums (p. 9–11).[71]
PBodm   für den koptischen Papyrus, der die Ephesusepisode vollständig enthält.[72]

bb) Datierung und Lokalisierung

Die Überlieferungslage der apokryphen Paulusakten ist schwierig. Anhaltspunkte zur Datierung liefert Tertullian, der um die Wende vom zweiten zum dritten Jahrhundert in seiner Schrift De baptismo 17,5 auf die Paulusakten eines Presbyters in Kleinasien Bezug nimmt.[73] Wenn man dies berücksichtigt und zudem die Johannesakten als dem Verfasser der Paulusakten bekannten Vorläufer vermutet, wäre eine Entstehung des Textes um 170/180 anzunehmen. Die Frage nach der genaueren Datierung der Akten des Paulus und der Thekla als einer Quelle der Paulusakten ist jedoch deutlich komplexer. *Bremmer* gibt einen Datierungsvorschlag, der sich auf Figuren des Textes stützt. Er macht den innovativen Vorschlag, eine Figur der Paulus- und Theklaakten namens Falconilla mit der bekannten historischen Persönlichkeit Falconilla[74] zu identifizieren und den Text deshalb in die 60er Jahre des

---

[69] ALFRED MAX BONNET und RICHARD ADELBERT LIPSIUS (Hrsg.), Acta apostolorum apocrypha. Acta Petri, Acta Pauli, Acta Petri et Pauli, Acta Pauli et Theclae, Acta Thaddaei, Darmstadt 1959.

[70] CARL SCHMIDT, Acta Pauli aus der Heidelberger koptischen Papyrushandschrift Nr. 1 (Nachdr. der 2. erw. Ausg. Leipzig 1904/05), Leipzig 1965.

[71] CARL SCHMIDT und WILHELM SCHUBART, ΠΡΑΞΕΙΣ ΠΑΥΛΟΥ. Acta Pauli nach dem Papyrus der Hamburger Staats- und Universitätsbibliothek, Veröffentlichungen aus der Staats- und Universitätsbibliothek Hamburg, Neue Folge 2, Glückstadt u. a. 1936.

[72] RUDOLPHE KASSER und PHILIPPE LUISIER, Le Papyrus Bodmer XLI en Édition Princeps l'Épisode d'Éphèse des Acta Pauli en Copte et en Traduction, in: Le Muséon 117 (2004), 281–384.

[73] Vgl. dazu HILHORST, Tertullian 150–163, wie auch BREMMER, The Apocryphal Acts. Authors, Place, Time and Readership 153, und neuerdings DERS., Onomastics.

[74] Pompeia Sosia Falconilla als Frau des römischen Konsuls des Jahres 163 ist in zahlreichen Inschriften belegt; vgl. ECK, Familien 109–128.

zweiten Jahrhunderts zu datieren.[75] Ein Anhaltspunkt zur Datierung mag dadurch durchaus gegeben sein, die Tatsache, dass eine so bekannte Persönlichkeit historisch nicht korrekt zugeordnet wird, lässt eine letzte Sicherheit jedoch nicht zu. *Bremmer* macht einen weiteren Vorschlag zur Datierung. Dabei wird die im Text erwähnte Via Sebaste, eine von Augustus in Auftrag gegebene Straße zwischen den Kolonien Pisidien, Phrygien und Lykaonien, die 198 erneuert wurde, zum Anhaltspunkt: Die Nennung dieser Straße, verbunden mit dem Erweis neuerer Studien, welche auch die apokryphen Akten des Petrus, die zwischen 180 und 190 datiert werden können, als den Paulusakten bekannt vorauszusetzen sind,[76] gehen von einer Entstehungszeit im letzten Jahrzehnt des zweiten Jahrhunderts aus, genauer kurz nach 198: „Perhaps we could even suppose a date shortly after AD 198."[77] Diese innovative Verbindung ist allerdings mit den Angaben bei Tertullian schwer in Verbindung zu bringen und meines Erachtens damit eher unwahrscheinlich. Mit der Angabe bei Tertullian ist vielleicht auch ein Hinweis auf Verfasserschaft und Lokalisierung der Texte gegeben. Möglicherweise kann man von einem gebildeten Presbyter Kleinasiens als Verfasser ausgehen.[78]

Schmidt spricht den Paulusakten insgesamt einen großkirchlichen Charakter zu und vermutet einen Verfasser, der ein Vertreter der Kirche Asiens war und „orthodox dachte", und zwar gemäß einer Orthodoxie des zweiten Jahrhunderts.[79] Er stellt auch die Vermutung an, die Paulusakten könnten in Smyrna entstanden sein, da sich einige Namen, die in den Paulusakten verwendet werden, mit Schriften aus dieser Stadt decken.[80] *Bremmer* präzisiert in einem aktuellen Beitrag diese und auch die früheren eigenen Aussagen und nähert sich der Frage nach der Verfasserschaft mittels einer Untersuchung der in den Paulusakten gebrauchten Namen an.[81] Die Analyse biblischer Namen, solcher, die aus dem griechischen Raum kommen, Namen, die in die Entstehungszeit der Paulusakten passen, und auch solcher, die weder biblischen noch kulturellen oder historischen Hintergrund haben, lässt ihn zur Vermutung kommen, dahinter verberge sich ein Verfasser, dessen Herkunftsort zwar nicht genau festgemacht werden könne, der südliche Raum Kleinasiens und die Städte Lycia oder Ikonium seien aber möglich. Die Analyse *Bremmers* gibt zudem Aufschluss über das Profil des Schreibers: Dieser sei sowohl mit griechischer Geschichte, Mythologie und Philosophie vertraut, zeige

---

[75] BREMMER, Apocryphal Acts 153, und DERS., Magic 52.

[76] SPITTLER, Animals 146–148, und ZWIERLEIN, Petrus und Paulus 214–218.

[77] BREMMER, Onomastics.

[78] Vgl. KLAUCK, Apokryphe Apostelakten 64 Anm. 5.

[79] SCHMIDT, Acta Pauli 183.

[80] Klauck weist in diesem Zusammenhang auch auf den Vorschlag hin, die Entstehung der Johannesakten nach Smyrna zu verlegen; vgl. KLAUCK, Apokryphe Apostelakten 64.

[81] Vgl. BREMMER, Onomastics. Dieser aktuelle Beitrag baut auf vorausgehenden Untersuchungen auf: DERS., Magic 56.

theologisches Interesse und kenne auch die Lokaltraditionen des südlichen bzw. südwestlichen Kleinasiens.[82]

b) Vorstellung der Textpassage:[83] Die Acta Pauli et Theclae

Die Theklaepisode hat neben den Paulusakten eine eigenständige Entwicklung erfahren. Möglicherweise sind die Theklaakten unabhängig von den Paulusakten entstanden und wurden erst sekundär in diesen großen Erzählrahmen eingefügt. Die große Zahl an bekannten Handschriften – bis zu 80 griechische Handschriften, dazu vier lateinische und weitere altorientalische – zeigt die Bedeutung des Textes. Vielfältige Traditionen schreiben die Geschichte weiter und entfalten dabei die Informationen um ihre Hauptperson.[84]

Die kürzlich erschienene Arbeit von *G. Snyder* weist darauf hin, den Ausdruck „Paulusakten" und das damit verbundene mögliche Missverstehen mitzubedenken. Die Paulusakten seien eine Zusammenstellung verschiedener Paulustraditionen, die nebeneinander im Umlauf waren und durch „composition, reception and development of the traditions"[85] als „Acts of Paul" bewahrt und erhalten sind. So könnten sie als das unmittelbare Ergebnis einer Sammlung und Aneinanderreihung von Erzählungen angesehen werden.[86] *Bremmer* meint dagegen, es gebe keinen Prozess des Sammelns und Ordnens diverser Passagen zu einer „Neuen Biographie" des Apostels. Neben den großen Sammlungen Papyri Hamburg und Heidelberg, die jeweils diverse Episoden über Paulus schildern, waren auch Einzelteile davon Umlauf. Es gebe einerseits unabhängige Überlieferungen der Paulus- und Theklaakten, des Martyriums des Paulus oder auch des Dritten Korintherbriefes. Andererseits zeigten die Akten des Titus, ein in das fünfte bis siebte Jahrhundert zu datierender Text,[87] der Bezug auf diverse Erzählungen der Paulusakten nimmt, dass daneben auch ausführliche Textsammlungen der Paulusakten in Umlauf waren.[88] *Bremmer* kommt zu einem Ergebnis, das den Untersuchungen

---

[82] Vgl. BREMMER, Onomastics.

[83] Vgl. für folgenden Abschnitt den Beitrag von EBNER und LAU, Überlieferung, Gliederung und Komposition 1–9.

[84] Die Bedeutung des Textes zeigt auch dessen reiche Nachgeschichte. Zahlreiche Codices belegen die weite Verbreitung der Paulus- und Theklaakten sowie die Fort- und Weiterschreibung der Inhalte. Siehe dazu den Band von JOHNSON, The Life and Miracles of Thekla, oder den Sammelband von BREMMER, The Apocryphal Acts of Paul and Thecla.

[85] G. SNYDER, Acts of Paul, Introduction.

[86] Vgl. G. SNYDER, Acts of Paul 100: „The *Acts of Paul and Thekla*, like the *Martyrdom of Paul* and the *Ephesus Act*, is a text that circulated both independently and in at least some collections of ‚Acts of Paul,' including the sixth-century Coptic manuscript at Heidelberg (*P. Heid.*)" (Hervorhebung ist aus dem Original übernommen), und DERS., Acts of Paul and Conversions of Paul 282–301.

[87] Zur Datierung der Titusakten NICKLAS, Die Akten des Titus.

[88] Vgl. BREMMER, Onomastics.

G. Snyders entgegensteht, meines Erachtens dennoch plausibel und nachvollziehbar scheint: Unter Berücksichtigung dieser beiden Phänomene ist folglich hinsichtlich der Komposition der Paulusakten gerade kein Prozess des Sammelns und Verknüpfens von Texten anzunehmen, sondern vielmehr von einem Nebeneinander von Einzeltexten wie auch Textsammlungen auszugehen.

c) Die Acta Pauli und das Verhältnis zu kanonischen Texten – Forschungsüberblick

aa) Die Acta Pauli und die Apostelgeschichte

Die Forschungsliteratur zeigt, dass eine Beschäftigung mit den apokryphen Paulusakten häufig die Frage nach dem Zusammenhang von kanonischer Apostelgeschichte und den Paulusakten stellt. Die Paulusakten schildern den Weg des Apostels Paulus von seiner Berufung bis zum Martyrium in Rom, „[d]amit stellen sie in gewisser Weise eine Parallelerzählung zur lukanischen Apostelgeschichte dar, von der sie sich aber literarisch und inhaltlich grundlegend unterscheiden",[89] so _Jens Schröter_. Dieser Bezug der Paulusakten zur Apostelgeschichte wurde in den vergangenen Jahrzehnten unterschiedlich verstanden und aufgefasst. Ein aufschlussreicher Durchgang durch die Forschungsgeschichte ist bei _Claudia Büllesbach_[90] zu finden. Der Beitrag bietet eine übersichtliche Zusammenstellung der verschiedenen Positionen. _Büllesbach_ stellt die einzelnen Meinungen jeweils dar, reflektiert diese kritisch und schafft es, sie mittels aussagekräftiger Unterüberschriften zusammenzufassen:

Carl Schmidt, Die Acta Pauli als Fälschung,[91]
Wilhelm Schneemelcher, Die Acta Pauli zwischen Kenntnis und Unabhängigkeit von der lukanischen Apostelgeschichte,[92]
Willy Rordorf, Die Unabhängigkeit der Acta Pauli und ihr Quellenwert für das Ende des Paulus,[93]
Verschiedene Ansätze zur Intertextualität der Apostelgeschichte des Lukas und der Acta Pauli,[94]
Richard Bauckham, Die Acta Pauli als Fortsetzung von Act 28,31,[95]
Richard I. Pervo, Die Acta Pauli als „revision" und „counter-blast",[96]
Daniel Marguerat, Die Acta Pauli als „relecture" der Apostelgeschichte des Lukas.[97]

---

[89] SCHRÖTER, Paulusdarstellung 557.
[90] BÜLLESBACH, Verhältnis 215–237.
[91] Mit Verweis auf SCHMIDT und SCHUBART, ΠΡΑΞΕΙΣ ΠΑΥΛΟΥ.
[92] Bezugnehmend auf SCHNEEMELCHER, Die Apostelgeschichte des Lukas und die Acta Pauli, und DERS., Der getaufte Löwe.
[93] RORDORF, Verhältnis 225–241.
[94] Büllesbach nennt hier als bedeutenden Beitrag MARGUERAT, Actes de Paul 207–224, sowie DERS., L'héritage 87–97.
[95] BAUCKHAM, The _Acts of Paul_ 159–168.
[96] Mit Bezug auf den Beitrag von PERVO, A Hard Act to Follow 3–32.
[97] MARGUERAT, Actes de Paul 207–224.

Diese Auflistung zeigt, dass Vertreter der neueren Forschungsgeschichte, mit Ausnahme *Willy Rordorfs*, ein Zueinander von Apostelgeschichte und Paulusakten annehmen, die näherhin einer Rezeption gleichkommt.[98] Dies ist am Aufbau und an den sprachlichen Elementen der Texte zu sehen. Hinsichtlich des Paulusbildes sei es für die Paulusakten von Bedeutung gewesen, ein derartiges unabhängig von dem der Apostelgeschichte zu kreieren. Dies könne an den verschiedenen Schwerpunktsetzungen hinsichtlich der Schilderung des Endes des Apostels festgemacht werden. Spiele in der Apostelgeschichte immer wieder Paulus als römischer Bürger eine Rolle, so liege dem Autor der Acta Pauli daran, einen „selbstständigen Plan" und ein „Mosaik von mündlichen und schriftlichen Traditionen" zusammenzustellen, das Paulus „als Teil der militia [...] gegen Nero und Rom" stilisiere.[99]

Die folgenden Analysen wollen den Text der Paulusakten nicht auf Intertexte oder Verweise auf die Apostelgeschichte lesen, sondern eine andere Ebene der Textbeobachtung in den Blick nehmen. Es wird dafür von einem Verfasser ausgegangen, der die Apostelgeschichte kannte, sie nicht unbedingt in schriftlicher Form vor sich hatte, der diese nicht als verbindlich und feststehend ansah, sondern sie für seine Darstellung des Apostels als Grundbild benutzte und neu inszenierte. Dadurch setzte er Schwerpunkte anders, betonte neue Elemente und bereitete diese auf. Zugleich ist ein Verfasser vorausgesetzt, der Passagen und Informationen weggelassen hat, weil sie in der Situation unwichtig waren oder ein informierter Leser angenommen wurde.

Die Paulusakten stellen sich mit diesem Hintergrund als Texte dar, in denen das Grundmuster eines alten Textes bewahrt bleibt, das aber in eine neue Situation, in der sich das Interesse änderte bzw. sich auf etwas anderes stützte, übertragen wurde. Auf Basis dieser Annahmen wird versucht, ein Bild des Apostels zu zeichnen, das einerseits in Bezug zur Apostelgeschichte steht, das aber innerhalb eines Erzählkontextes entsteht, der abweicht und dessen Plot und Figurenkonstellationen neue Schwerpunkte setzen.

bb) Die Acta Pauli und die Pastoralbriefe

Für die Paulus- und Theklaakten wurden bisher vor allem die Pastoralbriefe als Bezugstext in den Blick genommen. Ausschlaggebend dafür sind Namen, die in beiden Texten vorkommen. Wie die Paulusakten mit den Pastoralbriefen in Verbindung stehen, zeigt *Rordorf* anhand von denjenigen Namen und Ereignissen, die sowohl in den Pastoralbriefen wie auch in den Paulusakten vorhanden sind, auf: Es bestünden zum einen „disparate Geschichtsbilder der Apostelgeschichte, der Pastoralbriefe und der Paulusakten", die sich nicht „harmonisieren" ließen. Zum anderen seien diese „konkurrierenden

---

[98] Vgl. BÜLLESBACH, Verhältnis 236.
[99] Vgl. BÜLLESBACH, Verhältnis 236–237.

Aufrisse der Geschichte der paulinischen Mission im 2. Jahrhundert [...] wesentlich unabhängig voneinander entstanden und [stehen] darum in Spannung zueinander."[100] *Klauck* dagegen sieht in den Paulusakten Texte, die Personeninformationen der Pastoralbriefe aufnehmen würden. Es sei jedoch schwer zu erkennen, wo sich der Verfasser auf mündliche Tradition berufe bzw. Ergänzungen anfüge.[101]

Neben den Beiträgen, die vor allem auf die in beiden Texten vorkommenden Namen eingehen, gibt es eine Studie von *Jeremy Barrier*, die im Zusammenhang von Untersuchungen des historischen Kontextes der Paulus- und Theklaakten auch die Abhängigkeit dieser von den Pastoralbriefen behandelt und dabei die Analyse von einzelnen Wörtern und des weiteren Erzählkontextes vornimmt. Hinzu kommt die Berücksichtigung von Namen, Titeln und Orten. Nicht zuletzt werden theologische Themen miteinbezogen, wobei sich diese auf das Themenfeld Ehe/Reinheit ausrichten.[102] *Barrier* kommt zu folgendem Fazit: „the Pastorals and the *APTh* share no direct link, but are related only through independent strains of early Christian oral traditions of Paul's activities in Iconium, Antioch, and/or Asia, and possibly some New Testament texts (namely Matthew)".[103] Diese doch sehr allgemein gehaltenen Aussagen sollen in den folgenden Analysen mitbedacht und präzisiert werden.

Eine weitere Gruppe von Beiträgen geht vor allem auf das Paulusbild ein, das die beiden Texte vermitteln wollen. *Rhode* meint, das Paulusbild der Paulusakten stehe „in direktem Gegensatz zu dem der Pastoralbriefe". Damit wolle der Verfasser der Paulusakten jedoch keine Polemik gegen die Pastoralbriefe aufbringen, denn die Paulusakten seien im Gegensatz zu den Pastoralbriefen kaum polemisch zu sehen.[104] Aus dieser Überzeugung heraus ordnet er die Paulus- und Theklaakten auch in ihrer „Gesamthaltung doch nicht polemisch, sondern erbaulich und unterhaltend [...]"[105] ein, eine Folgerung, die, wie die narrativen Analysen zeigen werden, nur auf einer gewissen Ebene ausgesagt werden kann.

---

[100] RORDORF, Verhältnis 461–465.

[101] KLAUCK, Apokryphe Apostelakten 87.

[102] Den Umgang mit paulinischer Tauftheologie in den Pastoralbriefen erläutert VEGGE, Baptismal Phrases 536–550. Er unterscheidet dabei zwischen direkten (vgl. Titusbrief), eventuell eher indirekten bzw. uneindeutigen Bezügen (Erster und Zweiter Timotheusbrief) zur Taufe (536). Theologische bzw. paulinische Wendungen wie auch Motive werden durch den Gebrauch in neuen und anderen Zusammenhängen verändert, nicht selten werden für paulinische Theologie (z.B. im Römerbrief) noch selbstverständliche, entscheidende baptismale Elemente ausgelassen und/oder ergänzt.

[103] Vgl. BARRIER, Acts of Paul and Thecla 33–45, hier 45.

[104] Vgl. RHODE, Pastoralbriefe 309.

[105] RHODE, Pastoralbriefe 310.

Den Zusammenhang, der zwischen der Aufnahme der Figur des Paulus in den Paulusakten und der damit verbundenen Authentifizierung des Inhalts besteht, zeigt *Alkier*. Der Verfasser der Pastoralbriefe benutzte die Autorität des Apostels, „um seine Auffassungen von der Organisation, der Dignität und den Aufgaben der Kirche im Streit um das wahre Verständnis der christlichen Überlieferung in der ersten Hälfte des 2. Jhs. einzubringen."[106] Der Verfasser der Paulusakten wollte „das Erbe der paulinischen Briefe nicht nur durch ihre weitere Verlesung und Überlieferung sichern", vielmehr sah er „die Notwendigkeit [...], einiges neu zu formulieren, damit die Stimme des Paulus, wie der Verfasser der Pastoralbriefe es verstand, das Verständnis des Evangeliums von Jesus Christus auch im zweiten Jahrhundert nach Christi Geburt befördern konnte."[107]

Im Anschluss an diese plausible und überzeugende Feststellung *Alkiers* soll in den Analysen gezeigt werden, wie der Verfasser der Paulus- und Theklaakten mithilfe der Figur Paulus und dessen Autorität versucht, authentische Aussagen zur paulinischen Lehre zu machen. An diversen Passagen der Analyse soll aufgezeigt werden, wie sich der Text für einen Leser, der die Pastoralbriefe kennt und einspielt, lesen und verstehen lässt. Dabei wird davon ausgegangen, dass die Pastoralbriefe deutlich vor den Paulusakten zu datieren sind und dass Letztere diese voraussetzen. Ich nehme dabei mit *Jürgen Roloff*, der die Fragen zur Datierung schlüssig nebeneinanderstellt und abwägt, eine Einordnung der Pastoralbriefe um 100 n. Chr.[108] an. Dadurch wird deutlich, wie sich die Paulus- und Theklaakten mit den Pastoralbriefen auseinandersetzen und durch ihren narrativen Stil erzählend Stellung zu deren Theologie und Inhalten nehmen will.

---

[106] ALKIER, Auferweckung 71.

[107] ALKIER, Auferweckung 72.

[108] Die Datierung der Pastoralbriefe wird sehr unterschiedlich vorgenommen und erweist sich als schwierig, da im Text selbst kaum Anhaltspunkte dafür gegeben werden. BAUER, Rechtgläubigkeit 229, und VIELHAUER, Geschichte 237, beispielsweise vertreten eine Spätdatierung. Diese sei nach Markion anzusetzen: Als Grund dafür werde oftmals ein Zusammenhang zwischen 1Tim 6,20 und den Antithesen Markions genannt. Die gegenteilige Position nimmt eine Datierung um 100 an, unabhängig von Markion und gestützt auf verschiedene Faktoren der Texte: Es wird beispielsweise das Gemeindeleben in einer Form beschrieben, wie es für die Zeit von 110 und 130 anzunehmen sei und nicht früher. Als inhaltlicher Punkt sei auf die in den Texten Bezug genommene Irrlehre verwiesen, die auch einer sehr frühen Form der Gnosis entspreche, wie sie um das Jahr 90 belegt sei. Für weitere Faktoren siehe ROLOFF, Der Erste Brief an Timotheus 45–46.

IV. Folgerungen für den eigenen Ansatz – Zielsetzung und Präzisierung der Fragestellung

Mit der Analysemethode der narrativen Exegese, die sich auf die Figurenführung konzentriert und dabei historisch-informierende Passagen einfügt, soll auf einen Text der apokryphen Paulusakten, die Acta Pauli et Theclae, zugegangen werden.

Vorliegende Arbeit will mithilfe dieser Methode die Paulus- und Theklaakten als eigenständige Quelle für die frühchristliche Frömmigkeit und Vorstellungswelt und nicht mehr wie bislang überwiegend als „legendarischen" Text von minderem historischen und theologischen Wert lesen.

Dafür wird das in den Paulus- und Theklaakten erzählte Geschehen mit Blick auf die eingangs vorgestellten Konzepte hin analysiert und dabei der Frage nachgegangen, inwiefern dieser Text des zweiten Jahrhunderts Bekehrungsthematik erzählerisch entfaltet. Dabei soll das Augenmerk auf den Gesamtplot der Erzählung gelegt und vor allem herausgefiltert werden, auf welche Weise Konversion näher erläutert wird und welche Merkmale diesbezüglich festgemacht werden können.

Um sich dem Text theologisch anzunähern, werden als Bezugsgröße neben der bisher vorrangig beachteten Apostelgeschichte und den Pastoralbriefen immer wieder weitere neutestamentliche Texte, vor allem paulinische Briefe, in den Blick genommen. Mithilfe dieser Vergleichstexte soll aufgezeigt werden, inwiefern der Text ein eigenständiges Paulusbild entwirft.

Schließlich will diese Art von Lektüre den Text als Zeugnis der Glaubens- und Lebenspraxis seiner Zeit interpretieren und damit die Apostelakten wie überhaupt antike christliche Apokryphen aufwerten.

Zweiter Teil

Historisch-informierte narrative Figurenanalyse

I. Kontext und Abgrenzung des Textes

Die Theklaerzählung ist Teil eines größeren Erzählzusammenhangs, der sich in
zwei größere Einheiten gliedern lässt, die jeweils ein „vereiteltes Martyrium"[1]

---

[1] Der heutige Begriff Martyrium ist bis ins zweite Jahrhundert, genauer bis zur Schrift
über das Martyrium des Polykarp – das älteste Zeugnis eines Martyriums –, ein „Konstrukt
der Forschung". Bis dahin variieren die Vorstellungen eines Märtyrers, es können Personen
und ihr erlittener Tod damit gemeint sein oder Gemeinschaften, die eine Person als Märtyrer verehren. Eine weite Begriffsdefinition fasst auch pagane Vorstellungen eines heroi-
schen Todes, eine enge bezieht sich dagegen ausschließlich auf die christlichen Märtyrer-
vorstellungen und hält dabei den Aspekt des Bekenntnisses oder Zeugnisses für ausschlaggebend. Die ersten christlichen Martyrien wurden als Teil anderer Schriften um ca. 100
n. Chr. schriftlich festgehalten. Das Martyrium des Polykarp ist der älteste erhaltene selbst-
ständige Bericht über ein Martyrium. In dieser Schrift begegnet auch der Terminus μάρτυς
als Bezeichnung für den Märtyrer, der dann um ca. 150 Terminus technicus dafür wird. Die
meisten Berichte enthalten ausschlaggebende Titel wie „acta" oder „martyrium", variieren
aber in Form und Inhalt der Berichterstattung – Prozessberichte, Gerichtsprotokolle oder
Briefe können Martyrien enthalten. Als Motive begegnen der Glaube bzw. die Liebe zu
Christus oder Gott, das Fürsprecherdasein der Märtyrer für andere, das Martyrium als Opfer, das Martyrium als zweite Taufe, als Zeugnis, als Imitatio Christi und als Kampf gegen
das Böse. Zu diesen Überlegungen siehe VAN HENTEN, „Martyrium II" 300–325. LEHTI-
PUU, Example 374 Anmerkung 102, weist darauf hin, dass Thekla, obwohl sie eben nicht
für ihren Glauben stirbt, Märtyrerin genannt werde. Ihr Schicksal, das Erleiden von Qualen, ihr Zeugnis für den Glauben und ihre Bereitschaft, alles dafür zu geben, seien allerdings Merkmale, die dem ursprünglichen Verständnis von Mäyrter bzw. Bekenner entspreche. In Übereinstimmung mit ihm würde ich die Bezeichnung ihrer Figur als Märtyrerin
unter diesem Verständnis als treffend beurteilen. VOGT, „Christenverfolgung I" 1159–1208
(1178), beschreibt den Märtyrer folgendermaßen: Dieser ist ein „geisterfüllter Zeuge, der
die Leiden Christi nachahmt, er geht unmittelbar in die Seligkeit ein, er vermag aus seiner
Gnadenfülle die Abtrünnigen wieder in die Gemeinschaft zurückzuführen […]"; daher werde dieser in Leid und Tod von Menschen begleitet und dessen Andenken auch über den Tod
hinaus gehalten. BROX, Glaube als Zeugnis 113–125 (114), betont die in der alten Kirche
vorhandene Unterscheidung von Zeugen und Bekennern: „Die alte Kirche bedachte den
Blutzeugen mit dem Titel ‚*Märtyrer*', das heißt sie nannte ihn den *Zeugen schlechthin* […].
Sein Tod ist ‚*martyrion*', Zeugnis." Davon sei der Bekenner zu unterscheiden: Dieser
wurde „zwar um des Namens Jesu Christi willen verfolgt und [hat] gelitten […, ist] der
Bedrängnis aber entronnen […] und [wurde] nicht getötet". Daher trage er „diesen Ehren-
titel nicht". Die Hervorhebungen sind aus dem Original übernommen.

der Figur Thekla schildern.[2] Aufgrund folgender struktureller und inhaltlicher Aspekte wird die Erzählung, deren Teile auch unabhängig voneinander gelesen stringent sind, in der Arbeit als erzählerische Einheit aufgefasst:

Mit der Wendung ἀναβαίνοντος Παύλου („als Paulus [...] hinaufzog") setzt ein Erzählabschnitt ein, der aus vier Untereinheiten besteht. Die ersten beiden wie auch die dritte und vierte korrespondieren dabei. Die zwei großen Erzählteile schildern inhaltlich jeweils Thekla im Konflikt mit einer bedeutenden männlichen Figur,[3] eine Verhaftung und die darauf folgende, beabsichtigte Hinrichtung. Dass sich ein großer inhaltlicher Erzählbogen um die Figur Thekla spannt, die auch die Struktur der Erzählung wie ein Netz zusammenhält, zeigt sich im Verlauf der Analysen deutlich. Dies wird im Folgenden als ausschlaggebend dafür betrachtet, beide Teile als erzählerische Einheit zu lesen.[4] Die Analyse möchte nicht nur zeigen, inwiefern die beiden Erzählteile durch verknüpfende Elemente verwoben sind, sondern dass der erste Teil den zweiten geradezu verlangt.

Inhaltlich setzt die Erzählung mit der Information ein, dass die Figur Paulus, aus Antiochien kommend, Richtung Ikonium flieht und dabei Reisebegleiter namens Demas und Hermogenes um sich hat (1). In Ikonium erzählt der Text zuerst von der Begegnung der Reisenden mit der Familie der Figur Onesiphorus (2–6); daran schließen die Begebenheiten um Theklas erstes „vereiteltes Martyrium" an (7–22). Der Bogen schließt sich zunächst bereits am Ende der ersten Erzählung, wenn die Handlung wieder Onesiphorus und seine Familie aufgreift (23). Paulus verweilt mit ihnen während der Urteilsvollstreckung und der Rettung in einer Grabanlage. Dort werden schließlich

---

Aus genannten Gründen halte ich mich zurück, die Erzählungen über Thekla als Martyrien zu betiteln. Die enge Verbindung zu Martyriumstexten ist offensichtlich, jedoch scheint mir im Falle der Theklaakten, vor allem aufgrund der Tatsache, dass ja kein Tod erlitten wird, die Rede von „Erzählteilen" oder „vereitelten Martyrien" passender.

[2] Die Zählung der Abschnitte erfolgt gemäß der griechischen Standardausgabe von ALFRED MAX BONNET und RICHARD ADELBERT LIPSIUS (Hrsg.), Acta apostolorum apocrypha. Acta Petri, Acta Pauli, Acta Petri et Pauli, Acta Pauli et Theclae, Acta Thaddaei, Darmstadt 1959, sowie der französischen Übersetzung, die WILLY RORDORF, Actes de Paul, vorgelegt hat. Eine andere Zählung weist der Theklaerzählung die Kapitel 3 und 4 innerhalb der 14 Kapitel der Paulusakten zu. Vgl. auch PERVO, Acts of Paul, der in seinem Kommentar beide Zählungen nebeneinanderstellt und dabei die frühere Nummerierung jeweils in Klammern angibt.

[3] PERVO, Acts of Paul 87–88. Die Figur des Paulus war ursprünglich kein Bestandteil des zweiten Erzählteils, so Pervo mit Verweis auf LIPSETT, Desiring Conversion 64–66.

[4] PERVO geht in seinem Kommentar The Acts of Paul davon aus, dass der zweite Erzählteil „a freestanding story about Thecla, taken up by the author, who composed chap. 3 and modified 4 to show that Thecla belonged to the Pauline circle" darstellt. Der Autor habe möglicherweise den ersten Teil als „doublet" des zweiten gedacht. Unabhängig davon, dass die beiden Erzählteile auch unabhängig voneinander existiert haben können, werden sie in dieser Arbeit als Einheit gesehen und analysiert.

durch das Hinzukommen Theklas alle Beteiligten zusammengeführt und man feiert gemeinsam Mahl (24–25).

Der zweite Teil der Erzählung ereignet sich in Antiochien, wohin Paulus mit Thekla aufbricht.[5] Dieser Ortswechsel ist der Beginn einer neuen Handlung um die Figur Thekla. Ausschlaggebend für eine zweite Anklage sind die Begegnung mit Alexander, einem führenden Mann der Stadt (26–27), und sein erfolgloses Werben um Thekla. Tryphäna, ebenfalls eine einflussreiche und wohlhabende Frau, sorgt sich um Thekla und steht ihr in ihrer Situation als Angeklagte und Verurteilte bei (28–31). Es folgen Schilderungen eines Kampfes im Stadion (32–36) und Gespräche mit dem Statthalter, der Thekla auf Bitten des Alexander begnadigt (37–39). Durch Theklas Suche und ihr Zusammentreffen mit Paulus in 40–43 wird ein doppelter Rahmen um die ganze Erzählung gespannt: Der zweite Teil erwähnt abschließend Paulus nochmals; er trifft mit Thekla in Antiochien ein und wird dann nicht weiter erwähnt. Zugleich umrahmt die Szene die gesamte Theklaerzählung. Thekla bricht im Auftrag des Paulus nach Ikonium auf. Ihr Weg führt sie aus dem Haus der Mutter in Ikonium nach Antiochien und endet schließlich erneut in der Stadt ihrer Mutter.

1–2	3–4	4 (Erzählende)
Ikonium	Antiochien	Ikonium

Die Gliederung des ersten Teils der Erzählung erfolgt sowohl anhand der unterschiedlichen Orte, an denen das Geschehen sich ereignet, als auch aufgrund der jeweils neu auftretenden agierenden Figuren. Dies trifft auf die Grobgliederung wie auch auf die Unterteilung der einzelnen Szenen zu.

Die einzelnen Abschnitte sind durch weitere Elemente miteinander verbunden. Thematische Übergriffe, wiederkehrende ähnliche Ausdrücke signifikanter Wortfelder und die szenischen Gemeinsamkeiten der einführenden wie abschließenden Schilderungen im ersten und zweiten Erzählteil lassen die gesamte Episode als Einheit erscheinen.

---

[5] Pervo plädiert mit guten Argumenten dafür, den ersten Satz von 26 noch zum zweiten Erzählteil zu ziehen: „[…] does Thecla suddenly and unaccountably renew her longing for Paul. The reason for this longing does not take long to discover. It is due to the editorial work of the author, who integrated a preexisting and most probably written story of Thecla into his story of Paul. Thecla was great – and she was a disciple of Paul. His action implies that association with the virgin of Iconium enhanced Paul's status, i.e., Thecla did not gain by entering the Pauline circle but Paul gained through recruiting this remarkable disciple", so PERVO, Acts of Paul 146–147. Da die beiden Erzählteile in der Arbeit zusammengelesen werden, ist es rein inhaltlich nicht entscheidend, zu welchem Erzählteil der Satz gezogen wird. Die Aufteilung der dieser Arbeit zugrundeliegenden Edition wird daher berücksichtigt und übernommen.

Der erste Textabschnitt ist in folgende Einzelszenen[6] eingeteilt:

1–4	Auf der Straße
5–15	In den Häusern
16–22	Anklage – Anhörung – Urteil – Vollzug
	16–17 Vor dem Richterstuhl I
	18–19 Im Gefängnis
	20 Vor dem Richterstuhl II
	21–22 Im Theater/Stadion
23–25	In der Grabanlage

II. Figurenführung – Erster Erzählteil

1. Auf der Straße (1–4)[7]

(1) Ἀναβαίνοντος Παύλου εἰς Ἰκόνιον μετὰ τὴν φυγὴν τὴν ἀπὸ Ἀντιοχείας ἐγενήθησαν σύνοδοι αὐτῷ Δημᾶς καὶ Ἑρμογένης ὁ χαλκεύς, ὑποκρίσεως γέμοντες, καὶ ἐξελιπάρουν τὸν Παῦλον ὡς ἀγαπῶντες αὐτόν. ὁ δὲ Παῦλος ἀποβλέπων εἰς μόνην τὴν ἀγαθοσύνην τοῦ Χριστοῦ οὐδὲν φαῦλον ἐποίει αὐτοῖς, ἀλλ' ἔστεργεν αὐτοὺς σφόδρα, ὥστε πάντα τὰ λόγια κυρίου [καὶ τῆς διδασκαλίας καὶ τῆς ἑρμηνείας τοῦ εὐαγγελίου] καὶ τῆς γεννήσεως καὶ τῆς ἀναστάσεως τοῦ ἠγαπημένου ἐγλύκαινεν αὐτούς, καὶ τὰ μεγαλεῖα τοῦ Χριστοῦ, πῶς ἀπεκαλύφθη αὐτῷ, κατὰ ῥῆμα διηγεῖτο αὐτοῖς.

Als Paulus nach der Flucht aus Antiochien in Richtung Ikonium hinaufzog, wurden Demas und Hermogenes, der Kupferschmied, seine Reisegefährten; sie waren voll Verstellung und hängten sich an Paulus, als ob sie ihn liebten. Paulus aber, der allein auf die Güte Christi blickte, tat ihnen nichts Schlechtes, sondern liebte sie sehr, so dass er ihnen alle Worte des Herrn, [der Lehre und der Auslegung des Evangeliums] sowohl über die Geburt wie auch über die Auferstehung des Geliebten süß zu machen suchte und ihnen die Großtaten Christi, wie sie ihm selbst offenbart worden waren, Wort für Wort erzählte.

(2) Καί τις ἀνὴρ ὀνόματι Ὀνησιφόρος ἀκούσας τὸν Παῦλον παραγενόμενον εἰς Ἰκόνιον, ἐξῆλθεν σὺν τοῖς τέκνοις αὐτοῦ Σιμμίᾳ καὶ Ζήνωνι καὶ τῇ γυναικὶ αὐτοῦ Λέκτρᾳ εἰς συνάντησιν Παύλου, ἵνα αὐτὸν ὑποδέξηται· διηγήσατο γὰρ αὐτῷ Τίτος ποταπός ἐστιν τῇ εἰδέᾳ ὁ Παῦλος· οὐ γὰρ εἶδεν αὐτὸν

Und ein Mann namens Onesiphorus, der gehört hatte, dass Paulus nach Ikonium komme, ging mit seinen Kindern Simmias und Zeno und seiner Frau Lektra hinaus, um Paulus entgegenzugehen, um ihn freundlich zu empfangen. Titus hatte ihm das Aussehen des Paulus beschrieben. Er hatte ihn

---

[6] Ähnlich siehe EBNER und LAU, Überlieferung 1–9, die ausschließlich den Ortswechsel als Gliederungsprinzip annehmen, wodurch sich für den Ikonium-Zyklus (1–25) vier Standorte der Erzählung ergeben: Auf der königlichen Straße (1–4), Im Haus des Onesiphorus (5–6), Im Theater (21–22), In der Grabkammer (23–25).

[7] Der griechische Text ist der aktuell gängigen Edition von BONNET und LIPSIUS, Acta apostolorum apocrypha, entnommen. Die deutsche Übersetzung ist meine eigene und lehnt sich an Übersetzungsvorschläge von ESCH-WERMELING, Thekla, sowie an die in EBNER, Aus Liebe zu Paulus – ein Gemeinschaftswerk genannt –, an bzw. übernimmt oder diskutiert diese. Die französische Übersetzung von RORDORF, Actes de Paul, der etwa 50 griechische Handschriften zugrunde liegen, wurde ebenso berücksichtigt.

σαρκὶ ἀλλὰ μόνον πνεύματι.

(3) Καὶ ἐπορεύετο κατὰ τὴν βασιλικὴν ὁδὸν τὴν ἐπὶ Λύστραν, καὶ εἰστήκει ἀπεκδεχόμενος αὐτόν, καὶ τοὺς ἐρχομένους ἐθεώρει κατὰ τὴν μήνυσιν Τίτου. εἶδεν δὲ τὸν Παῦλον ἐρχόμενον, ἄνδρα μικρὸν τῷ μεγέθει, ψιλὸν τῇ κεφαλῇ, ἀγκύλον ταῖς κνήμαις, εὐεκτικόν, σύνοφρυν, μικρῶς ἐπίρρινον, χάριτος πλήρη· ποτὲ μὲν γὰρ ἐφαίνετο ὡς ἄνθρωπος, ποτὲ δὲ ἀγγέλου πρόσωπον εἶχεν.
(4) Καὶ ἰδὼν ὁ Παῦλος τὸν Ὀνησιφόρον ἐμειδίασεν, καὶ εἶπεν ὁ Ὀνησιφόρος Χαῖρε, ὑπηρέτα τοῦ εὐλογημένου θεοῦ· κἀκεῖνος εἶπεν Ἡ χάρις μετὰ σοῦ καὶ τοῦ οἴκου σου. Δημᾶς δὲ καὶ Ἑρμογένης ἐζήλωσαν καὶ πλείονα τὴν ὑπόκρισιν ἐκίνησαν, ὡς εἰπεῖν τὸν Δημᾶν Ἡμεῖς οὐκ ἐσμὲν τοῦ εὐλογημένου, ὅτι ἡμᾶς οὐκ ἠσπάσω οὕτως; καὶ εἶπεν ὁ Ὀνησιφόρος Οὐχ ὁρῶ ἐν ὑμῖν καρπὸν δικαιοσύνης· εἰ δὲ ἔστε τινές, δεῦτε καὶ ὑμεῖς εἰς τὸν οἶκόν μου καὶ ἀναπαύσασθε.

nämlich (bisher) nicht im Fleisch, sondern nur im Geist gesehen.
Er nahm den königlichen Weg nach Lystra, stellte sich dort auf, um ihn zu erwarten, und sah sich die Vorbeikommenden auf die Beschreibung des Titus hin an. Er sah Paulus kommen, einen Mann klein von Gestalt, mit kahlem Kopf und krummen Beinen, stark, mit zusammengewachsenen Augenbrauen, etwas großnasig, voller Gnade; bald erschien er wie ein Mensch, bald hatte er das Angesicht eines Engels.
Und als Paulus Onesiphorus sah, lächelte er; Onesiphorus sagte: „Sei gegrüßt, Diener des hochgelobten Gottes!" Und jener erwiderte: „Die Gnade sei mit dir und deinem Haus!" Demas und Hermogenes wurden eifersüchtig und gingen noch weiter in ihrer Verstellung und Demas sprach: „Sind wir denn nicht des Hochgelobten (Diener), dass du uns nicht so grüßt?" Onesiphorus aber sprach: „Ich sehe an euch keine Frucht der Gerechtigkeit; wenn ihr aber (so) seid, so kommt auch ihr in mein Haus und ruht euch aus!"

a) Text- und Erzählstruktur

Die Episode beginnt mit der Figur Paulus, die sich auf der Flucht aus Antiochien nach Ikonium befindet. Auf der Reise begleiten Paulus Demas und Hermogenes. Onesiphorus, dessen Frau Lektra und die Kinder Simmias und Zeno empfangen den Apostel in der Stadt. In deren Haus kehrt er ein, er lehrt dort und bricht das Brot.

Das Setting der Szene wird in Abschnitt 1 vorgestellt: Ort des Geschehens ist die Stadt Ikonium. Dorthin fliehen Paulus und seine beiden Weggefährten. Im nächsten Abschnitt wird von der Familie des Onesiphorus berichtet, die in der Stadt bereits gespannt auf Paulus wartet.

Abschnitt 4 erzählt das Aufeinandertreffen der beiden Gruppen und gibt den ersten Wortwechsel wieder. Dabei ist Abschnitt 4 unterteilt in zwei kurze Gespräche, die bereits den unterschiedlichen Tenor der Situation und auch der Erzählung insgesamt widerspiegeln: Zuerst wendet sich Paulus an Onesiphorus und man grüßt sich gegenseitig freudig. Daran schließt sich ein kurzes Gespräch zwischen den Reisebegleitern des Paulus und Onesiphorus an.

Die Struktur von Abschnitt 1–4 kann folgendermaßen dargestellt werden:
1–4   Auf der Straße
    1   Vorstellung der Figuren Paulus, Demas, Hermogenes
    2   Vorstellung der Figur Onesiphorus und seiner Familie
    3   Warten auf Paulus und Beschreibung des Paulus
    4   Gespräch Paulus – Onesiphorus, Paulus – Demas

b) Figurenkonstellation und -beschreibung

aa) Einführung von Figuren und historische Anknüpfung

Abschnitt 1–4 führt vier Figuren bzw. Figurengruppen ein: Paulus, Demas und Hermogenes, Onesiphorus und seine Familie, die der weitere Erzählverlauf als Hauptfiguren zeichnet, sowie Titus, einer Figur, die für den Plot eine wichtige Rolle spielt.[8]

Lokal und räumlich gesehen führt der erste Teil der Handlung nach Ikonium. Dorthin ist die Figur Paulus, von Antiochien kommend, unterwegs. Seine Wegstrecke wird präzisiert: auf dem „königlichen Weg,[9] nach Lystra" (ἐπορεύετο κατὰ τὴν βασιλικὴν ὁδὸν τὴν ἐπὶ Λύστραν 3[10]). Die Erzählung schließt mit diesen geographischen Angaben an die kanonische Apostelgeschichte an: Apg 13,51 erzählt von Paulus und Barnabas, die sich nach der Vertreibung aus dem pisidischen Antiochien nach Ikonium aufmachen. Im darauffolgenden Vers 14,1 wird berichtet, was sich dort ereignet.[11] Die Paulus- und Theklaakten füllen[12] an dieser Stelle der Erzählung das Itinerar der Apostelgeschichte, indem sie Näheres von Begebenheiten auf dieser Reise von Antiochien nach Ikonium erzählen.

(1) Einführung des Paulus

Der Text führt Paulus als erste Figur ein. Er wird weder näher vorgestellt noch wird sein Reisevorhaben weiter erklärt. Der Text scheint an voraus-

---

[8] Die Einordung der Figuren anhand der Systematisierung von BERLIN, Poetics, erfolgt nach den Analysen in der Zusammenfassung des Hauptteils.

[9] Der Hinweis auf eine „königliche Straße" wird als Anhaltspunkt verwendet, der bei einer geographischen Einordnung der Erzählung helfen kann; für nähere Ausführungen, die versuchen, die Möglichkeiten syrisches oder pisidisches Antochien abzuwägen, siehe den Exkurs in ESCH-WERMELING, Thekla 92–94, und PERVO, Acts of Paul 90–91.

[10] Die Ziffern beziehen sich auf die jeweiligen Abschnitte des griechischen Textes der Paulus- und Theklaakten, wie sie die zugrundeliegende Textausgabe vornimmt.

[11] Vgl. PESCH, Apostelgeschichte 47.51.

[12] Vgl. NICKLAS, Akten des Titus (im Druck), der in diesem Zusammenhang von Ergänzungen spricht, die die Paulus- und Theklaakten vornehmen.

gehende Erzählungen anzuschließen und schildert nun eine weitere Episode der Figur Paulus, die den Lesern bereits bekannt sein dürfte.[13]

In diesem Erzählzusammenhang berichtet der Text genauer über das Verhältnis des Paulus zu seinen Begleitern: Er liebe diese und tue ihnen nichts Schlechtes, sondern lege ihnen sogar noch die Worte des Herrn aus (ὁ δὲ Παῦλος ἀποβλέπων εἰς μόνην τὴν ἀγαθοσύνην τοῦ Χριστοῦ οὐδὲν φαῦλον ἐποίει αὐτοῖς, ἀλλ' ἔστεργεν αὐτοὺς σφόδρα, ὥστε πάντα τὰ λόγια κυρίου […] ἐγλύκαινεν αὐτούς 1). Dies lässt darauf schließen, dass sich die Figur Paulus bereits von Beginn der Erzählung an der Falschheit der beiden Begleiter bewusst ist; sie ist somit dem „Wissensstand" nach den Lesern gleichzusetzen.

(2) Beschreibung des Paulus:
Forschungsüberblick, Analyse, weitere Annäherungen

Die Erzählung gibt zwar keine näheren Informationen zu Paulus, Abschnitt 3 bringt aber äußere Beschreibungen der Figur, die es dem Leser ermöglichen, sich von Paulus, den er aus Erzählungen oder Texten kennt, ein optisches Bild zu machen.

Paulus ist laut Paulus- und Theklaakten „klein von Gestalt" (ἄνδρα μικρὸν τῷ μεγέθει 3), „mit kahlem Kopf" (ψιλὸν τῇ κεφαλῇ 3) und „mit krummen Beinen" (ἀγκύλον ταῖς κνήμαις 3), er ist „stark" (εὐεκτικόν 3), hat „zusammengewachsene […] Augenbrauen" (σύνοφρυν 3), ist zudem „etwas großnasig" (μικρῶς ἐπίρρινον 3), „voller Gnade" (χάριτος πλήρη 3) und hat ein Gesicht, das einmal dem eines Engels, dann dem eines Menschen gleicht (ποτὲ μὲν γὰρ ἐφαίνετο ὡς ἄνθρωπος, ποτὲ δὲ ἀγγέλου πρόσωπον εἶχεν 3). Abschnitt 4 beschreibt ihn als lächelnd (καὶ ἰδὼν ὁ Παῦλος τὸν Ὀνησιφόρον ἐμειδίασεν 4).

Auf den ersten Blick erscheint die vorgenommene Beschreibung der Figur des Paulus ambivalent. Bevor eigene Ansätze zu diesem Teil der Erzählung versucht werden, erfolgt ein knapper Überblick über aktuellen Deutungen zur Passage.

Die Frage, wie diese Beschreibung der Figur des Paulus aufzufassen sei, wird in der Forschung sehr unterschiedlich beantwortet:

Als Vertreter der neueren Foschung seien *Richard Pervo* („it is striking that this description is hardly wholly positive. […] If Paul had been described as physically attractive, her fascination could have been easily understood. However, this description causes the reader to look into a different direc-

---

[13] Die im Griechischen verwendete Partizipialkonstruktion des Genitivus absolutus – ἀναβαίνοντος Παύλου εἰς Ἰκόνιον μετὰ τὴν φυγὴν τὴν ἀπὸ Ἀντιοχείας 1 – unterstützt diese unmittelbare Einführung der Figur auch grammatikalisch; siehe dazu BLASS, DEBRUNNER und REHKOPF, Grammatik § 417, 346: Das adverbiale Partizip stehe „anstelle umständlicherer […] Ausdrucksweisen".

tion"[14]) und *Jan Bremmer* („[…] Paul could hardly be depicted in purely negative terms and therefore the author adds that he was ‚full of grace‘ and sometimes looked ‚like an angel‘"[15]) genannt, die beide von einer zunächst eher negativen Schilderung der Figur ausgehen.

Als weitere mögliche Erklärung der Paulusbeschreibung gilt die physiognomische bei *Robert Grant* und *Abraham Malherbe*.[16] Dieser Theorie liegt der Ansatz zugrunde, dass äußere Erscheinung und Wesenseigenschaften zwar voneinander unterschieden werden können, zugleich aber zusammenhängen bzw. aufeinander bezogen sind. Anders gesagt: Das Äußere einer Person lasse auch auf Eigenschaften dieser schließen. Eine Deutung im Zusammenhang der Paulusakten wird daraus nicht gefolgert.

Eng damit verbunden kommen Erklärungen hinzu, die davon ausgehen, eine physische Beschreibung diene der reinen Identifikation einer Person, in diesem Fall des Erkennens des Paulus durch Onesiphorus, so z.B. *János Bollók*.[17] Problematisch bleibt bei diesen Erklärungen aber trotzdem die Frage, warum diese Informationen dann den Lesern gegeben werden.

Monika Betz wertet die Beschreibungen generell als „[…] ambivalent, wenn nicht tatsächlich negativ".[18] In Paulus sei eine „[…] fast schon epiphane

---

[14] BREMMER, Magic 38–39.

[15] BREMMER, Magic 39.

[16] Vgl. GRANT, Description 170–175.

[17] Vgl. BOLLÓK, Description 1–15. Dieser bietet neben genannten Interpretationsvorschlägen eine weitere Möglichkeit (BOLLÓK, Description 2–3, gibt eine kurze Zusammenfassung der verschiedenen Interpretationen der Passage, verweist dabei auf SCHMIDT, Acta Pauli xvii–xix, der die Forschungsgeschichte darlegt), die Passage einzuordnen. Er sieht für die äußeren Merkmale von Figurenbeschreibungen Parallelen in diversen Papyri. Die gewählten Beispiele (es handelt sich um offizielle Dokumente und Verträge aus der Zeit von 107–156 n.Chr, siehe BOLLÓK, Description 4) zeigten, dass alle Beschreibungen „recurrent and accidental elements" enthielten, die auch auf die Aussagen über Paulus zutreffen würden. Für die in den Paulus- und Theklaakten zu den äußeren Merkmalen hinzutretenden Aussagen über Paulus, konkret die Passage ποτὲ μὲν γὰρ ἐφαίνετο ὡς ἄνθρωπος, ποτὲ δὲ ἀγγέλου πρόσωπον εἶχεν, fänden sich keine Parallelen in Papyri. *Bollók* verweist weiter auf den textimmanenten Sinn der Beschreibung: Mit dem Bezug zu Mensch und zugleich Engel würden valentinianische Schöpfungsvorstellungen aufgegriffen und würde versucht, der Selbstbeschreibung des Apostels im Zweiten Korintherbrief gerecht zu werden (vgl. auch BETZ, Worte 132–136). Mithilfe der Theorien des Valentinus könnte der Verfasser zeigen, dass „only an angel (logos) lived in the body of the apostle together with the spirit, whereas evil – the demon – never found a home in it" (5–6). Zusätzlich bediene sich der Verfasser aber vielmehr der Ansätze von Physiognomisten. Anhand von Beispielen, die physiognomische Beschreibungen und deren Hinweis auf die Eigenschaften von Figuren geben, zeigt *Bollók* weiter auf, dass die Elemente, mit denen Paulus in den Paulus- und Theklaakten beschrieben wird, so näher bestimmt werden könnten. Die ersten sechs Aussagen über Paulus' Äußeres seien somit nur negativ besetzt bzw. als negativ interpretiert.

[18] BETZ, Worte 136.

Qualität seiner Person, die zu erkennen es aber den Augen des Glaubenden, repräsentiert durch Onesiphorus, bedarf".[19] So wie „die erste ‚Begegnung' von Paulus und Thekla auf zwei Wahrnehmungsebenen geschildert wird"[20] – die der paganen Umwelt steht dabei im Gegensatz zur Perspektive der christlichen Leserschaft –, werde auch die Beschreibung des Paulus je anders gesehen und verstanden.

Im Kontext antiker Liebesromane lasse ihn die Beschreibung seines Äußeren geradezu als das Gegenteil eines Romanhelden erscheinen. Das Motiv der Liebe des Gegenübers des Helden dagegen, in diesem Falle der Thekla zu ihm, das die Erzählung präge, beruhe so nicht auf der äußerlichen heldenhaften Erscheinung, noch liege eine „Verführung" oder ein „Liebeszauber" vor. Vielmehr gründe darin die Liebe der Figur Thekla zu Christus, den Paulus repräsentiere, wie es die Erzählung durch die Beschreibung dieser Figur aufzeige.[21] *Tobias Nicklas* sieht die Darstellungen des Apostels in den Paulus- und Theklaakten als Hinweis darauf, dass die Erzählung ein Bild des Apostels kreiere, das ihn „as a venerated ‚saint', a ‚martyr' of the past who […] is already seen as an example for the life of the followers of Christ"[22] zeichne. Die Beschreibung als Engel und Mensch zugleich erinnere an Ex 34,29 – die Beschreibung des strahlenden Gesichts des Mose nach der Begegnung mit JHWH auf dem Berg Sinai – und diese Aussagen über Mose stellten Paulus „as a figure of special ‚holiness', that is ‚closeness to God'" dar. Neben der Tatsache, dass Paulus seine Autorität und Person nicht verteidigen müsse und stattdessen Vertrauen zu Gott im Gebet ausdrücke, ziehe er auch noch viele Menschen an sich, stehe in einem besonderen Bezug zu Gott und erhalte spezielle Offenbarungen. Seine Art zu lehren erinnere durch die Makarismen an Jesus. Die Schilderung der Vision Theklas, die den Herrn in Gestalt des Paulus sehe, deren Verhalten ihm gegenüber im Gefängnis (sie sitzt ihm zu Füßen und küsst diese) sowie das Verhalten in seiner Abwesenheit (sie berührt den Ort, an dem er gelehrt hat) zeigten, dass der Text Paulus mehr und mehr als „a figure of the past, a hero, an ideal apostle" schildere, das wiederum „Paul's intimate relation to Christ"[23] verdeutliche.

Um an diese sehr komplexe und vielschichtige Forschungsgeschichte anschließen zu können, scheint es zunächst hilfreich, in einem ersten Schritt die rein körperlichen Merkmale von solchen zu differenzieren, die sich auf weitere und andere Aspekte neben diesen beziehen. Folgende Unterscheidungen können festgemacht werden:

---

[19] BETZ, Worte 136.
[20] BETZ, Worte 139.
[21] Vgl. BETZ, Worte 144–145.
[22] NICKLAS, No Death 334.
[23] NICKLAS, No Death 342.

ActPlTh 3 und 4:

körperliche Merkmale	*weitere Züge*
(3) ἄνδρα μικρὸν τῷ μεγέθει,	χάριτος πλήρη·
(klein von Gestalt)	(voller Gnade)
ψιλὸν τῇ κεφαλῇ,	ποτὲ μὲν γὰρ ἐφαίνετο ὡς ἄνθρωπος, ποτὲ
(kahler Kopf)	δὲ ἀγγέλου πρόσωπον εἶχεν
	(Menschen- und Engelsangesicht zugleich)
ἀγκύλον ταῖς κνήμαις,	(4) Καὶ ἰδὼν ὁ Παῦλος Ὀνησιφόρον ἐμειδίασεν
(krumme Beine)	(lächelnd)
εὐεκτικόν	
(stark)	
σύνοφρυν	
(zusammengewachsene Augenbrauen)	
μικρῶς ἐπίρρινον	
(etwas großnasig)	

Um die Figur des Paulus und im Bezug zu ihr die Figur der Thekla näher ein-ordnen zu können, werden im Folgenden drei dieser Merkmale näher analy-siert. Diese greifen jeweils unterschiedliche Typen von Aussagen auf: ein rein physisches Merkmal, ein Merkmal, das sich auf das Wesen der Figur bezieht, und eine Aussage über die Figur, die aufgrund der Begegnung mit einer wei-teren Figur gemacht werden kann.[24]

Ein Attribut, das ein körperliches Merkmal der Figur bezeichnet, ist beispielsweise der kahle Kopf. Paulus mit ψιλὸν τῇ κεφαλῇ als rein äußerlich kahl zu beschreiben, verweist auf Apg 18,18, wo erwähnt wird, wie er sich aufgrund eines Gelübdes den Kopf kahl schert (Ὁ δὲ Παῦλος ἔτι προσμείνας ἡμέρας ἱκανὰς τοῖς ἀδελφοῖς ἀποταξάμενος ἐξέπλει εἰς τὴν Συρίαν, καὶ σὺν αὐτῷ Πρίσκιλλα καὶ Ἀκύλας, κειράμενος ἐν Κεγχρεαῖς τὴν κεφαλήν, εἶχεν γὰρ εὐχήν). Der Hintergrund dafür ist wahrscheinlich die Erfüllung des Nasiräergelübdes.[25]

Durch diese Aussage gibt der Text vorrangig Auskunft über die physische Gestalt der Figur Paulus. Damit verbunden wird für den Leser durch diesen Hinweis zugleich ein Link zur kanonischen Apostelgeschichte hergestellt: Der Paulus der Paulus- und Theklaakten ist auch der, den der Leser aus der Apostelgeschichte kennt. Zugleich gibt der Text Zusatzinformationen.

Der Text macht auch Aussagen zur Figur Paulus, die sich weniger auf Äußerliches beziehen, sondern eher das Wesen des Apostels näher beschrei-

---

[24] Zur Beschreibung des Paulus siehe jüngst BREMMER, Portrait (im Druck).

[25] Siehe PESCH, Apostelgeschichte 155–156.220–222. Pesch bezeichnet diesen Hinweis in der Apostelgeschichte als „dunkel" und in der „Deutung umstritten", geht aber davon aus, dass sich der Hinweis auf die Kahlscherung des Kopfes nur auf Num 6,1–21 beziehen kann. Diese Verse schreiben den Verzicht auf berauschende Getränke und auf das Scheren des Haares auf dem Haupt vor. Zeichen der Beendigung des Gelübdes nach einer bestimm-ten Zeit ist unter anderem die Kahlscherung des Hauptes.

ben.[26] Eine auf den Leser durchweg positiv wirkende Aussage ist der Hinweis, dass Paulus χάριτος πλήρης („voller Gnade") sei.[27] Diese Wortverbindung mit gleichzeitigem Bezug auf ein „Subjekt" ist in Joh 1,14 und Apg 6,8 zu finden. Das Johannesevangelium verwendet sie im Prolog innerhalb der näheren Spezifizierungen, die den Logos meinen. Der Logos sei „voll Gnade und Wahrheit":

Καὶ ὁ λόγος σὰρξ ἐγένετο καὶ ἐσκήνωσεν ἐν ἡμῖν, καὶ ἐθεασάμεθα τὴν δόξαν αὐτοῦ, δόξαν ὡς μονογενοῦς παρὰ πατρός, πλήρης χάριτος καὶ ἀληθείας (Joh 1,14).

Eine weitere Parallele ist in der Apostelgeschichte zu sehen: Dort ist es Stephanus, der „voller Gnade und Macht" ist:

Στέφανος δὲ πλήρης χάριτος καὶ δυνάμεως ἐποίει τέρατα καὶ σημεῖα μεγάλα ἐν τῷ λαῷ (Apg 6,8).

Der größere Erzählkontext dieses Verses schildert die Verhaftung des Stephanus.[28] In diesem Zusammenhang ist wenige Verse später eine weitere Beschreibung zu finden: [...] ποτὲ δὲ ἀγγέλου πρόσωπον εἶχεν (Apg 6,15). Stephanus' Prosopon erscheint dem Hohen Rat wie das eines Engels.[29]

---

[26] Vgl. auch die Einteilung bei EBNER, Sein und Schein 60, der die Differenzierung nach σάρξ und πνεῦμα vornimmt – zwei Kategorien, die die vorausgehende Passage vorgibt. Dort werden diese Begrifflichkeiten bereits im Kontext der Schilderung der Familie des Onesiphorus bzw. dessen Bezug zu Paulus genannt: οὐ γὰρ εἶδεν αὐτὸν σαρκὶ ἀλλὰ μόνον πνεύματι („Denn er hatte ihn nicht im Fleisch gesehen, sondern nur im Geist").

[27] BOLLÓK, Description 11, bringt einen weiteren Vorschlag, um den letzten Hinweis einordnen zu können: Der Zweite Korintherbrief sei dafür hilfreich. Paulus schreibt den Brief anlässlich der ihm entgegengebrachten Kritik von Gegnern in Korinth. Diese Punkte helfen als Ansatz, die äußeren Beschreibungen des Paulus in den Paulus- und Theklaakten zu verstehen.

Zuletzt zeige der Zweite Korintherbrief als Bezugspunkt auch auf, so *Bollók*, wie sich die Liste negativer wie positiver Merkmale zueinander verhalte und wie auch das Ungleichgewicht – das Überwiegen von negativen Äußerungen – verstanden werden könne. Durch die Erwähnung von vorwiegend „negativen" Eigenschaften, die Schwäche und Gebrechlichkeit zum Ausdruck bringen würden, werde die Macht und Gnade Gottes umso mehr zum Vorschein gebracht, „and that is why Paul in the *AP* becomes χάριτος πλήρης". Die Hervorhebung ist aus dem Original übernommen.

[28] Vgl. dazu BRAUN, Geschichte 131–165 (132–136.159–162). *Braun* analysiert die Stephanusepisode durch kanonisch-intertextuelle Auslegung, Vers 8 zeichne durch „wörtliche Verknüpfungen zur Charakterisierung Jesu als wahrer Prophet mit dem Auftrag, die Heilsverkündigungen der Schrift zu erfüllen, [...] Stephanus als prophetische Gestalt in Analogie zu Jesus" (135). Vers 15 wiederum bestätige Stephanus als prophetische Gestalt, wie die Verbindung zu Ex 34,29b und auch zur Verklärung Jesu zeige (161).

[29] Die Aussage ποτὲ μὲν γὰρ ἐφαίνετο ὡς ἄνθρωπος, ποτὲ δὲ ἀγγέλου πρόσωπον εἶχεν (3), die der rein körperlichen Beschreibung folgt, ist in mehrfacher Hinsicht auffällig: Sie wirkt nach den vorhergehenden Aussagen auffallend anders. Zudem ist gerade der zweite Teil, „Angesicht eines Engels", eine Bemerkung, die im Vergleich zu dem vorher Gesagten eine Beschreibung auf anderer Ebene macht: „[Er ist] mit einem übernatürlichen Attribut

Folgende Übersicht zeigt den Gebrauch des Ausdrucks χάριτος πλήρης, das jeweilige Bezugssubjekt dazu sowie weitere begriffliche Übereinstimmungen der Passage aus den Theklaakten im Vergleich zu Joh 1,14 und Apg 6,8.15:

ActPlTh 3.4:   εἶδεν δὲ τὸν Παῦλον [...] χάριτος πλήρη [...]
                ποτὲ μὲν γὰρ ἐφαίνετο ὡς ἄνθρωπος, ποτὲ δὲ
                ἀγγέλου πρόσωπον εἶχεν.
Joh 1,14:   Καὶ ὁ λόγος [...] πλήρης χάριτος καὶ ἀληθείας.
Apg 6,8.15:   Στέφανος δὲ πλήρης χάριτος [...] εἶδον τὸ
                πρόσωπον αὐτοῦ ὡσεὶ πρόσωπον ἀγγέλου.

Beide Aussagen der Paulus- und Theklaakten – χάριτος πλήρη wie auch das ἀγγέλου πρόσωπον – stellen einen deutlichen Bezug zu besonderen Figuren, zu Stephanus in der Apostelgeschichte, aber auch zum inkarnierten Logos des Johannesevangeliums, her.

Der Verfasser der Paulus- und Theklaakten greift an dieser Stelle Inhalte bekannter Texte auf und setzt sie auf erzählerische Weise um. Dadurch gibt er einem kundigen Leser die Möglichkeit, die Figur Paulus im Kontext dieser Texte zu sehen und zu verstehen. Der Bezug zu Joh 1 parallelisiert durch die Verwendung des Ausdrucks χάριτος πλήρης die Figur Paulus mit dem Logos des Johannesevangeliums, ohne dies explizit zu erwähnen. Im weiteren Erzählverlauf wird diese Parallelisierung an vielen Stellen gestärkt und mehr verdeutlicht und so der Apostel zunehmend christusähnlich gezeichnet.

Nicht im direkten Zusammenhang mit der Schilderung der äußeren Gestalt des Paulus wird er im unmittelbar folgenden Erzählkontext, bei der Zusammenkunft mit Onesiphorus, als lächelnd beschrieben (καὶ ἰδὼν ὁ Παῦλος τὸν Ὀνησιφόρον ἐμειδίασεν 4). Der Hinweis scheint zunächst eine erzählerische Ausmalung zu sein, die der Schilderung einer freudigen Begegnung entspricht. Ein Blick in weitere christliche Text zeigt, dass ein Lächeln einer Figur als ein Merkmal angesehen wird, das diese oft als göttliche Erscheinung oder als mit besonderem Wissen ausgestattet beschreiben möchte.[30] Die Figur wird im Vergleich zu Schilderungen von weiteren Figuren, die im

---

ausgestattet", so BETZ, Worte 130. Interessant ist an dieser Stelle auch der Gedanke bei *Betz*: Die Beschreibung des Paulus erfolge an dieser Stelle der Erzählung „[...] nicht aus einer neutralen auktorialen Perspektive", sondern „die Adressaten der APl [werden] in die Situation des Onesiphorus mithineingenommen, der in der Theklaepisode den idealen Apostelanhänger repräsentiert". Siehe dazu ebenfalls BETZ, Worte 130.

[30] Vgl. PERVO, Acts of Paul 97, und siehe BREMMER, Women 43: „The motif is well known from pagan epiphanies where the appearing divinity traditionally smiles to reassure anxious mortals." PUELMA, Dichterbegegnung 149, erwähnt zahlreiche Beispiele aus der paganen Welt: Es ist „Ausdruck natürlicher Überlegenheit [...], etwa von Älteren gegenüber Jüngeren, Göttern gegenüber Menschen". Das Motiv wird auch im Kontext von „Gespräche[n] göttlicher Personen mit dem Dichter" gebraucht, so bei Ovid: Ov. fast. I, 91; IV, 5.

unmittelbaren Kontext eingeführt werden, besonders hervorgehoben und erscheint zugleich von Beginn der Erzählung an in einem besonderen Licht.

Da Reaktionen von Figuren auch Hinweise auf deren Charakter- und Wesenszüge geben, wird eine Erzählinformation an dieser Stelle der Analyse mitaufgenommen. Ergänzend zur äußeren Beschreibung gibt der Erzählbeginn Hinweise zur Wahrnehmung des Paulus von Seiten Dritter. Diese wird aus der Sicht des Onesiphorus, einer Figur, die auf der Seite des Paulus steht, gegeben:

Paulus wird von Onesiphorus mit den Worten χαῖρε, ὑπηρέτα τοῦ εὐλογημένου θεοῦ („Sei gegrüßt, Diener des hochgelobten Gottes!" 4) begrüßt. Paulus mit dem Wort ὑπηρέτης zu bezeichnen, verweist auf Apg 26,16. Dieser Vers ist Teil der Verteidigungsrede Pauli vor König Agrippa. In diesem Kontext schildert Paulus das Damaskuserlebnis und erwähnt dabei, er sei vom ihm erscheinenden Jesus als „Diener und Zeuge" (… προχειρίσασθαί σε ὑπηρέτην καὶ μάρτυρα ὧν τε εἶδές [με] ὧν τε ὀφθήσομαί σοι) bezeichnet worden.

Die Verbindung aller drei Begriffe – ὑπηρέτης, εὐλογημένος und θεός – begegnet in den Paulus- und Theklaakten zum ersten und auch einzigen Mal in der antiken christlichen Literatur.[31] Zahlreich bezeugt ist hingegen ὑπηρέτης in Verbindung mit θεός, sowohl in der Septuaginta, in neutestamentlichen Texten als auch in frühchristlichen Schriften. Der Erste Korintherbrief wiederum verbindet ὑπηρέτης anstelle von θεός mit Χριστός (1Kor 4,1–2):

1 Οὕτως ἡμᾶς λογιζέσθω ἄνθρωπος ὡς ὑπηρέτας Χριστοῦ καὶ οἰκονόμους μυστηρίων θεοῦ.
2 ὧδε λοιπὸν ζητεῖται ἐν τοῖς οἰκονόμοις, ἵνα πιστός τις εὑρεθῇ.

Für die Paulus- und Theklaakten ist dieser Kontext in mehrerlei Hinsicht interessant: Das Dienersein wird auf den οἰκονόμος, den Hausverwalter, bezogen. Vers 2 verbindet diese Dienerschaft mit „Treue" (πίστις). Diese beiden Aspekte finden in den Paulus- und Theklaakten ebenfalls Verwendung: Onesiphorus, der die Worte des Grußes in den Mund nimmt, ist Hausherr bzw. Hausverwalter und Paulus wird als Diener Gottes die „Frucht der Gerechtigkeit" zugesprochen, die parallel zur „Treue" in 1Kor 4,1 gesehen werden kann.

1Kor 4,1–2

[…] ὑπηρέτας Χριστοῦ καὶ
οἰκονόμους […]
ἵνα πιστός τις εὑρεθῇ.

ActPlTh 4

ὑπηρέτα τοῦ εὐλογημένου θεοῦ· […]
Ἡ χάρις μετὰ σοῦ καὶ τοῦ οἴκου σου. […]
Οὐχ ὁρῶ ἐν ὑμῖν καρπὸν δικαιοσύνης·

Es fehlen zwar direkte Wortparallelen, die Komponenten „Diener Gottes" bzw. „Christi sein", „Hausherr sein und als treu bzw. gerecht empfunden zu werden" tauchen jedoch in beiden Texten auf. Ganz vorsichtig ausgedrückt

---

[31] Eine Kombinationssuche mit dem Thesaurus Linguae Graecae online erbrachte keine weiteren Belege.

könnten die Paulus- und Theklaakten in Bezug zu 1 Kor 4,1 stehen, insofern der Verfasser diesen Vers narrativ ausgestaltet. Er nimmt dabei einen Leser an, der mit kanonischen Texten, zumindest mit deren groben inhaltlichen Aussagen, vertraut ist.

Eine Beschreibung äußerer Merkmale bedeutender Charaktere ist in antiken christlichen Texten selten, in klassischen Literaturgattungen dagegen gängig.[32] Sie dienen der Identifizierung und auch Charakterisierung von Personen.[33]

In verschiedenen Texten alttestamentlicher Literatur finden sich physische Beschreibungen, so z. B. in 1 Sam 16,12, wo David mit blonden Haaren, schönen Augen und schönem Körper beschrieben wird (וְהוּא אַדְמוֹנִי עִם־יְפֵה עֵינַיִם וְטוֹב רֹאִי), oder die Verse 25 und 26 in Gen 25, die das Äußere Esaus im Kontext der Geburt wiedergeben (וַיֵּצֵא הָרִאשׁוֹן אַדְמוֹנִי כֻּלּוֹ כְּאַדֶּרֶת שֵׂעָר וַיִּקְרְאוּ שְׁמוֹ עֵשָׂו Gen 25,25). Neben diesen Beispielen aus den Geschichtsbüchern und der Tora kann Deuterojesaja als prophetische Schrift angeführt werden. Im Zusammenhang des vierten Gottesknechtsliedes Jes 52,13–53,12 berichtet der Text auch von der physischen Gestalt des Knechts. Am ausdrücklichsten weist Jes 53,2 auf eine nicht schöne und unedle Gestalt des Mannes hin, den man nicht anschauen will und an dem kein Gefallen gefunden werden kann (ἀνηγγείλαμεν ἐναντίον αὐτοῦ ὡς παιδίον, ὡς ῥίζα ἐν γῇ διψώσῃ, οὐκ ἔστιν εἶδος αὐτῷ οὐδὲ δόξα· καὶ εἴδομεν αὐτόν, καὶ οὐκ εἶχεν εἶδος οὐδὲ κάλλος LXX).[34]

In neutestamentlichen Texten fehlen explizite Beschreibungen besonderer Personen, wie beispielsweise der Gestalt Jesu und des Apostels Paulus. Äußerungen zur Physis des Letzteren fehlen auch in christlichen antiken Texten. Daneben stehen jedoch zahlreiche Versuche, die Gestalt Jesu zu beschreiben.[35] Einige Kirchenväter denken beispielsweise über einen Zusammenhang der Leiden des Gottesknechts und der Leiden Jesu nach und machen in diesem Kontext auch über das Äußere der beiden leidenden Gestalten Aussagen:

---

[32] Vgl. BOLLÓK, Description 1, der für die Beschreibung der „external features of the apostle" den Begriff „unparalleled" verwendet. Eine physische Beschreibung Jesu als Mann von schöner Gestalt gibt der Brief des Lentulus. Diese Schrift ist vermutlich erst um die Wende des 13./14. Jahrhunderts entstanden und berichtet von einem Prokurator in Judäa namens Lentulus, der an den Senat in Rom schreibt. Verfasserschaft wie Echtheit des Briefes sind jedoch aus guten Gründen infrage zu stellen. Vgl. dazu PÉRÈS, Epistula Lentuli 61–62, der die Einleitungsfragen darstellt wie auch eine deutsche Übersetzung des Briefes vorlegt (vgl. 63–64), sowie neuerdings LÜTTICKE, Brief des Lentulus (in Vorbereitung).

[33] Vgl. bspw. EBNER, Sein und Schein 57.

[34] Aufgrund der folgenden Vergleiche mit Kirchenvätertexten wird hier die Septuaginta-Version der Verse angeführt.

[35] Zu den Traditionen über das Bild Jesu siehe auch die Veronika-Traditionen, die im Laufe der Jahrhunderte entstehen; vgl. bspw. NICKLAS, Gedanken.

Tertullian schreibt in der Streitschrift gegen Marcion „Si inglorius, si ignobilis, si inhonorabilis, meus erit Christus" (Tert. Marc. III, 17,1)[36] oder Justin in den Dialogen mit dem Juden Tryphon (Iust. dial. 14,8) „[…] οἱ μὲν εἴρηνται εἰς τὴν πρώτην παρουσίαν τοῦ Χριστοῦ, ἐν ᾗ καὶ ἄτιμος καὶ ἀειδὴς καὶ θνητὸς φανήσεσθαι κεκηρυγμένος […]" (hier mit Kontext wiedergegeben: „Ich bemerkte noch: Tryphon, diese und ähnliche Prophetenworte sprechen teils von der ersten Parusie Christi, bei der er nach der Verheißung ohne Ehre und Schönheit als Sterblicher erscheint, teils von seiner zweiten Parusie, wo er in Ehren über den Wolken erscheinen und euer Volk ihn sehen und in ihm den erkennen wird, den sie durchbohrt haben, wie Oseas 5, einer der zwölf Propheten, und Daniel 6 vorhersagten […]").[37] Origenes erwähnt im Kontext der Auseinandersetzung mit Celsus (Or. Cels. VI, 75–77) ebenfalls, dass Jesus Christus nicht als göttlich, sondern als dem menschlichen Leib gleich zu sehen sei, da er als „klein, hässlich und unedel" gelte (Ἀμήχανον γὰρ ὅτῳ θεῖόν τι πλέον τῶν ἄλλων προσῆν μηδὲν ἄλλου διαφέρειν· τοῦτο δὲ οὐδὲν ἄλλου διέφερεν, ἀλλ᾽, ὥς φασι, μικρὸν καὶ δυσειδὲς καὶ ἀγεννὲς ἦν).[38] Auch Irenäus spricht in seiner Schrift Adversus Haereses davon, dass Jesus ein „unansehlicher Mensch sein werde, vom Leiden gezeichnet" (Iren. haer. III, 19,2: et quoniam homo indecorus et passibilis).

Allen gemeinsam ist in Bezug auf Jes 52–53 der Versuch, das Aussehen des leidenden Gottesknechts in Verbindung zu Jesu Äußerem zu sehen. Wichtig ist dabei allen, zu dieser rein äußerlichen Komponente des Körperlichen, die für die menschliche Seite Jesu stehe, die göttliche Seite Jesu mitzudenken, die ausdrücke, warum Jesus diese Gestalt, der jede Schönheit fehle, angenommen habe.[39]

In die Darstellungen der Kirchenväter, die beabsichtigen, Jesus als göttlich und menschlich darzustellen, und dazu sein Äußeres in Anlehnung an Jes 52–53 als nicht ästhetisch zeigen, kann auch die Charakterisierung der Figur Paulus in den Paulus- und Theklaakten eingereiht werden. Die Paulus- und Theklaakten versuchen ebenso, die menschliche Komponente des Apostels mit Gedanken, die ihn von dieser abheben und eher in die Richtung eines göttlichen Wesens bringen, zusammenzudenken. Sie beschreiben ihn einerseits mithilfe von äußerlichen Merkmalen, die ihn auch als nicht schön zeichnen, als sehr menschlich, zugleich aber auch durch den Hinweis auf das Lächeln, die Bezeichnung als „Diener des hochgelobten Gottes" und die

---

[36] Der lateinische Text ist der Edition von BRAUN, Contre Marcion, entnommen.

[37] Der griechische Text ist der Edition von MARCOVICH, Iustini Martyris, die deutsche Übersetzung der BKV-Ausgabe Justinus, Dialog; Pseudo-Justinus, Mahnrede, herausgegeben von HAUSER, entnommen.

[38] Der griechische Text ist der Edition von MARCOVICH, Origenes Contra Celsum, entnommen, die deutsche Übersetzung stammt von LONA, Kelsos.

[39] Vgl. PÉRÈS, Epistula Lentuli 67–69.

Beschreibung des Antlitzes, das menschlich und engelhaft zugleich sei, als mit überirdischen Merkmalen ausgestattet.

Durch eine genaue Analyse einzelner Elemente der Beschreibung ergibt sich ein Paulusbild, das auch in die Erzählung als ganze eingeordnet werden kann und sich als stimmig erweist. Ein Leser, der einerseits Teil einer Welt ist, in der gewisse Attribute bekannt sind und eine Bedeutung haben, der andererseits auch die Einspielung von biblischen Texten erkennt, kann die Figur Paulus, wie sie die Paulus- und Theklaakten schildern, besser einordnen. Sie zeigt sich als der aus den kanonischen Texten bekannte Paulus, zugleich rückt sie immer mehr in die Nähe von Christus. Die Kontexte der Kirchenväteraussagen verstärken diesen Eindruck: Es geht nicht darum, literarische Abhängigkeiten zu zeigen. Vielmehr soll dargestellt werden, dass Texte, die Beschreibungen von Äußerlichkeiten enthalten, zunehmen, vor allem bezüglich Jesu Christi, und Paulus immer mehr parallel zu Jesus, wie ihn Autoren des späten ersten, des zweiten und dritten Jahrhunderts sehen, gezeichnet wird: Jesus Christus wird durch die Schilderung seines Äußeren als göttlich und menschlich zugleich beschrieben, wie vor allem der Bezug zum Propheten Jesaja zeigt.

(3) Demas und Hermogenes

Im Kontext der Einführung der Figur des Paulus werden *Demas und Hermogenes* als nächste Figuren vorgestellt. Sie sind mit Paulus unterwegs. Der Erzähler stellt die beiden Figuren Demas und Hermogenes mittels einer expliziten Charakterisierung näher vor. Sie werden zum einen mit denselben Eigenschaften beschrieben („Demas aber und Hermogenes wurden eifersüchtig und gingen noch weiter in ihrer Verstellung", Δημᾶς δὲ καὶ Ἑρμογένης ἐζήλωσαν καὶ πλείονα τὴν ὑπόκρισιν ἐκίνησαν 4), zum anderen kann die unmittelbar darauffolgende Aussage, welche zwar dann eine der beiden Figuren trifft („Demas sprach", ὡς εἰπεῖν τὸν Δημᾶν 4), auch auf beide Figuren bezogen werden. Der Text führt sie wie eine Figureneinheit[40] ein und lässt sie auch dementsprechend handeln. So spricht die Figur Demas für sich und die Figur Hermogenes zugleich: Ἡμεῖς οὐκ ἐσμὲν τοῦ εὐλογημένου, ὅτι ἡμᾶς οὐκ ἠσπάσω οὕτως; („Sind wir denn nicht des Hochgelobten [Diener], dass du uns nicht so grüßt?").[41]

Demas und Hermogenes werden jeweils in den Pastoralbriefen erwähnt. Die Konstellation der Figurengruppe Demas und Hermogenes wiederum ergibt sich aus verschiedenen Passagen: Ein aus den paulinischen Texten informierter Leser, bzw. anders gesagt: „wer die paulinische Tradition kennt,

---

[40] PERVO, Acts of Paul 89, schreibt: „They function as one character."
[41] PERVO, Acts of Paul 95, weist darauf hin, dass es zwei lateinische Textzeugen gibt, die beide sprechen lassen: „Two Latin witnesses have them speak in unison."

wie sie über die Pastoralbriefe vermittelt wird, ahnt nichts Gutes, wenn er die Namen Demas und Hermogenes hört […]".[42]

Folgende Hinweise aus den kanonischen Texten sind für die Einordnung der Figuren hilfreich: Von Hermogenes ist in 2Tim 1,15 die Rede, von Demas an anderen Stellen, in Phlm 24, Kol 4,14 und 2Tim 4,10. Beide sind bekannt als enge Mitarbeiter und Vertraute des Paulus, lassen ihn aber, wie viele andere, im Stich (2Tim 4,10: Δημᾶς γάρ με ἐγκατέλιπεν ἀγαπήσας τὸν νῦν αἰῶνα καὶ ἐπορεύθη εἰς Θεσσαλονίκην, Κρήσκης εἰς Γαλατίαν, Τίτος εἰς Δαλματίαν und 2Tim 1,15: Οἶδας τοῦτο, ὅτι ἀπεστράφησάν με πάντες οἱ ἐν τῇ Ἀσίᾳ, ὧν ἐστιν Φύγελος καὶ Ἑρμογένης). Dieser Vers 2Tim 1,15 nennt Hermogenes mit Phygelus, die Berufsbezeichnung Schmied fehlt in Bezug auf seine Figur. Sie taucht aber im Zusammenhang mit der Erwähnung von einem Alexander auf. Dieser wiederum ist mit einem Hymenäus zusammen erwähnt, der wiederum mit einem Mann namens Philetus (2Tim 2,17–18).

Diese Figurenkonstellation der Paulus- und Theklaakten scheint von den Pastoralbriefen beeinflusst.[43] Einem mit diesen Texten vertrauten Leser ist die Zeichnung der Figuren, obwohl übereinstimmende und zugleich abweichende Zusammenhänge und Attribute genannt sind, klar, da die negative Charakterisierung in allen Texten der Tenor ist. *Martin Ebner* spricht treffend von einer „[…] Art stenographische[m] Memo-Verfahren", das in Abschnitt 1 der Paulus- und Theklaakten angewendet wird: „Personen werden dadurch charakterisiert, dass über die bewusste Zusammenstellung von Namen und kleinsten Andeutungen bestimmte Texttraditionen […] wachgerufen werden sollen", und fasst ebenso passend zusammen, dass „über die wenigen Angaben ‚Demas und Hermogenes, der Schmied', […] für alle, die mit den Pastoralbriefen vertraut sind, das gesamte *Gegnerfeld* des Paulus in seinen vielfältigen Schattierungen aufgerufen [wird]".[44]

---

[42] So EBNER, Sein und Schein 52.

[43] Dabei ist nicht unbedingt von einer schriftlichen Form der Texte auszugehen. PERVO, Acts of Paul 89–90, erklärt die Zusammenhänge bezüglich der Figurenkonstellation und deren Charakterisierung in den Pastoralbriefen und den Paulus- und Theklaakten folgendermaßen: „The most probable solution is that the author selected the names Demas and Hermogenes from 2 Timothy. The contrasting figure is Onesiphorus (2Tim 1:16; 4:19), a role he will presently reprise. The author has blithely relocated Onesiphorus from Ephesus to Iconium, substituted the known apostate for Phygelus, a cipher, and equipped Paul with two faithless companions." Mit dieser Aussage setzt Pervo zugleich einen bestimmten Zeitpunkt der Entstehung der Paulus- und Theklaakten voraus und vermutlich auch eine nicht zu späte Datierung der Pastoralbriefe.

[44] EBNER, Sein und Schein 53–54. Die Hervorhebung ist aus dem Original übernommen.

(4) Onesiphorus und Familie

Als dritte Figur wird Onesiphorus und dessen Familie[45] eingeführt. Sie befinden sich dort, wo Paulus erwartet wird, stehen wartend an der Straße und wollen ihn empfangen. Durch diese lokalen Angaben zeigt der Text bereits, dass die beiden Figurengruppen Paulus und Onesiphorus in Verbindung stehen. Onesiphorus ist eine Figur, die in den Pastoralbriefen erwähnt wird.[46] Da eine gewisse Abhängigkeit der Paulus- und Theklaakten von den Pastoralbriefen angenommen werden kann – wie oben einführend erläutert –, ist zunächst die Charakterisierung des Onesiphorus aus den Pastoralbriefen in Erinnerung zu rufen.[47]

Er und seine Familie werden im Zweiten Timotheusbrief als treue und vorbildliche Christen dargestellt, im Vergleich zu anderen, zu denen offensichtlich Hermogenes gehört (vgl. 2Tim 1,15–18 und 4,19).

Die Verse in 2Tim 1,15–18

[15] Ἴδας τοῦτο, ὅτι ἀπεστράφησάν με πάντες οἱ ἐν τῇ Ἀσίᾳ, ὧν ἐστιν Φύγελος καὶ Ἑρμογένης.
[16] δῴη ἔλεος ὁ κύριος τῷ Ὀνησιφόρου οἴκῳ, ὅτι πολλάκις με ἀνέψυξεν καὶ τὴν ἅλυσίν μου οὐκ ἐπαισχύνθη,
[17] ἀλλὰ γενόμενος ἐν Ῥώμῃ σπουδαίως ἐζήτησέν με καὶ εὗρεν·
[18] δῴη αὐτῷ ὁ κύριος εὑρεῖν ἔλεος παρὰ κυρίου ἐν ἐκείνῃ τῇ ἡμέρᾳ. καὶ ὅσα ἐν Ἐφέσῳ διηκόνησεν, βέλτιον σὺ γινώσκεις.

geben weiteren Aufschluss: Onesiphorus und seine Familie stehen im Erbarmen des Herrn. Er habe Paulus oft getröstet und sich seiner Ketten nicht geschämt.

Diese Aussage bestätigt und ergänzt die Informationen aus den Theklaakten: Onesiphorus und seine Familie sind gläubig und dem Paulus zugeneigt, so die Übereinstimmung der beiden Zeugnisse.[48] Eine zusätzliche Information beinhaltet der kanonische Text, insofern er von mehreren Begegnungen spricht: Onesiphorus habe Paulus oft beigestanden und zu ihm gestanden. Er habe ihn, gleich wie Thekla, gesucht und sei ihm bis nach Rom gefolgt. Da-

---

[45] Die Figur Onesiphorus und Familie wird der Einfachheit halber folgend als Onesiphorus bezeichnet. Wenn explizit nur von Onesiphorus als Einzelfigur die Rede ist, wird dies im Text kenntlich gemacht.

[46] G. SNYDER, Acts of Paul 117, formuliert treffend: „So the characters are known from canonized ‚prison' letters."

[47] Vgl. auch die Bemerkung von DEN DULK, Permit 200, der die Pastoralbriefe als Quelle annimmt, dabei jedoch differenziert. Zum Zweiten Timotheusbrief schreibt er: „[…] the presbyter very probably regarded 2Tim as an important source of information about Paul's life, travels, and teaching, and did not consider much in this letter problematic". Den Ersten Timotheusbrief dagegen hätte der Schreiber nicht als eine „authoritative Pauline epistle" angesehen, ebd. 202.

[48] EBNER, Sein und Schein 54, bezeichnet ihn passend als „paulustreue[n] Adjuvant[en]".

bei ist die zeitliche Ebene der beiden Texte zu beachten, denn die kanonischen Texte sprechen im Rückblick von Begegnungen, in den Theklaakten wird das erstmalige Aufeinandertreffen beschrieben.[49] Die Figur Onesiphorus weiß sowohl von Paulus als Lehrer wie auch von Inhalten seiner Worte, hat ihn aber persönlich bisher weder gesehen noch gehört. Daraus lässt sich schließen, dass es in Ikonium bereits der Lehre des Paulus folgende Kreise geben muss, zu denen Onesiphorus mitsamt Familie zählt. Konkret wird Titus erwähnt, der ihm von Paulus und dessen „Aussehen" (ποταπός ἐστιν τῇ εἰδέᾳ ὁ Παῦλος 2) berichtet, woraufhin er ihm bei seinem Stadtbesuch begegnen und ihn einladen kann. Onesiphorus kennt die Botschaft des Paulus und hat sie aus zweiter Hand vernommen, was die Notiz οὐ γὰρ εἶδεν αὐτὸν σαρκὶ ἀλλὰ μόνον πνεύματι („Er hatte ihn nämlich [bisher] nicht im Fleisch, sondern nur im Geist gesehen" 2) andeutet. Paulus ist als „Diener" (ὑπηρέτα 4) eines Gottes bekannt, den er als εὐλογημένος („Hochgelobten" 4) bezeichnet.

Wie die Erzählung angibt, nimmt auch die Figur Onesiphorus bereits auf den ersten Blick wahr, dass Demas und Hermogenes nicht aufrichtig sind. Obwohl er ihnen als Begleiter des geschätzten Paulus begegnet, fällt Onesiphorus sogleich – nach deren Rückfrage, warum er sie nicht wie Paulus grüße – ein Urteil. Ihnen fehle es an der „Frucht der Gerechtigkeit",[50] so lautet seine Begründung. Für den Leser ergibt sich somit ein klares Bild hinsichtlich der Einordnung der Figuren: Onesiphorus mit Famile gehört zur Seite des Paulus und steht zugleich Demas und Hermogenes gegenüber.

---

[49] Vgl. dazu den kritischen Apparat im NESTLE ALAND (28. Auflage): Hier kann beobachtet werden, wie die Paulus- und Theklaakten die Textgeschichte der Pastoralbriefe erkennbar beeinflusst haben. Eine Glosse zu 2Tim 3,11 erwähnt, die Leiden des Paulus in Antiochien seien aufgrund von Thekla geschehen. Ein weiterer Hinweis erläutert, dass zum Haus des Onesiphorus (2Tim 4,19) Lektra, Simmias und Zenon gehören, wie es auch ActPlTh 2 erwähne (Λεκτραν την γυναικα αυτου και Σιμαιαν και Ζηνωνα τους υιους αυτου).

[50] Eine Online-TLG-Recherche durch eine Kombinationssuche mit den Lemmata „καρπός" und „δικαιοσύνη", wobei die Schlagwörter gemeinsam und innerhalb eines Wortabstandes von fünf Wörtern vorkommen müssen, bietet bis zum dritten Jahrhundert zahlreiche Bezeugungen. In der Septuaginta ist die Wortverbindung häufig zu finden, so z. B. im Buch der Sprichwörter (3,9; 11,30; 13,2), in prophetischer Literatur (Hos 10,12 und Am 6,12) und in den Psalmen (84,13). In neutestamentlichen Texten ist die Wendung in Jak 3,18 und im Philipperbrief (1,11) bezeugt. Neben wenigen paganen Schreibern (z. B. Plutarch, Aetia Romana et Graeca) ist das Begriffspaar beispielsweise bei Clemens und Hippolyt, sehr gehäuft bei Origenes zu finden. Vgl. zum Begriff δικαιοσύνη SCHMIDT, Acta Pauli 190; dieser habe in den Akten eine ganz eigene Bedeutung erhalten, der Mensch werde durch Werke der Gerechtigkeit gerechtfertigt (vgl. Worte des Onesiphorus zu Hermogenes und Demas), er vermisse an ihnen die „apostolische Enthaltsamkeit", wie sie Phil 1,11 (πεπληρωμένοι καρπὸν δικαιοσύνης τὸν διὰ Ἰησοῦ Χριστοῦ εἰς δόξαν καὶ ἔπαινον θεοῦ) vorgibt. Christus gelte hiernach als Vorbild, der als Lohn seiner δικαιοσύνη, seiner sittlich-asketischen Leistung, die Auferstehung von den Toten empfängt.

(5) Titus

Im Kontext der Schilderungen über Onesiphorus wird eine vierte Figur genannt, Titus. Die Erzählung erwähnt sie nur an dieser Stelle und führt diese weder ein noch gibt sie nähere Informationen zur Figur. Dieses Vorgehen wie auch die Figuren, die im Kontext des Titus erwähnt werden, lassen darauf schließen, dass Titus dem Leser aus den neutestamentlichen Texten bekannt sein dürfte.[51] Dort wird Titus zwar „im Zusammenhang nur weniger, allerdings zentraler Stationen des paulinischen Wirkens" genannt, „das Fehlen seines Namens an anderen Stellen der paulinischen Literatur sowie vor allem in der Apostelgeschichte[, wirft] Fragen auf."[52] Der Galater- und der Zweite Korintherbrief sowie die Pastoralbriefe geben folgende Hinweise: Er ist als nichtbeschnittener Heidenchrist, vermutlich aus Griechenland (vgl. Gal 2,1.3), wichtig für die Auseinandersetzung zwischen jüdischen Christusanhängern und Christusanhängern aus den Völkern auf dem Apostelkonzil und als solcher „[...] Symbolgestalt für die glaubenden Heiden". Laut 2Kor 8,16–23; 9,1–51 ist er einer der „[...] bedeutendsten Mitarbeiter des Paulus", was die Kollekte für Jerusalem angeht, und vermittelt in der Auseinandersetzung zwischen Paulus und der Gemeinde in Korinth (2Kor 2,13; 7,6.13–14; 12,18).

Der Titusbrief macht ihn „[...] zum zweitwichtigsten Mitarbeiter an der Fortsetzung des paulinischen Missionswerks", wie *Ernst Dietzfelbinger* äußert[53] und in diesem Tenor auch *Pervo*: „Titus is mentioned without further introduction. APl, probably deducing from 2 Corinthians that Titus undertook delicate assignments to places that Paul was going to visit, shows him as Paul's advance man at both Iconium and Rome."[54]

Die Titusakten zeigen letztlich, wie durch die Figur Titus eine Verbindung zwischen Apostelgeschichte und den Paulus- und Theklaakten gezogen wird. Sie „schreiben ihn [Titus, Anm. V.N.] jedoch geradezu in große Teile des Plots der Apg ein", obwohl die namentliche Erwähnung fehlt. Interessanterweise bildet die Apostelgeschichte so das „narrative Rückgrat [...] vom Ende von Kapitel 2 an bis Kapitel 6" der Titusakten. Die Paulusakten werden somit von den Titusakten als „narrative Ergänzung" der Apostelgeschichte gesehen, so *Nicklas*.[55] Als Beispiel dafür nennt er gerade diese erste Szene der Paulus- und Theklaakten (2). Narrative Grundlage ist die Schilderung der Aufenthalte des Paulus im pisidischen Antiochien, in Ikonium und in Lystra und Derbe,

---

[51] NICKLAS, Akten des Titus (im Druck).

[52] MAYER-HAAS, Titus im Zeugnis 11.

[53] DIETZFELBINGER, Titus 1356. Zur Figur des Titus vgl. auch G. HOLTZ, Pastoralbriefe 2–3.

[54] PERVO, Acts of Paul 90.

[55] NICKLAS, Akten des Titus (im Druck), oder dazu auch PERVO, Acts of Paul 90: „The author of the Acts of Titus views him as Paul's regular precursor who went before him as a messenger to prepare his way."

wie sie Apg 13,14–14,20 vorgibt. Daran schließen die Paulus- und Theklaakten erzählerisch an, indem sie mit genaueren Berichten aus dem Haus des
Onesiphorus, in dem Paulus verweilt, ergänzen. Da Paulus nur aufgrund der
Beschreibung des Titus von Onesiphorus erkannt und eingeladen werden
kann, folgern die Titusakten, dass Titus dem Paulus auf seiner Reise voraus-
gegangen ist.

Die Paulus- und Theklaakten informieren in einer Erzählnotiz über die
Figur Titus: Er beschreibt für Onesiphorus die äußerliche Gestalt des Paulus,
da dieser ihn nur vom Hörensagen kenne. Die Figur Titus steht somit einerseits in Bezug zur Figur Paulus, die sie schon gesehen haben muss, andererseits steht sie in positivem Bezug zur Figur Onesiphorus, dem sie durch seine
Hilfe eine Begegnung mit dem Apostel ermöglicht. Die Details der Figurenanalyse zu Titus dienen weniger dem größeren Ziel der Arbeit, eine Analyse
erzählter Konversionen zu bieten; vielmehr besteht die narrative Funktion der
Figur darin, eine Annäherung der Figuren Onesiphorus mit Familie und Paulus zu ermöglichen.

bb) Verbale Elemente der Charakterisierung

Die Dialoge zu Beginn der Erzählung tragen zur weiteren Charakterisierung
der Figuren bei: Onesiphorus empfängt Paulus. Diese Begegnung ist erzählerisch mit Gesprächen ausgestaltet. Die Grußworte des Paulus an Onesiphorus,
„Die Gnade sei mit dir und deinem Haus" (ἡ χάρις μετὰ σοῦ καὶ τοῦ οἴκου
σου 4), sind nicht ungewöhnlich. Auffällig ist dabei zumindest aber, dass die
Gnade nicht näher beschrieben wird. Ein Bezugswort, ein Genitiv, der zum
Ausdruck bringt, wessen Gnade Paulus dem Onesiphorus wünscht, fehlt. Aus
dem Gruß des Onesiphorus, auf den Paulus antwortet, „Sei gegrüßt, Diener
des hochgelobten Gottes!" (ὑπηρέτα τοῦ εὐλογημένου θεοῦ 4), kann gefolgert
werden, dass die Gnade des „hochgelobten Gottes" gemeint ist. Die beiden
Begleiter des Paulus, Hermogenes und Demas, wiederholen die Begrifflichkeit, die Onesiphorus in seinem Gruß verwendet. Sie fragen, ob sie denn
„nicht des Hochgelobten (Diener)" seien (ἡμεῖς οὐκ ἐσμὲν τοῦ εὐλογημένου),
und vervollständigen somit den bei Paulus fehlenden Ausdruck.

Die Erzählung bringt durch die Wortwahl und die Schilderung der emotionalen Lage auch beim Aufeinandertreffen der Figuren deren positiven Bezug
zueinander zum Ausdruck: Die Figur Onesiphorus begrüßt Paulus mit den
Worten Χαῖρε, ὑπηρέτα τοῦ εὐλογημένου θεοῦ („Sei gegrüßt, Diener des
hochgelobten Gottes!"), Paulus wird in diesem Kontext der Begegnung als
„lächelnd" (Καὶ ἰδὼν ὁ Παῦλος τὸν Ὀνησιφόρον ἐμειδίασεν 4) beschrieben.

Im Gegenzug reagiert Onesiphorus auf Demas und Hermogenes, die
fragen, warum sie von ihm nicht auf dieselbe Art wie Paulus gegrüßt würden,
mit den Worten „Ich sehe an euch keine Frucht der Gerechtigkeit" (Οὐχ ὁρῶ
ἐν ὑμῖν καρπὸν δικαιοσύνης 4). Diese Worte begründen sein Verhalten, zu-

gleich wendet er aber ein: „Wenn ihr aber [so] seid, so kommt auch ihr in mein Haus und ruht euch aus!" (εἰ δὲ ἔστε τινές, δεῦτε καὶ ὑμεῖς εἰς τὸν οἶκόν μου καὶ ἀναπαύσασθε 4).

Obwohl die ungleiche Reaktion des Onesiphorus auf die Reisenden begründet scheint, ist sie ein weiterer Grund, der die beiden Parteien von Beginn der Erzählung an voneinander distanziert und in Demas und Hermogenes Eifersucht hervorruft.[56] Onesiphorus zeigt sich ihnen gegenüber jedoch gastfreundlich, wenn er ihnen unter der Bedingung einer gerechten Haltung zumindest zugesteht, in sein Haus zu kommen und sich auszuruhen.

Das Verhältnis der Figuren Onesiphorus zu Demas und Hermogenes zeigt ein Wortwechsel sehr deutlich: Onesiphorus spricht beide zugleich an mit den Worten: „Ich sehe an euch keine Frucht der Gerechtigkeit; wenn ihr aber [so] seid, dann kommt auch ihr in mein Haus und ruht euch aus!" (οὐχ ὁρῶ ἐν ὑμῖν καρπὸν δικαιοσύνης· εἰ δὲ ἔστε τινές, δεῦτε καὶ ὑμεῖς εἰς τὸν οἶκόν μου καὶ ἀναπαύσασθε 4). Auch aus der Perspektive von anderen Figuren werden Demas und Hermogenes als Einheit wahrgenommen und behandelt und auch beurteilt.

c) Zwischenergebnis

Die vorgestellten Figuren werden bereits zu Beginn der Erzählung entweder mit Attributen versehen oder anhand ihres Agierens vorgestellt. Die Charakterisierung ist dabei für den Leser jeweils eindeutig zu erkennen. Die Figur Onesiphorus und seine Familie vertritt eine Seite, die Figuren Demas und Hermogenes vertreten eine andere. Letztere begleiten die wichtige Figur Paulus und wirken daher zunächst wie in einer Einheit mit ihr, doch die Zugehörigkeit zu einer anderen Seite deutet sich bereits an – der Text zeigt, die Einheit der Figuren ist durch Demas und Hermogenes gestört und ein Konflikt im Erzählplot vorprogrammiert.

Eine umfassende Wahrnehmung der Figur des Paulus geschieht meines Erachtens erst durch die Kombination der Hinweise zur äußeren Gestalt mit den damit verbundenen weiteren Aussagen über ihn, die zusätzliche Information zu seiner Figur geben. Die Beschreibung des Paulus in den Paulus- und Theklaakten kann in eine Reihe mit den Erläuterungen und Gedanken von Kirchenvätern, die in Schriften das Äußere Jesu thematisieren, gestellt werden. Die Figur Paulus wird dadurch schon zu Beginn in die Nähe Jesu gerückt.

Die Anlehnung an das Itinerar der Apostelgeschichte und die Einführung von Figuren aus den Pastoralbriefen zeigen, dass für das Bild des Paulus diese Texte wichtiger zu sein scheinen als das Corpus Paulinum.

---

[56] PERVO, Acts of Paul 177, nennt diese Eifersucht eine „[...] basic motivation in popular literature".

Der Text führt Onesiphorus als Figur ein, die einen Glauben kennt, der einen „Hochgelobten Gott" verehrt, als dessen „Diener" man Paulus bezeichnen kann. Die Figur Onesiphorus, welche die Lehre des Paulus bisher nur durch eine „Sekundärquelle"[57] kennengelernt hat, wird selber die Worte aus erster Hand hören. Erzählerisch gesehen geschieht durch diese Strategie ein Sprung in die Zeit des Paulus: „Fiktiv kommt also in der knapp 100 Jahre nach den Pastoralbriefen entstandenen Schrift (erneut) der ‚authentische' Paulus zu Wort." Das bedeutet für Leser, die die Pastoralbriefe kennen, dass ihnen aufgrund dieses zeitlichen Sprunges der Erzählzeit paulinische Theologie auf direktem Weg, unvermittelt durch Dritte, erzählt werden soll. Dies bedeutet für die Frage nach dem Verhältnis der Pastoralbriefe zu den Paulus- und Theklaakten, dass diese „Erzählstrategie […] eine vorsichtige Auseinandersetzung [der Theklaakten] mit den ‚paulinischen' Positionen der Pastoralbriefe anstreb[t]".[58]

Die Figur Titus kann als Nebenfigur bzw. nach *Adele Berlin* als Type eingeordnet werden, die dem Leser ebenfalls aus den Pastoralbriefen bekannt ist.[59] Diese verorten und binden die Figur an die paulinische Tradition und ordnen sie innerhalb der Erzählung eindeutig einer Seite zu. Die Figur wird zwar nur in Abschnitt 3 kurz in einem Erzählerkommentar erwähnt und spielt aktiv keine weitere Rolle, durch sie wird jedoch die Erzählung vorangetrieben, da sie die Figur Paulus mit der Figur Onesiphorus und Familie in Verbindung bringt und die Begegnung ermöglicht.

Der Leser kann sowohl die Figur Onesiphorus und Familie, die Figuren Demas und Hermogenes, die als Typen eingeordnet werden können, als auch den jeweiligen Erzählkontext aus den Pastoralbriefen einspielen. Doch auch wenn ein mit den Pastoralbriefen nicht vertrauter Leser angenommen wird, sind die Figuren in der Erzählung der Paulus- und Theklaakten so eindeutig beschrieben, dass sie in eine Gruppe, die auf einer anderen Seite als Paulus steht, eingeordnet werden können.

Die einführenden Abschnitte zeigen durch die Namen und Charakterisierungen der erwähnten Figuren auch, dass der Text Figuren der Pastoralbriefe und des Corpus Paulinum übernimmt und weiterentwickelt. Über die Figuren Paulus und Titus informiert der Text nicht, sondern setzt sie als bekannt voraus. Demas und Hermogenes erscheinen trotz einer namentlichen Differenzierung und der Authentifizierung durch biblische Literatur innerhalb der Erzählung als eine Einheit, der ein Charakter zugeschrieben werden kann.

---

[57] So der treffende Begriff bei EBNER, Sein und Schein 56.

[58] EBNER, Sein und Schein 57, der diese Auseinandersetzung als einen nicht „polemischen Diskurs" wertet, sondern vielmehr als einen „äußerst geschickt angelegten narrativen Weg" bezeichnet.

[59] Die Figur Titus scheint nach den Analysen nicht nur ein Type, sondern vielmehr eine reine Funktion des Plots zu sein.

Zunächst erscheinen sie noch ambivalent in ihrem Verhalten. Der weitere Erzählverlauf positioniert sie nach und nach klarer.

2. In den Häusern (5–15)

(5) Καὶ εἰσελθόντος Παύλου εἰς τὸν τοῦ Ὀνησιφόρου οἶκον ἐγένετο χαρὰ μεγάλη, καὶ κλίσις γονάτων καὶ κλάσις ἄρτου καὶ λόγος θεοῦ περὶ ἐγκρατείας καὶ ἀναστάσεως, λέγοντος τοῦ Παύλου
Μακάριοι οἱ καθαροὶ τῇ καρδίᾳ, ὅτι αὐτοὶ τὸν θεὸν ὄψονται. μακάριοι οἱ ἁγνὴν τὴν σάρκα τηρήσαντες, ὅτι αὐτοὶ ναὸς θεοῦ γενήσονται. μακάριοι οἱ ἐγκρατεῖς, ὅτι αὐτοῖς λαλήσει ὁ θεός. μακάριοι οἱ ἀποταξάμενοι τῷ κόσμῳ τούτῳ, ὅτι αὐτοὶ εὐαρεστήσουσιν τῷ θεῷ. μακάριοι οἱ ἔχοντες γυναῖκας ὡς μὴ ἔχοντες, ὅτι αὐτοὶ κληρονομήσουσιν τὸν θεόν. μακάριοι οἱ φόβον ἔχοντες θεοῦ, ὅτι αὐτοὶ ἄγγελοι θεοῦ γενήσονται.
(6) Μακάριοι οἱ τρέμοντες τὰ λόγια τοῦ θεοῦ, ὅτι αὐτοὶ παρακληθήσονται. μακάριοι οἱ σοφίαν λαβόντες Ἰησοῦ Χριστοῦ, ὅτι αὐτοὶ υἱοὶ ὑψίστου κληθήσονται. μακάριοι οἱ τὸ βάπτισμα τηρήσαντες, ὅτι αὐτοὶ ἀναπαύσονται πρὸς τὸν πατέρα καὶ τὸν υἱόν. μακάριοι οἱ σύνεσιν Ἰησοῦ Χριστοῦ χωρήσαντες, ὅτι αὐτοὶ ἐν φωτὶ γενήσονται. μακάριοι οἱ δι᾽ ἀγάπην θεοῦ ἐξελθόντες τοῦ σχήματος τοῦ κοσμικοῦ, ὅτι αὐτοὶ ἀγγέλους κρινοῦσιν καὶ ἐν δεξιᾷ τοῦ πατρὸς εὐλογηθήσονται. μακάριοι οἱ ἐλεήμονες, ὅτι αὐτοὶ ἐλεηθήσονται καὶ οὐκ ὄψονται ἡμέραν κρίσεως πικράν. μακάρια τὰ σώματα τῶν παρθένων, ὅτι αὐτὰ εὐαρεστήσουσιν τῷ θεῷ καὶ οὐκ ἀπολέσουσιν τὸν μισθὸν τῆς ἁγνείας αὐτῶν· ὅτι ὁ λόγος τοῦ πατρὸς ἔργον αὐτοῖς γενήσεται σωτηρίας εἰς ἡμέραν τοῦ υἱοῦ αὐτοῦ, καὶ ἀνάπαυσιν ἕξουσιν εἰς αἰῶνα αἰῶνος.

(7) Καὶ ταῦτα τοῦ Παύλου λέγοντος ἐν μέσῳ τῆς ἐκκλησίας ἐν τῷ Ὀνησιφόρου οἴκῳ, Θέκλα τις παρθένος Θεοκλείας μητρὸς μεμνηστευμένη ἀνδρὶ Θαμύριδι, καθεσθεῖσα ἐπὶ τῆς σύνεγγυς θυρίδος τοῦ οἴκου ἤκουεν νυκτὸς καὶ ἡμέρας τὸν περὶ ἁγνείας λόγον λεγόμενον ὑπὸ τοῦ Παύλου·

Als Paulus in das Haus des Onesiphorus eintrat, herrschte große Freude, man beugte die Knie, brach das Brot und (hörte) das Wort Gottes von der Enthaltsamkeit und der Auferstehung. Paulus sprach:
„Selig die Reinen im Herzen, denn sie werden Gott schauen. Selig sind, die ihr Fleisch rein bewahrt haben, denn sie werden Tempel Gottes werden. Selig die Enthaltsamen, denn Gott wird zu ihnen reden. Selig, die dieser Welt entsagt haben, denn sie werden Gott wohlgefallen. Selig, die Frauen haben, als hätten sie keine, denn sie werden Gott beerben. Selig, die Gottesfurcht haben, denn sie werden Engel Gottes werden.
Selig, die vor den Worten Gottes zittern, denn sie werden getröstet werden. Selig, die die Weisheit Jesu Christi empfangen haben, denn sie werden Söhne des Höchsten genannt werden. Selig, die die Taufe bewahrt haben, denn sie werden bei dem Vater und dem Sohn ausruhen. Selig, die die Einsicht Jesu Christi durchdrungen haben, denn sie werden im Licht sein. Selig, die um der Liebe Gottes willen die weltlichen Dinge verlassen haben, denn sie werden Engel richten und zur Rechten des Vaters gepriesen werden. Selig die Barmherzigen, denn sie werden Barmherzigkeit erlangen und den bitteren Tag des Gerichts nicht schauen. Selig die Leiber der Jungfräulichen, denn sie werden Gott wohlgefallen und den Lohn ihrer Reinheit nicht verlieren; denn das Wort des Vaters wird ihnen zum Werk der Rettung auf den Tag seines Sohnes werden, und sie werden Ruhe finden in alle Ewigkeit."
Und während Paulus so sprach inmitten der Versammlung im Haus des Onesiphorus, saß eine Jungfrau (namens) Thekla – ihre Mutter war Theoklia –, die mit einem Mann (namens) Thamyris verlobt war, an einem dem Haus benachbarten Fenster und hörte Nacht und Tag das Wort von der Reinheit,

καὶ οὐκ ἀπένευεν ἀπὸ τῆς θυρίδος, ἀλλὰ τῇ πίστει ἐπήγετο ὑπερευφραινομένη. ἔτι δὲ καὶ βλέπουσα πολλὰς γυναῖκας καὶ παρθένους εἰσπορευομένας πρὸς τὸν Παῦλον, ἐπεπόθει καὶ αὐτὴ καταξιωθῆναι κατὰ πρόσωπον στῆναι Παύλου καὶ ἀκούειν τὸν τοῦ Χριστοῦ λόγον· οὐδέπω γὰρ τὸν χαρακτῆρα Παύλου ἑωράκει, ἀλλὰ τοῦ λόγου ἤκουεν μόνον.

(8) Ὡς δὲ οὐκ ἀφίστατο ἀπὸ τῆς θυρίδος, πέμπει ἡ μήτηρ αὐτῆς πρὸς τὸν Θάμυριν· ὁ δὲ ἔρχεται περιχαρής, ὡς ἤδη λαμβάνων αὐτὴν πρὸς γάμον. εἶπεν οὖν ὁ Θάμυρις πρὸς Θεοκλείαν Ποῦ μού ἐστιν ἡ Θέκλα; Καὶ εἶπεν ἡ Θεοκλεία Καινόν σοι ἔχω εἰπεῖν διήγημα, Θάμυρι. καὶ γὰρ ἡμέρας τρεῖς καὶ νύκτας τρεῖς Θέκλα ἀπὸ τῆς θυρίδος οὐκ ἐγείρεται, οὔτε ἐπὶ τὸ φαγεῖν οὔτε ἐπὶ τὸ πιεῖν, ἀλλὰ ἀτενίζουσα ὡς πρὸς εὐφρασίαν, οὕτως πρόσκειται ἀνδρὶ ξένῳ ἀπατηλοὺς καὶ ποικίλους λόγους διδάσκοντι, ὥστε με θαυμάζειν πῶς ἡ τοιαύτη αἰδὼς τῆς παρθένου χαλεπῶς ἐνοχλεῖται.

(9) Θάμυρι, ὁ ἄνθρωπος οὗτος τὴν Ἰκονιέων πόλιν ἀνασείει, ἔτι δὲ καὶ τὴν σὴν Θέκλαν· πᾶσαι γὰρ αἱ γυναῖκες καὶ οἱ νέοι εἰσέρχονται πρὸς αὐτόν, διδασκόμενοι παρ' αὐτοῦ ὅτι Δεῖ, φησίν, ἕνα καὶ μόνον θεὸν φοβεῖσθαι καὶ ζῆν ἁγνῶς. ἔτι δὲ καὶ ἡ θυγάτηρ μου ὡς ἀράχνη ἐπὶ τῆς θυρίδος δεδεμένη τοῖς ὑπ' αὐτοῦ λόγοις κρατεῖται ἐπιθυμίᾳ καινῇ καὶ πάθει δεινῷ. ἀτενίζει γὰρ τοῖς λεγομένοις ὑπ' αὐτοῦ καὶ ἑάλωται ἡ παρθένος. ἀλλὰ πρόσελθε αὐτῇ σὺ καὶ λάλησον· σοὶ γάρ ἐστιν ἡρμοσμένη.

(10) Καὶ προσελθὼν Θάμυρις, ἅμα μὲν φιλῶν αὐτήν, ἅμα δὲ καὶ φοβούμενος τὴν ἔκπληξιν αὐτῆς, εἶπεν Θέκλα ἐμοὶ μνηστευθεῖσα, τί τοιαύτη κάθησαι; καὶ ποῖόν σε πάθος κατέχει ἔκπληκτον; ἐπιστράφηθι πρὸς τὸν σὸν Θάμυριν καὶ αἰσχύνθητι. Ἔτι δὲ καὶ ἡ μήτηρ αὐτῆς τὰ αὐτὰ ἔλεγεν Τέκνον, τί τοιαύτη κάτω βλέπουσα κάθησαι, καὶ μηδὲν

wie es von Paulus verkündet wurde; sie neigte sich nicht vom Fenster fort, sondern drängte sich im Glauben, sich übermäßig freuend, herzu. Da sie aber viele Frauen und Jungfrauen zu Paulus hineingehen sah, verlangte sie danach, auch sie möchte gewürdigt werden, vor dem Angesicht des Paulus zu stehen und das Wort Christi zu hören. Denn sie hatte Paulus' Eigenheit noch nicht gesehen, sondern nur sein Wort gehört.

Da sie aber nicht vom Fenster wich, schickte ihre Mutter zu Thamyris. Der aber kam hocherfreut, als sollte er sie schon zur Hochzeit holen. Thamyris sprach zu Theoklia: „Wo ist meine Thekla?" Und Theoklia antwortete: „Eine neue Geschichte habe ich dir zu berichten, Thamyris! Drei Tage und drei Nächte nämlich ist Thekla nicht vom Fenster aufgestanden, weder um zu essen noch um zu trinken, sondern als ob sie sich einer großen Freude zugewandt hätte, so hängt sie an einem fremden Mann, der trügerische und schillernde Worte lehrt, so dass ich mich wundere, wie eine Jungfrau, die so auf ihre Ehre bedacht ist, sich so peinlich belästigen lässt.

Thamyris, dieser Mensch bringt die Stadt der Ikonier in Aufruhr und deine Thekla dazu. Denn alle Frauen und jungen Männer gehen zu ihm hinein und lassen sich von ihm belehren. ‚Man muss', sagt er, ‚einen einzigen Gott fürchten und rein leben.' Es wird aber auch noch meine Tochter, die wie eine Spinne am Fenster hängt, durch seine Worte und von einer nie gekannten Begierde und unheimlichen Leidenschaft ergriffen. Die Jungfrau ist nämlich ganz auf seine Rede ausgerichtet und lässt sich gefangen nehmen. Gehe du zu ihr und sprich mit ihr, denn dir ist sie ja verlobt!"

Und Thamyris ging hin, sie liebend und doch voller Furcht vor ihrer Verwirrung zugleich, und sprach: „Thekla, meine Braut, was sitzt du so da? Welche Leidenschaft hält dich in dieser Verwirrung? Kehre zurück zu deinem Thamyris und schäme dich!" Aber auch ihre Mutter sagte ihr noch dasselbe: „Kind, was sitzt du so da und

ἀποκρινομένη ἀλλὰ παραπλήξ; Καὶ οἱ μὲν
ἔκλαιον δεινῶς, Θάμυρις μὲν γυναικὸς
ἀστοχῶν, Θεοκλεία δὲ τέκνου, αἱ δὲ παιδίσκαι κυρίας· πολλὴ οὖν σύγχυσις ἦν ἐν τῷ
οἴκῳ πένθους. καὶ τούτων οὕτως γινομένων
Θέκλα οὐκ ἀπεστράφη, ἀλλ᾽ ἦν ἀτενίζουσα
τῷ λόγῳ Παύλου.

(11) Ὁ δὲ Θάμυρις ἀναπηδήσας ἐξῆλθεν εἰς
τὸ ἄμφοδον, καὶ παρετήρει τοὺς εἰσερχομένους πρὸς τὸν Παῦλον καὶ ἐξερχομένους.
καὶ εἶδεν δύο ἄνδρας εἰς ἑαυτοὺς μαχομέ-
νους πικρῶς. καὶ εἶπεν πρὸς αὐτούς Ἄνδρες,
τίνες ἐστὲ εἴπατέ μοι, καὶ τίς οὗτος ὁ ἔσω
μεθ᾽ ὑμῶν, πλανῶν ψυχὰς νέων καὶ παρθένων ἀπατῶν, ἵνα γάμοι μὴ γίνωνται ἀλλὰ
οὕτως μένωσιν· ὑπισχνοῦμαι οὖν ὑμῖν δοῦναι πολλὰ χρήματα, ἐὰν εἴπητέ μοι περὶ
αὐτοῦ· εἰμὶ γὰρ πρῶτος τῆς πόλεως.

(12) Καὶ ὁ Δημᾶς καὶ Ἑρμογένης εἶπον
αὐτῷ Οὗτος μὲν τίς ἐστιν, οὐκ οἴδαμεν·
στερεῖ δὲ νέους γυναικῶν καὶ παρθένους
ἀνδρῶν, λέγων Ἄλλως ἀνάστασις ὑμῖν οὐκ
ἔστιν, ἐὰν μὴ ἀγνοὶ μείνητε καὶ τὴν σάρκα
μὴ μολύνητε ἀλλὰ τηρήσητε ἁγνήν.

(13) Ὁ δὲ Θάμυρις εἶπεν αὐτοῖς Δεῦτε,
ἄνδρες, εἰς τὸν οἶκόν μου καὶ ἀναπαύσασθε
μετ᾽ ἐμοῦ. καὶ ἀπῆλθον εἰς πολύτιμον δεῖπνον καὶ πολὺν οἶνον καὶ πλοῦτον μέγαν καὶ
τράπεζαν λαμπράν·
καὶ ἐπότισεν αὐτοὺς ὁ Θάμυρις, φιλῶν τὴν
Θέκλαν καὶ θέλων τυχεῖν γυναικός. καὶ
εἶπεν ἐν τῷ δείπνῳ ὁ Θάμυρις Ἄνδρες,
εἴπατέ μοι, τίς ἐστιν ἡ διδασκαλία αὐτοῦ,
ἵνα κἀγὼ γνῶ· οὐ γὰρ μικρῶς ἀγωνιῶ περὶ
τῆς Θέκλης, ὅτι οὕτως φιλεῖ τὸν ξένον καὶ
ἀποστεροῦμαι γάμου.
(14) Εἶπον δὲ Δημᾶς καὶ Ἑρμογένης Προσάγαγε αὐτὸν τῷ ἡγεμόνι Καστελίῳ ὡς
ἀναπείθοντα τοὺς ὄχλους ἐπὶ καινῇ διδαχῇ
Χριστιανῶν, καὶ οὕτως ἀπολεῖ αὐτὸν καὶ σὺ

blickst nach unten, antwortest nichts und
bist gänzlich verstört?" Und sie weinten
sehr, Thamyris um den Verlust der Frau,
Theoklia um den der Tochter, die Dienerinnen um den der Herrin. Ein großes Durcheinander herrschte im Hause der Trauer.
Und obwohl das alles geschah, wandte sich
Thekla nicht ab, sondern war ganz dem
Wort des Paulus zugewandt.
Thamyris aber sprang auf, ging auf die
Straße und beobachtete alle, die zu Paulus
hineingingen und die herauskamen. Und er
sah zwei Männer, die heftig miteinander
stritten. Und er sprach zu ihnen: „Männer,
wer seid ihr, sagt es mir, und wer ist der bei
euch da drinnen, der die Seelen der Jünglinge verführt und die der Jungfrauen betrügt, damit sie nicht heiraten, sondern so
bleiben? Ich verspreche, euch viel Geld zu
geben, wenn ihr mir über ihn berichtet;
denn ich bin Erster der Stadt."
Demas und Hermogenes sagten zu ihm:
„Wer dieser ist, wissen wir nicht. Er macht
aber Jünglingen die Frauen und Jungfrauen
die Männer abspenstig, indem er sagt: ‚Auf
andere Weise gibt es für euch keine Auferstehung, es sei denn, dass ihr rein bleibt
und das Fleisch nicht befleckt, sondern es
rein bewahrt.'"
Thamyris sprach aber zu ihnen: „Kommt in
mein Haus, Männer, und ruht euch bei mir
aus!" Und sie gingen zu einer üppigen
Mahlzeit mit viel Wein, großem Reichtum
und glänzender Tafel. Thamyris gab ihnen
zu trinken, da er Thekla liebte und sie zur
Frau haben wollte. Und während der Mahlzeit sprach Thamyris: „Männer, sagt mir,
was ist seine Lehre, damit auch ich sie
kennenlerne; denn ich bin in großer Sorge
um Thekla, weil sie den Fremden so liebt
und ich um die Heirat komme."
Demas und Hermogenes sagten: „Führe ihn
vor den Statthalter Castellius, weil er die
Menge überredet zur neuen Lehre der
Christen,[60] und daraufhin wird er ihn ver-

---

[60] Als präzisere und dem Entstehungskontext des Textes angemessenere deutsche Übersetzung von ἐπὶ καινῇ διδαχῇ Χριστιανῶν kann „zur neuen Lehre der Christianer" bzw.

ἕξεις τὴν γυναῖκά σου Θέκλαν. καὶ ἡμεῖς σε διδάξομεν, ἣν λέγει οὗτος ἀνάστασιν γενέσθαι, ὅτι ἤδη γέγονεν ἐφ᾽ οἷς ἔχομεν τέκνοις[, καὶ ἀνιστάμεθα θεὸν ἐπεγνωκότες ἀληθῆ].

(15) Ὁ δὲ Θάμυρις ἀκούσας παρ᾽ αὐτῶν ταῦτα, καὶ πλησθεὶς ζήλου καὶ θυμοῦ ὄρθρου ἀναστὰς εἰς τὸν οἶκον Ὀνησιφόρου ἀπῆλθεν μετὰ ἀρχόντων καὶ δημοσίων καὶ ὄχλου ἱκανοῦ μετὰ ξύλων, λέγων τῷ Παύλῳ Διέφθειρας τὴν Ἰκονιέων πόλιν καὶ τὴν ἡρμοσμένην μοι, ἵνα μὴ θελήσῃ με· ἄγωμεν ἐπὶ τὸν ἡγεμόνα Καστέλιον. Καὶ πᾶς ὁ ὄχλος ἔλεγεν Ἀπάγαγε τὸν μάγον· διέφθειρεν γὰρ ἡμῶν πάσας τὰς γυναῖκας, καὶ συνεπείσθησαν οἱ ὄχλοι.

derben, und du wirst Thekla als deine Frau erhalten. Und wir werden dich belehren, dass die Auferstehung, von der dieser sagt, dass sie geschehe, schon in den Kindern geschehen ist, die wir haben[, und wir auferstehen, wenn wir den wahren Gott erkannt haben]."

Als Thamyris dies von ihnen gehört hatte, stand er am frühen Morgen voll Eifersucht und Zorn auf und ging zum Haus des Onesiphorus mit Beamten und Polizisten und einer beträchtlichen Menge Volks mit Knüppeln und sprach zu Paulus: „Du hast die Stadt der Ikonier verdorben und meine Verlobte, dass sie mich nicht will. Auf, wir wollen zum Statthalter Castellius!" Und der ganze Haufen rief: „Weg mit dem Magier! Denn er hat uns alle unsere Frauen verdorben!" Und die Menge ließ sich mit aufwiegeln.

a) Text- und Erzählstruktur

Die Erzähleinheit 5–15 schildert die Ereignisse, die vor der Vernehmung des Paulus und der Thekla stattfinden. Der Text ist zum einen durch verschiedene Raumangaben strukturiert, wobei die Aufenthaltsorte der Figuren in innere und äußere Räume unterteilt werden können.[61]

Zum anderen sind diese Raumkonzepte mit Figurenkonstellationen verbunden: Räume stehen jeweils mit Figuren bzw. Figurengruppen in Verbindung und tragen zu deren näheren Erläuterung bei. Abschnitt 5–15 gibt insgesamt fünf Ortswechsel vor und stellt in diesem Zusammenhang bereits in die Erzählung eingeführte Figuren näher dar bzw. führt drei zentrale Figuren neu ein.

Die Wendung εἰς τὸν τοῦ Ὀνησιφόρου οἶκον („in das Haus des Onesiphorus" 5) zeigt den ersten Ortswechsel, von der Straße in das Haus des Onesiphorus, an. Dort verkündet Paulus das Wort Gottes, das im Text als „Wort Gottes von der Enthaltsamkeit und der Auferstehung" (λόγος θεοῦ περὶ ἐγκρατείας καὶ ἀναστάσεως 5) bezeichnet ist. Paulus ist Onesiphorus und dessen Familie in deren Haus gefolgt. Ob die beiden Begleiter mitgekommen sind, ist nicht ausdrücklich erwähnt. Erst dem weiteren Erzählverlauf ist zu entnehmen, dass sie ebenfalls gefolgt sind.

„Christusanhänger" gewählt werden; dasselbe ist für Λέγε αὐτὸν Χριστιανόν in Abschnitt 16 möglich: „Sag, dass er ein Christianer bzw. Christusanhänger ist […]".

[61] Ein Beispiel, wie durch Raumszenen Innen- und Außenwechsel charakterisiert werden, ist die Pilatus-Szenenfolge in Joh 18.

Mit ἐπὶ τῆς σύνεγγυς θυρίδος τοῦ οἴκου („an einem dem Haus benachbarten Fenster" 7) setzt ein weiterer Ortswechsel ein, der auch mit einem Figurenwechsel verbunden ist. Die Abschnitte 7–10 berichten zeitlich parallel zur vorhergehenden Schilderung im Haus des Onesiphorus die Ereignisse im Nachbarhaus. Dabei wechselt das Setting „[...] as in a film", der den Betrachter „[...] abruptly to a neighbour's house"[62] führt.

In diesem Zusammenhang wird die weibliche Protagonistin eingeführt: Thekla befindet sich im Nachbarhaus und nimmt – am Fenster sitzend – durch Hören die Worte des Paulus auf. Abschnitt 7 stellt weitere Figuren der Erzählung vor – neben Thekla ihre Mutter Theoklia und Thamyris als Verlobten Theklas (Θέκλα τις παρθένος Θεοκλείας μητρὸς μεμνηστευμένη ἀνδρὶ Θαμύριδι) –, Abschnitt 8–10 ist von Gesprächen bestimmt. Zuerst erfolgt ein Wortwechsel zwischen Thamyris und Theoklia (8–9), dann ein versuchtes Gespräch jener mit Thekla, wobei diese schweigt (10).

Mit Ὁ δὲ Θάμυρις ἀναπηδήσας ἐξῆλθεν εἰς τὸ ἄμφοδον („Thamyris aber sprang auf, ging auf die Straße" 11) setzt eine neue Szene ein (11–12), die sich vor dem Haus des Onesiphorus abspielt (καὶ παρετήρει τοὺς εἰσερχομένους πρὸς τὸν Παῦλον καὶ ἐξερχομένους 11). Ein Gespräch zwischen Thamyris und den Reisebegleitern des Paulus, Demas und Hermogenes, über die Lehre des Paulus auf der Straße mündet in Thamyris' Einladung dieser in sein Haus (Δεῦτε, ἄνδρες, εἰς τὸν οἶκόν μου 13).

Ein nächster Unterabschnitt (13–14) berichtet vom dortigen gemeinsamen Mahl und den weiteren Gesprächen über den Apostel. Abschnitt 15 wechselt wieder in das Haus des Onesiphorus, wohin Thamyris μετὰ ἀρχόντων καὶ δημοσίων καὶ ὄχλου ἱκανοῦ („mit Beamten und Polizisten und einer beträchtlichen Menge Volks" 15) aufbricht und ihn anklagt.

Die Struktur von Abschnitt 5–15 kann folgendermaßen dargestellt werden:
5–10   Im Haus
      5–6   des Onesiphorus
      7–10   der Familie der Theoklia
11–15   Vor dem Haus
      11–12   des Onesiphorus
      13–14   des Thamyris
      15   des Onesiphorus

aa) Raumstruktur

Die Struktur der Erzählung ist in den Abschnitten 5–15 vorrangig durch Orte bzw. Ortswechsel bestimmt. Die Orte haben erzählerisch die Funktion, die Figurengruppen näher zu bestimmen.

---

[62] BREMMER, Magic 40.

(1) Das Haus des Onesiphorus

Der Leser erhält einen Blick in das Haus des Onesiphorus, das in Abschnitt 5 mit οἶκος bezeichnet wird, in 7 dann als ἐκκλησία. In diesem Raum hält sich Onesiphorus mit seiner Familie auf, dazu viele weitere „Frauen und Jungfrauen" (πολλὰς γυναῖκας καὶ παρθένους εἰσπορευομένας πρὸς τὸν Παῦλον 7), die in das Haus gehen. Die Erzählung schildert eine Hausstruktur, die zugänglich und offen gestaltet ist.

(2) Οἶκος

Οἶκος bedeutet im profanen Sprachgebrauch *Haus, Raum, Versammlungsort* und meint in diesem Verständnis vor allem das Haus als Gebäude.[63] Im christlichen Kontext ist aber auch ein Verständnis von Haus als *Ort der Versammlung, der Hauskirche*, möglich. Οἶκος kann in metaphorischem Verständnis auch für Kirche, Individuen, den Leib Christi, Gott oder den Himmel verwendet werden.[64]

(3) Ἐκκλησία

Der Ausdruck ἐκκλησία, der vom Verb ἐκκαλέω hergeleitet ist, wird in antiken Texten allgemein verwendet, um „die Vollversammlung der rechts- und wehrfähigen Vollbürger der πόλις [...]" zu bezeichnen (belegbar seit Herodot, fünftes Jahrhundert v. Chr.).[65] Für neutestamentliche Texte ist folgende interessante Differenzierung zu beachten: In den Evangelien fehlt der Ausdruck mit Ausnahme von Mt 16,18 und 18,17. In der Apostelgeschichte taucht er dagegen häufig auf, entweder, um eine Vollversammlung (dreimal in Kapitel 19), Israel (einmal in 7,38) oder die/eine Kirche zu bezeichnen (20mal). Diese Verwendung in nur einem Buch des lukanischen Doppelwerks zeigt, „[...] daß zumindest er es sehr bewußt nicht für die Zeit des irdischen Wirkens Jesu brauchte". Durch den deutlich häufiger belegten Gebrauch in den paulinischen Briefen (46mal) zeigt sich, dass der Begriff durch Paulus „seine Prägung erhalten [hat]". Neben weiteren vereinzelten Verwendungen (im Dritten Johannesbrief, Jakobusbrief und Hebräerbrief je einmal)[66] taucht er gehäuft in der Offenbarung des Johannes auf, nämlich 20mal. Spannend ist auch, dass sowohl Lukas in der Apostelgeschichte, Paulus in seinen Briefen als auch die Offenbarung den Begriff ebenso im Plural verwenden.[67]

Im Kontext der Erzählung der Paulus- und Theklaakten meint οἶκος zunächst das Haus als Gebäude, das man betreten kann (Καὶ εἰσελθόντος

---

[63] Vgl. LIDDELL, SCOTT und JONES, A Greek-English Lexicon, s. v. οἶκος.
[64] Vgl. LAMPE, A Patristic Greek Lexicon, s. v. οἶκος.
[65] COENEN, „ἐκκλησία" 1136.
[66] Zum Jakobusbrief vgl. NICKLAS, „Kirche" im Jakobusbrief (im Druck).
[67] Vgl. COENEN, „ἐκκλησία" 1136–1150 (1141).

Παύλου εἰς τὸν τοῦ Ὀνησιφόρου οἶκον 5). Die Formulierung ἐν μέσῳ τῆς ἐκκλησίας ἐν τῷ Ὀνησιφόρου οἴκῳ (inmitten der Versammlung im Haus des Onesiphorus 7), die gebraucht wird, um das folgende Geschehen im Haus zu beschreiben, zeigt, dass οἶκος in der Erzählung eine weitere Bedeutung hat. Der Verfasser differenziert zwischen den Begriffen οἶκος und ἐκκλησία und zugleich setzt er an dieser Stelle einen Ort (οἶκος) mit einer Gemeinde (ἐκ-κλησία) in Beziehung. Diese meint die Versammlung einer Gemeinschaft, die „[...] mithin charakterisiert [ist] durch das Bewußtsein, sich in der durch die Erscheinungen des Auferstandenen (vgl. 1Kor 15,3ff.) angezeigten eschatolo-gischen Situation zu befinden, in der man bereits an Kraftwirkungen der End-zeit Anteil hat".[68]

In den Pastoralbriefen wird ἐκκλησία als Haus verstanden, wobei diese Hauskirchen Orte darstellen, an denen die Lehre, auf deren Weitergabe ein weiterer Fokus der Briefe liegt, geschehen kann.[69] Im Ersten Timotheusbrief tauchen die Begriffe οἶκος und ἐκκλησία im Zusammenhang von Hinweisen zur Ordnung in der Gemeinde auf: „Kirche ist in diesen Briefen das sichtbare Zeichen der Gegenwart Christi und des Rettungswillens Gottes für alle Men-schen (1Tim 2,4), Haus Gottes, Säule und Fundament der Wahrheit (1Tim 3,15f.)", so *Coenen*.[70] *Korinna Zamfir* formuliert, Bezug nehmend auf 1Tim 3,15 (ἐν οἴκῳ θεοῦ ἀναστρέφεσθαι, ἥτις ἐστὶν ἐκκλησία θεοῦ ζῶντος): „The ekklesia as oikos of God [...] as a public space", dessen Ordnung „divine legitimation"[71] erhalte.

Die Akten des Justin und seiner Gefährten[72] schildern auch einen Zusam-menhang von Lehre und Ort, an dem diese verkündet wird. Beim Verhör in Rom wird Justin vom Präfekten zuerst nach seiner Lehre gefragt, mit der er sich beschäftige, und im Anschluss daran nach dem Ort, wo man sich treffe. Justin erklärt zuerst, dass dies überall geschehe, da der Gott der Christen nicht an einen Ort gebunden sei, sondern überall verherrlicht werden könne (Ἔνθα· ἑκάστῳ προαίρεσις καὶ δύναμίς ἐστιν πάντως γὰρ νομίζειω ἐπὶ τὸ αὐτὸ συνέρχεσθαι ἡμᾶς πάντας; Οὐχ οὕτως δέ, διότι ὁ θεὸς τῶν Χριστιανῶν τόπῳ οὐ περιγράφεται 3). Auf die nochmalige Nachfrage, wo er denn seine Schüler unterrichte (Εἰπέ, ποῦ συνέρχεσθε, ἢ εἰς ποῖον τόπον ἀθροίζειω τοὺς μαθητάς σου 3), nennt er einen konkreten Ort, an dem er wohne und wo man ihn besuchen könne, um das „Wort der Wahrheit mitgeteilt [zu bekommen]" (τις ἐβούλετο ἀφικνεῖσθαι παρ' ἐμοί, ἐκοινώνουν αὐτῷ τῶν τῆς ἀληθείας

---

[68] COENEN, „ἐκκλησία" 1142.

[69] Vgl. auch OBERLINNER, Pastoralbriefe 168–171.

[70] COENEN, „ἐκκλησία" 1149.

[71] ZAMFIR, Ekklēsia 527–528, oder auch OBERLINNER, Pastoralbriefe 168–171.

[72] Der griechische Originaltext ist der Ausgabe von MUSURILLO, The Acts of the Chris-tian Martyrs, entnommen.

λόγων 3).[73] In den Paulus- und Theklaakten wird der Begriff οἶκος anders gefüllt als in den Pastoralbriefen. Diese gebrauchen οἶκος in 1Tim 3,15 im Zusammenhang mit der Rede von „Christentum/Christen" als Haus, das bedeutet, die lebendige Gemeinde ist das Haus Gottes.[74] In den Paulus- und Theklaakten werden die Begriffe unterschiedlich verwendet: οἶκος steht für das Haus als Gebäude, ἐκκλησία für die Zusammenkunft derer, die darin das Wort des Paulus hören und miteinander Brot brechen und beten.

Neben dem differenzierten Wortgebrauch von οἶκος und ἐκκλησία ist in beiden Texten jedoch ein Zusammenhang zwischen Haus und Lehre fest-zustellen. Die Pastoralbriefe und die Paulus- und Theklaakten betonen die Weitergabe von Lehre und setzen dies auch in den Zusammenhang mit Hausgemeinden.

(4) Das Haus Theoklias

Parallel zur Beschreibung der Situation im Haus des Onesiphorus wird das Geschehen im Nachbarhaus geschildert, in dem sich Thekla aufhält. Sie kann hören und sehen, was im Haus nebenan vor sich geht. Das Haus wird nicht explizit als offen geschildert. Der Hinweis, dass Thekla am Fenster verharrt, um zu hören, gibt jedoch an, dass ein kleiner „Durchgang" und damit eine Verbindung zur Welt außerhalb ihres Hauses möglich ist.

Die räumliche Trennung der Orte entspricht der Trennung der Figuren. Eine Verbindung zwischen den Häusern und somit auch zwischen den Figu-ren wird durch ein Fenster im Haus der Thekla hergestellt.

Die Orte zeigen, dass sich die Figur Thekla an diesem Punkt der Erzählung lokal gesehen an einem anderen Ort als Paulus und Onesiphorus befindet. Ihre Positionierung am Fenster innerhalb des Hauses zeigt jedoch, dass ihr Interesse mehr schon dem anderen Haus gilt. Dieses steht für eine andere Welt bzw. Seite, auf die hin sich die Figur allmählich zubewegt.

bb) Erzählperspektive

Ein weiteres Strukturmerkmal, das eng mit den Orten in Verbindung steht, ist die *Perspektive*, aus der die Erzählung geschildert wird. Der Text kann so den Leser auf verschiedene Weisen an Figuren heranführen. Folgende Perspektive dominiert den Text an diesen Abschnitten:

Der Erzähler und mit ihm der Leser nimmt eine Außenperspektive ein. Hierbei werden die Figur Thekla und ihr Verhalten zunächst von außen betrachtet. Der Blick des Lesers wird weg von der Schilderung im Haus des Onesiphorus und den Worten des Paulus auf das sich in der Nähe befindliche

---

[73] Als Hintergrund der Schilderungen ist mit zu bedenken, dass Justin befürchten muss-te, durch seine Aussagen andere Christen zu gefährden.

[74] Vgl. GOETZMANN, „οἶκος" 877.

Haus gelenkt. Dort ist Thekla, die am Fenster verweilt, den Worten des Paulus zuhört und auch das Geschehen vor dem Haus des Onesiphorus beobachtet. Der Hinweis, dass sie auch den vielen Jungfrauen, die dessen Haus betreten, folgen möchte, lenkt die Perspektive mehr und mehr auf ihre Figur und zugleich auf das, was bei Paulus passiert.

b) Figurenkonstellation und -beschreibung

aa) Paulus – Elemente der Charakterisierung

Die Charakterisierung der Figur Paulus erfolgt in den Abschnitten 5–15 anhand der Worte, die er im Haus des Onesiphorus spricht. Folgend werden Aspekte, die für die Charakterisierung der Figur des Paulus wichtig sind und die zudem einen Einblick in die Welt, zu der sich die Figur Thekla hinwenden wird, gewähren, erwähnt:

Im Rahmen einer Zusammenkunft legt Paulus seine Lehre dar. Diese erste große Verkündigung des „Wortes Gottes" (λόγος θεοῦ 5), wie sie der Erzähler bezeichnet, handelt von „der Enthaltsamkeit und der Auferstehung" (περὶ ἐγκρατείας καὶ ἀναστάσεως 5). Im Zusammenhang mit dem Wunsch Theklas, diese Worte zu hören, wird an anderer Stelle der Erzählung dafür der Ausdruck „das Wort Christi" (τὸν τοῦ Χριστοῦ λόγον 7) gebraucht. Vor dem Statthalter wiederum stellt Paulus mit den Worten „Wenn ich nun lehre, was mir von Gott offenbart ist […]" selbst seine Äußerungen unter göttliche Autorität (εἰ οὖν ἐγὼ τὰ ὑπὸ θεοῦ μοι ἀποκεκαλυμμένα διδάσκω 17).

Eine lange Ausführung des Apostels, die in dreizehn Makarismen mittels des jeweils gleichen Schemas erläutert, was unter dieser Lehre zu verstehen ist, folgt.

(1) Die Lehre des Paulus – Makarismen

In der Erzählnotiz wird für die Beschreibung das Verb λέγω („sprechen" 5) verwendet, Theoklia wird im weiteren Erzählverlauf diesbezüglich διδάσκω („lehren" 8) in den Mund gelegt. Die Erzählnotiz am Beginn der Handlung verwendet das Verb διηγέομαι („erzählen" 1) und κατὰ ῥῆμα („Wort für Wort")[75] anstelle von λόγος („Wort"). Die Worte werden einleitend als περὶ ἐγκρατείας καὶ ἀναστάσεως („das Wort Gottes von der Enthaltsamkeit und der Auferstehung" 5) bezeichnet. Eine Erzählnotiz in Abschnitt 7 bezeichnet diese Worte als περὶ ἁγνείας λόγον λεγόμενον („das Wort von der Rein-

---

[75] Hier wird für die deutsche Übersetzung von ῥῆμα auch *Wort* gewählt. Ῥῆμα bedeutet im neutestamentlichen Sprachgebrauch *Lehre, Sache, Handlung* (vgl. LAMPE, Patristic Greek Lexicon, s. v. ῥῆμα). In Verbindung mit der Präposition κατά meint der Ausdruck *word for word*, im Deutschen wird dafür die wörtliche Übersetzung *Wort für Wort* gewählt (vgl. LIDDELL, SCOTT und JONES, A Greek-English Lexicon, s. v. ῥῆμα).

heit" 7). Der Inhalt der Worte[76] des Paulus, die er im Haus des Onesiphorus spricht, ist als Seligpreisung einzuordnen.[77]

Die Lehre des Paulus im Haus des Onesiphorus besteht aus dreizehn Aussagen, die jeweils dieselbe Struktur aufweisen und formal den matthäischen Seligpreisungen gleich gestaltet sind.[78] Das Schema ist dabei jeweils eine Seligpreisung, eingeleitet mit μακάριος, darauf folgt eine Verheißung, eingeleitet mit ὅτι, Makarismen 11 und 12 nennen eine weitere Verheißung, angefügt mit καί, Makarismus 13 fügt eine weitere Verheißung mit ὅτι und καί an.

1–13	Seligpreisung, eingeleitet mit μακάριος
	darauffolgende Verheißung, eingeleitet mit ὅτι
11/12	+ weitere Verheißung, angefügt mit καί
13	+ weitere Verheißung (nach vorherigem Schema angefügt: mit ὅτι und καί)

Die erste Seligpreisung des Paulus – μακάριοι οἱ καθαροὶ τῇ καρδίᾳ, ὅτι αὐτοὶ τὸν θεὸν ὄψονται – greift die Worte der Bergpredigt aus dem Matthäusevangelium auf und stimmt mit diesen wörtlich überein (Mt 5,8). Dies zeigt: Die Figur Paulus tritt nicht nur wie Jesus vor seinen Schülern auf, sondern übernimmt auch seine Lehre. Dass genau die erste Preisung, die Paulus anführt, wörtlich mit dem Matthäusevangelium übereinstimmt, betont den engen Bezug zu Jesus und seiner Lehre deutlich. Zugleich steht die Rede des Paulus dadurch nicht nur in engem Bezug zu den Weisungen Jesu, sie will auch auf einer Linie mit diesen gelesen werden.[79]

Vorrangig handeln die einzelnen Seligpreisungen von der ethischen Aufforderung zur Enthaltsamkeit. Die „intertextuelle Verflechtung [wurde dabei]

---

[76] EBNER, Seligpreisungen 64–65, stellt die Worte des Paulus nicht als Predigt dar, sondern sieht darin vielmehr eine lange Makarismenreihe, die rezitiert wird und die auf stilistischer Ebene wie ein „erratischer Block" innerhalb des Textes steht. Die Aussagen des Paulus münden mit den Worten εἰς αἰῶνα αἰῶνος in eine gängige Formulierung, die gebetsähnlichen Charakter aufweist – ein Merkmal, das sowohl als Predigtabschluss wie auch am Ende eines rezitierten Textes stehen kann.

[77] Zu den Seligpreisungen in den Paulus- und Theklaakten vgl. auch ZAMFIR, Asceticism.

[78] HERCZEG, Parallels 147–148, unterscheidet verschiedene Arten von Parallelen, die es zwischen den Paulusakten und kanonischen Texten gibt, und erwähnt dabei als eine der vier Unterkategorien die Seligpreisungen, „[...] many of which display close correspondences with the canonical ones".

[79] Vgl. dazu BETZ, Worte 138. Daneben stehen weitere neutestamentliche Verse, die in den Makarismen „[...] intertextuell geschickt verwoben [...]" sind, so treffend EBNER, Seligpreisungen 67. Dazu gehören beispielsweise Passagen aus dem Ersten Korintherbrief, Kapitel 6 und 7. Eine differenzierte Auflistung der zitierten Passagen aus dem Ersten Korintherbrief ist für die vorliegende Analyse nicht notwendig. Nähere Hinweise sind wiederum bei EBNER, Seligpreisungen 67–70, sowie HERCZEG, Parallels 147–148, zu finden.

nach Art einer Collage, die unter dem Generalnenner der Enkrateia steht",[80] vorgenommen.

Die ersten fünf Makarismen unterscheiden sich von den folgenden acht.[81] In ihrem ersten Teil wird jeweils ein Aspekt, der auf die Enthaltsamkeit zielt, erwähnt, der zweite Teilsatz begründet jeweils das Argument. Die genannten Punkte benennen dabei jeweils Aspekte, die eine Absage an die Welt meinen.

Die darauffolgenden fünf Makarismen (6–10) sprechen dann zu denjenigen, die der Welt absagen, und nennen deren Lohn dafür. Nach weltlichen, sichtbaren und greifbaren Elementen werden auch intellektuelle und spirituelle Komponenten des Lebens mit aufgenommen. Neben Begrifflichkeiten, die als Anspielungen und Hinweise auf die Bekehrung und das damit verbundene Leben gelten können („Selig, die die Weisheit Jesu Christi empfangen haben […]" oder „Selig sind, die die Einsicht Jesu Christi durchdrungen haben […]"), erwähnt eine Preisung explizit die Taufe: μακάριοι οἱ τὸ βάπτισμα τηρήσαντες[82] („Selig, die die Taufe bewahrt haben"). Ein zweiter Teilsatz erklärt, was diese Bewahrung der Taufe bewirkt: Ruhe bei Vater und Sohn (ὅτι αὐτοὶ ἀναπαύσονται πρὸς τὸν πατέρα καὶ τὸν υἱόν.[83] Mit μακάριοι οἱ ἀποταξάμενοι τῷ κόσμῳ τούτῳ, ὅτι αὐτοὶ εὐαρεστήσουσιν τῷ θεῷ folgt eine Preisung, die als Zusammenfassung der bisherigen Aussagen gelesen werden kann – die Absage an die Welt hat eine Belohnung zur Folge, die einem eine besondere Stellung zuweist. Makarismus 12 spricht dann neu von Barmherzigkeit als Haltung, die ebenso privilegiert, als sie vor dem „bitteren Tag

---

[80] EBNER, Seligpreisungen 67.

[81] Vgl. aber PERVO, Acts of Paul 101–102, der die 13 Preisungen anders und wie folgt einteilt: „The thirteen macarisms that constitute the sermon […] are uniformly of two members, the second of which gives a reason, through (10). (11) provides two explanations, (12) presents its reason in antithetic parallelism, and (13) has two sets of reasons, each with two parts." Damit imitiere der Autor das Matthäusevangelium, das den Hauptbezugspunkt für diese Passage darstelle.

[82] Das Verb τηρέω findet sich häufig, 70mal in neutestamentlichen Texten. Das Bedeutungsspektrum reicht von *bewachen* (von Gefangenen), *(auf)bewahren* (mit nachfolgender Zeitangabe) bis hin zu *festhalten, halten, befolgen*, meist im Kontext von Geboten (z.B. Mt 23,3). Dazu kommt eine Verwendung des Verbs, die sich „im Hinblick auf das Bewahren der Unversehrtheit einer Person oder eines Zustandes […] auf sittliche Objekte […]" richtet. Darunter ist z.B. das Bewahren von Reinheit (1Tim 5,22) oder der Jungfräulichkeit gemeint. Letzteres Verständnis passt auch in den Kontext der Verwendung in den Paulus- und Theklaakten. Siehe dazu KRATZ, „τηρέω" 849–851.

[83] Zum Begriff ἀνάπαυσις vgl. HELDERMAN, Anapausis, der diesen Terminus in gnostischen Texten untersucht und dafür das Evangelium Veritatis ins Zentrum stellt. Die Ruhe wird dabei auch als „Heilsgut" verstanden und als „Zustand" angesehen, an dem „die verherrlichten Pneumatiker für ewig" teilhaben können. Zumindest dieses allgemeine Verständnis von ἀνάπαυσις klingt auch in der Verwendung des Begriffs in den Paulus- und Theklaakten an, wenn dort der Zustand der Ruhe beim Vater und beim Sohn als Folge der Bewahrung der Taufe gesehen wird.

des Gerichts" verschont. Die letzte Aussage wiederum fasst die folgenden Inhalte zusammen und kann zugleich gewissermaßen als Zuspitzung der Makarismenreihe gelesen werden.

Zwei Verheißungen sind es, die den Jungfrauen zuteil werden, wobei ein genauerer Blick auf die zweite Verheißung zeigt, dass auch der Aspekt Auferstehung und das Leben nach dem Tod nicht zu kurz kommt: Die Enkrateia, die auch eine Absage an die Welt meint (vgl. Preisung 11), verschafft einerseits einen privilegierten Status, nämlich Gottgefallen und bleibende Reinheit; andererseits wird durch das „Wort des Vaters" (ὁ λόγος τοῦ πατρός) Rettung zuteil, die Ruhe bedeutet. Ruhe, die als Lohn verstanden wird, wird aus einer vorhergehenden Seligpreisung aufgegriffen und näher qualifiziert als eine, die „in alle Ewigkeit" zu finden sein wird, wenn man die Weisungen der Makarismen befolgt (ἀνάπαυσιν ἕξουσιν εἰς αἰῶνα αἰῶνος).

Der Grund für die ausführlichere Gestaltung der letzten Preisung führt in ihrer Thematik schon auf das folgende Geschehen – die Abkehr der jungen Frauen und Jungfrauen von ihren Männern aufgrund der Worte des Paulus – um die Figur Thekla hin. Der Bezug dieser Makarismen zu anderen ist vorhanden, zur matthäischen Fassung ist dieser am deutlichsten erkennbar. Dieses Argument wird vor allem durch die wörtliche Übernahme der ersten Preisung aus Mt 5,8 gestützt.[84] *Pervo* sieht die Funktion der Makarismen in den Theklaakten zum einen darin, die Welt „upside down" zu präsentieren, so wie es auch in Mt 5 und Lk 6 geschieht. Das große inhaltliche Spezifikum der Theklaakten besteht aus dem Fokus auf ethischen Anweisungen, der sich wiederum nur auf die Aspekte Auferstehung und Enthaltsamkeit bezieht. *Pervo* wiederum sieht den bedeutenden Unterschied der matthäischen und der vorliegenden Fassung darin, „[…] that they [die Paulus- und Theklaakten; Anm. V.N.] generate a prompt and explicit disruption of the order".[85]

Bereits an dieser Stelle der Erzählung ist es möglich, aufgrund des Inhalts der Lehre des Paulus Aussagen über die Darstellung seiner Figur durch den Text zu treffen: Paulus wird als neuer Jesus und als neuer Mose[86] bzw. wie diese dargestellt.[87] Dem Leser bzw. Kenner der Pastoralbriefe wird eine Paulusfigur erzählt, die nicht dem der Pastoralbriefe gleicht, sondern durch

---

[84] EBNER, Seligpreisungen 64, sieht die „[…] lange Makarismenreihe […]" des Paulus formal dem Sprechen Jesu in der Bergpredigt nahe, inhaltlich gleicht sie mehr dem des Paulus in der Apostelgeschichte: Dieser predige vor Felix und Drusilla „[…] über Gerechtigkeit, Enthaltsameit und das letzte Gericht" (Apg 24,25).

[85] PERVO, Acts of Paul 101.

[86] Die Erzählung spielt so auch einen Vergleich des Paulus mit Mose ein: Dieser wird in Ex 34,29 nach der Begegnung mit Gott auf dem Berg auch mit einem veränderten bzw. mit strahlendem Gesicht dargestellt, vgl. dazu NICKLAS, No Death 335.

[87] BETZ, Worte 138, dagegen sieht sie als „[…] komprimierte Theologie des Apostels, so wie sie der Verfasser der APl versteht".

die Verwendung der Seligpreisungen wie Jesus auftritt und diesem ähnlich dargestellt wird.

Dem Apostel Paulus steht eine Menge von Hörern gegenüber. Paulus wird dadurch als Lehrer charakterisiert, die Vielen um ihn herum als Hörende bzw. Schüler. Für die Figurenkonstellation zeigt diese Lehrer-Schüler-Situation im Haus des Onesiphorus klar ein Verhältnis von einem zu vielen. Im Verlauf der Erzählung zeigt sich, dass immer mehr Figuren zu diesen Vielen gehören bzw. gehören wollen – darunter auch die Figur Thekla.

Durch die Betonung der Weitergabe von Lehre, die in der Erzählung noch mehrmals eine Rolle spielt, sowie auch die Charakterisierung des Paulus als Lehrer, dem viele gegenüberstehen, wird ein Zusammenhang von lehren bzw. die Lehre hören und Veränderung der Hörenden hergestellt. Über die Lehre ist ein immer näherer Bezug zu einer anderen Welt und zu Christus bzw. Gott, der für diese steht, möglich.

Für die Analyse der Figuren der Erzählung sind die Makarismen der Paulus- und Theklaakten insofern wichtig, als sie eine der Welten inhaltlich näher beschreiben und auch ein theologisches Profil der Welt, für die Paulus steht, die Thekla begeistert und aus ihrer Welt reißen wird, geben: Die Makarismen der Paulus- und Theklaakten kreieren innerhalb der Erzählung eine Welt, die sich bereits hier als Alternativwelt darstellt. Gleichzeitig findet durch die nähere Beschreibung der einen Welt eine Abgrenzung der beiden Welten voneinander statt, die im Verlauf der Erzählung immer mehr zum Ausdruck gebracht wird. Dadurch kommt das Ausmaß des Wechsels der Figur Thekla von der einen in die andere Welt noch stärker zum Ausdruck.

Diese Alternativwelt ist von der Außenwelt wiederum auch räumlich durch das Haus des Onesiphorus abgegrenzt. Der Leser hat jedoch Zugang zu ihr. Die Makarismen füllen die Raumstruktur mit einer Lehre, die dem Leser aufzeigen möchte, wie Leben glücken kann. Die Makarismen der Paulus- und Theklaakten können so wie die Preisungen der Bergpredigt Jesu als Lebensweisungen verstanden werden, die dem suchenden und fragenden Menschen vor dem Hintergrund der Tora, der Weisung Gottes, eine Antwort geben.[88]

bb) Thekla – Einführung der Figur und Elemente der Charakterisierung

Die Erzählung führt die Figur Thekla[89] als „eine Jungfrau" (τις παρθένος 7), die „[…] Nacht und Tag das Wort von der Reinheit, wie es von Paulus verkündet wurde, [hörte]" (… νυκτὸς καὶ ἡμέρας τὸν περὶ ἁγνείας λόγον λεγό-

---

[88] Anders als in Mt 5 ist der Torabezug in den Paulus- und Theklaakten nicht mehr direkt gegeben, über die Bergpredigt Jesu lässt sich jedoch eine Verbindung herstellen.

[89] BREMMER, Magic 40, weist darauf hin, dass Thekla ein Diminutiv des Namens Theoclia ist.

μενον ὑπὸ τοῦ Παύλου [ἤκουεν] 7), ein. Der Ausdruck παρθένος[90] gibt eine Information, die Thekla und ihren Lebensstand beschreibt: Als παρθένος ist sie nicht verheiratet und als solche ist sie (noch) Jungfrau. Zugleich kann diese Information auch schon ein Leserhinweis auf ihr folgendes Verhalten sein – die Entscheidung für einen Lebensweg der Nachfolge in Ehelosigkeit –, wobei dies nur im Nachhinein, nach Kenntnis der ganzen Erzählung, so verstanden werden kann.

Anhand ihrer weiteren Vorstellung als Θεοκλείας μητρὸς μεμνηστευμένη ἀνδρὶ Θαμύριδι werden zugleich weitere Figuren in die Erzählung eingeführt: Theoklia,[91] Theklas Mutter, und Thamyris, Theklas Verlobter. Neben dieser Vorstellung mittels weiterer Familienmitglieder wird Thekla pointiert durch ihre erste Handlung in der Erzählung beschrieben: Sie sitzt unablässig am Fenster, um Paulus zu „hören" (ἤκουεν), ist fasziniert (τῇ πίστει ἐπήγετο ὑπερευφραινομένη 7) davon und möchte, genauso wie andere weibliche Figuren, die sie beobachtet, Paulus noch näher sein, ihn hören und auch sehen (ἐπεπόθει καὶ αὐτὴ καταξιωθῆναι κατὰ πρόσωπον στῆναι Παύλου καὶ ἀκούειν τὸν τοῦ Χριστοῦ λόγον 7).

Diese Merkmale zeigen die Figur Thekla bereits an dieser Stelle der Erzählung als Frau, die sich von ihrem alltäglichen Leben absetzt und neue Wege einschlägt. Sie steht bereits im Glauben (τῇ πίστει ἐπήγετο ὑπερευφραινομένη 7), der aus dem Hören der Worte des Apostels resultiert. Das Verb ἀκούω wird zweimal gebraucht, um die Tätigkeit Theklas zu beschreiben, beide Male verbunden mit dem Substantiv λόγος und einer weiteren Bestimmung: Es sind bis zu diesem Abschnitt der Erzählung nur die Worte des Pau-

---

[90] Παρθένος meint im neutestamentlichen Sprachgebrauch zuerst *Jungfrau*. Dieser Ausdruck kann für eine Frau verwendet werden – berühmtestes Beispiel ist Mt 1,23 für Maria, die Mutter Jesu – oder im übertragenen Sinn auch für die christliche Gemeinde, vgl. 2Kor 11,2 (γὰρ ὑμᾶς ἑνὶ ἀνδρὶ παρθένον ἁγνὴν παραστῆσαι τῷ Χριστῷ). In maskuliner Form ist der Ausdruck biblisch auch für Männer belegt, so in Offb 14,4 (οὗτοί εἰσιν οἱ μετὰ γυναικῶν οὐκ ἐμολύνθησαν, παρθένοι γάρ εἰσιν). Die Verwendung in frühchristlicher Literatur ist breit, das Verständnis umfasst z. B. auch Witwen, die als Jungfrauen bezeichnet werden (siehe IgnSm 13,1). Im profanen wie auch im biblischen Bereich kann παρθένος „[…] auch einfach d. Mädchen sein" (so z. B. 1Kor 7,36–38 im Sinne von ‚die noch nicht erwachsene und nicht verheiratete Frau/Tochter, die Jungfrau ist'), vgl. BAUER, Griechisch-deutsches Wörterbuch, s. v. παρθένος und BECKER, „παρθένος" 484–486.

[91] Der Name Θεοκλεία ist eine Zusammensetzung aus dem Substantiv θεός und einem Verb. Dieses kann κλαίω und κλείω sein. Die Entscheidung für κλείω scheint plausibler: κλείω wird episch für κλέω gebraucht und ist mit καλέω gleichzusetzen (vgl. LIDDELL, SCOTT und JONES, A Greek-English Lexicon, s. v. κλέω).

Die deutsche Schreibung des griechischen Namens Θεοκλεία hängt dann davon ab, ob man den Itazismus akzeptiert oder nicht. Der Diphtong ει wird im Griechischen später als i ausgesprochen und dann wird Theokleia zu Theoklia. Diese Schreibweise wird im folgenden Text angewendet. Für die Hilfestellung bezüglich dieser Fragen gilt mein herzlicher Dank Erik Eynikel.

lus, die sie vom Hören kennt. Die Erzählabschnitte 5–15 erwähnen im Kontext der Einführung der Figur Thekla zwei Elemente, die diese nochmal besonders charakterisieren, das Hören der Worte Christi[92] und das drei Nächte und Tage andauernde Ausharren am Fenster.

(1) Ἀκούω τὸν τοῦ Χριστοῦ λόγον

Die räumliche Distanz zur Paulus' Rede im Haus des Onesiphorus erlaubt, erzählerisch zum Ausdruck zu bringen, dass Theklas Glaube *nur* vom Hören kommt. Bereits in Abschnitt 7, der die Figur Thekla einführt, ist davon die Rede, dass sie aufgrund des Hörens der Worte des Paulus „sich übermäßig freuend" (ὑπερευφραινομένη) im Glauben herzudrängte (τῇ πίστει ἐπήγετο).[93]

Ihr Wunsch ist es, Paulus nun auch zu sehen. Dies wird ihr zu Beginn der Erzählung noch nicht ermöglicht, sie bleibt zunächst auf das Hören beschränkt.

Die Vorstellung, dass Glaube im Hören gründet bzw. vom Hören kommt, ist im Römerbrief 10,17 ausgesagt:

[17] ἄρα ἡ πίστις ἐξ ἀκοῆς, ἡ δὲ ἀκοὴ διὰ ῥήματος Χριστοῦ.
Der Glaube (kommt) also vom Hören,[94] das Hören aber durch das Wort Christi.[95]

---

[92] Die Erzählung spricht in Abschnitt 5 vom λόγος θεοῦ, in Abschnitt 7 dann vom λόγος Χριστοῦ. Es kann ein Zusammenhang hinsichtlich der Zuspitzung der Lehre auf die Enthaltsamkeit und das Verständnis dieser in Abschnitt 7 als Wort Christi bestehen, möglicherweise differenziert der Verfasser nicht genau zwischen Gott und Christus und λόγος θεοῦ steht für λόγος Χριστοῦ und umgekehrt. Letztere Vermutung bestätigt auch die in der Erzählung meist nicht klar erkennbare Differenzierung von Gott und Christus.

[93] Die Imperfektform ἐπήγετο deutet dabei nicht ein punktuelles Ereignis, sondern einen Prozess an, der auch im Satz vorher (ἤκουεν νυκτὸς καὶ ἡμέρας τὸν περὶ ἁγνείας λόγον λεγόμενον ὑπὸ τοῦ Παύλου· καὶ οὐκ ἀπένευεν ἀπὸ τῆς θυρίδος) durch die Information über das Verweilen Theklas am Fenster zum Ausdruck kommt (vgl. BLASS, DEBRUNNER und REHKOPF, Grammatik § 325).

[94] Ἀκοή meint *hearing, sound heard, thing heard, tidings, sense of hearing, act of hearing* (vgl. LIDDELL, SCOTT und JONES, A Greek-English Lexicon, s. v. ἀκοή). Zur Bedeutung im neutestamentlichen Gebrauch vgl. BAUER, Griechisch-deutsches Wörterbuch, s. v. ἀκοή: *das, wodurch gehört wird, der Akt des Hörens*, und auch *das, was gehört wird, durch Mitteilung, Botschaft, Predigt*, mit Verweis auf Röm 10,17. Dabei ist im neutestamentlichen Kontext zu differenzieren: „Die Vorstellung einer gezielten Verkündigung aufgrund eines Auftrags, die im prophetischen Kontext wie hier bei Paulus gemeint ist, lag der profangriechischen Verwendung von ἀκοή [ein falsches Verständnis, das nur physiologisches Hören meint, würde z.B. Taubstumme ausschließen; Erklärung V.N.]", so HAACKER, Römer 215. Trotz des Bedeutungsspektrums und des differenziert zu betrachtenden Verständnisses wird die wörtliche Übersetzung gewählt, allerdings das differenzierte Wortverständnis mitbedacht.

[95] Deutsche Übersetzungen von griechischen Bibelversen sind, soweit nicht anders angegeben, meine eigenen.

In den Paulus- und Theklaakten genügt es Thekla nicht zu hören, sie möchte auch „vor dem Angesicht des Paulus [...] stehen" und das „Wort Christi [...] hören" (αὐτὴ καταξιωθῆναι κατὰ πρόσωπον στῆναι Παύλου καὶ ἀκούειν τὸν τοῦ Χριστοῦ λόγον 7). Auch das ἀκούειν τὸν τοῦ Χριστοῦ λόγον stellt eine Verbindung zu Röm 10,17 her. Der biblische Vers handelt im zweiten Teil vom Hören, das durch das Wort Christi bedingt ist (ἡ δὲ ἀκοὴ διὰ ῥήματος Χριστοῦ Röm 10,17b). Beiden Texten ist der Gebrauch von πίστις und ἀκούω bzw. ἀκοή in einem Erzählkontext gemeinsam. Dazu kommt eine weitere Formulierung, die in den Theklaakten an dieser Stelle der Erzählung durch λόγος Χριστοῦ, im Römerbrief mit ῥῆμα Χριστοῦ[96] zum Ausdruck gebracht wird.[97]

Röm 10,17
ἄρα ἡ πίστις ἐξ ἀκοῆς,
ἡ δὲ ἀκοὴ διὰ ῥήματος Χριστοῦ.

ActPlTh 7
[...] ἤκουεν νυκτὸς καὶ
ἡμέρας τὸν περὶ ἁγνείας λόγον
λεγόμενον ὑπὸ τοῦ Παύλου·
[...] ἀλλὰ τῇ πίστει ἐπήγετο ὑπερευφραινομένη.
[...] ἀκούειν τὸν τοῦ Χριστοῦ Λόγον

So kann ActPlTh 7 im Besonderen geradezu als narrative Illustration von Röm 10,17 gedeutet werden, als Umsetzung dessen, was einen Glauben, der ἐξ ἀκοῆς kommt, ausmacht und wie er sich im Lebenswandel äußert.[98]

Im Kontext der Einführung der Figur Thekla erfährt der Leser nichts über ihr Äußeres, jedoch über ihre äußere Haltung: Thekla verharrt am Fenster (οὐκ ἀπένευεν ἀπὸ τῆς θυρίδος 7) und verlangt nach näherem Kontakt (αὐτὴ καταξιωθῆναι κατὰ πρόσωπον στῆναι Παύλου 7), zum Ausdruck gebracht

---

[96] In Abschnitt 1 wird der Ausdruck κατὰ ῥῆμα („Wort für Wort") verwendet, um von den τὰ μεγαλεῖα τοῦ Χριστοῦ zu berichten. Das Substantiv ῥῆμα meint *that which is said or spoken, a word, saying, a phrase* (vgl. LAMPE, Patristic Greek Lexicon, s. v. ῥῆμα) und wird in dieser Erzählung im Deutschen wie das griechische Wort mit *Wort* übersetzt.

[97] Im selben Erzählkontext wird dann ῥῆμα mit πίστις verbunden: τοῦτ' ἔστιν τὸ ῥῆμα τῆς πίστεως ὃ κηρύσσομεν (Röm 10,8b).

[98] Die Ephesusepisode der Paulusakten wird in der weiteren Analyse mehrmals hinzugezogen: Sie ist als Erzählung, die im narrativen Stil gehalten ist und eine Frau namens Artemilla und deren Hinwendung zu Paulus und dessen Worten zum Zentrum hat, den Paulus- und Theklaakten sehr ähnlich gestaltet. Die Ephesusepisode ist durch die Kombination des griechischen Papyrus Hamb, der die Episode auf den ersten Seiten enthält, und des koptischen Papyrus Bodmer XLI, dem der Anfang entnommen werden kann (der Papyrus enthält die Episode vollständig [= PBodm; KASSER und LUISIER, Le Papyrus Bodmer 281–384]), rekonstruierbar. Gefolgt wird für die Artemilla-Episode dem griechischen Papyrus Hamburg, die deutsche Übersetzung ist in gewissen Passagen eigenständig, weitestgehend aus SCHNEEMELCHER, Neutestamentliche Apokryphen II, 214–243, übernommen. Das Hören der Worte des Paulus ist ein Schlüsselbegriff, der in der Ephesuserzählung der Paulusakten auch auftaucht. Das Verb ἀκούω wird in 2,12.14 und 2,34 verwendet; zunächst, um die Tätigkeit von Artemilla zu beschreiben. Sie möchte Paulus reden hören. Dieser positiven Konnotation tritt in 4,1 die Verbindung mit der Figur Hieronymus entgegen.

durch die Verben οὐκ ἀπένευεν ἀπό („nicht fortneigen" 7) und ἐπήγετο („drängen" 7). Der griechische Begriff καταξιωθῆναι[99] (7) verdeutlicht, welch große Bedeutung dem engen Kontakt zum Apostel beigemessen wird. Die an dieser Stelle der Erzählung gebrauchten Verben signalisieren auch, dass die äußere Haltung der Figur einer Dynamik unterworfen ist. Die leibliche Haltung der Thekla verändert sich sichtbar.

Diesen Hinweisen aus den Erzählnotizen ist die der Theoklia in den Mund gelegte Wendung ὡς πρὸς εὐφρασίαν („als ob sie sich einer großen Freude zugewandt hätte" 8) zu ergänzen. Wie die griechische Formulierung zeigt, ist die Mutter nicht überzeugt von der euphorischen Stimmung ihrer Tochter, die der Apostel in dieser auslöst. Was sie selbst nicht deuten und verstehen kann, zeigt der weitere Erzählverlauf als wichtiges Merkmal der Anhänger des Paulus (vgl. 39).

Das äußere Verhalten der Figur Thekla entspricht ihrem Inneren: Sie ist von πίστις („Glaube" 7), ὑπερευφραινομένη („übermäßiger Freude" 7) und ἐπιποθέω („sie verlangte danach" 7) geprägt. Diese drei Begrifflichkeiten bringen zum Ausdruck, dass Thekla innerlich auf mehreren Ebenen emotional ergriffen ist: von Glauben, allgemeiner großer Freude und erotischem Verlangen.[100] Während andere junge Frauen in das Haus des Onesiphorus hineingehen,[101] verharrt[102] Thekla im Haus, und diesen Zustand verbindet die

---

[99] Καταξιόω bedeutet generell wie im frühchristlichen Gebrauch *esteem, deem worthy of* und im passiven Kontext *deserve, make worthy, to be held worthy*. Im Deutschen ist jeweils eine Konstruktion mit dem Ausdruck *gewürdigt werden* passend (vgl. LIDDELL, SCOTT und JONES, A Greek-English Lexicon, und LAMPE, A Patristic Greek Lexicon, s. v. καταξιόω).

[100] Die gebrauchten Begriffe stehen nicht auf einer Stufe. Ἐπιποθέω, *desire besides or yearn after, feel the want of*, bringt Verlangen zum Ausdruck, das auf erotischer Ebene zu sehen ist (vgl. LIDDELL, SCOTT und JONES, A Greek-English Lexicon, s. v. ἐπιποθέω), ὑπερευφραίνω bedeutet allgemein *delight exceedingly* (vgl. LIDDELL, SCOTT und JONES, A Greek-English Lexicon, s. v. ὑπερευφραίνω); im frühchristlichen Sprachgebrauch sind beide Begriffe nicht belegt (vgl. LAMPE, A Patristic Greek Lexicon).

[101] Dazu BREMMER, Conversion 69–70: „Interestingly, the text notes that many women and virgins went into Onesiphorus' house. The passage suggests that Christianity appealed to rather young people [...]. And indeed, around the 160s (?), that is, the probable time of our Acts, both Tatian (Or. 32.1; 33,1) and Celsus (Or., Cels. 3.44) mention the presence of young boys and girls among the Christians. [...] In this connection, we also note that Thecla brings young men and women along when looking for Paul in Myra (40)."

[102] BREMMER, Magic 40, sieht im Verhalten Theklas – sie bleibt im Haus, anstatt wie die anderen Frauen und Jungfrauen, die sie beobachtet, in das Nachbarhaus zu gehen – eine Beschreibung, mit der der Verfasser ihren „[...] decent character [...]" betonen möchte. Meines Erachtens ist das Verharren im Haus ein Zustand, der innerhalb der Erzählung einer Konversionsgeschichte eine andere Funktion hat. Der Verfasser führt mit dieser Beschreibung an einem gewissen Aufenthaltsort dem Leser einen Zustand vor Augen, der Thekla als zwischen den Welten befindlich beschreibt und der sich erst im Lauf der Erzählung ändert.

Erzählung mit „clear signs of lovesickness",[103] so wie es auch in paganen Romanen geschildert wird.[104]

(2) Nacht und Tag

Eine Zeitangabe, die in der gesamten Szene Verwendung findet, ist νυκτὸς καὶ ἡμέρας (7 und 8).[105] Für diese Verbindung können zahlreiche Belegstellen aus biblischen Texten genannt werden:

Die Kombination der beiden Zeitangaben innerhalb einer Aussage ist häufig belegt, so im Bereich der Evangelienliteratur z. B. in Mk 4,27 (καὶ καθεύδῃ καὶ ἐγείρηται νύκτα καὶ ἡμέραν, καὶ ὁ σπόρος βλαστᾷ καὶ μηκύνηται ὡς οὐκ οἶδεν αὐτός) oder Lk 21,37 (Ἦν δὲ τὰς ἡμέρας ἐν τῷ ἱερῷ διδάσκων, τὰς δὲ νύκτας ἐξερχόμενος ηὐλίζετο εἰς τὸ ὄρος τὸ καλούμενον Ἐλαιῶν) und auch im paulinischen Kontext, z. B. 1Thess 2,9 ([…] νυκτὸς καὶ ἡμέρας ἐργαζόμενοι πρὸς τὸ μὴ ἐπιβαρῆσαί τινα ὑμῶν ἐκηρύξαμεν εἰς ὑμᾶς τὸ εὐαγγέλιον τοῦ θεοῦ).

Eine alttestamentliche Parallele mit dieser Zeitangabe ist Ps 1,2 (LXX): ἀλλ᾽ ἢ ἐν τῷ νόμῳ κυρίου τὸ θέλημα αὐτοῦ, καὶ ἐν τῷ νόμῳ αὐτοῦ μελετήσει ἡμέρας καὶ νυκτός. Spannend ist ein Blick auf den vorausgehenden Vers 1. Der Psalm beginnt mit einer Seligpreisung, die „[…] das Bild des gelingenden Menschseins in einer Kontrastaussage [zeichnet]".[106] Die Septuaginta gebraucht dafür das griechische Wort μακάριος:

¹ Μακάριος ἀνήρ, ὃς οὐκ ἐπορεύθη ἐν βουλῇ ἀσεβῶν
καὶ ἐν ὁδῷ ἁμαρτωλῶν οὐκ ἔστη
καὶ ἐπὶ καθέδραν λοιμῶν οὐκ ἐκάθισεν,
² ἀλλ᾽ ἢ ἐν τῷ νόμῳ κυρίου τὸ θέλημα αὐτοῦ,
καὶ ἐν τῷ νόμῳ αὐτοῦ μελετήσει ἡμέρας καὶ νυκτός

Auch dieser Begriff spielt innerhalb der Theklaerzählung im Kontext der Lehre des Paulus im Haus des Onesiphorus eine zentrale Rolle (5–6). Paulus erklärt mithilfe von Makarismen, wie Leben gelingen kann. Thekla vernimmt diese Seligpreisungen innerhalb der drei Nächte und Tage, die sie der Lehre des Paulus zuhört.

---

[103] BREMMER, Magic 40.

[104] Vor allem der Hinweis auf die fehlende Nahrungszufuhr wie auch der nicht benötigte Schlaf seien Zeichen dafür. Zu den paganen Quellen siehe die Angaben in BREMMER, Magic 41 Anm. 26.

[105] Diese Zeitangabe wird auch zweimal in der Ephesusszene der Paulusakten gebracht, νυκτὸς καὶ ἡμέρης in 2,10; bzw. νυκτὸς καὶ ἡμέραις in 3,1–2. Schmidt erklärt die ionische Endung in 2,10 bzw. die versteckte ionische Endung in 3,1–2 als grammatikalische Eigenheit des Verfassers und nennt es „[d]as vielfach belegte Streben, Formen zu vereinfachen und Abweichendes dem Gewöhnlichen anzupassen […]", wobei ihm diese Abweichung am seltsamsten erscheint; siehe SCHMIDT, Acta Pauli 12.

[106] HOSSFELD und ZENGER, Psalmen I 46.

Die Verwendung der Begriffe ἡμέρας καὶ νυκτός und μακάριος in unmittelbarem Erzählzusammenhang stellt die Theklaerzählung in Bezug zu
Psalm 1 und dessen Aussage. Die Erzählung kann als narrative Umsetzung
der Verse verstanden werden, die Folgendes vermittelt: So wie der Mann, der
Tag und Nacht über die Weisung des Herrn nachsinnt und daran Freude hat,
seliggepriesen wird, kann auch Thekla durch ihr Verhalten diesen Zustand
erreichen.

Weitere Male werden νύξ und ἡμέρα verbunden, aber mit einem Zahlen-
zusatz ergänzt, so z. B. in Mt 12,40, das dort sogar zweimal unmittelbar auf-
einanderfolgend auftritt, mit dem Zusatz τρεῖς (ὥσπερ γὰρ ἦν Ἰωνᾶς ἐν τῇ
κοιλίᾳ τοῦ κήτους τρεῖς ἡμέρας καὶ τρεῖς νύκτας, οὕτως ἔσται ὁ υἱὸς τοῦ
ἀνθρώπου ἐν τῇ καρδίᾳ τῆς γῆς τρεῖς ἡμέρας καὶ τρεῖς νύκτας) oder in Mt 4,2
ebenfalls mit einer Ergänzung durch eine Zahl, hier τεσσεράκοντα (καὶ
νηστεύσας ἡμέρας τεσσεράκοντα καὶ νύκτας τεσσεράκοντα, ὕστερον ἐπείνα-
σεν).

Auffällig ist die umgekehrte Reihenfolge in den Paulus- und Theklaakten:
Hier wird entgegen der Mehrheit der biblischen Texte die Nacht vor dem Tag
genannt.

In jedem Fall möchte die Erzählung mit dieser Zeitangabe eine extreme
Aussage machen, die geradezu übertrieben scheinen soll. Der Hinweis, der
von der Mutter Theklas kommt, Thekla esse auch seit drei Tagen und Nächten nicht (καὶ γὰρ ἡμέρας τρεῖς καὶ νύκτας τρεῖς Θέκλα ἀπὸ τῆς θυρίδος οὐκ
ἐγείρεται, οὔτε ἐπὶ τὸ φαγεῖν οὔτε ἐπὶ τὸ πιεῖν 8), verstärkt die Deutung und
dramatisiert das Geschehen.

*cc) Thamyris, Theoklia und Thekla – Charakterisierung der Figuren
durch verbale und nonverbale Elemente*

Abschnitt 8 bietet zu den Figuren Theoklia und Thamyris, die im Kontext der
Einführung Theklas erwähnt wurden, nun nähere Informationen. Theoklia
lässt Thamyris holen – der darauffolgende Dialog zwischen diesen beiden
füllt die Informationen mit präziseren Angaben zu den sprechenden wie auch
weiteren Figuren.

(1) Worte Theoklias (8–9)

Theoklia berichtet dem Verlobten ihrer Tochter, Thamyris, der Thekla sehen
möchte, ihre Tochter habe ἡμέρας τρεῖς καὶ νύκτας τρεῖς („drei Tage und drei
Nächte" 8) am Fenster gesessen und ununterbrochen den Worten des Apostels zugehört, ohne dabei zu essen oder zu trinken.

Diese Zeitangabe lässt zum einen die Annahme zu, dass Paulus (mindestens) auch so lange dort anwesend war und auch gelehrt haben muss. Zum
anderen macht diese Angabe bereits Aussagen über das Verhalten der Figur
Thekla, das an Askese bzw. an Vorbereitungen von Katechumenen erinnert.

Die Erzählung macht dadurch auf implizite Weise deutlich, dass sich Thekla bereits von ihrer alten Welt zu lösen beginnt.

Im zweiten Abschnitt der Worte an Thamyris setzt Theoklia (9) nochmal neu an und bestärkt ihre Aussage. Sie spricht ihn beim Namen an, um seine Aufmerksamkeit neu zu erlangen, und erläutert ihm die Situation. Mit der Anführung τὴν Ἰκονιέων πόλιν („die Stadt der Ikonier" 9) wird die Lage zuerst verallgemeinert. Die Information, Paulus ziehe πᾶσαι γὰρ αἱ γυναῖκες καὶ οἱ νέοι („alle Frauen und jungen Männer" 9) in seinen Bann, konkretisiert die Schilderungen. Im Haus des Onesiphorus werden sie „von ihm belehr[t]" (διδασκόμενοι παρ' αὐτοῦ 9). Sie fordert Thamyris auf, zu Thekla zu gehen. Als Begründung führt sie an, σοὶ γάρ ἐστιν ἡρμοσμένη (9), er als Verlobter könne mit ihr reden.

Zuerst stellt Theoklia die Lage sehr allgemein dar, im zweiten Teil wird sie konkreter, indem sie über den Inhalt der Worte des Apostels berichtet: Δεῖ, φησίν, ἕνα καὶ μόνον θεὸν φοβεῖσθαι καὶ ζῆν ἁγνῶς („‚Man muss', sagt er, ‚den einzigen und alleinigen Gott fürchten und rein leben'" 9), so ihre Schilderung.

Ihre Aussagen[107] bringen, neben dem wie in Abschnitt 5 (λόγος θεοῦ περὶ ἐγκρατείας καὶ ἀναστάσεως) bzw. 7 (περὶ ἁγνείας λόγον) enthaltsamen Leben (ζῆν ἁγνῶς 9), zum einen neue Aspekte, die die Lehre des Apostels näher formulieren: Ein einziger und alleiniger Gott (ἕνα καὶ μόνον θεόν) sei es, und diesen müsse man „fürchten" (9). Neu ist auch, dass die Umsetzung der Worte des Apostels aus der Sicht der Figur Theoklia als Pflicht (δεῖ) formuliert wird.

(a) Pagane Kritik am Christentum

Diese Aussagen über den christlichen Glauben aus der Sicht einer nicht zur Gruppe des Paulus gehörenden Frau zeigen Parallelen zur paganen Kritik am Christentum des zweiten Jahrhunderts. Als Beispiel[108] dafür gilt eine Streit-

---

[107] Der Text lässt die Frage offen, woher die Mutter die Worte der Rede kennt (es wird nicht eindeutig klar, ob sie mitgehört hat, als sie ihre Tochter beobachtete, oder, was auch möglich wäre, dass sie mit ihr oder einer der Frauen, die das Haus des Apostels betreten haben, gesprochen hat). Daraus kann geschlossen werden, dass die Erzählung den Leser nicht dazu bewegen möchte, diese Frage zu stellen und diese auch nicht beantworten möchte; vgl. ZAMFIR, Asceticism 281–303.

[108] Als weiteres Werk ist die Streitschrift des Porphyrius, eines Philosophen des dritten Jahrhunderts, zu nennen. Κατὰ Χριστιανῶν richtet sich in 15 Büchern gegen die Lehre der Christen. Alle Exemplare wurden vernichtet, sodass der Text nur aus Exzerpten rekonstruiert werden kann; vgl. dazu HOFFMANN, Porphyry's Against the Christians 17; zudem die Schrift des Octavius, der über den zum Christentum bekehrten Minucius Felix schreibt. Der Apologet wehrt sich gegen pagane Kritik und behandelt in diesem Kontext große Themen, die christologische, theologische, anthropologische oder auch ethische Fragen behandeln, gleichzeitig nimmt Minucius Stellung zum Verhältnis von Christentum zum

schrift gegen das Christentum mit dem Titel Ἀληθὴς Λόγος („Wahre Lehre") des antiken Philosophen Celsus. Diese ist wahrscheinlich um 178 in Alexandria entstanden und nicht eigenständig überliefert, Hinweise wie auch sehr ausführliche Zitate finden sich aber in der Schrift Contra Celsum des Origenes. Diese verfasst er als Reaktion auf die erstmals differenzierende Polemik des heidnischen Philosophen Celsus gegen das Christentum.[109] Da Origenes einen Abschnitt nach dem anderen zitiert und zu widerlegen versucht, können aus seiner Darstellung die Inhalte des Ἀληθὴς Λόγος ungefähr erschlossen werden. Für den vorliegenden Kontext ist interessant, dass Origenes beispielsweise von der Kritik des Celsus am monotheistischen Verständnis der Christen berichtet. Die Auseinandersetzung zeigt, dass beide der Verehrung des einen Gottes zustimmen, sich jedoch Differenzen in der Verehrung des Sohnes zeigen:[110] [...] νυνὶ δὲ τὸν ἔναγχος φανέντα τοῦτον ὑπερθρησκεύσι καὶ ὅμως οὐδὲν πλημμελλεῖν νομίζουσι περὶ τὸν θεὸν καὶ ὑπηρέτης αὐτοῦ θεραπευθήσεται [...]. Καὶ ὠνόμασάν γε τοῦτον θεοῦ υἱόν, οὐχ ὅτι τὸν θεὸν σφόδρα σέβουσιν, ἀλλ᾽ ὅτι τοῦτον σφόδρα αὔξουσιν [...]. („Nun aber verehren sie auf das höchste diesen, der vor kurzer Zeit erschienen ist, und glauben, es sei kein Frevel vor Gott, wenn auch sein Diener in gleicher Weise verehrt wird [...]. Und sie haben diesen Gottessohn genannt, nicht weil sie Gott sehr verehren, sondern weil sie diesen sehr erhöhen wollen" VIII, 12.14).[111] In diesem Diskurs wird die grundlegende Frage, die im zweiten Jahrhundert gehäuft auftritt, behandelt: Wie kann Jesus Christus als Gott verstanden werden, ohne gleichzeitig einen Vielgottglauben anzunehmen? Daran knüpft Celsus an. Für ihn habe die Verehrung Christi als Gott Konsequenzen für das monotheistische Verständnis, denn wie *Lona*, diese Verse kommentierend, treffend formuliert: „[...] die durch die gleiche Verehrung vollzogene Gleichsetzung von Gott und seinem Diener (ὑπηρέτης) ist ein Frevel, der aber von den Christen nicht so empfunden wird (οὐδὲν πλημμελλεῖν νομίζουσι)."[112]

Die Figur Theoklia wird nach diesen allgemeinen Angaben wieder konkret (ἡ θυγάτηρ μου 9) und nimmt auf Thekla Bezug. Sie vergleicht das Verhalten ihrer Tochter mit einer „Spinne" (ὡς ἀράχνη 9[113]).

Judentum und übt auch Kritik beispielsweise an Politik bzw. Staat oder gegenüber philosophischen Strömungen; vgl. dazu die Erläuterungen im Band von SCHUBERT, Minucius.

[109] Vgl. LONA, Kelsos 27–50.

[110] Vgl. LONA, Kelsos 427–434.

[111] Der griechische Text ist der Edition von MARCOVICH, Origenes Contra Celsum, entnommen, die deutsche Übersetzung stammt von LONA, Kelsos.

[112] LONA, Kelsos 433.

[113] Vgl. SPITTLER, Animals 162–168, und PERVO, Acts of Paul 114.

(b) Ἀράχνη

Verschiedene Verben der Erzählung beschreiben dieses Tier und im übertragenen Sinne den Zustand der Figur Thekla: wie eine Spinne am Fenster „hängend" (δεδεμένη 9),[114] von einer „nie gekannten Begierde und unheimlichen Leidenschaft ergriffen" (κρατεῖται 9). Die παρθένος, wie Thekla auch von ihrer Mutter bezeichnet wird,[115] sei „ganz auf seine Rede ausgerichtet" (ἀτενίζει[116] ἑάλωται 9).

Die Figur Theoklia vergleicht Thekla in diesem Zusammenhang mit einem Tier, das in der antiken Welt mit negativen Eigenschaften konnotiert war: „[...] das lose Fanggerüst [symbolisierte] vorwiegend negative Eigenschaften wie Leere, Illusionismus oder Narzissmus [...]", so *Elisabeth Esch-Wermeling*.[117] Die Tatsache, dass sich die Figur Thekla gerade nicht wie eine Spinne gibt und Fäden spinnt, sondern sich vielmehr gegenteilig dazu verhält und vom Erzähler als diejenige gezeigt wird, die im Netz gefangen wird, bringt *Janet Spittler*[118] zu einem innovativen Vorschlag der Deutung der Spinne. Ἡ ἀράχνη könnte ihrer Ansicht nach als feminine Form von ὁ ἀράχνης stehen oder aber auch das Netz der Spinne meinen. Eine Änderung der Textausgabe von *Lipsius* durch ein Iota subscriptum – ἀράχνῃ – würde folgende Übersetzung ermöglichen:

---

[114] BREMMER, Magic 42, weist darauf hin, dass das griechische Verb δέω bzw. die hier gebrauchte Partizipform im Perfekt Passiv δεδεμένη „[...] as used by Theoclia, recurs later when Thamyris finds Thecla ‚bound with him [...] in affection'". Somit zeigen „these recurring references to ‚binding' [...] a case of erotic magic; they prepare the reader for the later accusation of Paul as a performer of erotic magic [...]".

[115] Siehe dazu PERVO, Acts of Paul 108: „Thecla need not be identified as a virgin. This status was assumed. [...] Thecla is engaged to one Thamyris [...]. The narrator requires no explanations, of course. Thecla must be a virgin and thus unmarried."

[116] Innerhalb weniger Worte wird dreimal das Verb ἀτενίζω gebraucht, um das Verhalten Theklas zu beschreiben: „Admidst all this anxiety and sorrow Thecla remained a rock. Three times she is characterized with the verb *atenizō*, indicating intense concentration. The world is in chaos; Thecla, unmoved, unmoving, is unaffected by it all", so PERVO, Acts of Paul 112.

[117] ESCH-WERMELING, Thekla und die Tiere 160–161, weist mit Hiob 8,14–15 und 27,18–19 auch darauf hin, dass dieses Tier in der jüdisch-christlichen Symbolik für „Kurzlebigkeit und Vergänglichkeit" stehe, und sieht darin treffend, dass Theoklia meine, dieses „Tier [spiegle] Theklas Charaktereigenschaften [...] wider". *Esch-Wermeling* gibt auch den Hinweis auf Spinnen-Jungfrauen, die z.B. aus Ovids Metamorphosen bekannt sind: Die Überheblichkeit des Arachnes wird von der Göttin Athene mit der Verwandlung in eine Spinne bestraft (Ov. met. VI, 5–145).

[118] Vgl. SPITTLER, Animals 163–168. Der Beitrag nennt zahlreiche antike Texte, denen sie ihr Bild des Tieres Spinne entnimmt, beispielsweise die Naturalis historia von Plinius (166) oder die Memorabilien von Xenophon (167).

„And what's more, my daughter, bound to the window by his words as if by a spider's web, is overpowered by a new desire and fearful passion. For the virgin focusses on the words spoken by him and is captured."[119]

Damit könnten die Verben, die Theklas Verhalten beschreiben – δέω (δεδεμένη 9) und ἁλίσκομαι (ἑάλωται 9) –, auch erklärt werden.

Beide Vorschläge, sowohl von *Esch-Wermeling* als auch von *Spittler*, erklären die Erwähnung der Spinne bzw. des Spinnennetzes und die dazugehörigen Verben auf stimmige Weise. Eine Deutung, die ohne Änderungen in der Edition möglich ist, scheint mir an dieser Stelle jedoch plausibler.

(c) Liebeskummer

Das Verhalten Theklas, wie es die Erzählung schildert, erinnert an Liebeskummer.[120] Dieser wird in besonderer Weise in eine Erzählung eingebaut, die von Enkratismus geprägt ist. Die Theklaerzählung der Paulus- und Theklaakten bietet sich an, mit diesem Motiv geradezu zu spielen. Der Liebeskummer bezieht sich auf eine Figur, die als παρθένος und als solche einem Mann, Thamyris, versprochen ist. Liebeskummer ist ein Motiv, das in Formen des antiken erotischen Romans auftritt. Durch das Motiv wird ein Bezug zwischen der zunächst gegensätzlich wirkenden Schilderung einer παρθένος, die verlobt ist, und ihrem Interesse für ἐγκράτεια hergestellt. Der Kummer der Jungfrau wird aber nicht von ihrem Verlobten, sondern paradoxerweise von einem anderen Mann, der das Gegenteil einer Liebe mit sexueller Komponente, nämlich Enthaltsamkeit, ἐγκράτεια, predigt, ausgelöst.

Der Liebeskummer als Motiv zeigt bereits an diesem Punkt der Erzählung, dass die Schilderung der Figur Thekla ambivalent ist. Ihr Verhalten bindet sie an die andere Welt, nicht an den Verlobten; ihre Liebe bzw. ihr Liebeskummer gelten vielmehr der ἐγκράτεια und sind ihr geschuldet. *Pervo*, der dieses Verhalten als Zeichen von „lovesickness" deutet, verweist auch auf Konversionserzählungen, die Konvertiten mit ähnlichem Verhalten schildern; so z.B. Apg 9,19 und Joseph und Aseneth 9,1–10,2.[121]

Auch die dafür verwendeten Begriffe zeigen, dass der Text in einem enkratitischen Kontext mit einem weiteren Motiv – Erotik – spielt: Formen des griechischen Verbs δέομαι[122] werden in der Erzählung zweifach gebraucht, um den emotionalen Zustand der Figur Thekla im Bezug auf Paulus zu beschreiben, einmal durch die Figur der Mutter (ὡς ἀράχνη ἐπὶ τῆς θυρίδος δεδεμένη 9), ein weiteres Mal durch den Verlobten (εὗρον αὐτὴν τρόπον

---

[119] SPITTLER, Animals 165.

[120] Vgl. dazu bspw. BREMMER, Magic 40.

[121] Vgl. PERVO, Acts of Paul 111.

[122] Das Verb δέω/δέομαι bzw. συνδέω meint *bind or tie together* von Dingen bzw. von Personen, bei passivischen Formen im moralischen Sinn auch *be in union with* (vgl. LAMPE, A Patristic Greek Lexicon, s.v. συνδέω).

τινὰ συνδεδεμένην τῇ στοργῇ 19). *Bremmer* formuliert diesbezüglich treffend: „These recurring references to ‚binding' suggest a case of erotic magic; they prepare the reader for the later accusation of Paul as a performer of erotic magic [...]."[123]

(2) Worte des Thamyris (10)

Die Stimmung der Figur des Thamyris wird zuerst noch mit dem Begriff περιχαρής[124] („hocherfreut" 8) beschrieben. Dieser Begriff meint eine Freude, die von derjenigen der Thekla und der im Laufe der Erzählung weiterer Figuren zugeschriebenen Freude (vgl. 39) zu differenzieren ist. In seinem Falle wird sie durch das nahende Zusammentreffen mit der Verlobten ausgelöst, in den anderen Schilderungen ist es eine Freude, die die Stimmung der Glaubenden oder der zum Glauben Kommenden meint.

Die Figur Thamyris bringt dann eine eigene Sicht der Dinge zum Ausdruck. Thamyris wird an diesem Punkt der Erzählung als emotional gespalten beschrieben, „sie liebend und doch voller Furcht vor ihrer Verwirrung zugleich" (ἅμα μὲν φιλῶν αὐτήν, ἅμα δὲ καὶ φοβούμενος τὴν ἔκπληξιν αὐτῆς 10).[125]

Er spricht Thekla als „meine Braut (ἐμοὶ μνηστευθεῖσα 10)" an. Mit der Anrede erinnert er sie zuerst an ihre Stellung und Pflicht ihm gegenüber. Wenn er den Zustand Theklas als „Verwirrung" (ἔκπληκτος 10) bezeichnet, zudem von einer „Leidenschaft" (πάθος 10) spricht, dann schließt er sich den an ihn gerichteten Aussagen der Theoklia an und verändert die Worte für die Beschreibung der Umstände sogar noch: Sie spricht von einer πάθει δεινῷ („unheimlichen Leidenschaft" 9), Thamyris von einer πάθος κατέχει ἔκπληκτον („Leidenschaft, die in Verwirrung hält" 10). Für Außenstehende und zugleich Nahestehende erscheint dieser Zustand der Thekla wie eine ἔκπληξις („Verwirrung" 10).[126]

---

[123] BREMMER, Magic 42 Anm. 27, gibt Hinweise auf die Verwendung des Begriffs „binden" anstelle von καταδέω, das im Kontext magischer Texte zu erwarten wäre.

[124] Der Begriff περιχαρής bedeutet im allgemeinen Sprachgebrauch *exceedingly glad* (vgl. LIDDELL, SCOTT und JONES, A Greek-English Lexicon, s. v. περιχαρής), im frühchristlichen Gebrauch gibt es für περιχαρής, *full of joy, happiness*, wie auch περίχαρις, *full of grace, rejoice exceedingly*, sehr wenige Belege (vgl. LAMPE, A Patristic Greek Lexicon, s. v. περιχαρής und περίχαρις). Mit dem Wort wird in jedem Fall eine überaus freudige emotionale Lage zum Ausdruck gebracht.

[125] BETZ, Worte 139, sieht die Aufgabe der Figur Thamyris an dieser Stelle darin, „[...] durch seine Autorität als Verlobter Thekla von seinem Rivalen Paulus abzubringen und damit die von diesem gestörte soziale Ordnung wiederherzustellen".

[126] Im selben Gesprächskontext wird zweimal ein Wort desselben Stammes verwendet, um den Zustand Theklas zu beschreiben. Das Substantiv ἔκπληξις meint allgemein *consternation, mental disturbance, passion* (vgl. LIDDELL, SCOTT und JONES, A Greek-English Lexikon, s. v. ἔκπληξις), im Kontext christlicher Literatur gibt Lampe mit Hinweis

Zwei Imperative bringen die Anliegen des Thamyris klar zum Ausdruck: ἐπιστράφηθι („kehre zurück" 10) und αἰσχύνθητι („schäme dich" 10). Die Aussage, zu ihm zurückzukehren (πρὸς τὸν σὸν Θάμυριν 10), betont die Besitzverhältnisse aus Thamyris' Sicht nochmals und ergänzt das Attribut „meine Braut" (ἐμοὶ μνηστευθεῖσα 10) in konkretisierender Weise. Auf der Ebene der Figurenkonstellation zeigt diese Aussage, dass schon eine Entfernung der Figur Thekla von Thamyris stattgefunden hat.

(a) Αἰσχύνομαι

Wenn die Figur Thamyris zu Thekla sagt, sie solle sich schämen, dann klingt dabei auch mit, wie die Situation in sozialer Hinsicht einzuordnen ist. Scham hatte in einer antiken Gesellschaft, die grundsätzlich sehr von den beiden Komponenten Ehre und Schande/Scham geprägt war, eine viel größere Bedeutung als heute:

Die Wortbedeutung des Stammes αἰσχ- ist im allgemeinen Sinn *entstellen, hässlich machen.* In profangriechischer Literatur ist vor allem die mediale und passivische Form αἰσχύνομαι mit der Bedeutung *sich scheuen, sich schämen* belegt.[127] Die Septuaginta verlagert den Bedeutungsschwerpunkt durch die Übersetzung des hebräischen *bōš* mit αἰσχύνω: Neben der soziologischen Bedeutung ist der theologische Kontext wichtig. Der Begriff meint in diesem Sinn ein *Zuschandenwerden* bzw. *Sich-Schämen* des Frevlers vor Gott (vgl. z.B. Ps 69,3–8). Im neutestamentlichen Gebrauch sind diese theologische Verwendung sowie das Verständnis von *zuschanden werden* im objektiven Sinn vorherrschend (vgl. z.B. 1Kor 1,27 oder Röm 5,5).[128] Die mediale bzw. passivische Form αἰσχύνομαι ist im Neuen Testament vorwiegend in der Bedeutung *zuschanden machen* bzw. *werden* vorhanden, Offb 3,18 und

---

auf die Stelle in den Paulus- und Theklaakten *amazement, admiration,* das im Deutschen mit den Begriffen *Staunen, Erstaunen, Bewunderung* wiedergegeben werden kann (vgl. LAMPE, A Patristic Greek Lexicon, s.v. ἔκπληξις). Ἔκπληκτος bedeutet allgemein *terrifying, amazed, astounding* und im christlichen Kontext *astonishing/asthonished, mad,* das auch das Staunen am Leeren Grab meint (so LAMPE, s.v. ἔκπληκτος).

[127] Der Begriff meint im klassischen Gebrauch in aktiver Form *make ugly, disfigure,* im moralischen Sinn vor allem *dishonour, tarnish,* esp. *dishonour a woman, disdain;* im passivischen Gebrauch *to be dishonoured, to be ashamed, feel shame* (vgl. LIDDELL, SCOTT und JONES, A Greek-English Lexikon, s.v. αἰσχύνω); für einen spezifisch christlichen Gebrauch bringt LAMPE, A Patristic Greek Lexicon, keine Belege.

[128] „Bei der ntl. Verwendung dieser Wortgruppe [αἰσχύνομαι; Erg. V.N.] steht der objektiv-ereignishafte Aspekt gegenüber dem subjektiv-psychologischen [das heißt Scham, durch die man sich vor anderen schützt; Anm. V.N.] im Vordergrund", so LINK, „αἰδώς" 1547.

Phil 3,19 hingegen meinen, jeweils durch das Substantiv αἰσχύνη, Scham im moralischen bzw. sexuellen Sinn.[129]

Der Gebrauch von αἰσχύνομαι in der Theklaerzählung greift zum einen die profangriechische Verwendungsweise auf. Thekla solle sich aufgrund ihres Verhaltens schämen. Zugleich ist aber auch die Bedeutung, wie sie im neu-testamentlichen Sprachgebrauch vor allem vorkommt, vorstellbar: Thekla macht sich in den Augen ihres Verlobten zum Gespött und wird zuschanden. Im neutestamentlichen Gebrauch ist vor allem das Zuschandenwerden vor Gott gemeint, aus der Sicht der Figuren Thamyris und auch im späteren Erzählverlauf des Alexander ist diese Schande auf den innermenschlichen Kontext zu beziehen: Nicht vor Gott, sondern vor der Gesellschaft macht sich Thekla zur Schande und mit sich auch sie beide. Aus der Sicht des Thamyris kommt Thekla also aufgrund ihres Glaubens zuschanden, der Leser weiß jedoch, dass das Gegenteil der Fall ist: Aus der Perspektive der anderen Seite wird Thekla durch ihr Verhalten der Nachfolge gerade nicht zuschanden vor Gott, sondern richtet sich immer mehr auf ihn und den neuen Glauben hin aus.

Das Verhalten Theklas ist aus der Perspektive des Thamyris ein Zuschan-denwerden ihrer Figur. In der Gesellschaft macht sie sich und auch ihn zur Schande. Aus der anderen Sicht meint ihre Hinwendung zu Paulus und zum Glauben gerade das Gegenteil: Sie wird nicht zuschanden vor Gott.

Die Verlobung bindet Thekla an die eine, alte Welt, das Motiv Liebeskum-mer sowie die in diesem Kontext erwähnten weiteren Metaphern und eroti-schen Begriffe – das Bild der Spinne, die am Fenster klebt (9), das Ergriffen-sein von Begierde und Leidenschaft (9) sowie das Mitgefesseltsein aufgrund von Liebe (19) – binden sie an die andere, für die Figur neue Welt. Noch immer im Haus der Mutter Theoklia, ist die Figur durch ihr Verhalten, ihr Verliebtsein in die ἐγκράτεια, die von Paulus im Nachbarhaus gepredigt wird, einerseits und ihren Liebeskummer andererseits innerlich bereits mehr auf die andere Seite ausgerichtet und auf sie fixiert, wie es auch die Erzählung durch die Figur der Mutter mit den Worten ἀτενίζει γὰρ τοῖς λεγομένοις ὑπ' αὐτοῦ καὶ ἑάλωται ἡ παρθένος („Die Jungfrau ist nämlich ganz auf seine Rede ausgerichtet und lässt sich gefangen nehmen" 9) zum Ausdruck bringt.

(3) Worte Theoklias (10)

Die Figur Theoklia schließt sich den Worten Thamyris' nochmals an und spricht Thekla nun auch – gleich dem Thamyris – den Familienverhältnissen entsprechend an: „Kind" (τέκνον 10). Sie richtet eine Frage, bestehend aus vier Teilen, an Thekla: Warum sie hier sitze, nach unten blicke, nicht antwor-

---

[129] Vgl. zur Begriffsverwendung LINK, „αἰδώς" 1547–1550, und HORSTMANN, „αἰσχύ-νομαι" 100–101.

te und ganz neben sich stehe (τί τοιαύτη κάτω βλέπουσα κάθησαι, καὶ μηδὲν ἀποκρινομένη ἀλλὰ παραπλήξ; 10). Diese Fragen fassen die Situation noch einmal zusammen und sind angesichts dieser vielmehr als rhetorische Fragen zu verstehen: Theoklia kennt die Lage bereits, hat auch schon versucht, mit ihrer Tochter zu reden, und weiß, wie es um sie steht. Ein nochmaliger Versuch, der aber von ihr selbst sofort in den Erfolgsaussichten relativiert wird, wenn sie anmerkt, sie sei „gänzlich verstört (παραπλήξ 10)", scheitert.[130]

Theoklia selber nimmt hier (noch) die Rolle einer besorgten und skeptischen Mutter ein. Als solcher werden ihr Worte in den Mund gelegt, deren Bedeutung und Tragweite weder ihr noch ihrem Gesprächspartner bewusst sein können. Bereits an dieser Stelle der Erzählung erfolgt eine Andeutung auf das Ende, wo Theoklia selbst als Hörerin der Worte ihrer predigenden Tochter nochmals erwähnt wird (43).

(4) Charakterisierung der Figuren durch nonverbale Elemente

Die Erzählung nennt in diesem Erzählzusammenhang Reaktionen verschiedener Figuren: Das Verb κλαίω („weinen" 10) beschreibt den Gefühlszustand aller im Haus, der Grund ist jeweils ein ἄστοχος („Verlust" 10).[131] Genitive erläutern diesen näher: Thamyris verliert die γυνή (10),[132] Theoklia ihr τέκνον (10), die Dienerinnen ihre κυρία (10). Durch diese Aufzählung wird Thekla nochmals in ihrer jeweiligen Rolle genannt, sie ist „Frau" (als Verlobte des Thamyris), „Tochter" (für Theoklia) und „Herrin" (für die Dienerinnen), und mit dieser auch nochmals die Tragweite ihres Verhaltens betont. Thekla enttäuscht und verletzt nicht nur eine, sondern viele Figuren, sodass diese das Haus zu einem οἶκος πένθους („Haus der Trauer" 10) machen, in dem „ein großes Durcheinander" (πολλὴ οὖν σύγχυσις 10) herrscht.

Zur genauen Auflistung der einzelnen von Trauer geprägten Figuren um Thekla erscheint die folgende Schilderung dieser selbst umso gegensätzlicher. Thekla wird in der bedrängenden Situation als standhaft und entschlossen gezeichnet, sie „wandte sich nicht ab, sondern war ganz dem Wort des Paulus zugewandt" (οὐκ ἀπεστράφη ἀλλ᾽ ἦν ἀτενίζουσα τῷ λόγῳ Παύλου 10).

---

[130] Diese Reaktion der Mutter gegenüber ihrer Tochter erinnert inhaltlich an die Haltung der Familie Jesu diesem gegenüber, wie sie Mk 3,20–21 schildert: Καὶ ἔρχεται εἰς οἶκον· καὶ συνέρχεται πάλιν [ὁ] ὄχλος, ὥστε μὴ δύνασθαι αὐτοὺς μηδὲ ἄρτον φαγεῖν. ²¹καὶ ἀκούσαντες οἱ παρ᾽ αὐτοῦ ἐξῆλθον κρατῆσαι αὐτόν· ἔλεγον γὰρ ὅτι ἐξέστη. Wiederum wird ein Motiv, die missverständliche Bewertung und Einordnung durch die eigene Familie, aus kanonischen Texten aufgenommen und in die Erzählung integriert.

[131] Übertragen ist mit diesem Ausdruck ein Verlust gemeint, der aber im vorliegenden Erzählkontext vielmehr im Sinne der wörtlichen Bedeutung zu verstehen ist; στόχος meint *das aufgestellte Ziel, das Zielen, das Vermuten.* Die verneinte Form ἄστοχος bedeutet somit wörtlich *das Ziel verfehlend.*

[132] An dieser Stelle der Erzählung wird Thekla als „Frau" des Thamyris bezeichnet.

Die Beschreibung der emotionalen Lage (ἦν ἐν τῷ οἴκῳ πένθους 10) im Haus steht nicht nur im Gegensatz zur Stimmung der Thekla, sondern auch zur am Anfang der Erzählung beschriebenen Freude, die im Haus des Onesiphorus herrscht (vgl. 5). Im weiteren Erzählverlauf wird auch das Haus der Tryphäna als Ort der Freude bezeichnet werden (μεγάλην εἶναι χαρὰν ἐν τῷ οἴκῳ 39).

Wiederum zeigt sich, dass die Erzählung Räume bzw. Orte differenziert darstellt: Auch durch die im Kontext des Settings geschilderten Stimmungen, die jeweils vorherrschen, werden Räume gewissermaßen qualifiziert und prägen so das Narrativ. Bis zu diesem Punkt der Erzählung wird die Figur Thekla sowohl auf erzählend-berichtender Ebene als auch von Seiten anderer Figuren bereits auf verschiedenartige Weise bezeichnet.

Erzählung	παρθένος (7), γυνή, τέκνον und κυρία (10)
Mutter Theoklia	τέκνον (10) und παρθένος (9)
Thamyris	μνηστευθεῖσα (10)

Diese Differenzierungen drücken auf der Ebene der Figurenkonstellationen das jeweilige Verhältnis der Figuren zueinander aus. Zugleich zeigt sich, dass Figuren mit verschiedenen Augen wahrgenommen werden können. Die jeweilige Sicht ist dabei zum einen von der Erzählform abhängig – ist die Aussage in ein Gespräch der Figuren oder in einen erzählenden Kommentar eingewoben –, zum anderen davon, wie die Figuren zueinander stehen.

(a) Vergleichstext: Die Akten der Perpetua und Felicitas

Als Vergleichstext können an verschiedenen Punkten der Erzählung die Akten der heiligen Perpetua und Felicitas herangezogen werden.[133] Diese berichten von Perpetua, einer jungen Christin, die mit vier weiteren an Christus Glaubenden – zwei jungen Männern namens Saturninus und Secundulus, einem Sklaven namens Revocatus und einem Katechumenen namens Saturus – zur Hinrichtung im Theater verurteilt wird. Bei den Gefangenen befindet sich auch die persönliche Sklavin Perpetuas, Felicitas.

Der Text, der zu Beginn des dritten Jahrhunderts verfasst wurde,[134] lässt drei verschiedene Verfasser erkennen: einen Autor, der einführende und erläuternde Passagen verfasst hat (die Abschnitte 1–2, den Tod des Secundus 14, die Schwangerschaft der Felicitas 15, die Folterung 16–21 und das Ende des

---

[133] Der lateinische Originaltext wie auch die deutsche Übersetzung sind der Ausgabe von MUSURILLO, The Acts of the Christian Martyrs, entnommen.

[134] Der Text kann mithilfe von Texthinweisen zeitlich gut eingeordnet werden: 7,9 berichtet beispielsweise, dass die Hinrichtung der Gefangenen am Tag des Geburtstags des Sohnes des Herrschers Septimius Severus stattfand. Somit ist eine Datierung ins Jahr 203, genauer im März, ziemlich plausibel, so BREMMER und FORMISANO, Passions 2, und BREMMER, Perpetua und Felicitas 178.

Textes 21,11), daneben Saturus, einen Mitgefangenen, der von Visionen in der Gefangenschaft berichtet (11–13), und als dritte Autorin Perpetua, die in tagebuchartiger Form ihren Aufenthalt im Gefängnis und ihre Erlebnisse in dieser Zeit autobiographisch festhält. Der Text gilt somit als das älteste zugängliche autobiographische Zeugnis, das auch eine Frau zur Verfasserin hat.[135]

Ein erster übereinstimmender Punkt, der Thekla mit der Märtyrerin Perpetua in Verbindung bringt, sind folgende Angaben zur Person: Perpetua ist eine junge Frau von hohem Stand. Sie ist, anders als Thekla, bereits verheiratet und wird ausdrücklich als Katechumenin bezeichnet ([...] adolescentes catechumeni [...]. Vibia Perpetua, honesta nata liberaliter instituta, matronaliter nupta [...] 2). Letzteres wird von Thekla nicht explizit gesagt, kann aber aus dem Kontext mit Thekla in Verbindung gebracht bzw. über sie ausgesagt werden. Eine weitere Gemeinsamkeit, die an diesem Punkt der Analyse auffällt, ist die Tatsache, dass in beiden Erzählungen Familienmitglieder um das Umdenken der Angehörigen kämpfen. In den Paulus- und Theklaakten sind es Mutter und Verlobter, die auf Thekla einreden, im Falle der Perpetua ist es ihr Vater, der an sie herantritt in der Absicht, sie vom Glaubensabfall zu überzeugen ([...] et me pater uerbis euertere cupiret et deicere pro sua affectione perseueraret 3).

dd) Thamyris mit Demas und Hermogenes

Die Begegnung des Thamyris mit den beiden Reisebegleitern des Paulus (11–14) bringt weitere Informationen: Zum einen werden die Figuren aufgrund ihrer Handlungen, ihrer Aussagen und Emotionen näher charakterisiert, zum anderen geben die Angaben zur Situation in den Häusern – des Onesiphorus und des Thamyris – näher Aufschluss. Darüber hinaus können weitere Aussagen zum Inhalt der Lehre des Paulus gemacht werden, die wiederum für die Analyse und Einordnung der Veränderung der Figur Thekla entscheidend sind.

(1) Charakterisierung der Figuren durch verbale Elemente

Vielleicht oder gerade weil Thamyris die beiden Figuren Demas und Hermogenes streitend beobachtet – er betrachtet die hineingehenden und herauskommenden Leute sehr genau (παρετήρει τοὺς εἰσερχομένους πρὸς τὸν Παῦλον καὶ ἐξερχομένους 11) –, spricht er diese an.

Der Inhalt der darauffolgenden Frage ist für den Leser nicht erwartbar: Thamyris fragt nicht nach dem Grund der Auseinandersetzung, sondern wer sie seien und wer es sei, „der die Seelen der Jünglinge verführt und die der Jungfrauen betrügt, dass sie nicht heiraten, sondern so bleiben sollen?" (καὶ

---

[135] MUSURILLO, The Acts of the Christian Martyrs XXV, bezeichnet diesen Text auch als „[...] archetype of all later Acts of the Christian martyrs".

τίς οὗτος ὁ ἔσω μεθ' ὑμῶν, πλανῶν ψυχὰς νέων καὶ παρθένων ἀπατῶν, ἵνα γάμοι μὴ γίνωνται ἀλλὰ οὕτως μένωσιν 11).

Die Frage des Thamyris ist von Aussagen geprägt, welche die beiden Begleiter wissen lassen, auf welcher Seite er steht. Mit den Worten „τίς οὗτος ὁ ἔσω μεθ' ὑμῶν" (11) distanziert er sich zweifach: Er grenzt sich sowohl lokal vom Geschehen ab und spricht von drinnen im Gegensatz zu draußen auf der Straße, wo er sich befindet, als auch personal, wenn er die Gruppe im Haus durch die Begriffe „mit euch" als Einheit bezeichnet und auffasst.

Die Erzählung charakterisiert die Figur Thamyris durch folgende weitere Aussagen auf explizite Art genauer: Er ist „Erster der Stadt" (πρῶτος τῆς πόλεως 11), der viel Geld besitzt. Davon ist er für eine Berichterstattung großzügig zu geben bereit (ὑπισχνοῦμαι οὖν ὑμῖν δοῦναι πολλὰ χρήματα, ἐὰν εἴπητέ μοι περὶ αὐτοῦ· εἰμὶ γὰρ πρῶτος τῆς πόλεως 11). *Bremmer* verdeutlicht, dass dieses Attribut „institutional value" besitzt, der Thekla und ihren Verlobten als „to the highest circle of the town" gehörend beschreibt.[136]

Das Geschehen steht in deutlicher Weise wiederum in Kontrast zur Gruppe um Paulus.[137] Man befindet sich zwar auch in einem Haus, doch ist hier die Rede von üppiger Mahlzeit – als Gegensatz zum Brotbrechen, das nicht nur den Sättigungsaspekt des gemeinsamen Essens meint. Die Erzählung betont an dieser Stelle durch die Anhäufung der Worte diese Fülle sehr stark: Die Mahlzeit ist „üppig" (πολύτιμον δεῖπνον 13), von „viel Wein" (πολὺν οἶνον 13) und zahlreichen Speisen (vgl. τράπεζαν λαμπράν 13) ist die Rede, die den Reichtum deutlich zum Ausdruck bringen (καὶ πλοῦτον μέγαν 13).[138]

Durch die Beschreibung der jeweiligen Anwesenden im Haus und deren Handeln werden die Räume der Erzählung wiederum qualifiziert und den verschiedenen Seiten zugeordnet:

Haus des Onesiphorus (5)	**Haus des Thamyris (13)**
Brot brechen	üppige Mahlzeit, viel Wein
Knie beugen	großer Reichtum
Freude	glänzende Tafel
Belehrung	
Thekla (7):	
isst drei Tage und Nächte nicht	

(vorausschauend: Grabanlage [23]
fünf Brote
Gemüse
Wasser
fröhliche Stimmung)

---

[136] BREMMER, Magic 41.

[137] PERVO, Acts of Paul 117, nennt Abschnitt 13 „[...] a parody of 4–5".

[138] Die im weiteren Erzählverlauf geschilderte Versammlung der Familie des Onesiphorus und Paulus in der Grabanlage (23) kann auch im Kontrast zum Mahl im Haus des Thamyris gesehen werden und wird daher schon in die Übersicht integriert.

Die Fragen des Thamyris an Demas und Hermogenes werden nur teilweise beantwortet: Den ersten Teil – Ἄνδρες, τίνες ἐστὲ εἴπατέ μοι – lassen sie außen vor, stattdessen gehen sie nur auf den zweiten ein und behaupten in diesem Zusammenhang, Paulus nicht zu kennen (Οὗτος μὲν τίς ἐστιν, οὐκ οἴδαμεν 12).[139]

Sie beschreiben zudem die Vorkommnisse in der Stadt, die sich seit der Einkehr des Paulus ergeben haben, und erklären auch die Gründe dafür, jeweils aus ihrer Sicht. Er bewirke mit seiner Lehre, dass Männer ihrer Frauen und umgekehrt beraubt würden.

Diese Auskunft steht kontrovers zur Information, welche die Erzählnotiz zu Beginn der Erzählung gibt (vgl. 1) – Demas und Hermogenes haben sich Paulus angehängt und sind mit ihm gereist –, und müssten ihn demnach gut kennen.

Der Leser erhält gleich zu Beginn der Handlung die Information, dass Demas und Hermogenes nicht in ehrlicher Absicht mit dem Apostel unterwegs sind (ὑποκρίσεως γέμοντες 1; ὡς ἀγαπῶντες αὐτόν 1), indem der Erzähler sie als eifersüchtig und voll von Verstellung (Δημᾶς δὲ καὶ Ἑρμογένης ἐζήλωσαν καὶ πλείονα τὴν ὑπόκρισιν ἐκίνησαν 4) einführt. Der Leser weiß durch diese Hinweise von Beginn der Erzählung an mehr als andere Figuren und kann somit auch diese Aussage der beiden Figuren einordnen.

(a) Die Lehre des Paulus aus der Sicht des Demas und Hermogenes

Die Figuren Demas und Hermogenes erwähnen im Kontext des Dialoges mit Thamyris die Auferstehung als Element der Lehre des Paulus. Diese Information stellt, anders als es der Text durch die Figur Theoklia tut, die von der Alleinverehrung Gottes und der Enthaltsamkeit spricht (9), ein weiteres Element der Apostellehre in den Fokus. Erstmals wird hiermit ein Bezug der beiden Komponenten Enthaltsamkeit und Auferstehung, die Paulus bereits in seiner Rede (5–6) erwähnt hat, hergestellt: Die Enthaltsamkeit wird zur Voraussetzung für die Auferstehung gemacht.

Der Text zeigt an dieser Stelle Übereinstimmungen mit Offb 14. Vers 4 beschreibt die dem Lamm treu folgenden 144.000 mit den Worten:

οὗτοί εἰσιν οἳ μετὰ γυναικῶν οὐκ ἐμολύνθησαν, παρθένοι γάρ εἰσιν, οὗτοι οἱ ἀκολουθοῦντες τῷ ἀρνίῳ ὅπου ἂν ὑπάγῃ. οὗτοι ἠγοράσθησαν ἀπὸ τῶν ἀνθρώπων ἀπαρχὴ τῷ θεῷ καὶ τῷ ἀρνίῳ.

Die Beschreibung von jungen Menschen (παρθένοι), die folgen (ἀκολουθοῦντες) und sich nicht befleckten (οὐκ ἐμολύνθησαν), zeigt Ähnlichkeit mit ActPlTh 12. Fügt man auch den folgenden Vers Offb 14,5 hinzu, καὶ ἐν τῷ στόματι αὐτῶν οὐχ εὑρέθη, ἄμωμοί εἰσιν, werden die Vergleichspunkte der

---

[139] Diese Reaktion der Figuren Demas und Hermogenes erinnert an den Petrus der Passionsgeschichten (Mk 14,66–72 par.).

beiden Texte, wenn nicht durch Wortwahl, so doch durch die Inhalte, deutlicher: Diese Nachfolgenden sind nicht befleckt und zudem ohne ψεῦδος. Liest man die Verse 4 und 5 von Offb 14 und vergleicht diese mit der Erzählung in den Paulus- und Theklaakten, kann nicht nur eine Ähnlichkeit in der Wortwahl festgestellt werden, sondern auch eine inhaltliche Verbindung von dem, was die jungen Leute von der Lehre des Paulus übernehmen, mit dem, was Demas und Hermogenes eben nicht verkörpern: Wahrheit.

Auf der Ebene der Erzählperspektive ist besonders hervorzuheben, dass die Worte des Paulus an dieser Stelle der Erzählung aus der Sicht der beiden Begleiter wiedergegeben werden: „Auf andere Weise gibt es für euch keine Auferstehung, es sei denn, dass ihr rein bleibt und das Fleisch nicht befleckt, sondern es rein bewahrt" (12).

Im Rahmen eines Mahles wird das Gespräch fortgesetzt. Thamyris setzt neu an mit einer Frage zur Lehre des Paulus. Er begründet seine Neugier zuerst mit der Besorgnis um seine Verlobte (οὐ γὰρ μικρῶς ἀγωνιῶ περὶ τῆς Θέκλης 13), die einen Fremden liebe, und fügt dann hinzu, er befürchte, um die Hochzeit zu kommen (καὶ ἀποστεροῦμαι γάμου 13).

Die Figuren Demas und Hermogenes beraten Thamyris ausführlich. Sie schlagen eine Strategie vor, wie Thamyris Thekla zurückbekommen kann: Er solle beim Statthalter, Castellius, vorstellig werden. Dazu geben sie auch den Grund an, den er vortragen könne: Paulus überrede zur „neuen Lehre der Christen"[140] (ὡς ἀναπείθοντα τοὺς ὄχλους ἐπὶ καινῇ διδαχῇ Χριστιανῶν 14).

Auch erklären sie schon im Voraus, wie der Statthalter reagieren würde: Er würde ihn verderben (οὕτως ἀπολεῖ αὐτόν), und das bedeute, er würde Paulus gänzlich zugrunde richten.[141] Das Ergebnis sei dann, dass Thamyris Thekla als Frau zurückerhalten könne.

Von dieser praktischen Ebene wechselt der Dialog auf die inhaltliche, indem sie erklären, was die wahre Lehre sei (καὶ ἡμεῖς σε διδάξομεν 14).

---

[140] Diese Wortverbindung begegnet hier zum ersten Mal in der griechischen Literatur. Eine Kombinationssuche mit den Lemmata „διδαχή" und „Χριστιανῶν" mittels Thesaurus Linguae Graecae online erbrachte neben dem Beleg in den Paulus- und Theklaakten nur zwei weitere Bezeugungen des Begriffspaars. In beiden Fällen handelt es dabei um deutlich spätere Schriften, nämlich des achten bzw. achten bis zehnten Jahrhunderts.

[141] Das griechische Verb ἀπόλλυμι meint bzw. zielt im allgemeinen profanen Sprachgebrauch „in der Regel auf die [gewaltsame] Beeinträchtigung, die Zerstörung oder schließlich das Ende der irdischen Existenz", so HAHN, „ἀπόλλυμι" 1731–1733 (1731), oder auch LIDDELL, SCOTT und JONES, A Greek-English Lexicon, s. v. ἀπόλλυμι. Im spezifisch neutestamentlichen Gebrauch wird mit diesem Begriff „[…] ein definitives Scheitern, nicht einfach das Erlöschen der physischen Existenz, sondern das ewige Versinken im Hades, ein hoffnungsloses Todesgeschick" zum Ausdruck gebracht, so OEPKE, „ἀπόλλυμι" 395.

(b) Auferstehung

Neben der grundsätzlichen Überlegung, ob die beiden Reisebegleiter die Lehre des Paulus ganz treffend wiedergeben, ist die Frage zu stellen, welche Idee von Auferstehung die Figuren Demas und Hermogenes selbst vertreten.

Sie behaupten, die Auferstehung sei schon in den Kindern geschehen, die sie haben, und sie seien auferstanden, indem sie den wahren Gott erkannt hätten, oder mit *Pervo* gesagt, „the duo offer their own doctrine: resurrection (i.e. immortality) results from bearing children".[142] Paulus dagegen lehre, die Auferstehung werde erst geschehen.

Paulus   ἀνάστασιν γενέσθαι,
Demas und Hermogenes   ὅτι ἤδη γέγονεν ἐφ' οἷς ἔχομεν τέκνοις[, καὶ ἀνιστάμεθα θεὸν ἐπεγνωκότες ἀληθῆ].

Zusammen mit den Informationen aus Abschnitt 12 (Ἄλλως ἀνάστασις ὑμῖν οὐκ ἔστιν, ἐὰν μὴ ἁγνοὶ μείνητε καὶ τὴν σάρκα μὴ μολύνητε ἀλλὰ τηρήσητε ἁγνήν) stehen sich folgende Aussagen zur Auferstehung gegenüber: Die Figuren Demas und Hermogenes vertreten eine Auferstehung, die in den Kindern schon geschehen ist und durch die Erkenntnis des wahren Gottes erfolgt. Die Figur Paulus dagegen macht die Enthaltsamkeit zur Bedingung für eine Auferstehung, die erst geschehen wird (12; 14).

Die Idee von Auferstehung, die Demas und Hermogenes vertreten, ist der Lehre der Pastoralbriefe nicht unähnlich. Folgende Bezüge inhaltlicher Art können dabei genannt werden: Die Argumentation in Abschnitt 14 gleicht der in 1Tim 4,3 (κωλυόντων γαμεῖν, ἀπέχεσθαι βρωμάτων, ἃ ὁ θεὸς ἔκτισεν εἰς μετάλημψιν μετὰ εὐχαριστίας τοῖς πιστοῖς καὶ ἐπεγνωκόσιν τὴν ἀλήθειαν). Der Erste Timotheusbrief stellt im Zusammenhang der Nennung von falschen Haltungen und Lehren den Verzicht auf Heirat und auf bestimmte Speisen als falsch dar.

Die Diskussion um den Zeitpunkt der Auferstehung wiederum erinnert an eine weitere Passage aus den Pastoralbriefen. Der Zweite Timotheusbrief setzt sich ebenfalls mit verschiedenen Irrlehren auseinander und nimmt dazu Stellung. In diesem Zusammenhang wird auch die Auferstehungsthematik aufgegriffen, in 2Tim 2,18 heißt es dazu: οἵτινες περὶ τὴν ἀλήθειαν ἠστόχησαν, λέγοντες [τὴν] ἀνάστασιν ἤδη γεγονέναι, καὶ ἀνατρέπουσιν τήν τινων πίστιν. Diese Aussage wendet sich gegen die Irrlehre, die Auferstehung sei bereits geschehen. Diese Lehre habe wiederum zur Folge, dass auf bestimmte irdische Güter wie Heirat und Genuss von Speisen verzichtet werde. Die Behauptung, die Auferstehung sei schon geschehen, wie sie von gewissen Figuren namens Hymenäus und Philetus vertreten werde, sei ein „gottloses

---

[142] PERVO, Acts of Paul 117.

Geschwätz", das in die „Gottlosigkeit" führe (τὰς δὲ βεβήλους κενοφωνίας περιΐστασο· ἐπὶ πλεῖον γὰρ προκόψουσιν ἀσεβείας 2,16).[143]

Die Paulus- und Theklaakten nehmen durch die Aufnahme der Auferstehungsthematik auch an diesem Punkt der Erzählung deutlich Stellung zu den Pastoralbriefen.[144] Zum einen werden die Lebensformen, die für die Auferstehung notwendig sind, diskutiert: Die Auferstehung wird in den Pastoralbriefen mit Heirat, das bedeutet mit Familie und Kindern, in Verbindung gebracht. So vertreten sie auch die in der Erzählung negativ dargestellten Figuren Demas und Hermogenes. Dagegen verbindet die Lehre, die der Paulus der Acta Pauli vertritt, die Auferstehung mit Askese und mit dem Jenseits.

Zum anderen wird der Zeitpunkt der Auferstehung thematisiert. In diesem Punkt ist es wiederum so, dass der Paulus der Paulus- und Theklaakten die den Pastoralbriefen entsprechende Lehre vertritt. Demas und Hermogenes dagegen treten für eine Position ein, die in 2Tim 2,14–18 als von der Wahrheit wegführend und gottlos bezeichnet wird.

Auch der Umgang mit der Auferstehungsthematik zeigt also, dass der Autor der Paulus- und Theklaakten die Lehre der Pastoralbriefe kennt und sich mit dieser auf narrative Weise auseinandersetzt. Es sind Demas und Hermogenes, die in etwa auf einer Linie mit den Inhalten der Pastoralbriefe stehen, an anderer Stelle der Erzählung ist es der Paulus der Paulusakten, der in einer Linie mit dieser steht. Da in der Erzählung jede der beiden Welten für und an anderer Stelle gegen die Inhalte der Pastoralbriefe stehen kann, zeigt sich, dass diese Texte vom Verfasser nicht als einzig autoritativ eingestuft werden und daher ein freier und kreativer Umgang mit ihren Lehren möglich ist.

---

[143] Vgl. dazu OBERLINNER, Pastoralbriefe 179–182, und WOLTER, Pastoralbriefe und Paulustradition 258.

[144] HERCZEG, Parallels 143, nennt im Zusammenhang der Differenzierung von 55 mutmaßlichen Parallelen, die es zwischen den Paulusakten und kanonischen Texten gibt, auch Paulus- und Theklaakten und den Bezug zu 2Tim 2,18. Grundlage der Aussage sind 55 Parallelen, die er einer Textedition entnimmt und in folgende Gruppen einteilt:

(1) Parallelen, die annehmen lassen, dass der Verfasser der Paulusakten die „kanonischen Texte" kennt (und eventuell benutzt), so wie z.B. in ActPlTh 24 (ποιήσας τὸν οὐρανὸν καὶ τὴν γῆν) – Apg 4,24; 14,15 (2Kön 19,15) oder 28 – Mk 15,26 (αἰτία τῆς ἐπιγραφῆς),

(2) Ausdrücke, die zahlreiche Wortparallelen enthalten, die so nicht auf einen Bezug zueinander schließen lassen,

(3) Passagen, die Gegenteiliges aussagen oder bedeutende Varianten des Neuen Testaments darstellen, sodass sie entweder aus anderen Texten stammen oder der Verfasser die Varianten kennt. Als Beispiel dafür wird unter anderem ActPlTh 14 (ἣν λέγει οὗτος ἀνάστασιν γενέσθαι, ὅτι ἤδη γέγονεν ἐφ' οἷς ἔχομεν τέκνοις) und 2Tim 2,18 genannt,

(4) Seligpreisungen, „many of which display close correspondences with the canonical ones".

Im Kontext der Gespräche zwischen den Figuren Demas, Hermogenes und Thamyris wird zweifach der griechische Begriff Χριστιανός verwendet. Konkret ist zum einen von einer καινὴ διδαχὴ Χριστιανῶν die Rede, zu der Paulus die Menge überrede (vgl. 14). Zum anderen raten die Figuren Demas und Hermogenes dem Thamyris, er solle Paulus vor dem Statthalter als Χριστιανός (Λέγε αὐτὸν Χριστιανόν 16) anklagen. Um diesen Ausdruck näher einordnen zu können, ist eine begriffsgeschichtliche Untersuchung, die neutestamentliche und exemplarisch christliche Texte des zweiten Jahrhunderts in den Blick nimmt, hilfreich.

(c) Χριστιανός

In christlichen Texten wird der Begriff Χριστιανός zunächst verwendet, um eine Gruppe von Christusanhängern zu bezeichnen.[145] In den Texten des Neuen Testaments taucht das Wort dreimal auf, zweimal in der Apostelgeschichte, ein weiteres Mal im Ersten Petrusbrief. Bezüglich Apg 11,26 – καὶ εὑρὼν ἤγαγεν εἰς Ἀντιόχειαν. ἐγένετο δὲ αὐτοῖς καὶ ἐνιαυτὸν ὅλον συναχθῆναι ἐν τῇ ἐκκλησίᾳ καὶ διδάξαι ὄχλον ἱκανόν, χρηματίσαι τε πρώτως ἐν Ἀντιοχείᾳ τοὺς μαθητὰς Χριστιανούς – ist wahrscheinlich von einer Bezeichnung der Christusanhänger von außen auszugehen, die den Jüngern in Antiochien, einer Stadt „in einem röm. Milieu und in einer Gemeinde, die nicht mehr nur aus Juden bestand", zugekommen ist.[146]

Auch die zweite Passage, Apg 26,28 – ὁ δὲ Ἀγρίππας πρὸς τὸν Παῦλον· ἐν ὀλίγῳ με πείθεις Χριστιανὸν ποιῆσαι –, verwendet den Ausdruck deutlich aus einer Außenperspektive: Er wird dem jüdischen König Agrippa in den Mund gelegt, der „mit einer ironisch-unverbindlichen Antwort" erklärt, dass er sich beinahe schon überzeugen lasse, sich selbst als Christ auszugeben.[147]

Der Kontext des Verses zeigt zudem, dass der Begriff Χριστιανός nicht gebraucht wird, um einen Gegensatz zu Juden und deren Glauben auszudrücken. Vielmehr sind die Bezeichnungen Χριστιανός und der jüdische Glaube in einer Linie zu sehen: Paulus fragt den Juden Agrippa im vorausgehenden Vers nicht nur, ob er angesichts des Messiasereignisses den Propheten, die dieses angekündigt hätten, glaube (πιστεύεις, βασιλεῦ Ἀγρίππα, τοῖς προφήταις;), sondern geht davon aus bzw. „unterstellt" ihm vielmehr, dass er dies tue (οἶδα ὅτι πιστεύεις).[148]

Die in der Apostelgeschichte vorherrschende Verwendung des Begriffs aus einer Außenperspektive wird „sehr schnell als Selbstbezeichnung übernom-

---

[145] Vgl. dazu LAMPE, A Patristic Greek Lexikon, s. v. χριστιανός.
[146] HAACKER, „Χριστιανός" 1088.
[147] PESCH, Apostelgeschichte 279–280.
[148] PESCH, Apostelgeschichte 279, und vgl. HAACKER, „Χριστιανός" 1089.

men".[149] Als einer der wohl ältesten Belege[150] dafür gilt 1Petr 4,16 – εἰ δὲ ὡς χριστιανός, μὴ αἰσχυνέσθω, δοξαζέτω δὲ τὸν θεὸν ἐν τῷ μέρει τούτῳ. Der Erste Petrusbrief spricht im Kontext der Auflistung von Mahn- und Trostworten an Christen davon, dass das ὡς χριστιανός-Sein, das Christsein, schon ausreiche, um Leiden zu erfahren. Dieser Vers gilt auch als ältester Beleg dafür, mit dem Begriff „Stigmatisierung und Kriminalisierung"[151] zu verbinden.

Christliche Werke wie die Didache oder die Briefe des Ignatius von Antiochien verwenden den Begriff, um explizit Christusanhänger oder Zugehörige zu einer solchen Gemeinde damit zu bezeichnen.[152]

Die Didache erklärt beispielsweise in Kapitel 12, das verschiedene Ordnungen behandelt, wie mit einem Kommenden (ἐρχόμενος 2), der sich nicht als Durchreisender (πάροδιος 2) erweist, sondern als einer, der bleiben möchte (εἰ δὲ θέλει πρὸς ὑμᾶς καθῆσθαι 3), umgegangen werden soll: Dieser wird im Kontext als Christ bezeichnet, der nicht „müßig bei euch leben" (μὴ ἀργὸς μεθ' ὑμῶν ζήσεται Χριστιανός 4) sollte.[153]

Ignatius prägt einen weiteren Aspekt des Begriffs Χριστιανός, wenn er im Brief an die Magnesier mit diesem Ausdruck auch das Sein des Menschen, das Christsein, bezeichnet (Πρέπον οὖν ἐστὶν μὴ μόνον καλεῖσθαι Χριστιανούς, ἀλλὰ καὶ εἶναι IgnMagn 4). Diesen Aspekt überträgt er auch auf sich und sein Leben und bezeichnet z.B. im Brief an die Römer sich selbst als Christ: „[…] damit ich nicht nur als Christ genannt, sondern auch (als solcher) erfunden werde. Denn wenn ich (als Christ) erfunden werde, kann ich auch (so) genannt werden und dann ein Gläubiger sein, wenn ich der Welt nicht mehr sichtbar bin" ([…] μὴ ἵνα μόνον Χριστιανός, ἀλλὰ καὶ εὑρεθῶ. ἐὰν γὰρ εὑρεθῶ, καὶ λέγεσθαι δύναμαι καὶ τότε πιστὸς εἶναι, ὅταν κόσμῳ μὴ φαίνωμαι IgnRöm 3,2).

---

[149] FELDMEIER, Der erste Brief des Petrus 151 Anm. 564. Dass dieser Vorgang „[…] sehr schnell […]" ging, kann nicht für alle Regionen und Gruppierungen ausgesagt werden und ist daher eher zu bezweifeln. Siehe zudem auch SCHNEIDER, „Χριστιανός" 1146–1147, der annimmt, dass 1Petr 4,16 ein Beleg dafür sei, dass mit dem Begriff Χριστιανός eine von Außenstehenden gegebene Bezeichnung aufgegriffen und für die eigene Gruppe übernommen wurde.

[150] Die Datierung des Ersten Petrusbriefes ist umstritten, möglicherweise ist der Text zeitlich recht spät anzusetzen, siehe dazu GIELEN, Polykarpbrief 416–444.

[151] FELDMEIER, Der erste Brief des Petrus 151.

[152] Vgl. dazu GRUNDMANN, „χρίω κτλ." 482–576.

[153] Der griechische Text, die deutsche Übersetzung der Didache wie auch der Briefe des Ignatius von Antiochien sind der Ausgabe von LINDEMANN und PAULSEN, Die Apostolischen Väter, entnommen.

In Märtyrerakten[154] wird Χριστιανός auch deutlich aus einer Innenperspektive in Form von Bekenntnissen der Märtyrer gebraucht. Das Martyrium des Polykarp beispielsweise,[155] ein in Briefform beginnender und endender Text, zeitlich vermutlich nach den Paulusakten anzusetzen,[156] der dazwischen das Martyrium des Polykarp erzählt, enthält beide Sichtweisen: Der Text bezeichnet zum einen Polykarp durch den Herold des Prokonsuls, der eine Außensicht einnimmt, als Christ: „[...] daß er seinen Herold in die Mitte des Stadions schickte und dreimal verkünden ließ: ‚Polykarp hat bekannt, daß er Christ ist'" ([...] πέμψαι τε τὸν ἑαυτοῦ κήρυκα ἐν μέσῳ τοῦ σταδίου κηρύξαι τρίς· Πολύκαρπος ὡμολόγησεν ἑαυτὸν Χριστιανὸν εἶναι MartPol 2,2). Zum anderen ist es Polykarp selbst, der sich Χριστιανός nennt und somit eine Bezeichnung von innen vornimmt:

„Wenn du der trügerischen Meinung bist, daß ich (wie du sagst) beim Glück des Kaisers schwören würde, und so tust, als wüßtest du nicht, wer ich bin, so höre mein offenes Bekenntnis: Ich bin Christ. Wenn du aber die Sache des Christentums kennenlernen willst, so gib mir Zeit und höre zu." (Εἰ κενοδοξεῖς, ἵνα ὀμόσω τὴν καίσαρος τύχην, ὡς σὺ λέγεις, προσποιεῖ δὲ ἀγνοεῖν με, τίς εἰμι, μετὰ παρρησίας ἄκουε· Χριστιανός εἰμι. εἰ δὲ θέλεις τὸν Χριστιανισμοῦ μαθεῖν λόγον, δὸς ἡμέραν καὶ ἄκουσον MartPol 10,1.)

Die begriffsgeschichtliche Analyse von Χριστιανός zeigt, dass sich der Gebrauch in den Paulus- und Theklaakten sowohl an neutestamentliche Texte als auch an Schriften des zweiten Jahrhunderts anlehnt. Mit dem Substantiv Χριστιανός wird in der Erzählung der Paulus- und Theklaakten jeweils ein Subjekt bezeichnet, das der Text selbst nicht näher bestimmt. Durch den Kontext können weitere Informationen gewonnen werden und kann eine Einordnung des Begriffs, wie ihn die Erzählung vornimmt, erfolgen: Der Erzähler legt den Begriff beide Male den Figuren Demas und Hermogenes in den Mund. Deren nähere Charakterisierung durch den Text ist jedoch möglich und diesbezüglich hilfreich.

Der Erzählverlauf zeigt, dass diese sich immer mehr von Paulus wegbewegen und sich letztlich im Gespräch mit Thamyris deutlich auf die Gegenposi-

---

[154] NICKLAS, Leiblichkeit 201 Anm. 28, weist darauf hin, dass schon der Begriff „Märtyrerakten" ein Konstrukt der Neuzeit ist, unter dem „[...] Texte ganz unterschiedlicher Genres zusammen[ge]fasst" sind.

[155] Der griechische Text wie die deutsche Übersetzung ist der Ausgabe von LINDEMANN und PAULSEN, Die Apostolischen Väter, entnommen.

[156] Die Datierung dieses Textes ist sehr umstritten. Die genaue zeitliche Einordnung ist für die folgenden Ausführungen nicht entscheidend, daher wird an dieser Stelle nur knapp aufgezeigt, wie weit die Daten auseinandergehen. So nimmt beispielsweise BUSCHMANN, Martyrium Polykarpi 4 und der Montanismus 129–130, eine Datierung zwischen 150 und 160 n. Chr. an. Die Angaben der Vertreter einer Spätdatierung reichen von nach 170 n. Chr. bis zu einer Abfassungszeit in der ersten Hälfte des dritten Jahrhunderts, so MOSS, On the Dating of Polycarp 574. Einen Forschungsüberblick dazu gibt DEHANDSCHUTTER, The Martyrium Polycarpi 56–62, bzw. DERS., Research on the Martyrdom of Polycarp 1990–2005.

tion stellen. In diesem Wortwechsel fällt der Begriff „Christen". Aufgrund dieser klaren Einordnung der Figuren als Gegenpart zu Paulus erfolgt die Verwendung und Bezeichnung des Paulus als Χριστιανός von der gegnerischen Seite.

Diese Figuren, die in der Verwendung des Begriffs Χριστιανός eine Außenperspektive einnehmen, wie es beispielsweise Texte der Apostelgeschichte tun, erklären auch, dass das Christsein als Anklagepunkt vor dem Statthalter verwendet werden kann. Der Gebrauch des Begriffs ist an dieser Stelle dem der Märtyrererzählungen ähnlich. Es fehlt zwar ein explizites Bekenntnis der Figur Paulus, wie es beispielsweise von Polykarp erzählt wird, die Information, dass das Christsein als Anklagepunkt vor höheren Instanzen gelten kann, ist beiden Erzählungen gleich.

(2) Charakterisierung der Figuren durch nonverbale Elemente

An der Figur Thamyris zeigt sich zudem, wie neben der verbalen Komponente auch mittels der Verwendung nonverbaler Elemente die Dramatik des Geschehens betont und damit zugleich der Kontrast zur Gegenseite, zu „den anderen", verstärkt wird. Die Charakterisierung von Thamyris erfolgt im Text dabei mithilfe der Beschreibung seines Agierens und der emotionalen Lage: Thamyris nimmt den Rat von Demas und Hermogenes an und geht in Begleitung von Beamten und Polizisten zum Haus des Onesiphorus, zudem im Gefolge einer „beträchtlichen Volksmenge", die mit „Knüppeln" bewaffnet sind. Die Aussagen über die emotionale Beschaffenheit des Thamyris – geprägt von „Eifersucht[157] und Zorn" – wie auch das sofortige Aufbrechen am frühen Morgen, gleich nach dem Mahl und Gespräch mit den beiden Begleitern, verdeutlichen die Brisanz der Situation.

---

[157] Siehe dazu HAHN und THIELE, „ζῆλος" 145–147: „Die Wortgruppe [meint] zunächst rein formal das Sich-Ausrichten, also die Beziehungsaufnahme zu einer Person oder Sache […]." Dieses Verständnis ist neutral gehalten. Das Substantiv ζῆλος wie auch das ζηλόω wird im neutestamentlichen Gebrauch sowohl mit positiver Konnotation, im Sinne von *Eifer für* oder *um etwas* (vgl. z.B. ζῆλον θεοῦ ἔχουσιν in Röm 10,2), als auch in negativem Verständnis verwendet. Letzteres meint eine Eifersucht, die der Gemeinde und dem Nächsten schadet (vgl. z.B. 1Kor 3,3), und auch einen falschen Eifer für das Gesetz (bspw. Gal 1,14).

Auch die Erzählung um die Bekehrung der Artemilla in Ephesus thematisiert Eifersucht sehr stark. Es wird in 2,11 erwähnt, dass Diophantes mit Eifersucht auf die Jüngerschaft seiner Frau Eubula und deren ständige Anwesenheit bei Paulus im Gefängnis reagiert. Dieses Motiv ist Folge einer Verbindung, einer Weise der Beziehung der Frau zu Paulus, die dieser nicht teilt bzw. nicht duldet. Im Griechischen wird dafür der Ausdruck ζηλόω/ ζηλοῖν gebraucht. Die Männer sind von Eifersucht und Neid geprägt und diese Eigenschaften stehen innerhalb der Erzählung nicht nur im Gegensatz zu denen des Paulus, sondern sind auch gegensätzlich zu den Gütern, welche die Taufe verleiht, beispielsweise Freude (2,15; 3,17–18), zu sehen.

c) Zwischenergebnis

Es entstehen an den Orten, die den Text strukturieren, Figurengruppen. Der Erzähler schafft es durch die Erwähnung des Fensters und der Positionierung der Figur Thekla, narrativ einen Bruch zu ihrer Welt, repräsentiert durch die Mutterfigur Theoklia und den Verlobten Thamyris, und zugleich eine Verbindung zwischen den beiden Figurengruppen herzustellen. Thekla wird sich im Verlauf der Erzählung aus ihrer bisherigen Welt herauslösen, aber bis zum Schluss nicht ganz den Bezug zu dieser aufgeben.

Orte und Räume, die die Erzählung mit Figuren und deren Charakterisierungen durch den Text – dies geschieht durch Attribute, Handlungen, Worte – näher zeichnet, werden so qualifiziert. Diese qualifizierten Räume stehen zudem in Bezug zur jeweiligen Perspektive der Erzählung, die eine Sicht auf das Narrativ und deren Figuren vorgibt. Figuren, Räume und Perspektiven bedingen und beeinflussen sich innerhalb der Erzählung gegenseitig.

An diesem Punkt zeigt sich bereits, dass die Narration zunehmend als Konversionsgeschehen gelesen werden kann: Sie erzählt, wie sich die Figuren generell durch Erzähldynamiken verändern, und erhält (theologisches) Profil durch die Einbettung in den historischen Kontext der Zeit. Dies geschieht zum einen durch die Auseinandersetzung mit Themen der Pastoralbriefe und paulinischer Literatur, zum anderen durch das Spiel mit Elementen des erotischen Romans.

Thekla hat schon eine Art innerlichen Ortswechsel vollzogen, der auch von außen bzw. von der anderen Seite, von Thamyris, wahrgenommen werden kann. Die Aufforderung „kehre zurück" bringt diesen Wechsel erzählerisch bereits zum Ausdruck.

Theklas Hinwendung zu der anderen Seite ist verbunden mit der Verkündigung des Evangeliums und auch damit, Zeit in Gemeinschaft zu verbringen. Sie wird mehr und mehr in die Lehre eingeführt: Thekla hört Paulus und wünscht sich daraufhin, vor ihm zu stehen und ihn „das Wort Christi" lehren zu hören. Im Haus des Onesiphorus vernimmt Thekla Seligpreisungen, die ermahnenden Charakter haben, aber auch Rat und Hoffnung geben. Der inhaltliche Schwerpunkt der Worte liegt jeweils auf Themen, die auch für Menschen, die sich im Zustand der Bekehrung befinden, zentral sind und als solche die grundlegend falsche und richtige Ausrichtung des Lebens thematisieren. Das Hören der Worte wird zur Voraussetzung und zum grundlegenden Vorbereitungsschritt. Ἀκούω fungiert als zentraler Begriff, um die Tätigkeit von Personen im Kontext von Nachfolge, Christwerden, Einführung in den Glauben zu beschreiben.

Die Erzählung kann aus der Perspektve eines informierten Lesers somit als narrative Exegese von Röm 10,17 gelesen werden: Der Text zeigt, wie Glaube und Hören zusammenhängen bzw. wie Glaube durch Hören entstehen kann. Theklas Verhalten ist von Hören und Suchen bestimmt. Sie verfolgt die

Worte des Paulus, zuerst als Hörende vom Fenster aus, dann als Hörende und Sehende im Gefängnis, wohin sie ihm folgt. Dieses Sehen wird auch im weiteren Erzählverlauf stark gemacht. Dominiert anfangs das Hören der Worte, so genügt es Thekla bald nicht mehr, nur zu hören, sie will ihren Lehrer sehen und bei ihm sein.

Auch für die Figurenkonstellation ist eine weitere Nuance gewonnen: Das Angebot des Thamyris an Demas und Hermogenes zeigt an sich schon, dass er sich der „Gegenseite" zuwendet. Die zunehmende Radikalität, mit der die Figur handelt, verstärkt dabei die Haltung.

Auf vielfache Weise wird ein Gegensatz hergestellt zwischen dem „neuen" Glauben, den Paulus verkündigt, und der Welt und dem System, in dem die Ikonier leben. Dieser Kontrast zeigt sich anhand der Darstellung der Lebensweise von Figuren: Demas und Hermogenes behaupten, Paulus nicht zu kennen; sie ruhen sich im Haus des Thamyris aus bei „üppige[r] Mahlzeit, mit viel Wein, großem Reichtum und glänzender Tafel" (13): Völlerei, Lügen und vermeintliche Ruhe herrschen dort. Dieser Überfluss und Reichtum stellt einen Gegensatz zur Haltung der Thekla dar: Sie fastet drei Tage und Nächte, um das Wort zu hören.

Neben die Ortskonzeption der Erzählung, aufgrund derer die Figuren in zwei Gruppen eingeteilt werden können, tritt eine weitere: Durch die zunehmende Hinwendung des Thamyris – durch die Einladung zu einem üppigen Mahl – zu Demas und Hermogenes erfolgt auch eine Trennung durch die sozialen Schichten hindurch.

Auch der Blick auf die Lehre des Apostels zeigt, wie die Figuren positioniert sind: Aus der Sicht der Gegner des Apostels wird die Lehre des Paulus auf folgende Gedanken reduziert, die zusammenfassend bis an diese Stelle der Erzählung folgende sind: Man solle den einzigen und alleinigen Gott fürchten (9) und enthaltsam leben (9), um die Auferstehung zu erlangen (12, hier von Demas und Hermogenes gesprochen).

Durch die unterschiedliche Positionierung der Figuren der Paulus- und Theklaakten zur Auferstehungslehre der Pastoralbriefe und viel mehr noch durch die Tatsache, dass jede Figur/Figurengruppe gegen und gleichzeitig auch für die Lehre der Pastoralbriefe eintritt, wird die Auferstehungslehre, wie sie die Pastoralbriefe vertreten, geradezu karikiert. Verstärkt wird dieser Eindruck dadurch, dass die Worte des Paulus an dieser Stelle der Erzählung aus der Sicht der beiden unaufrichtigen Begleiter wiedergegeben werden: „Auf andere Weise gibt es für euch keine Auferstehung, es sei denn, dass ihr rein bleibt und das Fleisch nicht befleckt, sondern es rein bewahrt" (12).

3. Anklage – Anhörung – Urteil – Vollzug (16–22)

(16) Καὶ στὰς πρὸ τοῦ βήματος ὁ Θάμυρις κραυγῇ μεγάλῃ εἶπεν Ἀνθύπατε, ὁ ἄνθρωπος οὗτος οὐκ οἴδαμεν πόθεν ἐστίν, ὃς οὐκ ἐᾷ γαμεῖσθαι τὰς παρθένους· εἰπάτω ἐπὶ σοῦ τίνος ἕνεκεν ταῦτα διδάσκει. Ὁ δὲ Δημᾶς καὶ Ἑρμογένης εἶπον τῷ Θαμύριδι Λέγε αὐτὸν Χριστιανόν, καὶ οὕτως ἀπολέσεις αὐτόν. Ὁ δὲ ἡγεμὼν ἔστησεν τὴν διάνοιαν αὐτοῦ καὶ ἐκάλεσεν τὸν Παῦλον λέγων αὐτῷ Τίς εἶ, καὶ τί διδάσκεις; οὐ γὰρ μικρῶς σου κατηγοροῦσιν.

(17) Καὶ ἦρεν τὴν φωνὴν αὐτοῦ ὁ Παῦλος λέγων Εἰ ἐγὼ σήμερον ἀνακρίνομαι τί διδάσκω, ἄκουσον, ἀνθύπατε. Θεὸς ζῶν, θεὸς ἐκδικήσεων, θεὸς ζηλωτής, θεὸς ἀπροσδεής, χρῄζων τῆς τῶν ἀνθρώπων σωτηρίας ἔπεμψέν με, ὅπως ἀπὸ τῆς φθορᾶς καὶ τῆς ἀκαθαρσίας ἀποσπάσω αὐτοὺς καὶ πάσης ἡδονῆς καὶ θανάτου, ὅπως μηκέτι ἁμαρτάνωσιν· διὸ ἔπεμψεν ὁ θεὸς τὸν ἑαυτοῦ παῖδα, ὃν ἐγὼ εὐαγγελίζομαι καὶ διδάσκω ἐν ἐκείνῳ ἔχειν τὴν ἐλπίδα τοὺς ἀνθρώπους, ὃς μόνος συνεπάθησεν πλανωμένῳ κόσμῳ, ἵνα μηκέτι ὑπὸ κρίσιν ὦσιν οἱ ἄνθρωποι, ἀλλὰ πίστιν ἔχωσιν καὶ φόβον θεοῦ καὶ γνῶσιν σεμνότητος καὶ ἀγάπην ἀληθείας. εἰ οὖν ἐγὼ τὰ ὑπὸ θεοῦ μοι ἀποκεκαλυμμένα διδάσκω, τί ἀδικῶ, ἀνθύπατε; Ὁ δὲ ἡγεμὼν ἀκούσας ἐκέλευσεν δεθῆναι τὸν Παῦλον καὶ εἰς φυλακὴν ἀπαχθῆναι, μέχρις ἂν εὐσχολήσας ἐπιμελέστερον ἀκούσῃ αὐτοῦ.

(18) Ἡ δὲ Θέκλα νυκτὸς περιελομένη τὰ ψέλια ἔδωκεν τῷ πυλωρῷ, καὶ ἀνοιγείσης αὐτῇ τῆς θύρας ἀπῆλθεν εἰς τὴν φυλακήν· καὶ δοῦσα τῷ δεσμοφύλακι κάτοπτρον ἀργυροῦν εἰσῆλθεν πρὸς τὸν Παῦλον, καὶ καθίσασα παρὰ τοὺς πόδας αὐτοῦ ἤκουσεν πρὸς τὸν Παῦλον τὰ μεγαλεῖα τοῦ θεοῦ. καὶ οὐδὲν ἐδεδοίκει ὁ Παῦλος, ἀλλὰ τῇ τοῦ θεοῦ παρρησίᾳ ἐνεπολιτεύετο· κἀκείνης ηὔξανεν ἡ πίστις, καταφιλούσης τὰ δεσμὰ αὐτοῦ.

Thamyris stand vor dem Richterstuhl und sprach mit lautem Geschrei: „Prokonsul, dieser Mensch, von dem wir nicht wissen, woher er ist, er will die jungen Mädchen nicht heiraten lassen: Er soll vor dir darlegen, weshalb er dies lehrt." Demas und Hermogenes sagten zu Thamyris: „Sag, dass er ein Christ ist, und so wirst du ihn verderben." Der Statthalter aber wog in Gedanken ab und rief Paulus und sprach zu ihm: „Wer bist du und was lehrst du? Sie verklagen dich nämlich nicht geringfügig." Und Paulus erhob seine Stimme und sprach: „Wenn ich heute verhört werde, was ich lehre, so höre, Prokonsul: Der lebendige Gott, der rächende Gott, der eifernde Gott, der bedürfnislose Gott, der hat, weil er die Rettung der Menschen will, mich gesandt, dass ich sie der Vergänglichkeit und der Unreinheit entreiße und aller Lust und dem Tod, damit sie nicht mehr sündigen. Darum hat Gott seinen Sohn gesandt, den ich als die frohe Botschaft verkünde und lehre, dass in ihm die Menschen Hoffnung haben, er, der allein Mitleid hatte mit der verirrten Welt, damit die Menschen nicht mehr unter dem Gericht seien, sondern Glauben hätten und Gottesfurcht und Erkenntnis der Ehrbarkeit und Liebe zur Wahrheit. Wenn ich nun lehre, was mir von Gott offenbart ist, was tue ich dann für ein Unrecht, Prokonsul?" Als der Statthalter das gehört hatte, gab er den Befehl, Paulus zu binden und in das Gefängnis abzuführen, bis er Muße finden würde, ihn gründlicher zu verhören. Thekla gab in der Nacht ihr Armband, das sie sich abgenommen hatte, dem Türhüter, und als ihr die Tür geöffnet wurde, ging sie fort in das Gefängnis. Dem Gefängniswärter schenkte sie einen silbernen Spiegel, ging zu Paulus hinein und setzte sich ihm zu Füßen und hörte die Großtaten Gottes. Und Paulus fürchtete nichts, sondern wandelte voller Zuversicht zu Gott. Und ihr Glaube nahm zu, und sie küsste seine Fesseln.

(19) Ὡς δὲ ἐζητεῖτο Θέκλα ὑπὸ τῶν ἰδίων καὶ Θαμύριδος, ὡς ἀπολλυμένη ἐδιώκετο κατὰ τὰς ὁδούς, καί τις τῶν συνδούλων τοῦ πυλωροῦ ἐμήνυσεν ὅτι νυκτὸς ἐξῆλθεν. καὶ ἀνήτασαν τὸν πυλωρόν, καὶ εἶπεν αὐτοῖς ὅτι πεπόρευται πρὸς τὸν ξένον εἰς τὸ δεσμωτήριον· καὶ ἀπῆλθον καθὼς εἶπεν αὐτοῖς καὶ εὗρον αὐτὴν τρόπον τινὰ συνδεδεμένην τῇ στοργῇ. καὶ ἐξελθόντες ἐκεῖθεν τοὺς ὄχλους ἐπεσπάσαντο καὶ τῷ ἡγεμόνι ἐνεφάνισαν.

(20) Καὶ ἐκέλευσεν ἄγεσθαι τὸν Παῦλον ἐπὶ τὸ βῆμα· ἡ δὲ Θέκλα ἐκυλίετο ἐπὶ τοῦ τόπου οὗ ἐδίδασκεν ὁ Παῦλος καθήμενος ἐν τῇ φυλακῇ. ὁ δὲ ἡγεμὼν ἐκέλευσεν κἀκείνην ἀχθῆναι ἐπὶ τὸ βῆμα· ἡ δὲ μετὰ χαρᾶς ἀπίει ἀγαλλιωμένη. ὁ δὲ ὄχλος προσαχθέντος πάλιν τοῦ Παύλου περισσοτέρως ἐβόα Μάγος ἐστίν[·] ἀχθέντος πάλιν τοῦ Παύλου περισσοτέρως ἐβόα Μάγος ἐστίν, αἶρε αὐτόν. Ἡδέως δὲ ἤκουεν ὁ ἡγεμὼν τοῦ Παύλου ἐπὶ τοῖς ὁσίοις ἔργοις τοῦ Χριστοῦ· καὶ συμβούλιον ποιήσας ἐκάλεσεν τὴν Θέκλαν λέγων Διὰ τί οὐ γαμεῖ κατὰ τὸν Ἰκονιέων νόμον τῷ Θαμύριδι; ἡ δὲ εἱστήκει Παύλῳ ἀτενίζουσα· τῆς δὲ μὴ ἀποκρινομένης, Θεοκλεία ἡ μήτηρ αὐτῆς ἀνέκραγεν λέγουσα Κατάκαιε τὴν ἄνομον, κατάκαιε τὴν ἄνυμφον ἐν μέσῳ θεάτρου, ἵνα πᾶσαι αἱ ὑπὸ τούτου διδαχθεῖσαι γυναῖκες φοβηθῶσιν.

(21) Καὶ ὁ ἡγεμὼν ἔπαθεν μεγάλως, καὶ τὸν μὲν Παῦλον φραγελλώσας ἔξω τῆς πόλεως ἐξέβαλεν, τὴν δὲ Θέκλαν ἔκρινεν κατακαῆναι. καὶ εὐθέως ὁ ἡγεμὼν ἀναστὰς ἀπίει εἰς τὸ θέατρον· καὶ πᾶς ὁ ὄχλος ἐξῆλθεν ἐπὶ τὴν ἀνάγκην τῆς θεωρίας. ἡ δὲ Θέκλα ὡς ἀμνὸς ἐν ἐρήμῳ περισκοπεῖ τὸν ποιμένα, οὕτως ἐκείνη τὸν Παῦλον ἐζήτει. καὶ ἐμβλέψασα εἰς τὸν ὄχλον εἶδεν τὸν κύριον καθήμενον ὡς Παῦλον, καὶ εἶπεν Ὡς ἀνυπομονήτου μου οὔσης ἦλθεν Παῦλος θεάσασθαί με. Καὶ προσεῖχεν αὐτῷ ἀτενίζουσα· ὁ δὲ εἰς οὐρανοὺς ἀπίει.

Da aber Thekla von den Ihrigen und Thamyris vermisst wurde, lief man durch alle Straßen, als sei sie verloren gegangen, und einer der Mitsklaven des Türhüters verriet, dass sie nachts hinausgegangen sei. Sie fragten den Türhüter aus und er sagte ihnen: „Sie ist zu dem fremden Mann in das Gefängnis gegangen." Sie gingen hin, wie er ihnen gesagt hatte, und fanden sie, sozusagen mitgefesselt durch ihre Liebe. Und sie gingen von dort hinaus, rissen die Menge mit sich fort und berichteten dem Statthalter, was geschehen war.

Und er ließ Paulus vor den Richterstuhl führen. Thekla aber wälzte sich auf der Stelle, wo Paulus lehrte, als er im Gefängnis saß. Der Statthalter ließ auch sie zum Richterstuhl führen; sie aber ging voller Freude und mit Frohlocken. Als Paulus aber wieder vorgeführt wurde, schrie die Menge noch mehr: „Er ist ein Magier, weg mit ihm!" Der Statthalter aber hörte Paulus gern über die heiligen Werke Christi. Und nachdem er einen Entschluss gefasst hatte, rief er Thekla und sprach: „Warum heiratest du nicht Thamyris nach der Norm der Ikonier?" Sie aber stand da und schaute unverwandt auf Paulus. Als sie nun nicht antwortete, schrie Theoklia, ihre Mutter, und rief: „Verbrenne die Gesetzlose, verbrenne die Eheverweigerin mitten im Theater, damit alle Frauen, die sich von diesem haben belehren lassen, Angst bekommen!"

Und der Statthalter hatte viel auszustehen und ließ den Paulus geißeln und zur Stadt hinauswerfen, Thekla aber verurteilte er zum Verbranntwerden. Sofort stand der Statthalter auf und ging in das Theater. Und der ganze Volkshaufen zog hinaus zu dem unabwendbaren Schauspiel. Thekla aber suchte, wie ein Lamm in der Wüste nach dem Hirten umherschaut, nach Paulus. Als sie über die Volksmenge hinwegblickte, sah sie den Herrn in der Gestalt des Paulus sitzen und sagte: „Als ob ich nicht standhaft wäre, ist Paulus gekommen, um nach mir zu sehen." Sie schaute auf ihn unverwandt; er aber entschwand in die Himmel.

(22) Οἱ δὲ παῖδες καὶ αἱ παρθένοι ἤνεγκαν ξύλα καὶ χόρτον ἵνα Θέκλα κατακαῇ. ὡς δὲ εἰσήχθη γυμνή, ἐδάκρυσεν ὁ ἡγεμὼν καὶ ἐθαύμασεν τὴν ἐν αὐτῇ δύναμιν. ἔστρωσαν δὲ τὰ ξύλα καὶ ἐκέλευσαν αὐτὴν οἱ δήμιοι ἐπιβῆναι τῇ πυρᾷ· ἡ δὲ τὸν τύπον τοῦ σταυροῦ ποιησαμένη ἐπέβη τῶν ξύλων· οἱ δὲ ὑφῆψαν καὶ μεγάλου πυρὸς λάμψαντος οὐχ ἥψατο αὐτῆς τὸ πῦρ· ὁ γὰρ θεὸς σπλαγχνισθεὶς ἦχον ὑπόγαιον ἐποίησεν, καὶ νεφέλη ἄνωθεν ἐπεσκίασεν ὕδατος πλήρης καὶ χαλάζης, καὶ ἐξεχύθη πᾶν τὸ κύτος, ὡς πολλοὺς κινδυνεῦσαι καὶ ἀποθανεῖν, καὶ τὸ πῦρ σβεσθῆναι τὴν δὲ Θέκλαν σωθῆναι.

Die Kinder und die Jungfrauen brachten Holz und Stroh herzu, damit Thekla verbrannt würde. Wie sie nun nackt hereingeführt wurde, weinte der Statthalter und bewunderte die Kraft, die in ihr war. Die Henker schichteten das Holz auf und befahlen ihr, den Scheiterhaufen zu besteigen. Sie aber stieg auf das Holz, indem sie die Form des Kreuzes machte. Sie aber legten von unten Feuer an. Und obwohl ein mächtiges Feuer aufleuchtete, berührte das Feuer sie nicht. Denn Gott erbarmte sich und ließ ein unterirdisches Grollen eintreten, und von oben her überschattete eine Wolke voll Wasser und Hagel und ihr ganzer Inhalt ergoss sich, sodass viele in Gefahr gerieten und starben und das Feuer ausgelöscht, Thekla aber gerettet wurde.

a) Text- und Erzählstruktur

In den Abschnitten 16–22 erfolgen die Anklage Paulus' und Theklas von verschiedenen Seiten, die zweimalige Vorführung des Paulus vor den Prokonsul, die Vernehmung der Thekla und die Urteilsfällung und -ausführung.

Drei Unterabschnitte, 16–19, 20, 21–22, berichten von den Ereignissen: 16–17 findet πρὸ τοῦ βήματος, vor dem Richterstuhl, statt. Diese Textabschnitte sind vor allem durch die Verwendung von Verben strukturiert, die Bewegungen von und zu verschiedenen Orten des Geschehens angeben. Zuerst tritt die Figur Thamyris vor den Richterstuhl und klagt Paulus an (στὰς πρὸ τοῦ βήματος ὁ Θάμυρις κραυγῇ μεγάλῃ εἶπεν 16), der an diesem Punkt eine ausführliche Verteidigungsrede hält (Καὶ ἦρεν τὴν φωνὴν αὐτοῦ ὁ Παῦλος 17).

Die Szene wechselt in 18–19 in das Gefängnis (ἀπῆλθεν εἰς τὴν φυλακήν 18), wo sich Thekla Zugang zum dorthin abgeführten Paulus verschafft. Abschnitt 19 weist verschiedene Orte des Geschehens auf: Zuerst wird von den Straßen berichtet (ἀπολλυμένη ἐδιώκετο κατὰ τὰς ὁδούς 19), auf denen sich Thamyris mit den Leuten der Thekla auf der Suche nach ihr befindet, darauf wechselt die Erzählung wieder in das Gefängnis zurück (ἀπῆλθον καθώς … 19), wo sich Thekla befindet, ganz dem Apostel zugetan. Von dort wird das Geschehen wiederum nach außen verlagert (καὶ ἐξελθόντες ἐκεῖθεν 19): Thamyris und die Leute Theklas sind auf dem Weg zum Statthalter, um ihn über die Ereignisse im Gefängnis zu informieren.

Im zweiten Unterabschnitt wechselt die Erzählung nochmals den Ort und kehrt zum Richterstuhl zurück (ἐπὶ τὸ βῆμα 20). Thekla und Paulus werden vom Statthalter vernommen. Die Menge und auch die Mutter Theklas, Theoklia, schreiten ein und reden auf den Statthalter ein.

21–22, der dritte Unterabschnitt, ist von der Örtlichkeit wie auch vom Inhalt her zweigeteilt: Vorab wird noch die vorherige Szene abgeschlossen und das Urteil verkündet. Mit den Worten „sofort stand der Statthalter auf und ging in das Theater" (καὶ εὐθέως ὁ ἡγεμὼν ἀναστὰς ἀπίει εἰς τὸ θέατρον 21) wird ein Einschnitt angedeutet: Zum einen wechselt die Szenerie durch das Aufstehen des Statthalters vom Schauplatz Richterstuhl in das Theater. Zum anderen folgt inhaltlich die Schilderung der Vorbereitung und Ausführung des Urteils. Τὴν δὲ Θέκλαν σωθῆναι (22) beendet die Szene mit dem Hinweis auf die Rettung Theklas.

Die Struktur von 16–22 kann folgendermaßen dargestellt werden:
16–22 Anklage – Anhörung – Urteil – Vollzug
    16–19   Vor dem Richterstuhl I
          17   Anklage/Verteidigung des Paulus
          18–19   Im Gefängnis
    20   Vor dem Richterstuhl II
    21–22   Im Theater
          21/22   Vorbereitungen
          22   Verbrennung und Rettung

aa) Das Gefängnis als Erzählort

Die Erzählung wechselt in Abschnitt 18 in das Gefängnis, wo sich die Figur Paulus nach der Verteidigungsrede vor dem Statthalter befindet. Diese Veränderung ermöglicht zweierlei: Der Ortswechsel verschafft Bedingungen, Figurenkonstellationen innerhalb der Erzählung zu ändern. Er lässt auch Veränderungen in der Figurendynamik zu. Zudem bieten Orte bzw. Räume und deren Erwähnung innerhalb der Erzählung auch die Möglichkeit, Stimmungen zum Ausdruck zu bringen.

Der Ort Gefängnis wird innerhalb der Erzählung ambivalent geschildert.[158] Zum einen ist das Gefängnis der Ort, an dem angeklagte und verurteilte Personen ihre Bleibe haben. Dies trifft auch auf Paulus zu. Zum anderen ist das Gefängnis in der Erzählung der Ort, an dem Thekla und Paulus zum ersten Mal aufeinandertreffen. Das Gefängnis wird somit als Ort geschildert, der Möglichkeit zur Begegnung schafft. Das Gefängnis als Erzählort erweist sich so als ein Raum, in den der Leser einen Einblick erhält, der aber als abgeschlossen gilt und daher eine Begegnung mit besonders intimer Atmosphäre zulässt (καθίσασα παρὰ τοὺς πόδας αὐτοῦ ἤκουσεν πρὸς τὸν Παῦλον τὰ μεγαλεῖα τοῦ θεοῦ. κἀκείνης ηὔξανεν ἡ πίστις, καταφιλούσης τὰ δεσμὰ αὐτοῦ

---

[158] Der Text gibt keine weiteren Informationen, die einen Einblick in die Situation antiker Gefängnisse geben würden. Zum sozialgeschichtlichen Kontext antiker Gefängnisse siehe NICKLAS, Care for Prisoners (im Druck).

18).[159] Auf einer Linie mit diesen Deutungsmöglichkeiten der Szene steht auch folgende Sicht *Pervo*s: Er sieht in dieser Schilderung einen besonders engen Bezug zu Liebesromanen. Dieser bestehe vor allem aufgrund der dafür typischen Motive – ein verliebtes Mädchen, das sich Zugang zu ihrem zu Unrecht im Gefängnis sitzenden Verehrten verschaffen möchte.[160]

Die Deutung dieses Motivs geht meines Erachtens noch einen Schritt weiter. Ein aus antiken Liebesromanen bekanntes Motiv wird nicht in seiner herkömmlichen Bedeutung in die Erzählung von Thekla integriert. Die Paulus- und Theklaakten verwenden zwar das Motiv des verliebten Mädchens, spielen aber bestenfalls damit: Durch die Integration in den Plot eines Konversionsgeschehens wird es vielmehr transformiert. Die aus antiken Romanen bekannte Darstellung von Mädchen, die aufgrund ihrer Verliebtheit Tag und Nacht nicht essen, wird in den Paulus- und Theklaakten aufgenommen: Der Text macht aber daraus ein Mädchen, das nur vordergründig als verliebt dargestellt wird. Der gesamte Kontext der Erzählung zeigt, dass dieses Verhalten vielmehr schon als Askese gedeutet werden kann.

Der im Zusammenhang mit dem Gefängnisaufenthalt der Thekla verwendete Ausdruck στοργή unterstützt die in der Erzählung vermittelte Wahrnehmung des Gefängnisses als Ort, der intime Begegnung erlaubt: Das Verb στέργω (1) wie auch das Substantiv στοργή (19) kann zum einen Liebe und Vertrautheit, wie sie zwischen Familienmitgliedern, Freunden und Bekannten herrscht, zum Ausdruck bringen. Zum anderen wird der Begriff auch verwendet, um Liebe zu beschreiben, die *affection, sexual love* ausdrücken möchte.[161] Der Begriff ist in seinem Bedeutungsspektrum kontextuell offen und differenziert zu betrachten. Der Kontext der ersten Verwendung ist ein Erzählhinweis, der die Liebe des Paulus zu seinen Reisebegleitern umschreibt. Der zweite Wortgebrauch erläutert die Liebe Theklas zu Paulus näher. Als sie ihm im Gefängnis begegnet, ist sie so sehr von ihm angetan, dass sie wie „mitgefesselt durch ihre Liebe (19)" auf ihre Familie wirkt.

---

[159] Im Bewusstsein, dass die Acta Perpetuae, die in Form eines Tagebuchs erhalten sind und damit möglicherweise ein echtes Erlebnis schildern wollen, ein anderes Genre als die Paulusakten darstellen, sind folgende Passagen, die Aussagen über das Gefängnis machen, doch ein erwähnenswerter Vergleichspunkt. In der Perpetuaerzählung wird der Kerker der Verurteilten zum angenehmen Ort: et factus est mihi carcer subito praetorium, ut ibi mallem esse quam alicubi (3). In den Paulus- und Theklaakten hält sich Paulus während der Vernehmungen im Gefängnis auf und Theklas Wunsch, in seiner Nähe zu sein, ihn hören und sehen zu können, ist so groß, dass ihr der Ort vertraut wird und sie sich dort sogar längere Zeit aufhält (18).

[160] Vgl. PERVO, Acts of Paul 126: Die sich auf wundersame Weise ereignende Öffnung der Tür sei zudem ein Aspekt, der in der antiken religiösen Welt weit verbreitet gewesen sei.

[161] Vgl. LIDDELL, SCOTT und JONES, A Greek-English Lexicon, s. v. στέργω und στοργή, und SÖDING, „ἀγαπάω" 1318–1326.

Die Erzählung bringt beide Dimensionen der Wortbedeutung ins Spiel: Erstere Verwendung (1) meint eher eine Liebe, die man mit Elternliebe bzw. Liebe und Gefühl unter eng Vertrauten in Verbindung bringt, zweitere (19) eine Liebe mit erotischer bzw. sexueller Komponente.

bb) Σύνδεσμος

Um Theklas Verhalten im Gefängnis zu beschreiben, gebraucht die Erzählung den griechischen Begriff σύνδεσμος. Die Wurzel δεσμ* wie die davon abgeleiteten Verben werden im paganen Gebrauch ausschließlich im Sinne von *fesseln, verbinden, zusammenbinden* gebraucht. Das Substantiv δεσμός bedeutet *Fessel* und auch *Gefangenschaft*, δέσμιος bzw. δεσμώτης den *Gefangenen* oder *Gefesselten*. In biblischen Texten ist dieser Gebrauch der Wurzel ebenfalls vorherrschend. Die Septuaginta wie synoptische Texte und paulinische Briefe bezeichnen damit das konkrete *Gefesselt-* oder *Gebundensein*: Mt 27,15 spricht von Gefangenen, die Pilatus bei Festen des Volkes freigibt (Κατὰ δὲ ἑορτὴν εἰώθει ὁ ἡγεμὼν ἀπολύειν ἕνα τῷ ὄχλῳ δέσμιον ὃν ἤθελον), Apg 16,26 erzählt, dass sich die Fesseln der Insassen des Gefängnisses von Philippi lösen. Auffällig häufig tritt das Substantiv δεσμός im Kontext der Erzählungen um Paulus auf, beispielsweise wenn Paulus zum jüdischen König Agrippa spricht, er wünsche allen das zu werden, was er sei, nur ohne Fesseln (ὁ δὲ Παῦλος· εὐξαίμην ἂν τῷ θεῷ καὶ ἐν ὀλίγῳ καὶ ἐν μεγάλῳ οὐ μόνον σὲ ἀλλὰ καὶ πάντας τοὺς ἀκούοντάς μου σήμερον γενέσθαι τοιούτους ὁποῖος καὶ ἐγώ εἰμι παρεκτὸς τῶν δεσμῶν τούτων Apg 26,29).[162] Neben dem bekannten Bild des Paulus als eines Gefangenen, wie es die Apostelgeschichte und auch die Paulusbriefe darstellen, ergänzen Letztere einen weiteren Aspekt: Paulus bezeichnet sich auch selbst als „gefesselt" bzw. „gefangen" (vgl. bspw. Phlm 1: Παῦλος δέσμιος Χριστοῦ Ἰησοῦ oder Phil 1,13: ὥστε τοὺς δεσμούς μου φανεροὺς ἐν Χριστῷ γενέσθαι ἐν ὅλῳ τῷ πραιτωρίῳ καὶ τοῖς λοιποῖς πᾶσιν).

Neben dieser „realen" Verwendung des Begriffs δεσμός tritt in biblischen Texten eine weitere, die einen „spiritualisierten Vorgang" beschreibt, auf:[163] Der Prophet Hosea gebraucht δεσμός, um die Beziehung zwischen Gott und Volk mit dem Bild eines Seils darzustellen, das beide verbindet (ἐν διαφθορᾷ ἀνθρώπων ἐξέτεινα αὐτοὺς ἐν δεσμοῖς ἀγαπήσεώς μου καὶ ἔσομαι αὐτοῖς ὡς ῥαπίζων ἄνθρωπος ἐπὶ τὰς σιαγόνας αὐτοῦ· καὶ ἐπιβλέψομαι πρὸς αὐτόν, δυνήσομαι αὐτῷ Hos 11,4 LXX). In neutestamentlichen Texten begegnet diese übertragene Bedeutung in Kol 3,14 (ἐπὶ πᾶσιν δὲ τούτοις τὴν ἀγάπην, ὅ ἐστιν σύνδεσμος τῆς τελειότητος) und Eph 4,3 (σπουδάζοντες τηρεῖν τὴν ἑνότητα τοῦ πνεύματος ἐν τῷ συνδέσμῳ τῆς εἰρήνης), wo Liebe und Friede

---

[162] Vgl. LINK und VOLLENWEIDER, „δεσμεύω" 492–493.

[163] Zur Differenzierung dieser Begriffe siehe LINK und VOLLENWEIDER, „δεσμεύω" 492–493.

„als σύνδεσμος [*syndesmos*] bezeichnet [werden], als das göttliche *Band*, das die Glaubenden *miteinander verbindet* (vgl. Hos 11,4) und befreit".[164]

In der Theklaerzählung wird das Partizip συνδεδεμένος (19) verwendet. Der Gebrauch dieses Wortes zeigt mehreres: Thekla ist bei Paulus im Gefängnis, einem Ort, der in biblischen Texten oftmals mit einem Wort der Wurzel δεσμ* in Verbindung gebracht wird. Zugleich sind es im paulinischen Kontext oft Schilderungen über bzw. von Paulus, in deren Zusammenhang das Wortfeld auftritt. In den Paulus- und Theklaakten wird die Figur Thekla, die sich bei Paulus im Gefängnis befindet, als συνδεδεμένη („Mitgefesselte") bezeichnet.

Wiederum spielt die Erzählung an dieser Stelle mit einem Wort, σύν-δεσμος, das sich durch nähere Analyse als Hinweis auf eine Auslegung biblischer Gedanken erweist: Die Situation des Paulus im Gefängnis kann beim Leser bekannte Szenen aus kanonischen Texten hervorrufen, die dann erzählerisch ausgestaltet werden. Diese Faktoren, der Kontext Gefängnis wie der Gebrauch eines Wortes für die Figur Thekla, das der Leser eher mit Paulus verbindet, und dies in Anwesenheit des Paulus, zeigen, dass die Figur Thekla zum einen Paulus immer ähnlicher wird und zum anderen auch immer mehr in die Nähe des Paulus rückt, in diesem Zusammenhang sogar wie er beschrieben wird.

Mit συνδεδεμένος werden das Verhalten und die emotionale Lage der Figur Thekla im Gefängnis beschrieben. Gleichzeitig spielt auch der übertragene Sinn des Wortes eine Rolle: Die Figur Thekla unter Berücksichtigung von Kol 3,14 und Hos 11,4 zu betrachten, heißt, ihre Liebe zu Paulus als Band zu verstehen, das sie mit ihm verbindet.

b) Figurenkonstellation und -beschreibung

Die Charakterisierung der Figuren erfolgt in diesem Abschnitt, der von vielen direkten Reden geprägt ist, durch die Analyse einzelner Aspekte des Prozessverlaufs. Im Zentrum steht an erster Stelle die Rede des Paulus vor dem Statthalter. Mithilfe einer Strukturanalyse und einem genauen Blick auf einzelne Teile der Rede und deren Einordnung in den Kontext biblischer Schriften können weitere Aspekte über die Figur Paulus ermittelt und dadurch auch Informationen zu weiteren Figuren gewonnen werden.

aa) Analyse der Rede (17)

Vor dem Statthalter findet eine weitere Rede des Paulus statt, die verteidigenden und zugleich lehrenden Charakter hat.[165]

---

[164] LINK und VOLLENWEIDER, „δεσμεύω" 493.

[165] PERVO, Acts of Paul 122, sieht darin einerseits „[...] a number of elements common to the second-century Christian apologetic tradition" und auch „a clearly stated formulation

Auf die Frage des Statthalters, Τίς εἶ, καὶ τί διδάσκεις; („Wer bist du und was lehrst du?" 16) antwortet der Apostel ausführlich.[166] Auf die erste Frage folgt keine gewöhnliche Vorstellung, wie etwa eine Herkunftsangabe mit Nennung des Namens. Stattdessen wiederholt der Apostel den zweiten Teil der Frage und antwortet darauf (Εἰ ἐγὼ σήμερον ἀνακρίνομαι τί διδάσκω [...]).[167]

Die Rede ist zu Beginn wie am Ende ähnlich strukturiert: Paulus wendet sich jeweils direkt an den Konsul – grammatikalisch ebenso parallel formuliert mit einem durch die Konjunktion εἰ eingeleiteten Konditionalsatz –, beide Male wird das Verb διδάσκω verwendet, um die Tätigkeit des Paulus zu beschreiben. Zu Beginn fordert er den Prokonsul auf (ἀνθύπατε), er solle „heute" (σήμερον) „hören" (ἄκουσον), was er bei der Vernehmung (ἀνακρίνομαι) lehre (τί διδάσκω).

Paulus beginnt dann seine inhaltlichen Ausführungen mit der Vorstellung seines Gottes. Mit fünf Attributen beschreibt er den Θεός: Er charakterisiert ihn als „lebendig" (θεὸς ζῶν),[168] „rächend" (θεὸς ἐκδικήσεων),[169] „eifernd" (θεὸς ζηλωτής),[170] „bedürfnislos" (θεὸς ἀπροσδεής), „die Rettung der Menschen [wollend]" (τῆς τῶν ἀνθρώπων σωτηρίας). Darauf bringt er seine Person in die Erklärung mit ein: Der letzte Aspekt, das Heil der Menschen, sei

---

of the ‚gospel' in common early Christian language: out of love God sent the son to save (evidently) the world."

[166] Der erste Teil der Frage findet Parallelen in frühchristlichen Märtyrererzählungen: So ist die Frage nach der Lehre beispielsweise auch in den Schilderungen über das Martyrium des Justin und seiner Genossen zu finden, wenn der Präfekt Rusticus Justin fragt, „What are the doctrines that you practise" (Ποίους λόγους μεταχειρίζῃ 2.3B). Der griechische Text des Martyriums des Justin wie die englische Übersetzung ist der Ausgabe von MUSURILLO, The Acts of the Christian Martyrs, entnommen. Vgl. dazu auch die Ausführungen in BREMMER, Magic 47, bzw. DERS., „Christianus sum" 11–20).

[167] Diese Worte erinnern an Apg 4,9 und 24,21, so der Hinweis aus PERVO, Acts of Paul 123: „An imitation of Acts 4:9, where Peter and John, following a night in custody, are charged with apparently magical practice (healing in the name of Jesus). Cf. also Acts 24:21."

[168] Die Figur Gott wird in den Paulus- und Theklaakten zweimal mit dem Attribut „lebendig" bezeichnet: Θεὸς ζῶν begegnet in ActPlTh 17 und 37. Belege für diese Wortverbindung in kanonischen Texten wie 1Thess 1,9 (καὶ πῶς ἐπεστρέψατε πρὸς τὸν θεὸν ἀπὸ τῶν εἰδώλων δουλεύειν θεῷ ζῶντι καὶ ἀληθινῷ) und sehr ähnlich auch Apg 14,15 (καὶ λέγοντες· ἄνδρες, τί ταῦτα ποιεῖτε; καὶ ἡμεῖς ὁμοιοπαθεῖς ἐσμεν ὑμῖν ἄνθρωποι εὐαγγελιζόμενοι ὑμᾶς ἀπὸ τούτων τῶν ματαίων ἐπιστρέφειν ἐπὶ θεὸν ζῶντα, ὃς ἐποίησεν τὸν οὐρανὸν καὶ τὴν γῆν καὶ τὴν θάλασσαν καὶ πάντα τὰ ἐν αὐτοῖς) zeigen, dass jeweils die Abwendung von falschen Göttern hin zum wahren Gott, der in diesem Zusammenhang unter anderem als der „lebendige Gott" verstanden wird, gemeint ist.

[169] Im Prophetenbuch Nahum ist die Verbindung „eifender und rächender Gott" belegt: Nah 1,2 Θεὸς ζηλωτὴς καὶ ἐκδικῶν κύριος.

[170] Auch diese Bezeichnung für Gott ist in biblischen Texten gängig. Einige Belege für θεὸς ζηλωτής sind in der Tora zu finden, so bspw. in Ex 20,5; 34,14; Dtn 4,24; 5,9; 6,15.

auch der Grund, weshalb dieser Gott ihn sende. Paulus beantwortet damit indirekt die zweite der Eingangsfragen des Statthalters: Er ist von Gott gesandt (ἔπεμψέν με) und von diesem zur Heilsvermittlung an die Menschen eingesetzt. Daraufhin wird konkretisiert, was Heil bedeutet: Die Menschen sollen der Vernichtung, der Unreinheit, der Lust und dem Tod entrissen werden. Dies wiederum solle geschehen, damit sie nicht mehr sündigen. Wie das geschehen kann, erklärt der darauffolgende Abschnitt. Mit dem begründenden Adverb διό setzt der Gedanke neu ein, parallel zum ἔπεμψέν με steht die Sendung des Sohnes (τὸν ἑαυτοῦ παῖδα). Zwei Relativsätze beschreiben diesen näher:

(1) Dieser sei es, den Paulus als „frohe Botschaft" verkündigte (εὐαγγελίζομαι) und von dem er „lehrt" (καὶ διδάσκω), dass er die Hoffnung der Menschen sei.

(2) Dieser, der Sohn, sei es, der „allein Mitleid hatte mit der herumirrenden Welt" (μόνος συνεπάθησεν πλανωμένῳ κόσμῳ).

Mit der Konjunktion ἵνα wird die Folge der Sendung des Sohnes Gottes in die Welt erklärt: Die Menschen stehen dadurch nicht mehr unter dem Gericht (ὑπὸ κρίσιν ὦσιν), „sondern" (ἀλλά) können „Glauben" (πίστις), „Gottesfurcht" (φόβος θεοῦ),[171] „Erkenntnis der Ehrbarkeit" (γνῶσις σεμνότητος) und „Liebe zur Wahrheit" (ἀγάπη ἀληθείας[172]) „haben" (ἔχωσιν).

Der Anspruch des Apostels, von Gott gesandt zu sein, wird durch die abschließende Bemerkung nochmals betont: Gleich dem Redeeinstieg wird die direkte Anrede an den Prokonsul wiederholt (ἀνθύπατε); der Vokativ appelliert dabei nochmals an die Aufmerksamkeit des Angesprochenen; zugleich wird der Rede ein Rahmen gegeben. Paulus fordert den Statthalter auf, das Unrecht zu benennen, das er tue, wenn er doch lediglich lehre (διδάσκω), was er von Gott (ὑπὸ θεοῦ) offenbart (ἀποκεκαλυμμένα) bekommen habe. Auch durch die Verwendung des Verbs διδάσκω folgt nochmals ein Rückbezug auf den Anfang der Rede.[173]

---

[171] Die Verbindung der beiden griechischen Begriffe ist in biblischen Texten gängig und findet sich in zahlreichen alt- und neutestamentlichen Wendungen.

[172] Hier liegt wiederum eine Wortverbindung vor, die in zahlreichen neutestamentlichen Texten belegt ist, z.B. in Eph 4,15; 2Thess 2,10; 1Petr 1,22; 1Joh 2,5; 2Joh 1.3; 3Joh 1.2.

[173] Die Rede des Paulus in der Gefängnisszene der Ephesusepisode der Paulusakten ist vorliegender sehr ähnlich: Redeeinleitung, 1. Anrede in fünffacher Ausgestaltung, zweifacher Appell, Begründung des Appells, Erläuterung der Aussage, Erklärung anhand von Beispielen, Fazit: Gott allein bleibt ewig und die von ihm geschenkte Kindschaft → indirekter Hinweis auf die Taufe; 2. Anrede mit Vornamen, erneuter zweifacher Appell und Begründung, Konsequenz/Fazit, doxologischer Schluss. Der Vergleich der Redestruktur – deren Elemente und auch ihre Wortwahl – zeigt, dass die beiden Szenen der Paulusakten eine unter diesen Gesichtspunkten sehr ähnliche Paulusfigur präsentieren.

(1) Charakterisierung der Figur Paulus

Durch das Auftreten vor dem Statthalter wird die Figur Paulus wiederum als Lehrer gezeichnet. Der „Schüler", der hören soll, ist in diesem Zusammenhang der Statthalter. Einzelne Redeelemente bestärken diese Wahrnehmung der Figur und helfen, sie näher einordnen zu können.

Die Hauptintention der Rede des Paulus besteht darin, die Frage des Statthalters nach Herkunft und Funktion zu beantworten. Paulus beantwortet diese allerdings auf eine Weise, die mehr als das rein lokale „Woher" und das bloße „Was" meint: Die Worte des Paulus geben Aufschluss über sein Selbstverständnis: Er definiert sich über seinen Gott. Von ihm her kommt sein Sendungsanspruch, und dessen offenbarten Plan den Menschen zu verkünden, ist er beauftragt.

Um die Inhalte dieser Rede und die Figur Paulus besser einordnen zu können, hilft ein Blick in den Brief an die Galater. Hier sind einige Parallelen zu finden: Der Apostel Paulus berichtet in der *narratio* des Briefes den Galatern von seiner Berufung und Einsetzung zum Apostel. Er habe das Evangelium, das er verkündige, nicht von einem Menschen, sondern durch die Offenbarung Jesu Christi empfangen: [...] τὸ εὐαγγέλιον τὸ εὐαγγελισθὲν ὑπ' ἐμοῦ ὅτι οὐκ ἔστιν κατὰ ἄνθρωπον [...] ἀλλὰ δι' ἀποκαλύψεως Ἰησοῦ Χριστοῦ (Gal 1,11–12) bzw. Vers 16, wo Paulus diesbezüglich nochmal betont, Gott habe ihm den Sohn offenbart, damit er diesen verkündige (ἀποκαλύψαι τὸν υἱὸν αὐτοῦ ἐν ἐμοί, ἵνα εὐαγγελίζωμαι αὐτὸν ἐν τοῖς ἔθνεσιν [...]).

Ein Blick auf die Wortwahl zeigt, dass der Galaterbrief in diesem Kontext in auffälliger Dichte Wörter des Stammes εὐαγγελ* sowie ἀποκαλύπ* gebraucht.[174] Εὐαγγελ* tritt zweimal als Verb auf, einmal als Substantiv, ἀποκαλύπ* wird einmal als Verb, einmal als Substantiv verwendet.

Auch die Figur Paulus aus den Paulus- und Theklaakten gebraucht diese Wortstämme und spricht in diesem Kontext von Selbstverständnis und Sendung des Sohnes Gottes, den sie verkünde (ὁ θεὸς τὸν ἑαυτοῦ παῖδα, ὃν ἐγὼ εὐαγγελίζομαι 17), und von einer Offenbarung der Inhalte durch Gott (εἰ οὖν ἐγὼ τὰ ὑπὸ θεοῦ μοι ἀποκεκαλυμμένα διδάσκω 17).

Gal 1,11–12.16	ActPlTh 17
[11] [...] τὸ εὐαγγέλιον τὸ εὐαγγελισθὲν	[...] ὁ θεὸς τὸν ἑαυτοῦ παῖδα,
ὑπ' ἐμοῦ ὅτι οὐκ ἔστιν κατὰ ἄνθρωπον [...]	ὃν ἐγὼ εὐαγγελίζομαι [...]
[12] ἀλλὰ δι' ἀποκαλύψεως Ἰησοῦ Χριστοῦ.	εἰ οὖν ἐγὼ τὰ ὑπὸ θεοῦ μοι
[16] ἀποκαλύψαι τὸν υἱὸν αὐτοῦ ἐν ἐμοί,	ἀποκεκαλυμμένα διδάσκω [...]
εὐαγγελίζωμαι αὐτὸν ἐν τοῖς ἔθνεσιν [...]	

---

[174] Vgl. VOUGA, Galater 34, der in Bezug auf Vers 16 von einer Wiederaufnahme des Wortes ἀποκάλυψις aus Vers 12 in einer „[...] neuen, narrativen und autobiographischen [Perspektive]" spricht.

Die Erzählung gebraucht nicht nur typische paulinische Inhalte und Worte, sondern formuliert in der Rede einen Anspruch des Apostels, der dem Selbstverständnis des Paulus der kanonischen Texte sehr nahe kommt und eine Verarbeitung des paulinischen Selbstbildes aus Gal 1 durch ActPlTh 17 erkennen lässt. Die Erzählung zeigt sich an diesem Punkt wiederum als eine narrative Umsetzung kanonisch-paulinischer Inhalte, die sich einem Leser, der diese kennt, erschließen kann.

(2) Einführung und Charakterisierung der Figur Gott

Die Rede des Paulus gibt Aufschluss über eine weitere Figur der Erzählung, Gott.[175] Sie wird eingeführt und erstmals mithilfe vieler Attribute charakterisiert: Der lebendige Gott ist es, den Paulus verkündigt, der Rächende, Eifersüchtige und Bedürfnislose, der das Heil der Menschen will. Damit bringt die Erzählung zum Ausdruck, dass Paulus mit seinem Gott und der Lehre über ihn auf der Seite derer steht, die Leben haben.

(3) Charakterisierung der Figuren Demas und Hermogenes

Durch die Bezeichnung Gottes als eifersüchtig und rächend wird ein Gegensatz zur Figur Thamyris bzw. der Reisebegleiter Demas und Hermogenes hergestellt. Thamyris wird ebenso mit beiden Attributen bezeichnet, wobei die Eifersucht direkt (Ὁ δὲ Θάμυρις [...], καὶ πλησθεὶς ζήλου 15), die Rache durch die Handlungen des Thamyris – die Anklage Pauli beim Statthalter – erzählerisch zum Ausdruck kommt. Die Figuren Demas und Hermogenes werden im Zusammenhang mit der Begegnung mit Onesiphorus mit dieser Eigenschaft beschrieben (Δημᾶς δὲ καὶ Ἑρμογένης ἐζήλωσαν 4). Die Figur Gott als „Eifernder" und die Figur Thamyris bzw. Demas und Hermogenes mitsamt ihrer Eifersucht stehen sich in der Erzählung gegenüber. Durch die Attributszuweisung wird die Figur Gott positioniert und auf die Seite des Paulus gestellt.

bb) Einführung und Charakterisierung von Figuren durch die Schilderung des Prozessverlaufs

Neben der Rede des Paulus zeichnen auch die Vernehmung und der Prozess vor dem Statthalter die Figuren. Die Ankläger im Prozess gegen Paulus und Thekla sind die engen Verwandten, die Mutter und der Verlobte. Hermogenes und Demas können als Mitankläger gesehen werden, die sich ihrem Reisebegleiter gegenüber in die Verräterposition begeben und Thamyris den ent-

---

[175] Die Analyse des Textes in seiner Gesamtheit zeigt, dass Gott eine zunehmend bedeutende Rolle spielt. Diese ermöglicht es, ihn als Figur einzuordnen. Aus diesem Grund ist bereits an dieser Stelle von Gott als „Figur" die Rede.

scheidenden Hinweis bieten: Λέγε αὐτὸν Χριστιανόν, καὶ οὕτως ἀπολέσεις αὐτόν (16).

(1) Charakterisierung der Figur Theoklia

Die Mutter der Thekla, Theoklia, macht sich durch ihre Handlungen und ihr Verhalten zur ersten Anklägerin:[176] Sie informiert zum einen Thamyris vom Verhalten Theklas, zum anderen bringt sie in ihre Worte gleich eine gewisse negative Stimmung mit ein, die das Gegenüber beeinflussen. Sie spricht von drei Tagen und drei Nächten, in denen Thekla unabkömmlich am Fenster sitze und einem fremden Mann anhänge. Dessen Worte bezeichnet sie als „trügerisch und listig" (8), das Verhalten ihrer Tochter stellt sie noch dramatischer vor, wenn sie sie als sonst schüchtern, hier aber als so hartnäckig beschreibt (vgl. 8). Eine weitere Ausmalung der Szenerie ihrerseits erfolgt, wenn sie Thamyris erklärt, sogar weitere Frauen und junge Leute seien betroffen (9). Mit dieser Aussage äußert sie indirekt, dass diese doch in Schutz genommen werden sollten.[177] Ihre Tochter aber lasse sich von Paulus' Worten um den Finger wickeln. Dafür gebraucht sie das Bild der Spinne, gleich derer Thekla am Fenster verharre (9).

Auch im Verhör der beiden Angeklagten tritt Theoklia selbst auf und übernimmt eine gewichtige Rolle, indem sie das Urteil vorschlägt und einer Entscheidung des Statthalters vorgreift (20).

Der Prozessverlauf zeigt deutlich, wie sich die Figur Theoklia verändert: Durch Äußerungen und Handlungen distanziert sie sich von Thekla und verhält sich dabei immer weniger wie eine Mutter. Die Figur rückt so immer mehr auf die Seite der Gegner des Paulus.

---

[176] PERVO, Acts of Paul 130, nennt ihr Eingreifen ein „shocking dénouement", da sie ihre Tochter nicht in Schutz nimmt, sondern vielmehr noch ihre Verbrennung fordert. „The narrator is depicting in the most vivid terms the absolute conflict between Pauline Christianity and the social order." Diese Linie kann auf weitere Figuren übertragen fortgeführt werden: Wenn Demas und Hermogenes die Theologie der Pastoralbriefe und deren soziale Ordnung vertreten und dieser auch treu bleiben wollen, gleichzeitig aber Paulus verraten, dann schreibt der Text die Pastoralbriefe an dieser Stelle ganz eindeutig der Seite zu, die gegen Paulus agiert.

[177] PERVO, Acts of Paul 131, bringt die Äußerung der Figur Theoklia klar auf den Punkt: „Theocleia demands that her daughter be sacrificed for the public good. In effect, it is better that one virgin should die than that dozens of others refuse to perform their civic duties." Mit diesen Worten rückt er das Verhalten und die Worte der Figur Theoklia ganz nah an das des Hohepriesters Kajaphas, der in Joh 11,50 unmittelbar vor dem Tötungsbeschluss des Hohen Rates die Hinrichtung und den Tod Jesu deutet: „Ihr bedenkt nicht, dass es besser für euch ist, wenn ein einziger Mensch für das Volk stirbt, als wenn das ganze Volk zugrunde geht" (οὐδὲ λογίζεσθε ὅτι συμφέρει ὑμῖν ἵνα εἷς ἄνθρωπος ἀποθάνῃ ὑπὲρ τοῦ λαοῦ καὶ μὴ ὅλον τὸ ἔθνος ἀπόληται).

(2) Charakterisierung der Figur Thamyris

Thamyris wird durch das Agieren Theoklias zum nächsten Ankläger. Da weder er noch sie ein Umdenken Theklas erreichen, nutzt er die Begegnung mit Demas und Hermogenes, die ihm gegen Geld die Lehre des Paulus erklären und dann zu einer Anklage dessen vor dem Statthalter raten. Diese und die aufgewiegelten Massen verhelfen ihm zum Erfolg. Er selber spricht vor dem Statthalter davon, er wisse nicht, woher Paulus genau sei (οὐκ οἴδαμεν πόθεν ἐστίν), aber dass er die jungen Mädchen von der Heirat abbringe; Demas und Hermogenes raten schließlich, er solle sagen, Paulus sei ein Christ. Die Figur zeigt sich immer mehr uneigenständig und zugleich von der Gegenseite des Paulus gelenkt.

(3) Einführung und Charakterisierung der Figur Statthalter

Der Statthalter[178] tritt an dieser Stelle der Erzählung erstmals als Figur auf. Seinem Amt und der damit verbundenen Aufgabe gemäß fragt er zunächst Paulus nach seiner Person und seiner Lehre. Nach einer Auskunft lässt er ihn vorerst bis zu einer genaueren Vernehmung an einem weiteren Tag in das Gefängnis werfen.

Die Vernehmung konzentriert sich zuerst auf Paulus. Er wird von der Menge wiederum (vgl. auch 15) als Magier angeklagt (Μάγος ἐστίν 20) und sie fordert, dass er weggeschafft wird (αἶρε αὐτόν 20). Dieses Verhalten trägt interessanterweise auch zur Charakterisierung der Gegner des Paulus bei. Über den Statthalter wird in diesem Zusammenhang erzählt, er höre Paulus gerne zu, wenn er über „heilige Werke Christi" (20) spreche. Er wird wie Thekla als hörende Figur dargestellt, dies hat bei ihm jedoch nicht denselben Effekt. Durch sein Zögern in der Vernehmung zeigt er, dass er zunächst der anderen, seiner Welt, verhaftet bleibt. Was Paulus zu ihm im Wortlaut spricht, wird dem Leser nicht vermittelt.

---

[178] Die Erzählung gebraucht durchgängig, bis auf eine Ausnahme, den griechischen Begriff ἡγεμών, der wörtlich übersetzt *guide, one who shows the way to others* (Wegweiser und Führer) meint, im neutestamentlichen Gebrauch *ruler* oder *guide, der auf den Wegen Gottes führt*. Im allgemeinen profanen Gebrauch wird damit ein *Roman Emperor* (römischer Beamter der Kaiserzeit) bezeichnet. An einer Stelle der Erzählung wird der Ausdruck ἀνθύπατος verwendet: Dieser Begriff wird dem Volk und den Frauen im Kontext der Tierkämpfe in den Mund gelegt (vgl. 32). Er meint in allgemein profanen wie im altkirchlichen Gebrauch „Prokonsul". Siehe LIDDELL, SCOTT und JONES, A Greek-English Lexicon, s. v. ἀνθύπατος und ἡγεμών, sowie LAMPE, A Patristic Greek Lexicon, s. v. ἀνθύπατος und ἡγεμών. Die verschiedene Verwendung im griechischen Text wird in der deutschen Übersetzung berücksichtigt und ἡγεμών als Statthalter, im Verständnis der Bezeichnung eines römischen Beamten, ἀνθύπατος im Deutschen mit Prokonsul übersetzt.

(4) Charakterisierung der Figur Thekla

Thekla wird vorgeführt, nachdem sie von Thamyris und weiteren Begleitern des Nachts bei Paulus im Gefängnis vorgefunden wird.

(a) Πίστις im ersten Erzählabschnitt

Im ersten Teil der Bekehrungserzählung der Figur Thekla wird das griechische Wort πίστις dreimal verwendet. Das Wort kommt jeweils als Substantiv und in Verbindung mit einem Verb (τῇ πίστει ἐπήγετο 7; πίστιν ἔχωσιν 17; ηὔξανεν ἡ πίστις 18), dabei einmal im Munde des Apostels, zweimal in einer Erzählnotiz, die jeweils eine Aussage über Thekla trifft, vor.

Bereits bei der Vorstellung von Thekla wird erwähnt, dass sie im Glauben stehe, das bedeutet in ihrem Fall, in der Position am Fenster zu verweilen und auf das Hören der Worte im Nachbarhaus fixiert zu sein (7).

Glaube ist hier mit dem Hören der Worte des Apostels verbunden, von dem Thekla noch räumlich getrennt ist. Allein dadurch findet Thekla zum Glauben. Es ist zunächst der Inhalt der Lehre über Auferstehung und Enthaltsamkeit, die sie vernimmt und von der sie immer mehr begeistert ist. Ihr Glaube kommt vom Hören.[179]

Die Komponente Sehen tritt hinzu, als sie viele[180] Frauen und Jungfrauen beobachtet, die das Haus betreten, in dem Paulus lehrt (7). Er zieht viele an und weckt auch in Thekla zunehmend Neugierde. So fasst Thekla den Entschluss, dem Apostel noch näher sein zu wollen, und folgt ihm in das Gefängnis, wo sie sich ihm zu Füßen setzt, um seine Worte zu hören (18).[181] Sie ist sogar bereit, die Türwächter am Gefängnis mit Wertgegenständen zu bestechen, um Zugang zu Paulus zu bekommen (18). Zunehmend ist sie fasziniert und möchte dem Apostel nahe sein und ihn berühren. Sie küsst seine Fesseln und verharrt wie „mitgefesselt durch ihre Liebe" (εὗρον αὐτὴν τρόπον τινὰ συνδεδεμένην τῇ στοργῇ 19) vor seinen Füßen.[182] Auch während

---

[179] Siehe dazu BREMMER, Conversion 69: „[...] Thecla sitting at a near-by window, and Paul's words are enough for her to become a believer. This is a rather unique case in the Apocryphal Acts since in virtually all other cases people are converted through ‚marvelous works', not by persuasive discourses."

[180] Die Erzählung erwähnt πολλὰς γυναῖκας καὶ παρθένους, die Thekla in das Haus des Paulus gehen sieht. Sie fungieren nicht als Figuren im Text, sondern dienen der Illustration des gewaltigen Ausmaßes.

[181] Diese Szene zeigt Parallelen zu Apg 22,3, wo davon berichtet wird, dass Paulus zu Füßen des Gamaliël saß und von ihm lernte, und zu Lk 10,39, wo Maria dem Herrn zu Füßen sitzt und seine Worte hört.

[182] Diese Geste erinnert an die der Sünderin in Lk 7,36–50 par. Diese trocknet, salbt und küsst Jesus, der ihr ihre Sünden vergibt, die Füße. Eine Parallelisierung Theklas mit dieser Frau, die aufgrund des Küssens gezogen werden kann, würde auch den Aspekt der Reue

seiner Vernehmung bleibt Thekla an diesem Ort und „wälzte sich auf der Stelle, wo Paulus lehrte, als er im Gefängnis saß" (Θέκλα ἐκυλίετο ἐπὶ τοῦ τόπου οὗ ἐδίδασκεν ὁ Παῦλος καθήμενος ἐν τῇ φυλακῇ 20).

Glaube meint außerdem eine Ausrichtung auf den Apostel und seine Worte. Inhaltlich bestimmt ist der Glaube Theklas von den Worten des Paulus. Vor der Versammlung im Haus lehrt er das „Wort Gottes von der Enthaltsamkeit und der Auferstehung" (καὶ λόγος θεοῦ περὶ ἐγκρατείας καὶ ἀναστάσεως 5).[183] Im Gefängnis sind es die „Großtaten Gottes" (ἤκουσεν τὰ μεγαλεῖα τοῦ θεοῦ 18), die er Thekla verkündet.[184]

Weiter ist Glaube geprägt von Freude (χαρά): Im Haus des Onesiphorus herrscht „große Freude" (ἐγένετο χαρὰ μεγάλη 5) und auch Thekla wird als „sich übermäßig freuend" (τῇ πίστει ἐπήγετο ὑπερευφραινομένη 7) beschrieben. Selbst zu ihrer eigenen Vernehmung vor dem Statthalter geht sie „voller Freude und mit Frohlocken" (ἡ δὲ μετὰ χαρᾶς ἀπίει ἀγαλλιωμένη 20).

Der biblische Gebrauch des Wortes χαρά bzw. χαίρω zeigt, dass neben all den Differenzierungen, die zu ziehen sind, die Worte „nicht zufällig […] vor allem da auf[tauchen], wo von der eschatologischen Erfüllung in Christus bzw. vom Sein in ihm und der Hoffnung auf ihn die Rede ist".[185] In dieses grundlegende Verständnis der kanonischen Texte, nämlich Freude als eschatologische Freude zu verstehen, können sich auch die Theklaakten einfügen: Freude tritt nur in Verbindung mit Glaube, Glaubenden oder Zuversicht aus dem Glauben auf. Theklas Glaube stützt sich auf Ereignisse, die noch nicht eingetreten sind und ist getragen von Hoffnung (vgl. 7). Daran schließt sich auch die eschatologische Botschaft der Paulusfigur der Paulusakten, der den bereits Glaubenden, die sich in „großer Freude" um ihn versammeln (5), „Rettung auf den Tag seines Sohnes" (6) verheißt.

Theklas Glaube ist weiter mit der Haltung der Abgrenzung verbunden. Sie legt alte Normen ab, löst Bindungen und folgt anderen Zielen. Thekla richtet den Tagesablauf nach dem Apostel aus und verbringt drei Tage und Nächte am Fenster, um ihn zu hören. Sie unterlässt es dabei sogar, Nahrung zu sich zu nehmen (8). Zudem zeigt sich Thekla bereit, die Verlobung zu lösen und damit auch eine gewisse Sicherheit aufzugeben.

---

mit sich bringen. Thekla zeigt sich Paulus gegenüber nicht nur unterwürfig, sondern signalisiert auch, dass sie ihre vorherige Lebensweise der angestrebten klar unterordnet.

[183] Paulus spricht in Form von Seligpreisungen zu den Versammelten. Darin entfaltet er die Güter der Enthaltsamkeit, der Entsagung an weltliche Dinge und der Reinheit näher.

[184] Als Thekla nach dem ersten Verhör des Paulus zu ihm ins Gefängnis kommt, setzt sie sich ihm zu Füßen und hört von ihm die „großen Taten Gottes" (τὰ μεγαλεῖα τοῦ θεοῦ 18). Diese Bezeichnung findet eine einzige Parallele in den kanonischen Texten. In Apg 2 wird im Kontext des Pfingstereignisses berichtet, dass ein jeder die „großen Taten Gottes" (τὰ μεγαλεῖα τοῦ θεοῦ) in seiner Sprache hören konnte (ἀκούομεν λαλούντων αὐτῶν ταῖς ἡμετέραις γλώσσαις 2,11).

[185] BEYREUTHER, FINKENRATH und FREY, „χαίρω" 538.

Die Abgrenzung erfolgt auch durch das Ablegen von wertvollen äußerlichen Dingen: Thekla gibt Armband und Spiegel an die Aufseher des Gefängnisses, um zu Paulus gelangen zu können. Diese Tat hat eine Doppelfunktion, die einerseits die Bestechung des Wächters beabsichtigt. Andererseits kann dies auch ein Ausdruck ihres inneren Wandels bedeuten:[186] Der Zugang zu Paulus ist ihr so wichtig, dass sie dafür wertvolle Gegenstände abgibt. Dadurch wendet sie sich auch auf sozialer Ebene immer mehr der anderen Seite zu.[187]

Auffallend ist der πίστις-Begriff im Mund des Apostels dahin gehend, dass er im Zuge eines großen Bekenntnisses, das die Lehre des Paulus zusammenfassend darlegt, auftritt. Vor dem Statthalter legt Paulus die wesentlichen Inhalte seiner Lehre dar, die ihm von Gott offenbart wurden: Nach der Beschreibung seines Gottes erklärt er, dass durch die Sendung des Sohnes nicht mehr das Gericht das Los der Menschen sei, sondern es möglich ist, Glaube, Gottesfurcht, Erkenntnis der Ehrbarkeit und Liebe zur Wahrheit (ἵνα [...] πίστιν ἔχωσιν καὶ φόβον θεοῦ καὶ γνῶσιν σεμνότητος καὶ ἀγάπην ἀληθείας 17) zu erlangen. Glaube wird hier mit Gütern[188] in Verbindung gebracht und in Kontrast zum Gericht (κρίσις 17) gesetzt.

Die Szene vor dem Statthalter gibt weitere Anhaltspunkte zur Charakterisierung Theklas: Der Statthalter fragt Thekla bei der Vorladung, warum sie nicht Thamyris heirate, wie es nach der Norm der Ikonier geschehen solle (20).

Da Thekla auf die Fragen nicht antwortet und stattdessen auf Paulus blickt, ergreift wiederum Theoklia die Initiative und bringt ein Urteil vor: Sie fordert eine Verbrennung. Die Attribute, die sie ihrer Tochter zuweist, sagen aus,

---

[186] Vgl. PERVO, Acts of Paul 126, der diesen Umgang mit kostbaren Gegenständen auch als „transformation she is experiencing" sieht. Mit der Abgabe, die zugleich eine Umsetzung des vierten Makarismos, den Paulus zuvor lehrt, darstelle, weise sie Wertgegenstände zurück, die sie als „upper-class female" kenntlich machen. BREMMER, Magic 48, sieht in dieser Handlung „Thecla's independent nature and her wealth [...]".

[187] Vgl. dazu wiederum die Parallele in der Figurenzeichnung in der Ephesuserzählung der ActPl 2,16–17: [γε αὐτ]ήν. ἡ δὲ μετενδυσαμένη σκυθρωπότερα ἱμάτια ἀπῆλ[θεν] πρὸς αὐτὸν μετὰ τῆς Εὐβούλας. Von Artemilla wird erzählt, dass sie, bevor sie zu Paulus ins Gefängnis geht, ihre Kleidung ändert – sie zieht dunklere Kleidung an. Die Worte des Paulus an Artemilla stellen auch den Kontrast zwischen weltlicher Herrschaft und deren Reichtümern und wahrem, von Gott geschenktem Reichtum dar. Damit eng verbunden ist auch das Ablegen des Alten und die Abgrenzung von der Außenwelt. Der Wechsel der Kleidung zeigt äußerlich schon, was innerlich geschehen soll. Diese innere Haltungsänderung thematisiert Paulus in seiner Rede. Weltlicher Reichtum und alle Art von Konsum sollen vergessen und für nichtig gehalten werden.

[188] In Gal 5,22 wird πίστις auch im Rahmen einer Auflistung verschiedener Tugenden erwähnt. Doch nur der Kontext des Wortgebrauchs, nicht aber die einzelnen Tugenden bzw. Güter sind vergleichbar (im Galaterbrief werden ἀγάπη, χαρά, εἰρήνη, μακροθυμία, χρηστότης, ἀγαθωσύνη, πραΰτης, ἐγκράτεια genannt).

worin die Mutter die Anklage sieht: Sie sei eine ἄνομος („Gesetzlose") und ἄνυμφος („Eheverweigerin").

Die Art und Weise, wie das geschehen soll, fordert sie auch: ἐν μέσῳ θεάτρου, also in aller Öffentlichkeit. Theoklia begründet – mit einem ἵνα im Griechischen ausgedrückt –, dies solle allen Frauen Angst einflößen, die sich von Paulus haben belehren lassen (20).[189]

Die Frage an Thekla zeigt, dass für Theoklia nur mehr das Heiratsversprechen an Thamyris im Mittelpunkt steht. Bei ihrer Vernehmung wird nicht mehr nach dem Inhalt der Lehre gefragt, ausschlaggebend ist nur mehr die Konsequenz, die Thekla aus dem Gehörten zieht. Sie ändert aufgrund der Worte und der Lehre des Paulus ihr Verhalten und dafür wird sie angeklagt.

cc) Analyse des Prozessverlaufs und dessen Beitrag zur Figurencharakteristik

Die Erzählung erwähnt verschiedene Vorwürfe, die gegen Paulus vorgebracht werden. Diese Anklagen können inhaltlich differenziert und Figuren bzw. Figurengruppen zugeordnet werden. Durch die nähere Einordnung in den historischen Kontext des Textes können die Anklagepunkte der einzelnen Gegner des Paulus genauer charakterisiert werden.

(1) Anklagepunkte der Figur Theoklia

Theoklia behauptet gegenüber der Figur Thamyris, Paulus lehre „trügerische und schillernde Worte" (οὕτως πρόσκειται ἀνδρὶ ξένῳ ἀπατηλοὺς καὶ ποικίλους λόγους διδάσκοντι 8) und bringe die Stadt der Ikonier und Thekla in Aufruhr (Θάμυρι, ὁ ἄνθρωπος οὗτος τὴν Ἰκονιέων πόλιν ἀνασείει, ἔτι δὲ καὶ τὴν σὴν Θέκλαν 9).

(2) Anklagepunkte der Figur Thamyris

Thamyris erkundigt sich bei den Reisebegleitern, wer Paulus sei, und formuliert in diesem Zusammenhang, er „verführe die Seelen junger Männer" und täusche die der Jungfrauen (πλανῶν ψυχὰς νέων καὶ παρθένων ἀπατῶν 11). Paulus selbst macht er den Vorwurf, er verderbe die Stadt und seine Verlobte (Διέφθειρας τὴν Ἰκονιέων πόλιν καὶ τὴν ἡρμοσμένην μοι, ἵνα μὴ θελήσῃ με

---

[189] Durch die Aussage, die die Erzählung der Menge in den Mund legt, können implizit nähere Angaben über diese gemacht werden: In den Augen der Menge ist Paulus ein Magier, der verführt (vgl. 20). Obwohl der Menge die Worte und Inhalte der Figur Paulus vorerst unbekannt sind, ordnet sie ihn auf diese Weise ein. Sie urteilt aufgrund der Anklagepunkte, die Thamyris vorbringt, und lässt sich so von den Aussagen vereinnehmen und beeinflussen. Die Menge, vor allem aufgewiegelt durch Thamyris und die beiden Reisebegleiter Demas und Hermogenes, trägt dazu bei, dass das vorschnelle Urteil vor dem Statthalter wiederholt und der Prozess vorangetrieben wird.

15). Vor dem Statthalter wiederum behauptet er, Paulus lasse die jungen Frauen nicht heiraten ([...] ὃς οὐκ ἐᾷ γαμεῖσθαι τὰς παρθένους 16).

Zur näheren Einordnung dieser Anklagepunkte verhilft eine begriffsgeschichtliche Analyse des Begriffs πλανάω.

(a) Πλανάω

Das Verb meint im allgemein profanen Gebrauch *wandern, durchstreifen, herumirren* in lokaler Bedeutung, im übertragenen Sinn *irreführen, täuschen, betrügen* etc. In klassisch-griechischen Texten wird damit das „Irren als eine schicksalhafte Verstrickung [...]"[190] bezeichnet, die schuldlos-schuldhaft von den Göttern verhängt wird. In ähnlicher Verwendung wird in Mysterienkulten und gnostischen Texten damit das „Verstricktsein des Menschen in der Welt [...]" bezeichnet. Im alttestamentlichen Gebrauch ist der Fokus zunächst auf das lokale Verständnis im Bezug auf das Gottesverhältnis gesetzt: Das Hören auf falsche Lehrer oder Propheten führt auf den falschen Weg und von Gott weg und bedarf der Umkehr. Spätere jüdisch-hellenistische Texte schreiben die Tätigkeit πλανάω Mächten zu, die im dualistischen Verhältnis zum Guten stehen, dabei spielt ein apokalyptischer Hintergrund oft eine Rolle.

Neutestamentliche Texte gebrauchen den Ausdruck im lokalen wie im übertragenen Verständnis und dabei jeweils „streng auf das Christusgeschehen und den Glaubensweg bezogen".[191] Der Gebrauch ist häufig, πλανάω begegnet im Kontext des Bildes von den Schafen, die ohne Hirten umherirren (Mk 6,34 par.), oder in der Anklage Jesu von Seiten seiner Gegner als Verführer (vgl. Joh 7,12). In der Briefliteratur taucht das Wort auf, um das Leben ohne eine Ausrichtung auf Christus hin zu beschreiben (vgl. bspw. in Eph 4,14 die Aufforderung, nicht mehr den Meinungen und Weisungen der Menschen zu folgen). Letztere Bedeutung kennt auch Tit 3,3. Die Pastoralbriefe bezeichnen mit πλανάω auch Gegner der Apostel, die immer mehr vom Glauben abfallen (2Tim 3,13) und auch andere verführen (1Tim 4,1: Τὸ δὲ πνεῦμα ῥητῶς λέγει ὅτι ἐν ὑστέροις καιροῖς ἀποστήσονταί τινες τῆς πίστεως προσέχοντες πνεύμασιν πλάνοις καὶ διδασκαλίαις δαιμονίων). In paulinischen Texten tritt das Verb πλανάω gehäuft im Kontext von Mahnungen auf, die aufrufen, sich nicht täuschen zu lassen (bspw. 1Kor 6,9; 15,33 oder Gal 6,7).

Ein interessanter Vergleich zeigt sich mit 2Kor 6,1–10: Paulus nimmt Bezug auf die „paradoxe Existenz des Apostels"[192] und weist darauf hin, dass sein Dienst als Apostel Gottes nicht von der Beurteilung seiner Umwelt abhängig ist; diese könne nämlich als negativ wahrnehmen ([...] ὡς πλάνοι καὶ

---

[190] GÜNTHER, „πλανάω" 1793.

[191] GÜNTHER, „πλανάω" 1794.

[192] GÜNTHER, „πλανάω" 1795.

ἀληθεῖς 8), was in den Augen Gottes positiv bewertet wird ([...] ἀλλ᾽ ἐν παντὶ συνιστάντες ἑαυτοὺς ὡς θεοῦ διάκονοι [...] 2Kor 6,4).[193]

In Parallele zu diesem Verständnis kann der Gebrauch in den Paulus- und Theklaakten gesehen werden: Paulus wird von Thamyris als einer, der „die Seelen der Jünglinge verführt und die der Jungfrauen betrügt" (πλανῶν ψυχὰς νέων καὶ παρθένων ἀπατῶν 11) bezeichnet. Der Vorwurf an Paulus kommt dabei von einer Figur, die in der Erzählung als nichtgläubig und zur Gegenseite des Paulus gehörend geschildert wird. Die Paulus- und Theklaakten äußern den Vorwurf des Betrugs, erklären diesen aber nicht weiter. Wenn die Erzählung diese Inhalte des Zweiten Korintherbriefes erzählerisch aufnimmt und man annimmt, dass der kundige Leser des Textes diese kennt und mitbedenkt, kann auch angenommen werden, dass dieser, ohne dass der Text es ausdrücklich nennt, folgern kann, dass Paulus fälschlich so bezeichnet wird und gerade für die andere Seite, für die eines nichtbetrügenden Glaubenden, steht.

(3) Anklagepunkte der Figuren Demas und Hermogenes

Demas und Hermogenes geben Thamyris über Paulus Auskunft und behaupten, er mache Männern die Frauen abspenstig (στερεῖ δὲ νέους γυναικῶν καὶ παρθένους ἀνδρῶν 12). In diesem Kontext verweisen sie auch auf die „falsche Lehre" über die Auferstehung, die Paulus verbreite.

Weiter raten sie Thamyris, er solle Paulus vor den Statthalter führen, denn er überrede „zur neuen Lehre der Christen". Dies habe dann Verderben seiner Person zur Folge (Προσάγαγε αὐτὸν τῷ ἡγεμόνι Καστελίῳ ὡς ἀναπείθοντα τοὺς ὄχλους ἐπὶ καινῇ διδαχῇ Χριστιανῶν, καὶ οὕτως ἀπολεῖ αὐτὸν καὶ σὺ ἕξεις τὴν γυναῖκά σου Θέκλαν 14). Sie geben Thamyris ein zweites Mal Rat. Er könne Paulus verderben, indem er sage, er sei ein Christ (Λέγε αὐτὸν Χριστιανόν, καὶ οὕτως ἀπολέσεις αὐτόν 16).

Ihre Anklage geht von der Behauptung, er ziehe Frauen von ihren Männern weg, dazu über, dass er falsche Lehre verkündet. Die Empfehlung an Thamyris dagegen, er solle sagen, dass Paulus Christ sei, scheint eher letztes Mittel als Überzeugung zu sein. Ihr weiterer Vorwurf: Er verbreite die „neue Lehre der Christen" (15) und vertrete eine Auferstehungsvorstellung, die nicht mit ihrer übereinstimme, sondern ihr sogar entgegenstehe (vgl. 14).[194] Mit dieser Anklage könne man ihn vor dem Statthalter verderben (14).

Vor dem Richterstuhl spitzt sich die Lage zu und die beiden raten Thamyris, Paulus vor dem Statthalter als Christ anzuklagen (16) – das allein würde

---

[193] Vgl. SCHMELLER, Der Zweite Brief an die Korinther 355.

[194] Vergleichend dazu findet sich Kritik an den Auferstehungshoffnungen des Paulus auch am Ende der Areopagrede in der Apostelgeschichte, siehe Apg 17,22–34 (31–34), wobei in diesem Zusammenhang von leiblicher Auferstehung die Rede ist, vgl. PESCH, Apostelgeschichte 140, der in diesem Sinn von einer „Auferstehung des gekreuzigten Jesus" spricht.

reichen, „ihn [zu] verderben" (16). Nicht mehr Differenzen in der Lehre, sondern das Faktum, Christ zu sein, nennen sie als ausschlaggebend, den Statthalter zu überzeugen.

(a) Rechtsprechung

Dass Christsein als Straftat geahndet wurde, setzt die Rechtsprechung unter Kaiser Trajan voraus. Die Epistulae Plinius' des Jüngeren, die einen Briefwechsel zwischen diesem und Kaiser Trajan beinhalten, stellen die älteste greifbare Rechtsgrundlage im Umgang mit Christen im Römischen Reich dar. Als Legat des Kaisers mit der Funktion und den Rechten eines Statthalters wird Plinius in die Provinz Bithynien und Pontos in Kleinasien entsandt, um den dort herrschenden Aufruhr zu besänftigen. Unter den Aufständischen befinden sich Christen, gegen die Anzeigen vorliegen. Da Plinius noch nie an Verfahren gegen Christen teilgenommen habe (cognitionibus de Christianis interfui numquam, epist. X, 96),[195] wendet er sich an den Kaiser. Der Brief macht deutlich, dass Plinius darum weiß, dass das Christsein an sich strafbar und bei Anzeige vor Gericht zu verhandeln ist. Er bittet den Kaiser um Bestätigung seines Vorgehens, das er gegen bekennende Christen, gegen solche mit römischem Bürgerrecht, und gegen (anonym) angezeigte Christen, die ihr Christsein leugnen, anwendet. Kaiser Trajan bestätigt in einem Antwortschreiben das Vorgehen des Plinius, schränkt dieses aber zugleich ein, indem er schreibt, nur konkret, also nicht anonym zur Anzeige gebrachte Christen sollten bestraft werden (si deferantur et arguantur, puniendi sunt, epist. X, 97). Seit 64 n. Chr. war das Christsein an sich im Römischen Reich ein Strafgrund. Das Verhalten der Christen, das allem Kult und aller Kaiserverehrung widersprach, wurde als Verstoß gegen die gesellschaftliche Vorgabe und Ordnung und somit als Gefährdung der Stabilität des Staates angesehen. Der Briefwechsel macht deutlich, dass zur Zeit Trajans das *nomen ipsum* als Anzeigegrund gegen Christen ausreichte, das Bekenntnis zu Christus und die Beständigkeit im Glauben vor Gericht als Verurteilungsgrund angesehen wurden.[196]

Dieser Rat von Demas und Hermogenes, Paulus vor dem Statthalter als Christ anzuklagen, bringt entweder die Annahme mit sich, dass sich Demas und Hermogenes selbst nicht als solche verstehen. Aufgrund der Tatsache, dass sie pastoralbriefliche Theologie vertreten, ist eher davon auszugehen, dass hier zwei Gruppen auftreten, die in der Lehre differieren und miteinander konkurrieren. Der Vorwurf, eine „neue Lehre" zu vertreten, bedeutet damit konkret eine „falsche Lehre".

---

[195] Die lateinischen Zitate aus den Briefen des Plinius Secundus sind der Edition von KASTEN entnommen.

[196] Vgl. WLOSOK, Rechtsgrundlagen 275–301 (292–296), REICHERT, Konfusion 227–250, und SCHNELLE, 100 Jahre des Christentums 450–456.

(4) Anklagepunkte der Figur Statthalter
und deren Verhalten im Prozessverlauf

Der Statthalter fällt nach den Anhörungen das Urteil, Paulus solle gegeißelt und aus der Stadt verwiesen werden (Καὶ ὁ ἡγεμὼν ἔπαθεν μεγάλως, καὶ τὸν μὲν Παῦλον φραγελλώσας ἔξω τῆς πόλεως ἐξέβαλεν 21). Der eigentliche Entscheidungsträger, der Statthalter, handelt vorerst korrekt: Er lädt die Angeklagten zur Vernehmung, hört sich die Aussagen an und gewährt sich Entscheidungszeit. Tendiert er selber wohl eher zu einer Freilassung der beiden Angeklagten – die Worte des Paulus hört er gerne und vom Verhalten der Thekla ist er angetan (vgl. 20) –, lässt er sich in der Entscheidung dann beeinflussen. Die Aussage, der Statthalter habe viel auszustehen, lässt auf weitere Auseinandersetzungen mit Gegnern der Angeklagten schließen. Er spricht das Urteil, scheint aber nicht frei zu sein. Letztlich weint er (vgl. 22). Der Statthalter verhält sich neutral, ist aber keineswegs, wie es von einer Richterfigur zu erwarten ist, Herr über seine Handlungen. Die Erzählungen über die Verhandlungen vor dem Statthalter verweisen aufgrund einiger Aspekte auf verschiedene Texte.

Als interessanter Vergleich zeigen sich die Berichte in Apg 25–26, die Gespräche zwischen Statthalter Festus und König Agrippa II. über den Fall Paulus sowie dessen Rede vor dem König. Der Verhandlungsverlauf wie auch die Worte des Paulus zeigen einige Parallelen zur Schilderung in den Paulus- und Theklaakten. Apg 25,13–27 berichtet vom Eintreffen des Königs und seiner Schwester Berenike in Cäsarea und von deren Gespräch mit dem Statthalter. Festus erzählt vom Fall Paulus, der von den Hohepriestern und Ältesten der Juden angeklagt und dessen Verurteilung gefordert wurde. Als Grund nennt Festus religiöse Auseinandersetzungen, konkret, dass Paulus von einem gewissen Jesus, der gestorben sei, behaupte, dass er lebe. Festus erklärt dem König seine Ratlosigkeit im Fall Paulus, da er einerseits von „allen Juden in Jerusalem" bedrängt werde, andererseits aber keinen Grund für die Todesstrafe feststellen könne (Apg 25,24–25).

Hier lassen sich erste Parallelen zu den Paulus- und Theklaakten feststellen: Paulus wird vor dem Statthalter angeklagt; diese Klage kommt von Seiten führender Menschen der Stadt (οἱ ἀρχιερεῖς καὶ οἱ πρεσβύτεροι τῶν Ἰουδαίων αἰτούμενοι κατ' αὐτοῦ καταδίκην Apg 25,15). Der Grund dafür sind seine Lehren bzw. religiöse Differenzen zwischen ihm und den Anklägern (ζητήματα δέ τινα περὶ τῆς ἰδίας δεισιδαιμονίας εἶχον πρὸς αὐτὸν καὶ περί τινος Ἰησοῦ τεθνηκότος ὃν ἔφασκεν ὁ Παῦλος ζῆν 25,19); der Statthalter ist ratlos und überfordert (ἀπορούμενος δὲ ἐγὼ τὴν περὶ τούτων ζήτησιν 25,20) und wird von vielen bedrängt (θεωρεῖτε τοῦτον περὶ οὗ ἅπαν τὸ πλῆθος τῶν Ἰουδαίων ἐνετύχόν μοι ἔν τε Ἰεροσολύμοις 25,24).

Apg 25

viele Ankläger, zum Teil aus führenden Kreisen

15 οἱ ἀρχιερεῖς καὶ οἱ πρεσβύτεροι
τῶν Ἰουδαίων αἰτούμενοι

19 Anklagegrund: religiöse Differenzen

ζητήματα δέ τινα περὶ τῆς ἰδίας
δεισιδαιμονίας εἶχον πρὸς αὐτὸν
καὶ περί τινος Ἰησοῦ τεθνηκότος
ὃν ἔφασκεν ὁ Παῦλος ζῆν.

20 Ratlosigkeit des Statthalters

ἀπορούμενος δὲ ἐγὼ τὴν περὶ
τούτων ζήτησιν

24 Bedrängung des Statthalters von Vielen

θεωρεῖτε τοῦτον περὶ οὗ ἅπαν
τὸ πλῆθος τῶν Ἰουδαίων ἐνέτυχόν
μοι ἔν τε Ἱεροσολύμοις

Paulus- und Theklaakten

15 Θάμυρις [...]
μετὰ ἀρχόντων καὶ δημοσίων καὶ
ὄχλου ἱκανοῦ μετὰ ξύλων

14 Προσάγαγε αὐτὸν τῷ ἡγεμόνι
Καστελίῳ ὡς ἀναπείθοντα τοὺς
ὄχλους ἐπὶ καινῇ διδαχῇ
Χριστιανῶν, καὶ οὕτως ἀπολεῖ αὐτόν

16 Ὁ δὲ ἡγεμὼν ἔστησεν τὴν διάνοιαν
αὐτοῦ καὶ ἐκάλεσεν τὸν Παῦλον
λέγων αὐτῷ
Τίς εἶ, καὶ τί διδάσκεις;
οὐ γὰρ μικρῶς σου κατηγοροῦσιν.
17 Ὁ δὲ ἡγεμὼν ἀκούσας ἐκέλευσεν
δεθῆναι τὸν Παῦλον καὶ εἰς φυλακὴν
ἀπαχθῆναι, μέχρις ἂν εὐσχολήσας
ἐπιμελέστερον ἀκούσῃ αὐτοῦ.

15 [...] καὶ συνεπείσθησαν οἱ ὄχλοι.

König Agrippa II. kommt dem Statthalter zu Hilfe, will Paulus selbst hören, lässt ihn vor sich treten und seine Sicht darlegen. Paulus berichtet dem König seinen Werdegang, von seinem Leben als Pharisäer und Verfolger Jesu, von seinem Erlebnis in Damaskus und seinem Umdenken und seiner Beauftragung durch Gott, für den und dessen Sohn er zu den Menschen gesandt sei (ἐξαιρούμενός σε ἐκ τοῦ λαοῦ καὶ ἐκ τῶν ἐθνῶν εἰς οὓς ἐγὼ ἀποστέλλω σε 26,17; ἀλλὰ τοῖς ἐν Δαμασκῷ πρῶτόν τε καὶ Ἱεροσολύμοις, πᾶσάν τε τὴν χώραν τῆς Ἰουδαίας καὶ τοῖς ἔθνεσιν ἀπήγγελλον μετανοεῖν καὶ ἐπιστρέφειν ἐπὶ τὸν θεόν, ἄξια τῆς μετανοίας ἔργα πράσσοντας 26,20). Ziel der Sendung zu den Menschen ist die Verkündigung des Heils und der Rettung dieser, wenn eine Umkehr und Hinwendung zu Gott erfolge (τοῦ ἐπιστρέψαι ἀπὸ σκότους εἰς φῶς καὶ τῆς ἐξουσίας τοῦ σατανᾶ ἐπὶ τὸν θεόν, τοῦ λαβεῖν αὐτοὺς ἄφεσιν ἁμαρτιῶν καὶ κλῆρον ἐν τοῖς ἡγιασμένοις πίστει τῇ εἰς ἐμέ 26,18). Dieses Gespräch (Apg 26,1–32) bringt wiederum einen Vergleichspunkt mit den Paulus- und Theklaakten. Die Übereinstimmungen sind nicht wörtlicher Art, sondern betreffen die großen Linien, die in den beiden Reden zu finden sind: Das Selbstverständnis des Paulus, das auf einer „himmlischen Erscheinung" (οὐκ ἐγενόμην ἀπειθὴς τῇ οὐρανίῳ ὀπτασίᾳ 26,19) beruht, die ihn zum Gesandten Gottes macht, der für das Heil der Menschen eintritt, ist in beiden Texten zu finden.

Apg 26	**ActPlTh 17**
[17] Sendung des Paulus zum Heil der Menschen	
ἐξαιρούμενός σε ἐκ τοῦ λαοῦ καὶ	Θεὸς [...]
ἐκ τῶν ἐθνῶν εἰς οὓς ἐγὼ ἀποστέλλω σε	χρῄζων τῆς τῶν ἀνθρώπων
	σωτηρίας ἔπεμψέν με
[19] Beauftragung durch himmlische Erscheinung	
οὐκ ἐγενόμην ἀπειθὴς τῇ οὐρανίῳ ὀπτασίᾳ	εἰ οὖν ἐγὼ τὰ ὑπὸ θεοῦ μοι
	ἀποκεκαλυμμένα διδάσκω
[18] Ziel: Umkehr und Rettung der	
Menschen durch Glauben	
εἰς φῶς καὶ τῆς ἐξουσίας τοῦ σατανᾶ	ἵνα μηκέτι ὑπὸ κρίσιν ὦσιν
ἐπὶ τὸν θεόν, τοῦ λαβεῖν αὐτοὺς ἄφεσιν	οἱ ἄνθρωποι, ἀλλὰ πίστιν ἔχωσιν
ἁμαρτιῶν καὶ κλῆρον ἐν τοῖς	
ἡγιασμένοις πίστει τῇ εἰς ἐμέ.	

Die in vielen Punkten sehr ähnlich gestalteten Schilderungen der Verhandlungen mit Paulus bringen die Paulus- und Theklaakten näher an die Apostelgeschichte: Sie stellen die Figur in eine Linie mit dem Paulus der Apostelgeschichte, indem sie große inhaltliche Aspekte, die einem informierten Leser bekannt sein können, wieder aufgreifen und erzählerisch umsetzen. Dadurch erwecken die Paulusakten und deren Erzählungen den Eindruck von Authentizität und ihr Inhalt wird durch diese Rückbindung bedeutender.

Weiter verweist vor allem die Charakterisierung des Statthalters in den Paulus- und Theklaakten als unsichere und ratlose Figur auf ein Motiv, das aus einem kanonischen Text bekannt ist: Im Johannesevangelium ist es Pilatus, der versucht, der Verhandlung gerecht zu werden. Er läuft zwischen zwei Orten hin und her – dem Volk außen vor dem Prätorium einerseits und dem Verhandlungsort, dem Innern des Prätoriums, andererseits – und wird letztlich wie eine unselbstständige Figur dargestellt, die sich in ihrer Entscheidungsfindung beeinflussen lässt.[197] Die Figurenkonstellation kann als ein Dreiecksverhältnis bezeichnet werden, in dem Jesus, führende Juden und Pilatus „in unterschiedlicher Weise und auf verschiedenen Ebenen das Geschehen" bestimmen. Sehr deutlich dazu spricht *Klaus Wengst*, der die Situation folgendermaßen kommentiert:

„Der Richter Pilatus erscheint als ein weltmännischer Spötter und vor allem als Zyniker der Macht, der sich schließlich als Gefangener der eigenen Macht erweist. Dass dieser hohe Herr ständig zwischen den Anklägern und dem Angeklagten hin und her gehen muss, gibt ihm zugleich einen Zug von Lächerlichkeit."[198]

---

[197] Vgl. dazu SCHNELLE, Evangelium nach Johannes 295.

[198] WENGST, Johannesevangelium 215, der in diesem Zusammenhang auf die Formulierung bei BECKER, Evangelium nach Johannes II, 663–664, verweist, der dieses Handeln als „[e]in demonstratives Stück Lächerlichkeit" beschreibt.

Auch in frühchristlichen Märtyrertexten werden Richterfiguren erwähnt, die entgegen ihrer Richterposition gerade nicht als Handlungssouveräne bezeichnet werden können. Exemplarisch sei Eusebius von Cäsarea genannt, der in den Erzählungen über das Martyrium des Apollonius berichtet,[199] der Statthalter, der diesen vernehme, sei zwar gewillt, Apollonius freizugeben, der Kaiser hindere ihn aber an der Tat und daher werde jener die Todesstrafe human ausführen lassen: Θέλω σε ἀπολῦσαι, Ἀπολλώ, κωλύσομαι δὲ ὑπὸ τοῦ δόγματος Κομόδου τοῦ αὐτοκράτορος. πλὴν φιλανθρώπως χρήσομαί σοι ἐν τῷ θανάτῳ (MartApoll 45).

Inmitten der pragmatisch angelegten Schilderungen über die Hinrichtung Theklas informiert der Erzähler weiter über die Figur des Statthalters: ὡς δὲ εἰσήχθη γυμνή, ἐδάκρυσεν ὁ ἡγεμὼν καὶ ἐθαύμασεν τὴν ἐν αὐτῇ δύναμιν (22). Die beiden Verben δακρύω und θαυμάζω machen Aussagen auf emotionaler Ebene: Der Statthalter weint und bewundert Thekla. Dies lässt das Urteil zu, dass er sich wiederum seinem Amt nicht angemessen verhält: Zum einen wird er nochmals – neben dem Interesse an den Worten des Paulus (Ἡδέως δὲ ἤκουεν ὁ ἡγεμὼν τοῦ Παύλου ἐπὶ τοῖς ὁσίοις ἔργοις τοῦ Χριστοῦ 20) – als Figur geschildert, die emotional eher auf der Seite der Angeklagten steht und damit die gebotene Neutralität verletzt. Zugleich entsteht dadurch aber ein Kontrast zur Standfestigkeit Theklas: Durch die zunehmende Erwähnung der Schwächen des Statthalters, einer mit politischer Macht ausgestatteten Person, erscheint ihre Figur noch standhafter und vorbildlicher als bisher.

Im Kontext der ersten Erzählung sind dies die letzten Erzählinformationen über den Statthalter. Er tritt im weiteren Verlauf nicht mehr auf.

(a) Übersicht über Ankläger und Anklagepunkte gegen Paulus

Eine Übersicht über die jeweiligen Anklagepunkte der einzelnen Figuren sowie eine Kontextualisierung der Prozessschilderung durch die Einordnung dieser Vorwürfe in die Zeit soll folgend helfen, den Prozess, wie ihn die Paulus- und Theklaakten erzählen, näherhin in den Gesamtplot einzuordnen. Die Nähe zu biblischen Prozessschilderungen wie auch frühchristlichen Martyriumstexten, die anhand von Motiven aufgezeigt wird, ist dafür hilfreich.

---

[199] Der griechische Text des Martyriums des Apollonius ist der Ausgabe von MUSURILLO, The Acts of the Christian Martyrs, entnommen.

Theoklia	Thamyris	Demas und Hermogenes	Menge
Er ist ein fremder Mann, der trügerische und schillernde Worte lehrt (οὕτως πρόσκειται ἀνδρὶ ξένῳ ἀπατηλοὺς καὶ ποικίλους λόγους διδάσκοντι 8).	Er verführt die Seelen der Jünglinge und betrügt die der Jungfrauen (πλανῶν ψυχὰς νέων καὶ παρθένων ἀπατῶν 11).	Er macht Männern die Frauen abspenstig und umgekehrt (στερεῖ δὲ νέους γυναικῶν καὶ παρθένους ἀνδρῶν 12).	Er ist ein Magier (Ἀπάγαγε τὸν μάγον· διέφθειρεν γὰρ ἡμῶν πάσας τὰς γυναῖκας 15).
Er bringt Aufruhr: (ἀνασείω 9).	Er verdirbt die Stadt und seine Verlobte (Διέφθειρας τὴν Ἰκονιέων πόλιν καὶ τὴν ἡρμοσμένην μοι 15). Er lässt junge Frauen nicht heiraten (… ὃς οὐκ ἐᾷ γαμεῖσθαι τὰς παρθένους 16).	Er überredet „zur neuen Lehre der Christen" (ἀναπείθοντα τοὺς ὄχλους ἐπὶ καινῇ διδαχῇ Χριστιανῶν 15) Er gibt falsche Lehre von sich (vgl. 12; 14).	Er ist ein Magier (ἐβόα Μάγος ἐστίν αἶρε αὐτόν 20).
		Sie raten, man soll ihn als Christ anklagen (Λέγε αὐτὸν Χριστιανόν 16).	
Begrifflichkeiten: ἀνὴρ ξένος πρόσκειμαι ἀπατηλοὺς καὶ ποικίλους λόγους ἀνασείω	πλανάω ἀπατάω διαφθείρω οὐκ ἐᾷ γαμεῖσθαι	στερέω ἀναπείθω Χριστιανός	διαφθείρω μάγος

(b) Der Anklagepunkt „Magie" im Kontext

Die Erzählung verwendet verschiedene Begriffe, um die Vorwürfe gegen Paulus zum Ausdruck zu bringen. Die Seite der Gegner des Paulus – Theoklia, Thamyris sowie Demas und Hermogenes – wirft ihm vor, er stifte Aufruhr (ἀνασείω 9), verführe und betrüge (πλανάω und ἀπατάω 11), mache abspenstig (στερέω 12), überrede (ἀναπείθω 15) und verderbe (διαφθείρω 15). Diese Anklagen kulminieren in der Aussage der Menge, die sich um Thamyris befindet, er sei ein Magier (μάγος 15). Beim zweiten Verhör wird dieser Anklagepunkt noch einmal ausgerufen (vgl. 20), wiederum von der Menge. Dieser Ausdruck zeigt, was die Vorwürfe, die vorab geäußert wurden, konkret meinen.

Um den Anklagepunkt der Magie in seiner Prägnanz verstehen zu können, werden folgend die vielfältigen Dimensionen des Begriffs aufgegriffen. Neutestamentliche Texte und frühchristliche Schriften, die Magie thematisieren, werden exemplarisch erwähnt, damit der Vorwurf besser in den Kontext der Zeit eingeordnet werden kann. Darin integriert wird ein kurzer forschungsgeschichtlicher Überblick gegeben, der die aktuellen Diskussionen zu diesem Vorwurf aufzeigt.

1. Texte des ersten Jahrhunderts n. Chr. geben zu verstehen, dass der Gebrauch des Wortes wie auch das Verständnis der Tat vielfältig und eine positive wie negative Konnotierung möglich ist.[200] Wunder tun und Magie betreiben stehen einerseits nebeneinander und fallen andererseits zugleich ineinander:[201] „Das frühe Christentum war also nicht nur von frühester Zeit an gezwungen, sich mit dem Vorwurf der Magie von außen auseinanderzusetzen. Auch die frühen Christen waren und blieben natürlich Kinder ihrer Zeit, einer Zeit, in der magische Phänomene und Praktiken etwas vollkommen Selbstverständliches, wenn auch nicht unbedingt offiziell Anerkanntes waren."[202]

---

[200] Zur Entwicklung des Begriffs siehe den ausführlichen Beitrag von FRENSCHKOWSKI, Magie 857–957: Der iranische Ursprung des Wortes mit der Bezeichnung eines medischen Priesters bzw. seiner Kultpraktiken hat sich verändert. Vorhellenistisch ändert sich das Verständnis hin zu Zauberer bzw. Scharlatan. Das Wortfeld „magos" wird bald schon von dem Wortfeld Zauber überlappt. In antiken Sprachen gibt es zunächst zahlreiche Ausdrücke, das Wortfeld Magier/Magie abzudecken, in hellenistischer Zeit wird beispielsweise das griechische Wort γόης in seiner Bedeutung „Zauberer" vom griechischen Wort μαγός verdrängt. In der paganen Spätantike, Mittel- und Neuplatonikerzeit „wird versucht, zwischen höheren u. niederen, legitimen u. illegitimen, achtbaren u. verachtenswerten Formen der M. zu unterscheiden […]." Zu den Hauptquellen der heutigen Kenntnisse über Magie gehört vor allem auch das Corpus magischer Papyri. Sie differenzieren zwischen Magie als Dienstleistung eines Spezialisten für einen bezahlenden Klienten und magischen Ritualen für private Zwecke. Als konstituierende Elemente gelten dabei grundlegend eine Vorbereitungsphase, eine sich zeitlich länger streckende Durchführungsphase mit besonderen Worten, Handlungen und Gegenständen an bestimmten Orten und zu einer bestimmten Zeit und im Beschwörungsfall eine Entlassung des Numen. Frenschkowski weist auch auf den engen Zusammenhang zwischen Magie und Mysterien hin, oftmals gibt es magische Rituale in engem Zusammenhang mit Initiationen. Die Texte der Hebräischen Bibel wie auch der Septuaginta geben vielfach Zeugnis von magischen Praktiken oder ähnlichen Vorgängen, wobei „zahlreiche Dislegitimierungstexte gegen magische Praktiken" vorhanden sind, die „von einer deutlichen theologischen M.kritik im Dienste der Fremdgötterpolemik" sprechen, die auch zur „Vorgabe jüdischer u. christlicher Positionen zum Thema" werden, so FRENSCHKOWSKI, Magie 892.

[201] BUSCH, Magie 18, betont, dass im Bewusstsein der Bedeutungsvielfalt des Begriffes Magie das Verständnis von Magie in einzelnen Texten betrachtet werden soll. Zur grundlegenden Differenzierung lehnt sich Busch dem TRE-Beitrag von RATSCHOW an und legt diesem seine weiteren Ausführungen zugrunde; er unterscheidet zwischen „1. ‚Magie' als Wissenschaft und Weisheit von den göttlichen Kräften in der Natur und Schöpfung (magia naturalis), 2. ‚Magie' als praktische Nutzung dieses Wissens in Divination, Orakel und Zauberei, und 3. Betrügerische Zauberei".

[202] So treffend auch NICKLAS und KRAUS, Antikes Christentum und „Magie" 222.

Die Apostelgeschichte erzählt beispielsweise, wie Magie im Kontext von Mission bzw. Glaubensausbreitung zusammentreffen: Magie wird abgelehnt – Zauberbücher werden verbrannt (Apg 19,19) – oder sie wirken ineinander, wenn sich Türen öffnen (Apg 12,7) oder dem Schatten des Petrus (Apg 5,15) und dem Schweißtuch des Paulus (Apg 19,12) heilende Wirkung zugesprochen wird. „Das Szenario Mission – M., verbunden mit dem M.vorwurf gegen die Christen, erweist M. als Wettbewerbsfaktor in der Konkurrenz der Religionen", so *Frenschkowski*.[203]

Eine Studie von *Klauck* zu Magie und Heidentum in der Apostelgeschichte analysiert das Aufeinandertreffen von christlichem Glauben auf antike religiöse Strömungen. Diese zeigt, dass sich anstatt einer „geschlossenen Beschreibung des polytheistischen Systems oder der Praxis der Magie [...]" vielmehr ein „recht breites und buntes Bild [...]" ergibt. Interessanterweise fehlt bei aller Kritik der Formen „eine massive und frontale Polemik; an deren Stelle tritt feine Ironie mit gelegentlichen parodistischen Glanzlichtern",[204] so *Klauck*. Um dennoch eine Grenze zwischen christlichen und magischen bzw. heidnischen Praktiken zu ziehen, versucht der Evangelist, seine Wundertäter von den anderen abzuheben. *Klauck* kommt zu dem Ergebnis, dass dies unter anderem durch die klare Trennung zwischen Gott und Mensch und deren Bereichen, die Vermeidung des Personenkultes oder den Verzicht auf Profit und Gewinn aus den Wundertaten geschieht.[205]

In den kanonischen neutestamentlichen Evangelien zeigt z.B. Mk 3, dass das Verständnis von Wunder tun und Magie betreiben sehr nahe beieinanderliegt: Jesu Heilungen von Mitmenschen beispielsweise bot Gegnern das Feld, ihm magische Taten bzw. die Nähe zu magischen Praktiken zu unterstellen.[206] Die Austreibung von bösen Geistern wird von Schriftgelehrten als Tat im Namen des Bösen verstanden.[207]

---

[203] Siehe FRENSCHKOWSKI, Magie 922.

[204] KLAUCK, Magie und Heidentum 136.

[205] Vgl. KLAUCK, Magie und Heidentum 137–138. *Marguerat* untersucht zwei Erzählungen der Apostelgeschichte, Apg 8 und 13, und stellt fest, dass das Vokabular und der Kontext von Erzählungen entscheidend sind, um eine Tat als Wunder bzw. Magie einordnen zu können. Die Bedeutung von Wundern muss differenziert betrachtet werden, „their meaning must be stated, clarified, corrected by the apostolic word [...]." Wunder und Worte haben Glauben zur Folge. Diese drei Komponenten – Wunder, Wort und Glaube – interagieren und bedingen sich auf verschiedene Weise und helfen, Wundertaten bzw. Wundertäter einzuordnen. Siehe MARGUERAT, Magic 123. Frenschkowski untersucht dahin gehend paulinische Literatur und folgert, diese sei eher von „der tiefen Überzeugung einer eschatologischen Überwindung der kosmisch-astralen, zuweilen dämonologisch konnotierten ‚Mächte und Gewalten'" (FRENSCHKOWSKI, Magie 921) geprägt.

[206] Vgl. FRENSCHKOWSKI, Magie 917–918.

[207] Zur Frage nach demVerhältnis von Religion und Magie vgl. auch AUNE, Magic 229–294, und BUSCH, Magie 11–21.

2. In der Alten Kirche „[...] wird die Zusammenstellung von M. und Mantik mit Götzendienst bzw. einem illegitimen Verkehr mit dämonischen Mächten [bestimmend]":[208] Dies zeigen Texte von altkirchlichen Autoren wie Tertullian,[209] der das Christentum gegen Magieverdacht verteidigt und in diesem Zusammenhang Magie von bösen Engeln herleitet (z.B. Tert. apol. 35,12: Eadem officia dependunt et qui astrologos et haruspices et augures et magos de Caesarum capite consultant; quas artes ut ab angelis desertoribus proditas et a deo interdictas ne suis quidem causis adhibent Christiani), die Didache,[210] die den Umgang mit Magie und allen Kontakt mit Wahrsagern und dergleichen verbietet ([...] οὐ μαγεύσεις 2,2; τέκνον μου, μὴ γίνου οἰωνοσκόπος, ἐπειδὴ ὁδηγεῖ εἰς τὴν εἰδωλολατρίαν, μηδὲ ἐπαοιδὸς μηδὲ περικαθαίρων, μηδὲ θέλε αὐτὰ βλέπειν <μηδὲ ἀκούειν>· ἐκ γὰρ τούτων ἁπάντων εἰδωλολατρία γεννᾶται 3,4; Ἡ δὲ τοῦ θανάτου ὁδός ἐστιν αὕτη· [...] μαγεῖαι [...] 5,1), oder Justin,[211] der zunächst selber in seiner vorchristlichen Zeit Magie praktiziert und dann ablehnt und diesbezüglich schreibt, christlicher Exorzismus im Namen Jesu sei erlaubt, jüdischer Exorzismus mithilfe von Räucherungen und Zauber aber abzulehnen.

Origenes[212] berichtet von Magievorwürfen an Jesus von Seiten des Celsus: Dieser fordere aus „bitterer Ironie"[213] zum Glauben daran auf, dass Jesus die Werke getan habe. Daraufhin setzt Celsus die Taten Jesu mit Werken von Wundertätern gleich (Or. Cels. I, 68a–b: ὅσα περὶ θεραπειῶν ἢ ἀναστάσεως ἢ

---

[208] FRENSCHKOWSKI, Magie 926. Im Kontext der Diskussionen um das Phänomen Magie wird immer wieder die Frage gestellt, inwiefern Religion und Magie zusammenhängen, wie sie unterschieden und welche Kriterien dafür aufgestellt werden können. Busch formuliert nach einer knappen Darstellung der Diskussionen diesbezüglich treffend: „‚Magie' und ‚Religion' scheinen derart miteinander verwandt, dass eine religionsphänomenologische Unterscheidung nach klaren Kriterien nicht möglich ist." Er ordnet, in Anlehnung an AUNE, Magic 229–294 (260–263), der im Zusammenhang der Frage nach dem Verhältnis zwischen Magie und Religion den soziologischen Magiebegriff im Gegensatz zu absoluten Definitionen darstellt, Magie in das „weite Feld der Religion als eine mögliche Ausdrucksform ein [...]" und schlägt vor, Magie „von den soziologischen Bezugsgrößen bestimm[en] und definier[en]" zu lassen. So werden Magie und Religion nicht absolut gesetzt und definiert, sondern „in Relation zu ihrem jeweiligen zeitgenössischen Bezugsrahmen beschr[ieben]", so BUSCH, Magie 17.

[209] Der lateinische Text ist der Ausgabe von BECKER, Tertullian, Apologeticum, entnommen.

[210] Der griechische Text der Didache ist der Ausgabe von LINDEMANN und PAULSEN, Die Apostolischen Väter, entnommen.

[211] Siehe Iust. 1apol. 14,1 und 2 oder Iust. dial. 85,3 (ed. MARCOVICH bzw. MUNIER) und FRENSCHKOWSKI, Magie 921–931, der weitere Textbelege bei oben genannten altkirchlichen Autoren und darüber hinaus nennt.

[212] Der griechische Text ist der Edition von MARCOVICH, Origenes, Contra Celsum, entnommen.

[213] So treffend LONA, Kelsos 117.

περὶ ἄρτων ὀλίγων θρεψάντων πολλοὺς ἀναγέγραπται, ἀφ' ὧν λείψανα πολλὰ καταλέλειπται, ἢ ὅσα ἄλλα οἴεται τερατευσαμένους τοὺς μαθητὰς ἱστορηκέναι, καὶ ἐπιφέρει αὐτοῖς· Φέρε πιστεύσωμεν εἶναι σοι ταῦτ' εἰργασμένα. Καὶ εὐθέως κοινοποιεῖ αὐτὰ πρὸς τὰ ἔργα τῶν γοήτων, ὡς ὑπισχνουμένων θαυμασιώτερα [...]).

Apokryphe Apostelakten zeigen sich dann als Texte, die das Thema Wunder – Magie breit, aber ohne theologischen Hintergrund diskutieren[214] und die Magievorwürfe gegen Christen kennen, so z. B. gegen Paulus in den Paulus- und Theklaakten. Diese Texte sind ein „wichtiges Zeugnis für das altkirchl. M.imaginarium als eigener Teil der Erzählwelt früher Christen", so *Frenschkowski*.

Für die vorliegende Analyse ist entscheidend, dass sich der Ausdruck μάγος in dieser Zeit auch zunehmend als ein Begriff erweist, der juristische Relevanz hat. „Alle antiken Gesellschaften kennen ein Konzept illegitimen Zaubers, der oft auch Gegenstand strafrechtlicher Verfolgung ist."[215] Im zweiten Jahrhundert wird der Begriff an vielen Stellen als Anklage gebraucht, die zur Todesstrafe führen kann. Ausschlaggebend ist dabei nicht die Magie an sich oder die Ausübung von Magie. Vielmehr ist es der Schaden, der durch Ausübung von Magie entstehen kann, gegen den juristisch vorgegangen wird.[216]

Dic Verteidigungsrede des Apuleius von Madaura in einem Magieprozess des zweiten Jahrhunderts gibt Aufschluss über die Argumentationsweise in einem derartigen Prozess und zeigt, welches Ausmaß der Vorwurf der Magie für die Paulusfigur der Paulus- und Theklaakten bedeutet: Apuleius, ein junger Philosoph, wird beschuldigt, ein Magier zu sein, der mit Zauber eine verwitwete Frau verführt und so deren Familie um ihren Besitz gebracht haben soll. Die Schrift Apologia sive de magia[217] berichtet von der Vorgeschichte und dem Prozess, der zwischen 159 und 161 in Sabrata geführt wurde. Apuleius hält eine Verteidigungsrede, die auf die Anklagepunkte eingeht

---

[214] Marguerat stellt, um die Verwendung des Begriffs innerhalb der Erzählung der Paulus- und Theklaakten einordnen zu können, eine entscheidende Frage: „Is the label of μάγος functional or defamatory?" Zwei grundlegende Verwendungsweisen könnten in der antiken christlichen Literatur unterschieden werden: „[...] either it designates the practice of astrology, dream divination, prediction and healing, or it negatively refers to an activity of charlatanism, illusionism, and business with the spirits", so MARGUERAT, Magic 115 mit Verweis auf GRAF, La magie 75–105.

[215] FRENSCHKOWSKI, Magie 947.

[216] Magie, die Schaden mit sich bringt, wurde nach antikem römischem wie griechischem Recht den Gesetzen gegen Giftmischerei zugeordnet. Diese wiederum wurde strafrechtlich verfolgt. Die Bestrafung von Magie an sich – nicht nur des daraus folgenden Schadens – kam erst in nachkonstantinischer Zeit auf. Vgl. BUSCH, Magie 117–118.

[217] Die griechischen Texte wie deren Übersetzungen sind der Edition von HAMMER-STAEDT u. a., Apuleius, Über die Magie, entnommen.

und Gegenargumente vorbringt. Neben zahlreichen kleineren Vorwürfen – diese reichen von der Verfassung von Liebesgedichten bis hin zur Äußerung, dass er ein schöner und redegewandter Philosoph sei (9,1; 4,1) – ist einer der Hauptanklagepunkte gegen ihn, er sei Magier (25,4) und habe eine lange allein lebende Witwe durch Zaubersprüche zur Heirat (67,2) und sie und ihre Familie so um ihre Reichtümer gebracht.

Die letzten beiden genannten Anklagepunkte gehen inhaltlich in dieselbe Richtung, in welche die Figur Paulus in den Paulus- und Theklaakten gedrängt wird. Der Vorwurf des Magierseins und das Verführen von Frauen, die ihr Leben anderweitig geplant hatten, sind den beiden Angeklagten gleich.

Peter Busch verweist auf den Zusammenhang der beiden Schriften und nennt folgende Punkte, die in den Paulus- und Theklaakten als „magisch" gedeutet werden könnten: Der Ausdruck „δέω/δεδεμένη" (9), mit dem die Mutter Theoklia das Verhalten ihrer Tochter beschreibt, spiele auf eine „magische Defixion" an. Die Beschreibung der äußerlichen Erscheinung des Paulus, die eher wenig anziehend wirke, sei bewusst so gehalten, um dem Vorwurf, er verzaubere durch seine Schönheit – wie es bei Apuleius der Fall ist, der allerdings seine unschönen Haare dagegenhält –, zu entgehen. Der Erfolg, den Paulus in der Mission und vor allem bei den jungen Frauen habe, lasse ihn vor den Stadtbewohnern als Magier erscheinen, der Frauen mit einem Liebeszauber verführe. Er selbst hält dagegen und erklärt, er habe die Lehre, die so viele zur Nachfolge aufrufe, von Gott als Offenbarung erhalten (17).[218]

Der Prozess des Apuleius zeigt dem Leser der Paulus- und Theklaakten einerseits nochmal, welches Ausmaß die Anklage als Magier für Paulus hätte haben können: Für den Vorwurf des Christseins droht ihm die Todesstrafe. Der Vergleich der beiden Texte zeigt andererseits, dass auch im zweiten Jahrhundert die Phänomene Magie und Religion eng verwoben sind und die Deutung von Praktiken in diesen Bereichen vom jeweiligen sozialen Kontext abhängig ist: Was von der einen Seite als Magie aufgefasst wird, kann von der Gegenseite als Wirken Gottes verstanden werden. Gleichzeitig bedeutet der Magievorwurf, dass sich Paulus sozial aufgrund seiner Praktiken außerhalb der gesellschaftlichen Norm gestellt hat.[219] Durch die Darstellung unterschiedlicher Blickwinkel auf die Figur Paulus zeigt der Text wiederum einen Kontrast der beiden Welten, die sich nie begegnen und zugleich immer mehr voneinander trennen.

---

[218] Vgl. BUSCH, Magie 130–131, der die Akten des Paulus und der Thekla mit dem enthaltenen Magievorwurf gegen Paulus als Beispiel für christliche Magiepolemik anführt.

[219] Vgl. dazu die Magietheorien in der Übersicht von AUNE, Magic 229–294.

(c) Ein Vergleich mit christlichen Martyriumserzählungen

Das Verhalten Theklas bei der Vernehmung gleicht wiederum dem von Märtyrern, wie es antike christliche Erzählungen schildern. Exemplarisch stellen folgende zwei Aspekte diese Parallelen dar:

Thekla antwortet den Fragen des Prozessführers nicht und schweigt. Dieses Motiv findet sich auch im Martyrium des Polykarp:[220] Polykarp soll wie Thekla bei lebendigem Leib verbrannt werden, da Tierhetzen nicht mehr erlaubt seien (τότε ἔδοξεν αὐτοῖς ὁμοθυμαδὸν ἐπιβοῆσαι, ὥστε τὸν Πολύκαρπον ζῶντα κατακαῦσαι MartPol 12,3). Wie Thekla schweigt er bei den Verhandlungen zunächst und antwortet erst auf die weiteren Fragen ὁ δὲ τὰ μὲν πρῶτα οὐκ ἀπεκρίνατο αὐτοῖς, ἐπιμενόντων δὲ αὐτῶν ἔφη (MartPol 8,2). Die Figur Thekla antwortet im ersten Erzählteil nicht, erst im zweiten Erzählteil spricht sie mit dem Statthalter.[221]

Als weiterer Vergleichspunkt gilt neben dem Verhalten Theklas dem fragenden Statthalter gegenüber die Schilderung ihres Vertrauens zu Paulus während der Verhandlungen, das infolge einer „Erscheinung" dessen bestärkt wird: Nach dem Urteil und dem Abtreten des Statthalters vom Richterstuhl in das Theater, wohin auch die Volksmenge folgt, gibt die Erzählung nochmals eine genauere Beschreibung der Figur Thekla: Mit dem Bild des Lammes, das in der Wüste nach dem Hirten sucht, wird ihre Suche nach ihrem Lehrer Paulus verglichen. Darauf wird eine Vision geschildert, die ihr den Herrn wie Paulus zeigt. Wiederum können die Perpetua- und Felicitasakten als ein weiterer Vergleichstext herangezogen werden – die Parallele ist schwach, aber meines Erachtens erwähnenswert: Beide Frauen, Perpetua und Thekla, haben im Kontext der Vernehmungen eine Erscheinung: Thekla sieht direkt nach den Verhandlungen den Herrn in der Gestalt des Paulus, Perpetua berichtet im Zusammenhang der Träume, die sie während des Kerkeraufenthaltes schildert, von *adolescentes decori*, die ihr Hilfe und Unterstützung gäben (10).[222]

---

[220] Der griechische Text des Martyriums des Polykarp wie die deutsche Übersetzung ist der Ausgabe von LINDEMANN und PAULSEN, Die Apostolischen Väter, entnommen.

[221] Das Schweigen wie auch das Schreien der Märtyrer ist ein Motiv, das in Märtyrerakten (Belege bei NICKLAS, Leiblichkeit 208–212) sowie beispielsweise auch in EvPetr 10 oder AscIsa 5,14 vorkommt. Das Schweigen des Gottesknechtes aus Jes 53,7 ist eine alttestamentliche Parallele des Motivs. Die Analyse der Szenen in ihrem Kontext zeige aber auch, dass das Schweigen einen Zustand zum Hintergrund habe, in dem es dem Märtyrer gelinge, „[...] sich völlig vom Fühlen des Fleisches zu absorbieren und in Gott zu verweilen", so NICKLAS, Leiblichkeit 212.

[222] Siehe auch die Ephesusschilderung der Paulusakten: 3,12–15 berichtet von der Erscheinung eines Knaben, der Paulus aus dem Gefängnis befreit, indem er ihm die Fesseln löst. Dieser wird mit verschiedenen Attributen beschrieben: ein παῖς („Knabe") mit einer λείαν εὐειδὴς ἐν χάριτι (ταῦτα Παύλου εἰσῆλθεν παῖς λείαν εὐειδὴς ἐν χάριτι [15] καὶ ἔλυσεν τὰ δεσμὰ Παύλου μειδειάσαντος τοῦ παιδός [16] καὶ εὐθέως ἀνεχώρησεν; „und während Paulus dieses Zeugnis ablegte, kam ein in seiner Anmut sehr schöner Knabe herein und löste

(d) Johanneische Elemente

Insgesamt erinnern viele Merkmale der Prozessschilderung an die johanneische Schilderung des Prozesses Jesu vor Pilatus (Joh 18,28–19,16a). Das Urteil gegen Paulus und Thekla fällt nicht alleine der Statthalter, vielmehr beeinflusst das Volk die Urteilsfindung (vgl. die Beteiligung des Volkes an der Urteilsfindung des Pilatus, Joh 18,28–19,16a), der Verrat von Bekannten wie der Mutter Theoklia und der Reisebegleiter Demas und Hermogenes (vgl. dazu den Verrat Jesu durch Petrus, Joh 18,15–27), das Schweigen der Angeklagten Thekla (vgl. das Schweigen Jesu beim Verhör vor Pilatus, Joh 19,9), die Positionierung des Urteilsvollstreckers, des Statthalters, der sich zunehmend auf die Seite der Angeklagten stellt (vgl. das Verhalten des Pilatus bei Verhör und Urteilsfällung im gesamten Prozess, Joh 18,28–19).

Neben den oben bereits erwähnten Elementen werden noch zwei weitere kurz ausgeführt:

Das Bild des Lammes in der Wüste erinnert in Grundzügen an die Rede vom Guten Hirten in Joh 10 und die Erzählungen vom Guten Hirten in

---

die Fesseln des Paulus, wobei der Knabe lächelte. Und sogleich ging er wieder weg"). Im selben Erzählkontext ist nochmal von einem jungen Mann die Rede, der Paulus und den Frauen auf dem Weg zur Taufe am Meer vorangeht und den Weg erhellt: [28] καὶ νεανίσκ[ος ὅ]μοι[ο]ς ..[....σῶ]μα Παύλου φαίγ[ων] [29] οὐ λύχνῳ ἀ[λλὰ] ἀπὸ τῆς τοῦ σῷ[ματος ἁγιω]σύν[η]ς προῆγεν [30] αὐτούς, ὥσ[τε ἐ]γγίσαι [ἐ]π[ὶ] τὴ[ν θάλασσαν καὶ ἀπέ]ναντι ἱστήκει [31] ὁ φένων ε[....]ν; „und ein Jüngling war [gleichend am Leibe] dem Paulus, leuchtend nicht mit einer Lampe, [sondern] von der [Heiligkeit] des Körpers, ging ihnen voran, bis sie sich näherten dem [Meere und] gegenüber trat der Leuchtende"). Der Jüngling (νεανίσκ[ος) wird mit den Verben προάγω und ἵστημι als einer beschrieben, der den Befreiten vorausgeht und (ihnen?) gegenübertritt, sobald sie sich dem Meer genähert haben. Zahlreiche Attribute werden seiner Figur und seinem Auftreten zugesprochen. 3,28 besagt, er sei „dem Paulus gleich" (ὅ]μοι[ο]ς ..[....σῶ]μα Παύλου). In 3,28–29 wird er als „leuchtend" (φαίγ[ων]) und mit einem σῶμα ἅγιον („heiligen Leib") beschrieben. Mithilfe eines substantivierten Partizips, das einen Artikel enthält, ὁ φένων (φαίνων), wiederholt sich in 3,31 die Aussage von 3,28–29, sie wird sogar in dieser grammatikalischen Konstruktion, die der Hervorhebung des Prädikatsnomens dient, nochmals verstärkt. Der Ausdruck νεανίσκ[ος] („Jüngling") stellt auf den ersten Blick eine inhaltliche Verbindung zu 3,13 her. Beide Male ist von einem männlichen Wesen die Rede, das als jung und äußerlich schön geschildert wird. Ist das erste Auftreten allein mit der Tätigkeit verbunden, die Fesseln des Paulus zu lösen und dann wieder wegzugehen, so wird nun durch die Worte „er tritt gegenüber" ([ἀπέ]ναντι ἱστήκει) berichtet, dass er auch nach seiner Aufgabe – dem Vorangehen und den Weg in der Dunkelheit zu erleuchten – anwesend bleibt. Nach dem Gebet wird der Jüngling nochmals näher beschrieben. Die Erzählung berichtet, dass er πάλιν μιδιάσαντος („wieder lächelte" [er] 4,1–2). Das πάλιν verweist eindeutig auf die Szene im Gefängnis, wo vom schönen Knaben ausgesagt wird, dass er beim Lösen der Fesseln des Paulus lächelt. Hiermit wird auch deutlich, dass der Befreier des Paulus und der Jüngling, der leuchtend vorangeht, dieselbe Figur meint, obwohl sie mit unterschiedlichen griechischen Begriffen bezeichnet wird – in 3,13–14 wird sie als παῖς („Knabe"), in 3,28 wie in der eben untersuchten Passage 4,2 als νεανίσκος („Jüngling") vorgestellt.

Mt 18,12–14 oder Lk 15,1–10 (atl. Ez 34). Wie ein ἀμνὸς ἐν ἐρήμῳ sucht Thekla nach ihrem Hirten (περισκοπεῖ τὸν ποιμένα). Da die Wortwahl in den Paulus- und Theklaakten nicht den kanonischen Versen entspricht, ist es durchaus möglich, mit *Pervo* vielmehr Mk 6,34 als Hintergrund der Erzählung und damit eine weitere Parallelisierung von Paulus mit Jesus zu sehen: Im Markus- und im Matthäusevangelium ist die Rede von Jesus, der Menschen mit Schafen vergleicht, die keinen Hirten haben, und aus diesem Grund mit ihnen Mitleid hat. An dieser Stelle wird Paulus als Hirte, der sein Schaf sucht, dargestellt.[223] Das Element Mitleid wird in der Erzählung um Thekla nicht explizit zum Ausdruck gebracht. Dass Paulus mit Thekla Mitleid haben kann, ist aber aufgrund des Gebetes, das er für sie im Anschluss spricht (24), möglich.

Im Gegensatz zu den kanonischen Texten ist es Thekla, die auf die Suche nach ihrem Hirten geht. Das Lamm, das einerseits auf Hilfe, Schutz und Führung durch den Hirten angewiesen ist, wird andererseits als aktiv handelnd gezeichnet. *Esch* fasst in diesem Zusammenhang treffend zusammen, der Vergleich Theklas mit einem Lamm bringe „[…] Hilflosigkeit und Bedürfnis nach geistiger Führung, […] ihre Unschuld und Opferbereitschaft für den christlichen Glauben und […] ihr[en] Tatendrang" zum Ausdruck.[224] Der Hinweis der Figur Thamyris in Abschnitt 16, dass er nicht genau wisse, woher Paulus sei, erinnert auch an johanneische Sprache. Πόθεν ist im Johannesevangelium Signalwort für göttlichen Ursprung, ein „von Gott her kommen".[225] Damit wird dem Paulus von der Gegenseite ein Zu-Gott-Gehören zugesprochen.

Diese Einspielung von verschiedenen johanneischen Elementen rückt die Figuren in ein neues Licht: Die Figur Thekla wird, was den Prozessverlauf angeht, zum einen Jesus ähnlich geschildert, zum anderen ist sie die nach Orientierung Suchende. Die Erzählung zeigt mithilfe narrativer Umsetzung bekannter Motive aus den kanonischen Texten, dass Thekla immer mehr die Seite wechselt. Durch die Charakterisierung mit Elementen, die ein antiker Glaubender kennt und Jesus zuschreibt, kann der Leser die Figur Thekla immer mehr zuordnen. Die Aufnahme eines sehr vertrauten biblischen Bildes,

---

[223] Vgl. PERVO, Acts of Paul 134.

[224] ESCH, Thekla und die Tiere 162–163.

[225] Im Johannesevangelium fungiert πόθεν als Signalwort. Es wird verwendet, um die Herkunft Jesu selbst und seiner Lehre zu thematisieren. Meist gebrauchen es Figuren des Textes, so z. B. Natanael, der Jesus fragt, woher er ihn kenne (Joh 1,48), der Speisemeister (2,9), der nicht weiß, woher der Wein kommt, oder die Frau am Jakobsbrunnen (3,8), die nach dem Woher des Wassers des Lebens fragt, das Jesus erwähnt. Der Leser soll durch die Verwendung des Wortes nach und nach angeleitet werden, diese Frage nach dem Woher mit „von Gott her" zu beantworten. Vgl. dazu bspw. THEOBALD, Evangelium nach Johannes 215, der die Frage nach dem Woher auch als „zentrale[s] Strukturelement […] der johanneischen Christologie" bezeichnet.

des Hirten, durch die Paulus- und Theklaakten und die „Umformung" dessen – anstelle von Jesus wird Paulus zum Hirten Theklas – zeigen, wie weit Thekla auf ihrem Konversionsweg schon vorangeschritten ist. Dass ihr Wechsel der Welten noch nicht ganz vollzogen ist, zeigt das Motiv der Suchenden.

(e) Einordnung des Prozesses in den Erzählplot

Die Analysen zeigen, dass der Text zwar vordergründig nicht an der Einhaltung juristischer Details interessiert ist, der Plot aber zugleich auch nicht beliebig und an historischen Begebenheiten vorbei erzählt wird. Es wird ein Prozess geschildert, der von Ankläger, Prozessführer und Angeklagten sowie einer aufgewiegelten Menge berichtet.[226] Schon die Anklage gegen Paulus zeigt jedoch, dass der Text nicht an juristischer Stringenz interessiert ist: Die Ankläger bringen einer zu der Zeit echten Anklagepunkt vor, Magie, zugleich nennt der Text als einen weiteren Vorwurf, der als Denunziation zu verstehen ist, das Christsein. Dabei kommt dieser Vorwurf von Seiten der eifersüchtigen Figur Thamyris, der diesen wiederum erst durch die Beratung der beiden „falschen Charaktere" vor dem Statthalter ausspricht. Die Untersuchung des Prozesses zeigt also ein Agieren der einzelnen Charaktere, ein Reden bzw. Nichtreden, das in den Plot einer Konversionsgeschichte passt, die als ein Wechsel zwischen Welten gelesen werden kann. Der Erzähler nutzt die Szenen im Kontext des Prozesses dazu, die Charaktere weiter zu zeichnen. Juristische Aspekte werden nicht in allen Details erwähnt und scheinen dadurch zunächst zweitrangig, sie dienen jedoch dazu, die Erzählung in einen Kontext einzubetten, der den Prozess historisch verortet und ihm eine authentische Note verleiht.

Nach dem Verhör fällt der Statthalter ein Urteil. Für Paulus lautet dies Geißelung und Verbannung aus der Stadt, für Thekla das Verbrennen auf dem Scheiterhaufen.[227] Vor allem im Vergleich der beiden Urteile – Theklas Strafe fällt härter aus – scheinen die Entscheidungen nicht nachvollziehbar und zugleich unlogisch. Paulus trifft eigentlich größere Schuld als Thekla. Eine Erklärung dafür kann sein, dass das Urteil über Paulus eng mit dem Plot des Textes in Verbindung steht: Durch das Urteil, das Geißelung und Vertreibung aus der Stadt bedeutet, wird an dieser Stelle der Erzählung ein Bogen geschlagen, der beide Teile der Erzählung verbindet. Paulus muss „gerettet" und aus der Stadt vertrieben werden, um eine weitere Episode in Antiochien zu ermöglichen.

---

[226] Zur Rechtsgrundlage der Prozesse des Paulus, wie sie die Apostelgeschichte schildert, vgl. OMERZU, Der Prozeß des Paulus.

[227] Die Urteilsfällung in Bezug auf Paulus kann als Anklang an die Aufzählung der Leiden des Paulus in 2Kor 11 gesehen werden. Dort werden in Vers 24 und 25 unter anderem Schläge erwähnt, die der Apostel erlitten hat.

(5) Das Verhalten der Figur Thekla

Nach der Verurteilung Theklas zur Verbrennung ziehen der Statthalter und die Menge in das Theater, um das Schauspiel zu sehen. Von Thekla wird nicht explizit erwähnt, dass sie mitgeht, sondern sie hält Ausschau nach Paulus ὡς ἀμνὸς ἐν ἐρήμῳ περισκοπεῖ τὸν ποιμένα („wie ein Lamm in der Wüste nach dem Hirten umherschaut" 21). Diese Information gibt indirekt an, dass sie, wie Paulus, den Verhandlungsort verlassen hat. Der Erzähler stellt Thekla nach wie vor als ausschließlich auf Paulus ausgerichtet dar: Während der Vernehmung hat sie ihn fixierend im Blick (ἡ δὲ εἰστήκει Παύλῳ ἀτενί-ζουσα 20). Unmittelbar vor der Urteilsvollstreckung sucht sie ihn und sieht über die Volksmenge hinweg eine Gestalt. Deren Identifizierung erfolgt auf verschiedene Weise: Aus der Perspektive des Erzählers wird die Information gegeben, dass Thekla „den Herrn in der Gestalt des Paulus sitzen" sieht (εἶδεν τὸν κύριον καθήμενον ὡς Παῦλον 21), die Figur Thekla dagegen lässt der Erzähler äußern, sie sehe Paulus: Erstmals im Erzählverlauf spricht die Figur Thekla: Ὡς ἀνυπομονήτου μου οὔσης ἦλθεν Παῦλος θεάσασθαί με („Als ob ich nicht standhaft wäre, ist Paulus gekommen, um nach mir zu sehen" 21).[228] Sie verbleibt in der Haltung des Betrachtens, bis die Vision endet, indem er (der Herr/Paulus) in die Himmel entschwindet (ὁ δὲ εἰς οὐρανοὺς ἀπίει).

(a) Sieht Thekla Paulus oder den Herrn?

Eine Möglichkeit ist es anzunehmen, dass die Figur Thekla Paulus, den sie so sehr zu sehen wünscht (vgl. 20), in der Vision sieht. Die Gestalt des Herrn ist ihr nicht bekannt, Christus oder Gott bzw. den Herrn kennt sie nur aufgrund der Worte des Paulus, somit kommt ihr möglicherweise gar nicht in den Sinn, dass es jemand anderes als Paulus sein könnte, der ihr erscheint.

Aus der Perspektive Theklas ist es zunächst also Paulus, der erscheint. Der weitere Erzählverlauf zeigt dann aber deutlich, dass es nicht Paulus sein kann. Aus der Sicht des informierten Lesers dagegen ist es Christus.[229]

Möglich ist aber auch, dass die Erzählung durch dieses Element die Figur Paulus schon zu Lebzeiten mit göttlichen Merkmalen ausgestattet darstellt. Dann kann beispielsweise auch Gal 2,20 Hintergrund dieser Vorstellung sein: ζῶ δὲ οὐκέτι ἐγώ, ζῇ δὲ ἐν ἐμοὶ Χριστός. Die Aussage des Apostels im Gala-terbrief, „nicht mehr ich lebe, sondern Christus lebt in mir", würde dann vom

---

[228] Dass Thekla, wie PERVO, Acts of Paul 133, annimmt, an dieser Stelle des Erzähl-verlaufs „the world of romance" verlassen und nun eher „a shepherd rather than a lover" vor Augen hat, ist denkbar, meines Erachtens aber nicht evident.

[229] PERVO, Acts of Paul 134, weist in diesem Zusammenhang auch darauf hin, dass es literarisch nicht selten vorkomme, sich den verherrlichten Herrn mittels verschiedener Gestalten vorzustellen. Als Beispiele dafür nennt er Lk 24,13–35, Mk 16,12, Irenäus, haer. II, 22 und den Matthäuskommentar von Origenes 36.

Erzähler narrativ umgesetzt, indem er in der Schilderung der Vision Theklas Paulus so sehr als eins mit Christus darstellt, dass eine rein äußerliche Differenzierung zwischen den beiden nicht mehr eindeutig möglich ist.

Auf Theklas Weg zum Glauben an Gott Vater und Christus spielt die Figur Paulus eine besondere Rolle. Man kann sagen, Thekla findet zum Glauben, Mittler dahin ist für sie Paulus, der zwischen ihr und Gott/Christus steht. Hier ist von einer Beziehung zu Gott/Christus die Rede, die über die Figur des Paulus zustande kommt.

Diese Art der (Christus-)Beziehung begegnet auch im Brief des Paulus an die Philipper. Darin fordert Paulus die Philipper auf, sie sollten ihn nachahmen (Συμμιμηταί μου γίνεσθε, ἀδελφοί, καὶ σκοπεῖτε τοὺς οὕτως περιπατοῦντας καθὼς ἔχετε τύπον ἡμᾶς Phil 3,17). Der Weg führt dann mit der Nachahmung des Paulus und mit ihm zusammen zu Jesus Christus. *Peter Wick* analysiert diese Imitatio Pauli und Imitatio Christi im Philipperbrief und bezeichnet die durch Nachahmung entstehende Gemeinschaft als „Christusgemeinschaft", die ein „dynamischer Raum der Partizipation, der Transformation und der Imitation, nicht nur im Bezug auf Christus, sondern auch untereinander" ist.[230] Sehr ähnlich formuliert es auch der Erste Korintherbrief. Paulus fordert die Korinther auf: μιμηταί μου γίνεσθε καθὼς κἀγὼ Χριστοῦ (1Kor 11,1). So wie Paulus Christus nachahme, sollen die Korinther Paulus nachahmen. Anders ausgedrückt bedeutet dies, dass der Weg zu Christus über Paulus führt.

Der Autor der Paulus- und Theklaakten greift an dieser Stelle der Erzählung zentrale paulinische Gedanken auf und bringt sie durch ein Narrativ in seine Zeit. Die Vorstellung von Mimesis, so wie sie Erster Korinther- und Philipperbrief schildern, bilden einen theologischen Kontext und werden durch die Schilderungen über die Figur Thekla erzählerisch aufgenommen und umgesetzt.

Thekla wird nackt in die Arena geführt[231] und besteigt den Scheiterhaufen, der von Helfern bereitet wird, indem sie „die Form des Kreuzes machte" (ἡ δὲ τὸν τύπον τοῦ σταυροῦ ποιησαμένη 22).[232]

Dass einige spätere Handschriften zu dieser Passage vielfältige Varianten bieten, weist auf den großen Interpretationsspielraum hin, den die Worte bieten. Diese reichen von „signum crucis" (Latein A), über „extensis manibus

---

[230] WICK, Imitatio Pauli und Imitatio Christi 325.

[231] Als Vergleich kann beispielsweise wiederum das Martyrium des Polykarp herangezogen werden: Dieser wird bei lebendigem Leib verbrannt, er legt vorher seine Kleider ab (ἀποθέμενος ἑαυτῷ πάντα τὰ ἱμάτια καὶ λύσας τὴν ζώνην ἐπειρᾶτο καὶ ὑπολύειν ἑαυτόν 13,2). Von Thekla heißt es, sie werde nackt hereingeführt (22). Für weitere Belege in den Märtyrerakten siehe NICKLAS, Leiblichkeit 206–208.

[232] PERVO, Acts of Paul 137, nennt weitere Textzeugen, die diese Erzählpassage kreativ ergänzen: So werde z.B. das Kreuzzeichen auf der Stirn gemacht oder Thekla werde sogar mit ausgebreiteten Armen vorgestellt, sodass der ganze Körper eine Kreuzform annehme.

similitudinem crucis" (Latein B) bis hin zu zahlreichen Varianten dessen; „extendit manus in formam crucis" sei als Beispiel genannt. Jeffrey Morrow[233] versteht unter diesem Hinweis ein Kreuz, das sich Thekla auf die Stirn macht. Dies könne als Schutzzeichen verstanden werden, so wie es auch in frühem Juden- und Christentum der Fall gewesen sei. Er verweist dabei auf Offb 7,3, wo auch von einem Zeichen des Schutzes auf der Stirn die Rede ist.[234]

Hinsichtlich Offb 7,3 ist der Verweis nur insofern passend, als der Schutzfaktor gegeben ist. Die δοῦλοι erhalten aber nicht ein Zeichen des Kreuzes, sondern ein Namenssiegel: μὴ ἀδικήσητε τὴν γῆν μήτε τὴν θάλασσαν μήτε τὰ δένδρα, ἄχρι σφραγίσωμεν τοὺς δούλους τοῦ θεοῦ ἡμῶν ἐπὶ τῶν μετώπων αὐτῶν.[235] So bekreuzigt sich Thekla vor der geplanten Hinrichtung und erfährt dann Schutz von oben, wenn der Hagel einsetzt.

Die Erzählung um Thekla berichtet daraufhin vom Entzünden und Auflodern eines „mächtigen Feuers". Ein Vergleichstext ist hinsichtlich dieser Punkte wiederum das Martyrium des Polykarp. Dieser bekennt sich mehrfach zu seinem Gott und von ihm wird auch berichtet, dass er auf dem Scheiterhaufen ein Gebet spricht: [...] ἀναβλέψας εἰς τὸν οὐρανὸν εἶπεν· Κύριε ὁ θεὸς [...] (MartPol 14,1); [...] Ἀναπέμψαντος δὲ αὐτοῦ τὸ ἀμὴν καὶ πληρώσαντος τὴν εὐχήν, οἱ τοῦ πυρὸς ἄνθρωποι ἐξῆψαν τὸ πῦρ (MartPol 15).[236] Es folgt eine weitere Gemeinsamkeit der beiden Texte: Das Feuer kann weder Thekla noch Polykarp verzehren. Thekla kommt in Form von Niederschlag und Grollen Hilfe zu (vgl. ActPlTh 22), bei Polykarp heißt es, sein Leib könne nicht verbrannt werden vom Feuer (μὴ δυνάμενον αὐτοῦ τὸ σῶμα ὑπὸ τοῦ πυρὸς δαπανηθῆναι [...] MartPol 16,1).

Die Schilderung seines Martyriums zeichnet Polykarp nicht mehr nur christusähnlich, sondern vielmehr in der Funktion von Christus.[237] Vor dem Hintergrund des Martyriums des Polykarp erinnert die Hinrichtung Theklas ebenso an eine Kreuzigung: Diverse Elemente, die die Erzählung aufgreift – genannt seien an dieser Stelle beispielsweise das Bekenntnis zu Gott und ein

---

[233] Vgl. MORROW, Sign of the Cross 91.

[234] MORROW, Sign of the Cross 94. DINKLER, Kreuzzeichen und Kreuz 103–104 (aufgenommen in den Sammelband DERS., Signum Crucis, dort 40–41).

[235] Vgl. DINKLER, Geschichte des Kreuzsymbols 167–168 (aufgenommen in den Sammelband DERS., Signum Crucis, dort 20).

[236] Zu Gebeten in Märtyrerakten vgl. NICKLAS, Märtyrerakten 397–426.

[237] Vgl. dazu MOSS, Other Christs, die in ihren Analysen zunehmend aufzeigt, dass das Leiden der Märtyrer nicht dem Christi ähnlich sei, sondern diese vielmehr als weiterer/anderer Christus gezeichnet werden. Die Kapitelbezeichnungen von „The Other Christs" bringen dieses Verständnis klar zum Ausdruck: Nicht ein Märtyrer „suffering like Christ", sondern ein Märtyrer als „alter Christus" wird in den antiken christlichen Martyriumserzählungen beabsichtigt.

Beistand von oben – rücken die Schilderungen um Thekla in die Nähe einer Kreuzigung, wie sie kanonische Texte erzählen.[238]

Als weiterer Hintergrund dieser Szene ist neben dem Martyrium des Polykarp auch 1Kor 13,3 heranzuziehen: καὶ ἐὰν παραδῶ τὸ σῶμά μου ἵνα καυχήσωμαι, ἀγάπην δὲ μὴ ἔχω, οὐδὲν ὠφελοῦμαι. Der Apostel erwähnt im Zuge der Schilderung der höheren Gnadengaben den Leib, der dem Feuer übergeben wird. Im Feuer sterben an sich wird grundsätzlich positiv bewertet. Die ἀγάπη wird den Gaben in diesem Erzählzusammenhang zur Seite gestellt. Diese solle die Gnadengaben als gewissermaßen oberste Gabe begleiten.

Auch der Begriff ἀγάπη durchzieht die Erzählung um Thekla und Paulus und wird immer wieder verwendet, um die „Stimmung" der im Geist Gottes Versammelten zu beschreiben. Der Vers des Ersten Korintherbriefs mag auch als Hintergrund mitschwingen, wenn der Verfasser des Textes von der Verbrennung Theklas erzählt. Ein Leser, der die Perspektive einnimmt, Thekla sei zu Unrecht verurteilt, kann diese Verurteilung zur Verbrennung trotzdem mehr positiv denn als Strafe ansehen, wenn der biblische Kontext und dessen Aussage mitbedacht werden.

(6) Die Figur Gott

Im Erzählkontext der Verurteilung Theklas tritt eine weitere Figur auf. Die Rettung Theklas auf dem Scheiterhaufen geschieht durch ein „unterirdisches Grollen" (ἦχον ὑπόγαιον ἐποίησεν 22) und einen Wolkenbruch von oben (νεφέλη ἄνωθεν ἐπεσκίασεν ὕδατος πλήρης καὶ χαλάζης 22). Himmlische und irdische Gewalt werden in Bewegung gebracht, um Thekla vor dem Feuer zu bewahren. Der Erzähler gibt dazu die Information, dass Gott selbst der Lenker und Befehlshaber der Naturmächte ist: „Gott hatte Erbarmen" (ὁ γὰρ θεὸς σπλαγχνισθείς 22) mit Thekla und setzt sich mittels dieser Gewalten für sie ein. Gott, den die Erzählung zuvor durch das Bekenntnis des Paulus vor dem Statthalter schon implizit erwähnt hat (17), tritt nun aktiv in den Vordergrund. Er greift in das Geschehen ein und rettet Thekla. Dadurch übernimmt er einerseits eine Funktion, die dem Statthalter zustehen würde: Er wird Handlungssouverän und lenkt das Geschehen. Gott in dieser Funktion als leitender Souverän ist dem informierten Leser aus zahlreichen alt- und neutestamentlichen Texten bekannt: Gott ist es beispielsweise, der eine große Sintflut über die Erde kommen lässt (Gen 6,1–9,29), er ist es, der das Volk

---

[238] COOK, Crucifixion 213, untersucht lateinische, griechische, rabbinische und juristische Texte wie auch Inschriften, um die Kreuzigung im Römischen Reich einordnen zu können. Die Analyse stützt sich vorrangig auf terminologische Aspekte. Ergänzend werden weitere Elemente genannt, die eine Kreuzigung ausmachen, Feuer oder wilde Tiere beispielsweise sind Elemente der Folterung innerhalb des Kreuzigungsprozesses; vgl. auch die Schilderung der Todesvollstreckung von Maximinus, wie sie von Eusebius berichtet wird (Eus. h. e. VIII, 14,13).

Israel durch das Meer führt und vor den Ägyptern rettet (Ex 13,17–14,31) oder den Himmel bei der Taufe Jesu (Mk 1,9–11) öffnet. Alle diese Beispiele zeigen ihn als Gott, der aktiv handelnd in ein Geschehen auf Erden eingreift und der dabei sogar über Naturgewalten erhaben ist, wie es auch in der Erzählung über Thekla der Fall ist.

c) Zwischenergebnis

Die Figur Thekla wird immer mehr als Paulusverehrerin gezeichnet:[239] Die Erzählung stellt sie aus der Sicht der Figuren Thamyris und Theoklia, die eine Außenperspektive einnehmen, als dem Apostel anhängend und beinahe verfallen dar.

Aus der Sicht von bereits Glaubenden stellt das Geschehen um Thekla Schritte auf ihrem Weg der Konversion dar: Thekla sucht Paulus und ist kontinuierlich auf ihn ausgerichtet. Sie wird weder aufgefordert noch überzeugt, sondern ergreift von sich aus die Möglichkeit, ihrem Lehrer immer näher zu sein. Wie eine Schülerin verhält sich Thekla zu Paulus. Mit *Betz* kann ausgesagt werden, dass „Thekla [...] nur vordergründig von Paulus angezogen [wird], in Wahrheit ist er ihr Einstieg in eine sich immer deutlicher entwickelnde eigenständige Beziehung zu Christus, so dass sie ihm am Ende der Erzählung als gleichwertige Partnerin gegenübersteht."[240]

Die Beziehung intensiviert sich immer mehr, wobei Thekla die Initiative ergreift und sogar einen mutigen Schritt wagt, wenn sie nachts zu Paulus in das Gefängnis aufbricht. Mit dieser Kontinuität in ihrem Verhalten ist auch eine Zunahme des Glaubens verbunden. Theklas Glaube wächst und ändert

---

[239] „[...] Thekla is a devotee *of Paul*", so G. SNYDER, Acts of Paul 125. Snyder zeigt dies mithilfe der Analyse von vier Textpassagen auf (Acts of Paul 125–129). Als Erstes nennt er ActPlTh 3,18–19: „I would insist that it is Paul whom Thekla visited and note that Paul is portrayed not as a martyr in the *Acts of Paul and Thekla* – at least, when read separately from other *Acts of Paul* – but rather as a ‚holy man‘ whose powers are manifested in his bodily life". Dann erwähnt Snyder 3,21: „[...] that the Lord – Thekla's true Shepherd – appears as Paul in order for Thekla to gaze upon him and thus enable her endurance". Snyders Fazit für das dritte Beispiel (3,21) lautet daher: „Thekla fixes her eyes on the ascending Lord, and then, when she is brought into the theater naked, the ruler weeps and marvels at the power in her (22). It is therefore upon seeing the Lord as Paul that Thekla speaks her first words of the narrative; and it is after gazing upon him that there is power visible in her body and she endures the fire with God's help. As in the Iconian jail, here again we seem to have a cultic practice – gazing on an image of the apostle and thus seeing the Lord – that is followed by strengthening". Als viertes Beispiel nennt Snyder 4,42: „Following her prayer, Thekla is then able to bear witness (διαμαρτυροῦμαι, *Acts of Paul* 4,43) when she visits her birth mother Theokleia and calls upon her to trust that the Lord lives in the heavens, providing economic prosperity." Als Fazit für alle vier Beispiele könnte daher gesagt werden: „In these four passages Thekla is thus portrayed like a devotee who gains power from Paul." Die Hervorhebungen sind aus dem Original übernommen.

[240] BETZ, Worte 145.

sich im Lauf der Erzählung. Ihr Glaube kommt zuerst vom Hören. Das Sehen tritt hinzu, als sie viele junge Frauen beobachtet, die das Haus, in dem Paulus lehrt, betreten. Zunehmend ist sie fasziniert, und zum Hören, Sehen tritt nun auch eine weitere sinnliche Ebene hinzu: Sie möchte dem Apostel nahe sein und ihn berühren.

Dazu tritt eine äußerliche Komponente: Thekla zeigt ihre Zuneigung und Solidarität auf mehrfache Weise: der Weg zu Paulus ins Gefängnis, das Küssen seiner Fesseln und wenn sie wie „mitgefesselt durch ihre Liebe" vorgefunden wird. Das Verhalten Theklas verdeutlicht, sie möchte ihrem Lehrer ganz nahe sein, auch physisch: Sie setzt sich ihm zu Füßen, küsst seine Fesseln und nach seinem Weggang bleibt sie sogar an der Stelle, wo er lehrte, und „wälzt" sich an diesem Ort.

Durch die Verwendung des Begriffs συνδεδεμένος schließt die Erzählung an die verschiedenen Gebrauchsmöglichkeiten und Kontexte dieses Wortes an und zeigt so einerseits, dass die Figur Thekla im Gefängnis wie der gefesselte und gefangene Paulus der kanonischen Texte dargestellt wird, andererseits, dass sie, so wie es Hos 11,4 und Kol 3,14 ausdrücken, wie durch ein „Band" der Liebe mit ihm verbunden ist.

Aus der Perspektive des Erzählers zeigt der Text, dass mit dieser Annäherung an Paulus wiederum das Ablegen des Alten und die Abgrenzung von der Außenwelt eng verbunden sind. Die Erzählung beginnt mit Thekla, die am Fenster steht und den Worten des Paulus zuhört. Sie ist zunehmend fasziniert und begeistert, sodass sie allmählich die Welt um sich herum nicht mehr wahrnimmt. Dies zeigt sie durch ihr Schweigen im Gespräch mit Mutter und Verlobtem und bei der Vernehmung vor dem Statthalter, aber auch durch ihre Gestik und ihr Verhalten: Sie ist ganz auf die Rede des Paulus ausgerichtet (9), blickt im Gespräch nach unten, zeigt keine Regung und verharrt in ihrer Position, obwohl alle ihretwegen in Aufruhr sind (10). Dieses Verhalten behält sie auch in der Vernehmung bei (20), wenn sie beharrlich auf Paulus blickt. Selbst nach der Verurteilung bewahrt sie Kontinuität und sucht nur mehr den Kontakt zu ihm, wie auch durch die gleichbleibende Wortwahl im Griechischen verdeutlicht wird (ἀτενίζουσα 10; 20; 21). Nach der Rettung auf dem Scheiterhaufen zeigt sie sich ihrem Lehrer treu und geht auf die Suche nach ihm, obwohl sich dies aufwendig und schwierig gestalten könnte, da er aus der Stadt verbannt wurde.

Je länger Thekla die Lehren kennt und je näher sie Paulus kommt, desto mehr grenzt sie sich von ihrer Umwelt ab und verlässt ihr altes Leben. Zuerst bricht sie mit ihrer Familie: Sie wendet sich von ihrem Verlobten ab und bricht mit ihrer Mutter. Um ihren Lehrer im Gefängnis besuchen zu können, gibt sie sogar Teile ihres Reichtums ab. Sie tauscht ein Armband gegen den Eintritt in das Gefängnis ein und einen silbernen Spiegel für den direkten Zugang zu Paulus. Diese Geste kann als Bestechung gedeutet werden, sie mag aber auch zeigen, dass sich Thekla bereits von den weltlichen Dingen abwendet.

Durch die Schilderung des Prozessverlaufs wird die Situation deutlich dramatisiert: Die räumlichen Trennungen zwischen den verschiedenen Welten der Figuren entfallen, nun stehen sie sich gegenüber. Zudem ändert sich unter dieser Drucksituation des Prozesses die Figurenkonstellation nochmals: Die Figuren stehen sich nicht nur gegenüber, Thekla wird deutlich der Seite des Paulus zugeschrieben. Dieser wiederum wird durch die Bezüge zur Apostelgeschichte und zu den Verhandlungen vor Festus und Agrippa II. nah an den aus kanonischen Texten bekannten Paulus gestellt. Der Text bringt auch die Figur Thekla durch die Schilderung bestimmter Verhaltensweisen in Bezug zur Welt des Paulus: Sie bleibt in allergrößter Not standhaft und schweigt – wie es auch Jesus und bedeutende Märtyrer tun. Ihr abwehrhaftes Verhalten weltlichen Mächten gegenüber und ihre Ausrichtung auf den Hirten zeigen Aspekte, die für die neue Welt stehen. Auch die Menge wird durch ihren Vorwurf, der Statthalter durch sein beeinflussbares Verhalten und Theoklia durch die deutlichen Aussagen gegen ihre Tochter zunehmend klar positioniert. Die Figur des Statthalters und dessen Charakterisierung trägt somit entscheidend dazu bei, Thekla auf ihrem Weg der Konversion mehr und mehr voranschreitend zu zeichnen. Aufgrund seiner Schwäche erscheint sie zunehmend als starke Figur, seine Schwäche steht im Kontrast zu ihrer wachsenden Stärke. Der Statthalter ist keinesfalls als Souverän des Geschehens dargestellt, sondern vielmehr gegenteilig, als schwach und emotional berührt. An dessen Stelle tritt eine Figur, die das Geschehen explizit beeinflusst: Gott greift mittels himmlischer und irdischer Mächte ein und rettet Thekla vor dem Verbrennen. Was der Statthalter aufgrund seiner Schwäche nicht erreichen konnte, wird nun von Gott selbst ausgeführt. Er übernimmt die Regie und zeigt sich so als der über alle weltliche Macht Erhabene.

Die Worte des Paulus enthalten Elemente bzw. Motive, die auf ein Bekehrungsgeschehen hin gelesen werden können: Eng mit der Einführung ist der Eintritt in die Hausgemeinde verbunden. Dieser Eintritt in die Gemeinde ist nicht gebunden an den oder abhängig vom Stand der Person. Die Verhältnisse scheinen geradezu umgekehrt: Thekla, die nach weltlichen Maßstäben über vielen anderen steht, erfährt durch eine Hausgemeindeversammlung von Paulus und versucht daraufhin, sich Zugang zu ihm und seinen Worten zu verschaffen. Die Einführung in die Inhalte der Gemeinschaft sowie die Zugehörigkeit zu dieser Gruppe haben eine weitere Mitgliedschaft zur Folge, die auf eine andere Dimension der Zugehörigkeit verweist: ein Teil der Gemeinschaft der Glaubenden zu sein.

4. In der Grabanlage (23–25)

(23) Ἦν δὲ ὁ Παῦλος νηστεύων μετὰ Ὀνησιφόρου καὶ τῆς γυναικὸς αὐτοῦ καὶ τῶν τέκνων ἐν μνημείῳ ἀνοικτῷ, ἐν ὁδῷ ἐν ᾗ ἀπὸ Ἰκονίου εἰς Δάφνην πορεύονται. ἡνίκα δὲ ἡμέραι πολλαὶ διῆλθον, νηστευόντων αὐτῶν εἶπον οἱ παῖδες τῷ Παύλῳ Πεινῶμεν. Καὶ οὐκ εἶχον πόθεν ἀγοράσωσιν ἄρτους· κατέλιπεν γὰρ τὰ τοῦ κόσμου ὁ Ὀνησιφόρος καὶ ἠκολούθει Παύλῳ πανοικί. Παῦλος δὲ ἀπεδύσατο τὸν ἐπενδύτην καὶ εἶπεν Ὕπαγε, τέκνον, ἀγόρασον ἄρτους πλείονας καὶ φέρε. Ὡς δὲ ἠγόραζεν ὁ παῖς, εἶδεν Θέκλαν τὴν γείτονα, καὶ ἐθαμβήθη καὶ εἶπεν Θέκλα, ποῦ πορεύῃ; ἡ δὲ εἶπεν Παῦλον διώκω, ἐκ πυρὸς σωθεῖσα. Καὶ ὁ παῖς εἶπεν Δεῦρο, ἀπαγάγω σε πρὸς αὐτόν· στενάζει γὰρ περὶ σοῦ καὶ προσεύχεται καὶ νηστεύει ἡμέρας ἤδη ἕξ.

(24) Ὡς δὲ ἐπέστη ἐπὶ τὸ μνημεῖον Παύλῳ κεκλικότι τὰ γόνατα καὶ προσευχομένῳ καὶ λέγοντι Πάτερ Χριστοῦ, μὴ ἁψάσθω Θέκλης τὸ πῦρ, ἀλλὰ πάρεσο[241] αὐτῇ, ὅτι σή ἐστιν, ἡ δὲ ὄπισθεν ἑστῶσα ἐβόησεν Πάτερ, ὁ ποιήσας τὸν οὐρανὸν καὶ τὴν γῆν, ὁ τοῦ παιδὸς τοῦ ἀγαπητοῦ σου Ἰησοῦ Χριστοῦ πατήρ, εὐλογῶ σε ὅτι ἔσωσάς με ἐκ πυρός, ἵνα Παῦλον ἴδω. Καὶ ἀναστὰς Παῦλος εἶδεν αὐτὴν καὶ εἶπεν Θεὲ καρδιογνῶστα, ὁ πατὴρ τοῦ κυρίου ἡμῶν Ἰησοῦ Χριστοῦ, εὐλογῶ σε ὅτι ὃ ἠρώτησα ἐτάχυνάς μοι καὶ εἰσήκουσάς μου.

(25) Καὶ ἦν ἔσω ἐν τῷ μνημείῳ ἀγάπη πολλή, Παύλου ἀγαλλιωμένου καὶ Ὀνησιφόρου καὶ πάντων. εἶχον δὲ ἄρτους πέντε καὶ λάχανα καὶ ὕδωρ <καὶ ἄλας>, καὶ εὐφραίνοντο ἐπὶ τοῖς ὁσίοις ἔργοις τοῦ Χριστοῦ. καὶ εἶπεν Θέκλα τῷ Παύλῳ Περικαροῦμαι καὶ ἀκολουθήσω σοι ὅπου δ᾽ ἂν πορεύῃ. Ὁ δὲ εἶπεν Ὁ καιρὸς αἰσχρός, καὶ σὺ εὔμορφος· μὴ ἄλλος σε πειρασμὸς λήψεται χείρων

Paulus aber weilte fastend mit Onesiphorus, dessen Frau und Kindern in einer offenen Grabanlage an dem Weg, auf dem man von Ikonium nach Daphne gelangt. Nachdem aber viele Tage vergangen waren, während sie fasteten, sprachen die Kinder zu Paulus: „Wir haben Hunger." Und sie hatten nichts, wovon sie Brot hätten einkaufen können, denn Onesiphorus hatte die weltlichen Dinge zurückgelassen und war Paulus mit seinem ganzen Haus gefolgt. Paulus aber zog sein Obergewand aus und sprach: „Gehe, Kind, kaufe mehrere Brote und bringe sie her!" Als das Kind aber beim Einkaufen war, sah es seine Nachbarin Thekla und erschrak und sagte: „Thekla, wohin gehst du?" Sie antwortete: „Ich bin hinter Paulus her, seit ich aus dem Feuer gerettet bin". Und das Kind sprach: „Komm, ich führe dich zu ihm, denn er seufzt um dich und betet und fastet schon sechs Tage."

Als sie aber zur Grabanlage trat, hatte Paulus die Knie gebeugt und betete: „Vater Christi, das Feuer soll Thekla nicht anrühren; stehe du ihr bei, denn sie ist dein!" Sie aber rief hinter ihm stehend: „Vater, der du den Himmel und die Erde gemacht hast, du, der Vater deines geliebten Sohnes Jesus Christus, ich preise dich, dass du mich aus dem Feuer gerettet hast, damit ich Paulus sehe!" Paulus stand auf, sah sie und sprach: „Gott, Herzenskenner, Vater unseres Herrn Jesus Christus, ich preise dich, weil du das, worum ich bat, so schnell getan und mich erhört hast."

Und drinnen in der Grabanlage herrschte große Liebe; Paulus jubelte und Onesiphorus und alle (anderen). Sie hatten fünf Brote und Gemüse und Wasser <und Salz>, und sie waren fröhlich über die heiligen Werke Christi. Thekla sprach zu Paulus: „Ich will mich rundherum scheren und dir folgen, wohin du gehst." Er aber sprach: „Die Zeit ist böse und du bist schön. Dass nur nicht

---

[241] Die Schreibweise mit Omikron ist der zugrundeliegenden Edition der Paulus- und Theklaakten entnommen.

τοῦ πρώτου, καὶ οὐχ ὑπομείνῃς ἀλλὰ δειλανδρήσῃς. καὶ εἶπεν Θέκλα Μόνον δός μοι
τὴν ἐν Χριστῷ σφραγῖδα, καὶ οὐχ ἅψεταί μοι
πειρασμός. καὶ εἶπεν Παῦλος Θέκλα μακροθύμησον, καὶ λήψῃ τὸ ὕδωρ.

eine andere Versuchung über dich komme,
schlimmer als die erste, und du nicht aushältst und feige wirst!" Und Thekla sagte:
„Gib mir das Siegel in Christus, und keine
Versuchung wird mich ergreifen." Und
Paulus antwortete: „Thekla, habe Geduld,
und du wirst das Wasser empfangen."

a) Text- und Erzählstruktur

Die Abschnitte 23–25 berichten von den Ereignissen, die in der und um die
Grabanlage geschehen, in der Paulus sich mit Onesiphorus während der
Urteilsvollstreckung aufhält.

Es erfolgt ein Ortswechsel: Die dreimalige Nennung des Ortes gliedert die
gesamte Szene und beschreibt die Grabanlage jeweils näher. In einer „offenen
Grabanlage" (ἐν μνημείῳ ἀνοικτῷ 23) verweilen der verstoßene Paulus mit
Onesiphorus und dessen Familie. „Zur Grabanlage" (ἐπέστη ἐπὶ τὸ μνημεῖον
24) tritt Thekla, vernimmt das Gebet des Paulus und spricht darauf ein Dankgebet.

„In der Grabanlage" (ἔσω ἐν τῷ μνημείῳ 25) treffen Thekla, Paulus und
die Familie des Onesiphorus zusammen und halten Mahl.[242] Ein erster Dialog
zwischen Thekla und Paulus beendet die Szene inhaltlich wie komposi-
torisch: Die Bitte Theklas, „Gib mir das Siegel in Christus" (δός μοι τὴν ἐν
Χριστῷ σφραγῖδα 25), beantwortet Paulus mit den Worten „habe Geduld, und
du wirst das Wasser empfangen" (μακροθύμησον, καὶ λήψῃ τὸ ὕδωρ 25).

Die Struktur von Abschnitt 23–25 kann folgendermaßen dargestellt werden:
23–25 In der Grabanlage
    23 Thekla und das Kind
    24 Gebete
    25 Mahl und Bitte um Siegel

b) Figurenkonstellation und -beschreibung

Während der geplanten Verbrennung Theklas hält sich Paulus mit Onesiphorus und dessen Familie in einer Grabanlage am Rande der Stadt auf. Dieses
Setting beschreibt die Figuren in verschiedenen Haltungen und Handlungen
und gibt dadurch weitere Hinweise zur Figurencharakteristik.

Die Figur Paulus verweilt mit Onesiphorus und seiner Familie außerhalb
der Stadt in einer Grabanlage, die sich auf dem Weg von Ikonium nach Daphne befindet (23). Die Figuren Thamyris und Theoklia werden nicht weiter
erwähnt, der Leser weiß sie aufgrund des bereits Geschehenen in Ikonium.

---

[242] Das Setting erinnert in einem ersten Eindruck an „the homelessness of itinerants", so
PERVO, Acts of Paul 139 mit Verweis auf Lk 9,58.

Grab auf dem Weg von Ikonium nach Daphne: Stadt Ikonium:
Paulus   Thamyris
Onesiphorus und Familie   Theoklia
Thekla folgt.

aa) Charakterisierung der Figur Onesiphorus

Über Onesiphorus heißt es in diesem Erzählzusammenhang, dass er alles Weltliche verlassen hat und zusammen mit den Seinen Paulus gefolgt ist (κατέλιπεν γὰρ τὰ τοῦ κόσμου ὁ Ὀνησιφόρος καὶ ἠκολούθει Παύλῳ πανοικί 23).[243] Diese Aussage nimmt die Worte des Paulus aus den Seligpreisungen (5–6), insbesondere die Aufforderung, der Welt zu entsagen, um Gott zu gefallen (μακάριοι οἱ ἀποταξάμενοι τῷ κόσμῳ τούτῳ, ὅτι αὐτοὶ εὐαρεστήσουσιν τῷ θεῷ), auf, und zeigt Onesiphorus als einen, der den „Vorgaben" des Lehrers entspricht.[244] Die Verbannung des Paulus aus der Stadt führt dazu, dass sich die Gruppe auf den Weg macht und in einer Grabanlage außerhalb der Stadt aufhält. Erzählerisch kann dies bedeuten, dass sich Onesiphorus und seine Familie nicht nur räumlich zunehmend abgrenzen und von der Welt distanzieren, sondern dass Paulusnachfolge auch eine radikale Trennung von allem Alltäglichen bedeutet, die sogar so weit geht, dass man die Stadt verlässt.[245]

bb) Charakterisierung der Figuren Paulus und Thekla

Bei den Ereignissen in der Grabanlage nehmen Gebete der Figuren eine zentrale Rolle ein. Eine Analyse dieser Worte geben einerseits Aufschluss über die Entwicklung der Figur Thekla und zeigen andererseits, welche Sicht die Figur Paulus auf die Geschehnisse hat.

Die Figur Paulus hat noch nicht von der Rettung der Thekla erfahren und wendet sich so an Gott. Seine Haltung der gebeugten Knie entspricht der Art eines Bittgebetes (κεκλικότι τὰ γόνατα καὶ προσευχομένῳ 24).

Der Zeitpunkt der Worte an Gott ist nach der Vertreibung des Paulus aus der Stadt anzusetzen. Seit seiner Vertreibung sind mindestens sechs Tage vergangen. Wenn Paulus nun ein Gebet an Gott richtet, in dem er um Theklas Rettung bittet, ist daraus zu folgern, dass er bereits aus der Stadt verbannt worden war, als sie unmittelbar nach der Verhandlung auf den Scheiterhaufen geführt wurde (21). Er kennt das Urteil, nicht aber den Zeitpunkt und die

---

[243] SANCHEZ, Paulus nachfolgen 127, nennt in Bezug auf ActPlTh 23 das Haus des Onesiphorus das „hauslose Haus".

[244] Vgl. dazu auch BETZ, Worte 144 Anm. 77, die Onesiphorus aufgrund dieser Beschreibung als „exemplarischen Christen" bezeichnet.

[245] Vgl. bspw. auch Mk 5. Die Erzählung erwähnt Höhlen als Abgrenzungsorte: Der Besessene von Gerasa hält sich in Höhlen in den Bergen, jenseits der Zivilisation, auf.

Geschehnisse um die Verbrennung. Eine inhaltliche und strukturelle Analyse des Gebetes gibt zunächst weitere Informationen zur Figur Paulus.

(1) Gebet des Paulus I

Paulus bittet um die Rettung Theklas. Er spricht Gott als Vater (Πάτερ 24) an. Eine nähere Beschreibung wird durch ein Genitivattribut hinzugefügt: Es ist der Πάτερ Χριστοῦ (24), der „Vater Christi", an den Paulus seine Worte richtet. Die darauffolgende Bitte besteht aus zwei Teilen: Zuerst bittet er, das Feuer möge Thekla nicht anrühren (μὴ ἁψάσθω Θέκλης τὸ πῦρ 24). Die Brisanz der Bitte wird durch die Konstruktion im griechischen Text verstärkt: Es steht ein Imperativ Aorist, der mit einem μή verbunden ist. Dadurch wird die Bitte grammatikalisch zu einem Befehl, der einem Verbot gleichkommt.[246] Der zweite Teil gibt vor, was stattdessen geschehen solle: Er (Gott) möge Thekla beistehen (ἀλλὰ πάρεσο αὐτῇ 24). Daran schließt sich eine Begründung an, warum Gott in den Augen des Paulus so handeln sollte: Sie sei sein (ὅτι σή ἐστιν 24).

Der Aufbau der Worte des Paulus – eine Anrede, eine Bitte, hier zweigeteilt in ein Verbot und eine Bitte sowie eine Begründung dieser – folgen dem Grundschema eines Gebetes:[247]

Struktur der Worte des Paulus:
Πάτερ Χριστοῦ,
μὴ ἁψάσθω Θέκλης τὸ πῦρ,
ἀλλὰ πάρεσο αὐτῇ,
ὅτι σή ἐστιν.

Das Gebet für Thekla nimmt aus der Perspektive der Figur Paulus eine Charakterisierung dieser vor und gibt Aufschluss über sein Verhältnis zu ihr und der beiden zueinander: In der Begründung der Bitte, warum Gott Thekla

---

[246] Der Imperativ im Hauptsatz verbunden mit einem μή drückt eine Aufforderung aus, etwas nicht zu tun, ein allgemeines Verbot. Für einen Imperativ Aorist, der verneint wird, tritt der prohibitive Konjunktiv ein. So wird ein Verbot im Einzelfall zur Sprache gebracht (vgl. BLASS, DEBRUNNER und REHKOPF, Grammatik des neutestamentlichen Griechisch § 337). Im klassischen Griechisch würde dafür ein Prohibitiv – Konjunktiv Aorist in Verbindung mit der Verneinung μή – auftreten (vgl. BLASS, DEBRUNNER und REHKOPF, Grammatik des neutestamentlichen Griechisch § 337).

[247] Vgl. den Band von HAMMAN, Gebet in der Alten Kirche XIX, der als spezifisch neues Element die Ausrichtung des Gebetes auf Christus nennt, der „von nun an Mittler des christlichen Gebetes" sei. Neben der weiter vorherrschenden Ausrichtung auf Gott sei jedoch eine Tendenz auf Christus hin festzustellen. Vor allem Gebete von Märtyrern zeigten eine Gebetsform, die Christi Mittlerschaft verdeutliche, siehe XX. Vgl. auch den Beitrag von HOUGHTON, Discourse of Prayer, der im Zusammenhang der Untersuchung von Gebeten der großen apokryphen Apostelakten auch auf deren Form und Struktur eingeht und diese Elemente – *the invocatio (address and predication), the pars epica (narration), the preces (request)* – beispielbezogen analysiert.

retten soll, ist ausgesagt, wie Paulus diese wahrnimmt. Aus seiner Sicht gehört sie bereits zu Gott: σή ἐστιν (24). Ihr Verhalten, ihre Treue und Zuversicht erweisen sie in seinen Augen schon als zu Gott gehörig. Er weiß zum Zeitpunkt der Aussage noch nicht von ihrer Rettung durch den Wolkenbruch; ob er von ihrem tage- und nächtelangen Verweilen am Fenster weiß, geht aus der Erzählung nicht hervor.

Laut Erzähler kennt Paulus Thekla vom Besuch im Gefängnis (siehe 18–19). Er war während der Verhandlungen anwesend und hat ihre Freude und Beharrlichkeit, die sie in der großen Konfliktsituation gezeigt hat, miterlebt (vgl. 20). Eine Aussage trifft er womöglich aufgrund dieses Eindruckes, den er von ihr hat, und so kann Thekla das „Gottes (Kind) Sein" schon vor dem Empfang des Siegels zugesagt werden.

(2) Gebet Theklas

Dem Leser wird die Figur Thekla weitgehend als schweigend geschildert, doch erhält er durch den Erzähler und dessen Informationen zu Theklas Beten eine neue Sicht auf die Figur.

Nach der Rettung aus dem Feuer befindet sich Thekla auf der Suche nach Paulus und trifft auf ein Kind des Onesiphorus, das Brot kaufen geht. Sie folgt diesem bis zur Grabanlage, tritt hinter Paulus und fügt dessen Gebet eigene Worte hinzu.

Gegenüber anderen Figuren wird Thekla bis zu diesem Punkt der Erzählung schweigend gezeichnet. Selbst in Notsituationen – während der Verhandlung oder der Urteilsvollstreckung – spricht sie nicht. Mit dem Kind wechselt sie kurze Worte und erklärt sofort, sie suche Paulus und sei gerettet worden (Παῦλον διώκω, ἐκ πυρὸς σωθεῖσα 23). Der Gebrauch des Passivum divinum im Munde der Figur Thekla zeigt zum einen, dass sie selbst ihre Rettung als Geschehen von außen, an dem sie unbeteiligt war, deutet, zum anderen, dass sie Gott dafür verantwortlich macht.

Nach dem Eintreffen an der Grabanlage fügt Thekla ein Dankgebet an ihren Retter hinzu (24). Eine Analyse zeigt, dass dieses wie eine Antwort auf die Bitte des Paulus aufgefasst werden kann:

Auch Thekla spricht Gott mit πάτερ (24) an. Daran fügen sich zwei nähere Beschreibungen dieses Gottes.[248] Das Attribut, das der Anrede „Vater" hinzugefügt wird, unterscheidet sich von dem des Paulus nur den Worten nach, inhaltlich drückt es jedoch dasselbe aus: Paulus verwendet Πάτερ Χριστοῦ,

---

[248] Diese Gebetsformel in Theklas Mund gibt möglicherweise weitere Hinweise auf die Lehren des Paulus, die er an die Einwohner von Ikonium richtet. Zumindest geht aus dem Text nicht hervor, wie bzw. woher Thekla die Sprache des Gebetes gehört und übernommen hat. Wie gelernte Formeln klingen die Worte, die sie von ihrem Lehrer Paulus gehört haben wird. PERVO, Acts of Paul 141, nennt ihr Gebet „a standard type of thanksgiving, beginning with creedal ascriptions before giving the specific reason for thanksgiving."

Thekla beschreibt den Πάτερ als ὁ τοῦ παιδὸς τοῦ ἀγαπητοῦ σου Ἰησοῦ Χριστοῦ πατήρ („Vater deines geliebten Sohnes Jesus Christus"). Beide Beschreibungen erklären eine Funktion Gottes als Vater näher: Er wird als Schöpfer von Himmel und Erde[249] und als Vater des Sohnes Jesus Christus angerufen.[250] In zwei Relativsätzen gibt die Paulusschülerin somit Glaubensaussagen wieder. Darunter findet sich die Bezeichnung Jesu Christi als „geliebter Sohn" (παῖς ἀγαπητός):

(3) παῖς ἀγαπητός

Eine Verbindung von παῖς und ἀγαπητός ist in biblischen Texten nicht belegt. Auffällig ist im Gebet Theklas die Verwendung von παῖς anstelle von υἱός. In

---

[249] Gott als *Vater* und *Herrn, der Himmel und Erde gemacht hat* zu bezeichnen, ist in alttestamentlichen Texten häufig und sowohl in prophetischer und weisheitlicher Literatur wie auch in Toratexten vorhanden. Die Worte, wie in den Paulus- und Theklaakten als Teil eines Gebetes zu sehen, ist der Verwendungsweise in den Psalmen sehr nahe, vgl. z.B. Ps 120,2 (LXX): ἡ βοήθειά μου παρὰ κυρίου τοῦ ποιήσαντος τὸν οὐρανὸν καὶ τὴν γῆν.

[250] Auffallend oft ist in christlichen Martyriumserzählungen von *Gott, der Himmel und Erde gemacht hat* die Rede. Apollos beispielsweise bekennt sich im Zusammenhang der Vernehmungen vor dem Statthalter Perennis zu diesem. Auf die Frage, ob er Christ sei, bestätigt er dies und schließt dem Bekenntnis eine Erklärung zu seinem Gott an: Er verehre und fürchte Gott, der Himmel und Erde und alles darin gemacht hat ([...] Περέννιος ὁ ἀνθύπατος εἶπεν· Ἀπολλώ, Χριστιανὸς εἶ; Ἀπολλὼς εἶπεν· Ναί, Χριστιανός εἰμι· καὶ διὰ τοῦτο τὸν θεὸν τὸν ποιήσαντα τὸν οὐρανὸν καὶ τὴν γῆν καὶ τὴν θάλασσαν καὶ πάντα τὰ ἐν αὐτοῖς σέβομαι καὶ φοβοῦμαι MartApoll 1–2).
Die Martyriumserzählungen über Justin und seine Begleiter enthalten eine Rede des Justin vor dem Statthalter, in der er seine Lehre darlegt. Justin erklärt die christliche Gottesvorstellung und spricht in diesem Kontext vom Glauben an einen Gott, den Schöpfer alles Sichtbaren und Unsichtbaren (Ὅπερ εὐσεβοῦμεν εἰς τὸν τῶν Χριστιανῶν θεόν, ὅν ἡγούμεθα ἕνα τούτων ἐξ ἀρχῆς ποιητὴν καὶ δημιουργὸν τῆς πάσης κτίσεως, ὁρατῆς τε καὶ ἀοράτου [...] MartJust 2,5).
Auch Pionius bekennt sich vor dem Tempelwächter Polemon, der zur Aufspürung der Christen beauftragt war (MartPion 3), zum „allmächtigen Gott, der Himmel und Erde gemacht hat, das Meer und alles, was darin ist, und uns alle" (Τὸν θεὸν τὸν παντοκράτορα τὸν ποιήσαντα τὸν οὐρανὸν καὶ γῆν καὶ πάντα τὰ ἐν αὐτοῖς καὶ πάντας ἡμᾶς [...]). Im selben Kontext weigert er sich mit den Argument „ὅτι Χριστιανός εἰμι (8)" zu opfern. Die griechischen Texte sind jeweils der Ausgabe von MUSURILLO, The Acts of the Christian Martyrs, entnommen.
Interessant sind dazu auch die Ausführungen von HERCZEG, Parallels 144–148. Er differenziert Parallelen, die es zwischen den Paulusakten und kanonischen Texten gibt. Darunter gebe es solche, die annehmen ließen, dass der Verfasser der Paulusakten die „kanonischen Texte" kennt (und benützt?), wie z.B. in ActPlTh 24 (ποιήσας τὸν οὐρανὸν καὶ τὴν γῆν) mit der kanonischen Parallele in Apg 4,24; 14,15 und alttestamentlich 2Kön 19,15. Möglich sei auch, dass es sich hierbei um Grundaussagen des christlichen Glaubens handle, die im Gebrauch seien und weder eine genaue Kenntnis von Schriften noch einen bewussten Verweis auf diese verlangen würden.

neutestamentlichen Texten wird παῖς verwendet, um Diener und Knechte wie
in Mt 8,6.8.13, Lk 7,7 oder um Kinder zu benennen wie in Mt 17,18, Lk 8,54,
Joh 4,51 oder in Lk 2,43, wo der junge Jesus gemeint ist. Eine Ausnahme
bildet Mt 12,18, ein Vers, der durch den Bezug auf Jes 42,1 (im hebräischen
Text findet sich אֶתְמָךְ־בּוֹ עַבְדִּי הֵן, in der Septuaginta-Version wird allerdings Jakob als Knecht Gottes bezeichnet) Jesus mit παῖς in Verbindung
bringt.[251]

Insgesamt sechsmal tritt jedoch υἱός zusammen mit dem Adjektiv ἀγαπη-
τός auf. Der Kontext ist jedes Mal eine Aussage über die Gottessohnschaft
Jesu Christi. Die Belege finden sich in neutestamentlichen Taufszenen
(Mt 3,17, Mk 1,11 und Lk 3,22) oder in Texten, die über die Verklärung Jesu
auf dem Berg berichten (siehe Mt 17,5, Mk 9,7 bzw. 1Petr 1,17, wo auf die
Verklärung Jesu verwiesen wird).

Die Analyse zeigt, dass sich die Gebetssprache der Figur Thekla an bibli-
sche Begrifflichkeiten anlehnt und dabei Ausdrücke frei kombiniert werden.
Der jeweilige biblische Kontext der Worte ist sehr ähnlich und will die
Gottessohnschaft Christi zum Ausdruck bringen.

An die Anrede schließt sich ein Preis Gottes an: εὐλογῶ σε (24). Thekla
preist Gott für ihre Rettung, die sie ihrer Meinung nach Gott verdankt (ὅτι
ἔσωσάς με ἐκ πυρός 24). Sie beendet das Gebet mit einer Aussage, in der sie
erklärt, weshalb sie gerettet wurde. Aus ihrer Sicht hat Gott sie bewahrt,
damit ihr der Wunsch, Paulus zu sehen, erfüllt werden könne (ἵνα Παῦλον
ἴδω 24).[252]

Struktur der Worte Theklas:
Πάτερ,
ὁ ποιήσας τὸν οὐρανὸν καὶ τὴν γῆν,
ὁ τοῦ παιδὸς τοῦ ἀγαπητοῦ σου Ἰησοῦ Χριστοῦ πατήρ,
εὐλογῶ σε
ὅτι ἔσωσάς με ἐκ πυρός,
ἵνα Παῦλον ἴδω.

Diese Analyse gibt folgende Informationen über die Figur Thekla: Schweigen
ist die Haltung Theklas vor der Verurteilung: Während der Verhandlung antwortet sie nicht auf die Frage des Statthalters, sondern schweigt und blickt
beharrlich auf Paulus (20). Auch nach der Verurteilung zum Scheiterhaufen

---

[251] Ergänzend zu obigen Ausführungen gilt noch der Hinweis, dass der Ausdruck παῖς
θεοῦ in biblischen Texten selten vorkommt; in der Septuaginta finden sich nur vier Belege
dafür. Παῖς θεοῦ steht dabei jeweils für Mose (siehe Jos 14,7; 1Chr 6,34; 2Chr 1,3; 24,9).

[252] PERVO, Acts of Paul 141, sieht in diesem Gebet die klare Intention des Erzählers:
„The narrator is not going to make it easy to overlook this point" und bekräftigt die Annahme folgendermaßen: „These words of devotion to Paul are the first she has spoken in the
narrative."

sucht sie hoffnungsvoll nach Paulus und sieht seine Gestalt in einer Vision
(21).

Dass Thekla nun betet, zeigt einen weiteren Schritt in der Dynamik der
Figur: In der Erzählung ist es das erste Gebet, das die Figur Thekla spricht.
Auffallend ist, dass sie vor der Verbrennung oder während dieser keine Bitt-
oder Klagegebete spricht, sondern sie scheint vielmehr bereits sehr gefestigt
und treu im neuen Glauben.

Der Aufbau ihres Gebetes ist der Form wie auch dem Inhalt nach dem des
Paulus grundlegend ähnlich: Thekla verwendet dieselbe Anrede wie Paulus,
fügt dem Inhalt gemäß dieselben Glaubensaussagen an und spricht dann einen
Lobpreis an Gott aus (εὐλογῶ σε 24). Der Struktur nach folgen die weiteren
Elemente des Gebetes auch dem des Paulus. Er schließt der Anrede eine Bitte
an, Thekla einen Preis. Inhaltlich sprechen beide von der Thematik Feuer –
Paulus bittet um die Bewahrung der Thekla davor, diese dankt für ihre Ret-
tung daraus. Abschließend folgt, ebenfalls analog gestaltet zum Gebet des
Paulus, eine Erklärung der Bitte/des Preises mithilfe eines Adverbialsatzes.
Paulus begründet seine Bitte mit einem Kausalsatz (ὅτι), Thekla mit einem
Finalsatz (ἵνα).

Die darauffolgenden Worte des Paulus erscheinen in einiger Hinsicht wiederum als Antwort auf das Gebet der Thekla. Das zweite Gebet des Paulus
erfolgt, nachdem er Thekla wohlbehalten vorfindet. Er steht auf, sieht sie und
beginnt zu beten. Der Erzählnotiz nach ist anzunehmen, dass er die Worte
Theklas nicht gehört hat (Καὶ ἀναστὰς Παῦλος εἶδεν αὐτήν 24).

(4) Gebet des Paulus II

Wie die beiden vorausgehenden Gebete beginnt auch dieses mit einer Anrede
an Gott, der nun als θεός (24) bezeichnet wird. Es folgen zwei Ausführungen,
die diesen näher beschreiben: Er wird mit καρδιογνῶστα („Herzenskenner"
24), einer aus biblischer Sprache bekannten Bezeichnung,[253] und als ὁ πατὴρ
τοῦ κυρίου ἡμῶν Ἰησοῦ Χριστοῦ („Vater unseres Herrn Jesus Christus" 24)
angeredet. Das Attribut „Herzenskenner" ist eher auf das Wesen Gottes zu
beziehen, „Vater (des) Herrn Jesus Christus" wiederum meint Gott in seiner
Funktion als Vater. Als solcher ist er Vater des κύριος, der genauer κύριος
ἡμῶν Ἰησοῦς Χριστός (24) genannt wird.

Im Gebet folgt nach dieser ausgestalteten Anrede ein Preis, der mit dem
Verb εὐλογέω (24) eingeleitet wird: Dieser richtet sich an den θεός, was das

---

[253] „Herzenskenner" ist eine Anrede, die in Apg 1,24 und 15,8 verwendet wird, ansons-
ten aber nicht häufig belegt ist. Das Johannesevangelium drückt diesen Begriff auf erzählerische Weise aus, vgl. beispielsweise die Worte Jesu an die Jünger im Rahmen der Ab-
schiedsreden Joh 14,1–31, verdeutlicht vor allem mittels des Verses 14,1: Μὴ ταρασσέσθω
ὑμῶν ἡ καρδία· πιστεύετε εἰς τὸν θεὸν καὶ εἰς ἐμὲ πιστεύετε. Vgl. dazu auch KLAUCK,
Apokryphe Apostelakten 86.

Personalpronomen σε zu erkennen gibt. Wofür Paulus Gott preist, begründet der folgende ὅτι-Satz, der in zweifacher Weise den Grund des Preises angibt: zum einen die Erhörung der Bitte, zum anderen die schnelle Erfüllung der Bitte durch Gott.

Struktur der Worte des Paulus:
Θεὲ
καρδιογνῶστα,
ὁ πατὴρ τοῦ κυρίου ἡμῶν Ἰησοῦ Χριστοῦ,
εὐλογῶ σε
ὅτι ὃ ἠρώτησα ἐτάχυνάς μοι καὶ εἰσήκουσάς μου.

(5) Vergleich der Gebete von Paulus und Thekla

Ein Vergleich der drei kurzen Gebete zeigt grundsätzliche Übereinstimmungen hinsichtlich der Struktur und des Inhalts. Darüber hinaus können auch Hinweise zur Figurenführung entnommen werden:

Die Grundstruktur der Gebete ist jeweils gleich gestaltet: Einer Anrede folgt eine Ausgestaltung, die mehr oder weniger ausführlich erfolgen kann. Daran schließt sich eine Bitte oder ein Preis an, der mit einem Verb eingeleitet ist. Worum Gott gebeten oder wofür er gepriesen wird, folgt wiederum darauf.

Die Anrede gestaltet sich bei Paulus I und dem Gebet Theklas gleich (Πάτερ), Paulus II dagegen verwendet θεός.

Die Ausgestaltung der Anrede ist bei Paulus I sehr kurz gehalten und charakterisiert den Vater als den des Christus. Theklas Gebet und Paulus II folgen dieser Vorgabe, wenn nicht exakt wörtlich, so doch inhaltlich: Thekla spricht vom Vater, dem der geliebte Sohn, Jesus Christus, zugehörig ist, Paulus II nennt ihn „Vater unseres Herrn Jesus Christus". Thekla fügt der Anrede ein schöpfungstheologisches Motiv hinzu, Paulus II benennt mit dem „Herzenskenner" eine Wesenseigenschaft Gottes. Paulus I gestaltet mit nur einem Wort, dem Genitiv Χριστοῦ, knapp, aber verwendet damit einen Begriff, der alle drei Gebete prägt. Der Anrede folgt bei Paulus I eine Bitte, die sich erfüllt, weshalb Thekla und Paulus II dann einen Preis anschließen können. Inhaltlich kreisen Bitte und Preis um Thekla und deren Rettung. Paulus I begründet die Bitte mit dem Argument, dass Thekla doch zu Gott gehöre. Thekla preist Gott für ihre Rettung und sieht den Grund darin, dass sie Paulus nun (wieder)sehen kann. Dass nach dem zweiten Gebet des Paulus eine Begründung fehlt, ist auffällig, aber hinsichtlich der Tatsache, dass Thekla ja gerettet ist, folglich zu Gott gehört und auch bei Paulus ist und ihn nun sieht, nicht notwendig. Ihr Wunsch ist erfüllt.

	Paulus I	Thekla	Paulus II
Anrede	Πάτερ,	Πάτερ,	Θεὲ
Ausgestaltung der Anrede: schöpfungstheologisch		ὁ ποιήσας τὸν οὐρανὸν καὶ τὴν γῆν,	
			καρδιογνῶστα,
		ὁ τοῦ παιδὸς τοῦ ἀγαπητοῦ σου	ὁ πατὴρ τοῦ κυρίου
christologisch	Χριστοῦ,	Ἰησοῦ Χριστοῦ, πατήρ,	ἡμῶν Ἰησοῦ Χριστοῦ,
	μὴ ἀψάσθω	εὐλογῶ σε	εὐλογῶ σε
Bitte/Dank und Begründung	Θέκλης τὸ πῦρ ἀλλὰ πάρεσο αὐτῇ, ὅτι σή ἐστιν.	ὅτι ἔσωσάς με ἐκ πυρός, ἵνα Παῦλον ἴδω.	ὅτι ὃ ἠρώτησα ἐτάχυνάς μοι καὶ εἰσήκουσάς μου.

Die Analyse zeigt bezüglich der Charakterisierung der Figur Thekla, dass sie weitere Schritte hin zu Paulus und seiner Welt macht: Stand für die Figur Thekla anfangs das Hören der Worte des Paulus im Zentrum, so ist nun der Fokus seit der Verhandlung auf das Sehen des Paulus gelegt. Dies ist auch ein Zeichen dafür, dass sie schon Teil seiner Welt geworden ist. Dass die Figur betet, verstärkt dies. Der Vergleich der Gebete zeigt, dass die Gebetsprache der Figur Thekla der des Paulus sehr ähnlich ist. Dem Leser wird so eine Figur vermittelt, die schon zur Seite des Paulus gehört – sie spricht wie ihr Vorbild im Glauben.

cc) Der Raum „Grabanlage" und die Aussagen zur Situation

Die Angaben zum Aufenthaltsort des Paulus und der Familie des Onesiphorus haben zuerst die Funktion, historische Information zu geben. Durch möglichst konkrete Lokalisierungen können dem Gesagten mehr Bedeutung und Authentizität verliehen werden.

Der Frage, inwiefern der Text eine echte Geographie entwirft oder einfach eine erfundene wiedergibt, kann man sich durch die Attribute, die der Erzähler dem Grab zuweist, annähern: Dass die Vorstellungen rund um das Grab nicht eindeutig, sondern vielfältig sind, zeigen die Handschriften des Textes der Paulus- und Theklaakten zu dieser Passage. Für die Beschreibung des Grabes bieten sie zahlreiche Varianten. In griechischen Ausgaben wird das Grab als „neu"[254] oder „leer" beschrieben, in manchen Handschriften fehlt

---

[254] PERVO, Acts of Paul 143, weist auch darauf hin, dass die Wahl des Zusatzes „neu" die Angaben im Johannesevangelium, wo es die Bezeugung von καινός und κενός gibt, aufwerte: „[…] enhancing the Gospel parallel". Da z.B. das Markusevangelium Grabhöhlen erwähnt, in denen ein Besessener lebt, zeigen die Paulusakten „a trace of the ‚Cynic' quality of the itinerant tradition: fearless disdain for social conventions", so ebenfalls PERVO, Acts of Paul 143.

auch ein Attribut. Lateinische Zeugen bieten die Möglichkeiten „geschlossen" und „versteckt".[255]

Die vorliegende Ausgabe beschreibt die Anlage als „offen" (ἐν μνημείῳ ἀνοικτῷ 23) und auf dem Weg von Ikonium nach Daphne (ἐν ὁδῷ ἐν ᾗ ἀπὸ Ἰκονίου εἰς Δάφνην πορεύονται 23) gelegen. Ἀνοικτός als Verbaladjektiv von ἀνοίγω meint im allgemeinen profanen Gebrauch *capable of being opened*, im christlichen Kontext *open*.[256] Die Berücksichtigung dieser beiden Übersetzungsmöglichkeiten zeigt, dass die Erzählung ein Grab als offen bzw. als zu öffnen schildert.

Die Grabarchitektur, die zur Entstehungszeit der neutestamentlichen Texte vorherrschend war, unterscheidet zwei Grundtypen, die Schiebestollengräber und die Bank- oder Diwangräber. *Michael Wolter* weist auch darauf hin, dass die Rede von „dem" bzw. „einem" Grab, wie es im Markusevangelium geschildert wird, nicht den Vorstellungen des Vorderen Orients entspreche. Es sei eher von Grabanlagen auszugehen, die mehrere Ablagen bzw. Grabkammern haben.[257] Da der Text der Paulus- und Theklaakten in das zweite Jahrhundert reicht und zudem eindeutig von einer Versammlung bei Gebet und Essen innerhalb des Grabes (ἦν ἔσω ἐν τῷ μνημείῳ 25) spricht, sollte bei der Vorstellung dieses Ortes neben biblischen Texten auch an Felshöhlen gedacht werden, die Versammlungs- bzw. Rückzugsorte christlicher Gruppen darstellten.

Die Grabkammer befindet sich auf dem Weg von Ikonium nach Daphne (vgl. 23), so bezeugen es die griechischen Handschriften. In einigen lateinischen Handschriften, der syrischen und der armenischen Version fehlt die Angabe des Ortes Daphne. Weil diese Zeugen erst nach den griechischen entstanden sind, ist diese Veränderung als sekundär einzustufen. Da ein Ort Daphne als ein Vorort des syrischen Antiochien bekannt ist,[258] kann mit großer Wahrscheinlichkeit davon ausgegangen werden, dass die Angabe des Verfassers zur Wegstrecke topographisch richtig ist. Die Überlegungen *Bremmers* zu lokalen Angaben in den Paulus- und Theklaakten stützen diese Annahme: Wenn der Text, wie von Bremmer[259] angenommen wird, in Kleinasien, näherhin im südwestlichen Teil, eventuell in den Städten Lycia oder Patara, entstanden ist, dann kann mit einiger Wahrscheinlichkeit auch davon

---

[255] Vgl. LIPSIUS, Acta Pauli 251, und die Angaben zu den Varianten für Zeile 4 in den Anmerkungen.

[256] Vgl. LIDDELL, SCOTT und JONES, A Greek-English Lexicon, s. v. ἀνοικτός, und LAMPE, A Patristic Greek Lexicon, s. v. ἀνοικτός, mit Verweis auf die vorliegende Textstelle.

[257] WOLTER, Auferstehung 42–43.

[258] Vgl. PERVO, Acts 143. Calwer Bibelatlas, Karte 15.

[259] Vgl. dazu BREMMER, Magic 56–57, und jüngst DERS., Onomastics: Durch eine Analyse der gebrauchten Figurennamen der Paulusakten zeigt Bremmer, dass sich dadurch der Entstehungsort der Texte näher bestimmen lässt.

ausgegangen werden, dass Details, die sich beispielsweise auf lokale Angaben beziehen, stimmen könnten. Die Angabe der Wegstrecke könnte demnach eher als geographisch plausibel eingestuft werden.

Neben die Funktion, mithilfe lokaler Angaben historische Informationen zu bieten, tritt eine erzählerische: Die Ortsangaben des Textes geben Auskunft über Figuren und deren Konstellationen. Die Grabkammer, in der sich Paulus mit der Familie des Onesiphorus, während der Urteilsvollstreckung über Thekla aufhält, dient als ein Nebenschauplatz des Geschehens und hat als solcher narrative Funktion. Die Erzählung situiert die eine Seite, Paulus und die Familie des Onesiphorus nun außerhalb der Stadt und baut so die Distanz zur Gegenseite immer weiter auf. Die Erzählung lässt die Figur Thekla ihrer Hinwendung zu dieser Seite entsprechend unmittelbar folgen.

Das Grab ist auch Rückzugsort und Ruheplatz auf dem Weg und zugleich ein Ort, an dem die Figuren aufeinandertreffen können.[260] Ein Grab als Ort, der „offen" und „am Weg" liegt, zu beschreiben, bewirkt, dass bestimmte, meist ambivalente Assoziationen, die der Leser mit einem Grab verbinden kann – ein Grab als Ort, an dem die Toten aufbewahrt werden, aber auch als Ort der Auferstehung –, aufgebrochen werden.

Zudem erzeugen diese Attribute eine besondere Stimmung, die aufgrund der Informationen, die über das Geschehen innerhalb des Grabes gegeben werden, noch einmal weiter in ein positives Licht gerückt werden:

Eine kurze Erzählnotiz zwischen den Gebeten der Thekla und des Paulus und dem Dialog berichtet in sehr dichter und stringenter Weise Folgendes: Die Figuren betreten das Grab und bleiben auch für eine Weile im Inneren. Die Figuren Paulus und Onesiphorus werden namentlich genannt, dazu noch, verallgemeinert ausgedrückt, „alle" (καὶ πάντων). Nach dem Fasten werden im Inneren im Beisein Theklas[261] Brot, Gemüse und Wasser geteilt.[262]

---

[260] SANCHEZ, Paulus nachfolgen 132, erklärt dazu passend, dass „der pagane Leser im μνημεῖον nur die Grabkammer als den Ort des Todes sieht, [dagegen] assoziiert speziell der christliche Leser sofort eine bestimmte Grabkammer und fängt an, an die Grabesgeschichten der Evangelien zu denken. Dieses Signalwort kennzeichnet die Grabkammer zugleich auch als den *Ort der Erinnerung* an die Toten und damit als einen *Ort der Hoffnung* [...]." Die Hervorhebungen sind aus dem Original übernommen.

[261] SANCHEZ, Paulus nachfolgen 133, bezeichnet die Grabkammer auch treffend als „alternative[s] Haus [...]". Dies zeige sich „durch einen analytischen Blick auf die Figurenkonstellation": In der Grabkammer befinden sich Paulus und die ihm Folgenden, was wiederum bedeutet, am Ort des Todes halten sich Lebende auf. Wenn dann Thekla, die für tot gehalten wird, von außen hinzukommt, „[initiiert] der Verfasser [...] einen raffinierten Tausch der traditionellen Rollen, wie der Leser sie aus den Ostergeschichten der neutestamentlichen Evangelien kennt".

[262] PERVO, Acts of Paul 141, findet dafür den modern klingenden, aber treffenden Ausdruck „after-miracle party".

Diese die Situation beschreibenden Angaben sind mit weiteren Informationen ausgestaltet. Es herrscht „große Liebe" (ἀγάπη πολλή 25), alle, inklusive Onesiphorus und Paulus, jubeln (Παύλου ἀγαλλιωμένου καὶ Ὀνησιφόρου καὶ πάντων 25), und man ist fröhlich über die „heiligen Werke Christi" (εὐφραίνοντο ἐπὶ τοῖς ὁσίοις ἔργοις τοῦ Χριστοῦ 25).[263]

Diese Schilderung der emotionalen Lage dominiert die Erzählung an dieser Stelle und gibt den Grundtenor der Situation wieder. Der Verfasser verwendet in diesem Kontext das griechische Wort ἀγάπη, um die Situation zu beschreiben. Ἀγάπη steht für eine Form von Liebe, die sowohl „[das von] Gnadenmacht und Barmherzigkeit bestimmte Verhältnis Gottes und Jesu Christi zu den Menschen als auch […] deren gläubige Beziehung zu Gott und zum Kyrios wie auch für ihr dem Willen Gottes entsprechendes Verhalten untereinander"[264] meint, und ist ein Begriff, der die Beziehungen in christlichen Gemeinden beschreibt. Dagegen werden die Liebe Theklas zu Paulus (wie auch die Liebe des Paulus zu den Reisebegleitern 1; 19) mit στοργή bezeichnet, das im klassisch-hellenistischen Gebrauch eine Liebe und Vertrautheit entweder zwischen Verwandten und Bekannten bzw. Freunden beschreibt oder eine eher erotisch anklingende Komponente hat. Die Erzählung beschreibt das Verhältnis von Glaubenden untereinander mit Begriffen, die sich klar von dem anderer Gruppierungen und Konstellationen unterscheiden lassen und einer Liebe mit erotischer Komponente gegenüberstehen. Darüber hinaus wird durch diese Begrifflichkeiten auch eine Aussage über das Verhältnis Theklas zur Gemeinde gemacht. Es ist, anders als ihre vorab beschriebene Ausrichtung auf Paulus (19), von einer Liebe geprägt, die auf Gemeinschaft und Brüderlichkeit ausgerichtet ist und danach handelt.

---

[263] Die ὅσια ἔργα τοῦ Χριστοῦ beziehen sich, dem unmittelbaren Kontext zu entnehmen, auf die Rettung Theklas durch Gott (23). Zunächst ist die Verwendung des griechischen Begriffs ὅσιος anstelle von ἅγιος auffällig, die Bedeutungsdifferenz ist vorhanden, der Gebrauch von ὅσιος ist jedoch in biblischen Texten auch vorhanden und im zweiten Jahrhundert nicht mehr ungewöhnlich. Ὅσιος meint im profangriechischen Verständnis *hallowed, sanctioned or allowed by the law of God or of nature* (LIDDELL, SCOTT und JONES, A Greek-English Lexicon, s. v. ὅσιος), im christlichen Sprachgebrauch *holy, Godfearing, religious* (LAMPE, A Patristic Greek Lexicon, s. v. ὅσιος). Der Wortstamm ist in neutestamentlichen Texten elfmal vorhanden und wird sowohl als Attribut für Gott verwendet, beispielsweise in Offb 16,5, als auch für andere Personen, vgl. Apg 2,27. Aber auch die Heiligkeit als Gabe bzw. Zustand des Menschen wird mit diesem Begriff ausgedrückt, siehe Eph 4,24. Auch die Belege in der Septuaginta sind zahlreich. Das Adjektiv ἅγιος meint *separated, holy* (LAMPE, A Patristic Greek Lexicon, s. v. ἅγιος). Im Allgemeinen wird es verwendet, um Personen und Dinge als *sacred* bzw. *holy* zu bezeichnen (LIDDELL, SCOTT und JONES, A Greek-English Lexicon, s. v. ὅσιος).

[264] SÖDING, „ἀγαπάω" 1318–1326.

dd) Der Dialog zwischen Thekla und Paulus
und der Beitrag zur Figurencharakteristik

Mit der an Paulus gerichteten Äußerung Theklas, sie wolle sich nun scheren und ihm folgen (Περικαροῦμαι καὶ ἀκολουθήσω σοι ὅπου δ' ἂν πορεύῃ 25), beginnt ein kurzer Dialog der beiden Figuren. Paulus antwortet, reagiert aber nicht zustimmend auf ihre Äußerung. Für den Leser entsteht dadurch der Eindruck, als stehe Paulus in Widerspruch zu sich selbst – eben hat er im Gebet Thekla noch als zu Gott gehörig bezeichnet – und zu seiner Lehre, die er predigt und der Thekla entsprechen möchte.

Eine nachfolgende Präzisierung der Ablehnung gibt Aufschluss: Die Nachfolge und die Bedingungen dafür werden schon erwähnt, Paulus legt den Fokus aber auf andere Komponenten. Er spricht von der bösen Zeit (Ὁ καιρὸς αἰσχρός 25) und der schönen Gestalt (καὶ σὺ εὔμορφος 25) Theklas und von der Versuchung, die auf sie zukommen könnte, die eine erste (Versuchung) noch übertreffe (Ὁ καιρὸς αἰσχρός, καὶ σὺ εὔμορφος· μὴ ἄλλος σε πειρασμὸς λήψεται χείρων τοῦ πρώτου, καὶ οὐχ ὑπομείνῃς ἀλλὰ δειλανδρήσῃς 25).

Mittels dieser Antwort werden Umstände zum Ausdruck gebracht, die auf die Situation Theklas Bezug nehmen und zugleich auf ihre Worte reagieren. Auf zweifache Art weist Paulus Thekla auf Bedingungen hin, welche die Nachfolge mit sich bringt: Dabei können äußere und innere Bedingungen differenziert werden. Zu den äußeren Bedingungen zählen zum einen die Umstände allgemein – die böse Zeit –, zum anderen die schöne Gestalt[265] Theklas, also ihre persönlichen Umstände. Sogenannte innere Bedingungen verweisen auf ihre persönliche Disposition: Thekla muss nicht nur äußerlich bereit sein, in dem sie sich schert, sondern auch innerlich. Sie müsse den Versuchungen (πειρασμός) widerstehen, die schlimmer als die erste sein könnten (μὴ ἄλλος σε πειρασμὸς λήψεται χείρων τοῦ πρώτου). Zugleich weist diese Aussage über die Erzählung hinaus und deutet im Grunde die folgende Erzählung an.

(1) Πειρασμός

Der Begriff πειρασμός ist biblisch häufig belegt. Profangriechisch meint dieser einen *Versuch*, eine *Probe* oder *Prüfung*, die mit einer Intention verbunden ist. In der Septuaginta finden sich Verwendungen mit diesem Verständnis, daneben tritt die religiöse Bedeutung, die das „Auf-die-Probe-Stellen" Gottes aufgrund des Unglaubens des Volkes meint (bekanntes Bei-

---

[265] Hier wird mit εὔμορφος auf die äußere Schönheit Theklas verwiesen. Im späteren Erzählverlauf wird wiederum auf die Schönheit verwiesen, die jedoch anders als diese zu verstehen ist. Der Gebrauch von unterschiedlichen griechischen Wörtern, εὔμορφος, das ausschließlich das *schöne und wohlgestaltete Äußere* bezeichnet (vgl. LIDDELL, SCOTT und JONES, A Greek-English Lexicon, s. v. εὔμορφος), und κάλλος, das neben dieser äußeren auch eine *innere Schönheit* meinen kann, unterstützt diese Annahme.

spiel dafür ist Ex 17, wo das Volk den Herrn in der Wüste bei Massa und Meriba auf die Probe stellt). In neutestamentlichen Texten findet sich sowohl die profane Bedeutung *einen Versuch machen* als auch die alttestamentliche Verwendung *Gott versuchen*, vgl. z.B. 1Kor 10,9.13, wenn Paulus die Korinther über Versuchungen im Glauben belehrt und im Kontext der Erzählungen vom Volk Israel davon berichtet, wie es den Herrn auf die Probe gestellt hat und viele dann zu Tode kamen. In diesem Zusammenhang spricht der Apostel davon, dass Versuchungen für den Menschen immer das Maß des Erträglichen haben werden, da Gott treu zu seinem Volk stehe.[266]

Die Verwendung des Wortes πειρασμός in den Paulus- und Theklaakten schließt sich der religiösen Bedeutung des Begriffs wie im Ersten Korintherbrief an. Paulus warnt Thekla wie das Volk der Korinther davor, sie könne möglicherweise den Versuchungen nicht standhalten und ihre Reaktion könnte unangemessen sein („[...] und du nicht aushältst und feige wirst" 25).

Zugleich spielt auch eine weitere Aussage des Ersten Korintherbriefs eine Rolle: Mit der Treue Gottes könne jede Versuchung überstanden werden (1Kor 10,13).

Wie treu sich dieser Gott gegenüber Thekla erweisen wird, zeigt die folgende Erzählung. Als Reaktion darauf bittet Thekla wiederum um das „Siegel in Christus" (δός μοι τὴν ἐν Χριστῷ σφραγῖδα 25) mit der Begründung: „Keine Versuchung wird mich ergreifen" (καὶ οὐχ ἅψεταί μοι πειρασμός 25), woraufhin Paulus sie mit den Worten „Thekla, habe Geduld, und du wirst das Wasser empfangen" (Θέκλα μακροθύμησον, καὶ λήψῃ τὸ ὕδωρ 25) vertröstet.

Folgende Punkte der Dialoganalyse sind auffallend und bedeutend für die Figurencharakterisierung: Thekla will Paulus zuerst sehen (7), ihm nun nachfolgen und zugleich auch ihr Äußeres verändern. Damit ist eindeutig eine Steigerung ausgedrückt, die ihre Einstellung, aber auch ihr Selbstverständnis verdeutlichen. Sie wird an dieser Stelle der Erzählung nicht explizit als Jüngerin bezeichnet, nimmt jedoch Verhaltensänderungen vor, die an Jüngerberufungen und Nachfolge in den kanonischen Texten erinnern. In der Erzählung der Berufung des Petrus und mit ihm des Jakobus und Johannes z.B. heißt es, dass diese alles zurückließen und Jesus folgten: αἰ καταγαγόντες τὰ πλοῖα ἐπὶ τὴν γῆν ἀφέντες πάντα ἠκολούθησαν αὐτῷ (Lk 5,11 par.).[267] Was Jüngerschaft bedeutet – das alte Leben zurückzulassen und nachzufolgen –

---

[266] Vgl. SCHNEIDER, „πειρασμός" 1790–1793, sowie LAMPE, A Patristic Greek Lexicon, s.v. πειρασμός.

[267] Zahlreiche weitere Stellen in den kanonischen Evangelien thematisieren Nachfolge – die oft das Verlassen von Hab und Gut und Familie meint – und deren Bedeutung und Konsequenzen für das Leben. An dieser Stelle sei der Zusammenhang von Nachfolge und Reichtum genannt, den Mk 10,17–27 thematisiert, oder der Lohn der Nachfolge, der hundertfach sein wird und ewiges Leben bedeutet (vgl. Mk 10,28–31).

wird in den Paulus- und Theklaakten durch das Verhalten der Figur Thekla auf narrative Weise gezeigt:

Thekla gibt Wertgegenstände ab, die sie als wohlhabende Frau kennzeichnen (18), lässt Verlobten und Mutter zurück und folgt nach. Sie setzt noch ein weiteres Zeichen, sie möchte sich „rundherum scheren" (25). Dies kann als ein Zeichen der Umkehr und Trauer, wie es in alttestamentlichen Texten zahlreich belegt ist (vgl. bspw. Mi 1,16: Im Zusammenhang der Klage des Propheten Micha ergeht nach Drohworten der Aufruf an die Tochter Zion, sich kahl zu scheren), verstanden werden oder als ein Signal dafür, den alten Menschen auch äußerlich abzulegen. Das Kürzen von Haaren kann auch einen taktischen Grund haben, nämlich auf den ersten Blick wie ein männliches Wesen zu wirken, was auch ihr Vorhaben, die Reise, erleichtern würde.[268]

Das Thomasevangelium enthält ein Logion, das inhaltlich in diese Richtung denkt und das Männlichmachen von Frauen thematisiert:

(114) (1) Simon Petrus sprach zu ihnen: „Maria soll von uns fortgehen, denn die Frauen sind des Lebens nicht wert." (2) Jesus sprach: „Seht, ich werde sie ziehen, auf daß ich sie männlich mache, damit auch sie ein lebendiger, euch gleichender, männlicher Geist werde. (3) (Ich sage euch aber): Jede Frau, wenn sie sich männlich macht, wird eingehen in das Königreich der Himmel."[269]

Simon Gathercole verweist in seinem Kommentar auf die zahlreichen kontroversen Auslegungen dieses Logions. Es werde als „ironic" eingeordnet, die Erlösung von Frauen werde als ein „two-stage process" diskutiert oder die Nähe zum Evangelium nach Maria werde besonders betont.[270] Mit *Petersen* beispielsweise lehne er die Deutung, Frauen sollten männlich werden, indem sie auf Sexualität und Fortpflanzung verzichten, ab.[271] *Petersen* erklärt die Geschlechterdifferenz, die im Logion angesprochen wird, mithilfe eines weiteren Logions: In Logion 22 thematisiert Jesus die Voraussetzungen für das Eingehen in das Reich:

(22) (1) Jesus sah kleine (Kinder), die gestillt wurden. (2) Er sprach zu seinen Jüngern: „Diese Kleinen, die gestillt werden, gleichen denen, die in das Königreich eingehen." (3) Sie sprachen zu ihm: „Werden wir denn als Kleine in das Königreich eingehen?" (4) Jesus sprach zu ihnen: „Wenn ihr die zwei zu einem macht und wenn ihr das Innere wie das Äußere macht und das Äußere wie das Innere und das Obere wie das Untere, – (5) und zwar damit ihr das Männliche und das Weibliche zu einem einzigen macht, auf daß das Männliche nicht männlich und das Weibliche nicht weiblich sein wird – (6) wenn ihr Augen macht anstelle eines Auges und eine Hand anstelle einer Hand und einen Fuß anstelle eines Fußes, eine Gestalt anstelle einer Gestalt, (7) dann werdet ihr eingehen in [das Königreich]."

---

[268] Vgl. PERVO, Acts of Paul 142.

[269] Die deutsche Übersetzung ist entnommen von SCHRÖTER, Das Evangelium nach Thomas 483–522.

[270] Vgl. GATHERCOLE, Gospel of Thomas 607–616.

[271] Vgl. PETERSEN, Werke 171.

Alle Differenzen, die eine dualistische Denkweise verursacht, sollen aufgehoben werden. Auf diese Weise will auch Logion 114 gelesen werden: Männlich werden bedeute dann für die Frau, ein lebendiger Geist zu werden, der in das Reich eingehen könne.[272]

Einen eigenen Ansatz für ein mögliches Verständnis des Logion bietet *Gathercole*, indem er die darin erwähnte Erlösung als „defined by employing the patriarchal language patterns of the contemporary culture" sieht. Das bedeute letztlich, „female + male = male", oder anders gesagt: „neither male nor female = male".[273]

Die Diskurse im Thomasevangelium und in den Theklaakten nehmen zu einer Debatte Stellung. Meines Erachtens treffen die Erklärungen, die *Gathercole* oder *Petersen* für die Logien des Thomasevangeliums geben, nicht auf die Paulus- und Theklaakten zu, vielmehr zeigt sich im Fall der Thekla ein Prozess, in dem sich das Männlichwerden als ein Schritt auf dem Weg der Figur hin zur Konversion einordnen lässt. Thekla muss nicht männlich werden, um Paulus nachfolgen zu können, vielmehr gleicht sich Thekla mit geschorenen Haaren auch dem Äußeren des Paulus an, der in Abschnitt 3 unter anderem als ψιλὸν τῇ κεφαλῇ geschildert wird.[274] Die äußere Angleichung kann im übertragenen Sinn einen weiteren Schritt der Figur Thekla auf dem Weg der Konversion bedeuten: Sie gleicht sich ihrem Vorbild im Glauben immer mehr an, sogar auf äußerliche Weise. Eine weitere Komponente kommt hinzu, wenn die Erzählung im abschließenden Teil berichtet, Thekla gürte sich das Gewand nach Männerart (40).

Zunächst scheint es, dass die Figuren Thekla und Paulus das Initiationsgeschehen unterschiedlich sehen. Dies zeigt sich zum einen an den Termini, die bei den beiden Figuren verwendet werden: Thekla will das „Siegel in Christus" (δός μοι τὴν ἐν Χριστῷ σφραγῖδα 25), Paulus antwortet in der unmittelbaren Aussage darauf, sie werde „das Wasser empfangen" (καὶ λήψῃ τὸ ὕδωρ 25).

Zum anderen wird das Geschehen auch inhaltlich je anders verstanden:[275] Paulus vertröstet Thekla zwar mit der Zusage, dass sie das „Wasser empfangen" werde, aber die Verleihung zu diesem Zeitpunkt sieht er als zu früh an.

---

[272] Vgl. PETERSEN, Werke 174–175.

[273] GATHERCOLE, Gospel of Thomas 607–616, auch mit Verweis auf PETERSEN, Werke 176–177. Vgl. auch Gal 3,26–29: In diesen Versen erläutert Paulus, dass soziale wie gesellschaftliche Unterschiede für das Zu-Gott-Gehören keine Rolle spielen, sondern vielmehr Glaube den Menschen auszeichnet.

[274] Diese Beschreibung geht auf Apg 18,18 und die darin enthaltene Erklärung des Scherens des Kopfes des Paulus aufgrund des Nasiräatsgelübdes.

[275] Vgl. BAUCKHAM, The *Acts of Paul* as a Sequel to Acts 152, der in diesem Zusammenhang von „two different and competing views of Paul and Thecla" spricht und die Erzählung „[as] a merging of genres and traditions" bezeichnet.

Thekla dagegen sieht das Siegel Christi als eine Rüstung für die Versuchungen: „[the] seal itself works against temptation by sealing them out."[276]

An diesem Punkt des Geschehens scheint es, als ob sich die gesamte Erzählung auf die Frage nach dem Siegel ausrichten würde und hier sozusagen einen ersten Höhepunkt erreicht hat. *Richard Bauckham* schreibt treffend: „[the] request for the seal forms a backdrop against which the entire story can be read."[277] Die Figur Thekla und deren Verhaltensänderung erklärt sich dem Leser immer mehr, kann jedoch im zweiten Erzählteil noch genauer erschlossen werden.

Eine genauere Erläuterung einzelner Aspekte der Versammlung in der Grabanlage ist hilfreich, um die sich dort befindlichen Figuren – die zur Seite der Glaubenden um Paulus gehören – näher zu beschreiben.

(2) Mahlgemeinschaft in den Theklaakten[278]

Das Mahl, das im Haus des Onesiphorus gehalten wird, ist mit dem Terminus κλάσις ἄρτου (5) bezeichnet. Dieses Brotbrechen geschieht innerhalb einer Gemeinschaft, die von „Freude" (χαρά 5) geprägt ist.

In der Versammlung verkündet Paulus das Wort Gottes (vgl. 5). In der Grabhöhle findet ein Mahl statt, das ähnliche Grundzüge aufweist. Man nimmt Brot, Gemüse und Wasser (ἄρτους πέντε καὶ λάχανα καὶ ὕδωρ <καὶ ἅλας> 25) zu sich. Es herrscht „große Liebe" (ἀγάπη πολλή 25) und man „jubelt" (ἀγαλλιωμένου 25). Grund dafür sind die „heiligen Werke Christi" (ἐπὶ τοῖς ὁσίοις ἔργοις τοῦ Χριστοῦ 25), die man erlebt und womöglich auch erzählt oder vorträgt. Die Stimmung, die das Geschehen prägt, ist Freude, die

---

[276] Siehe BAUCKHAM, The *Acts of Paul* as a Sequel to Acts 152.

[277] SANDNES, Seal and Baptism in Early Christianity 1463.

[278] Vgl. dazu auch die Ephesusszene, wo man sich nach der Taufe Artemillas, von den Wächtern unbemerkt, nach innen in das Gefängnis begibt: „Als er (Paulus?) aber hineinging, während die Wächter schliefen, brach er Brot und brachte Wasser, tränkte und entließ (sie) durch/mittels dem Wort zu ihrem Mann Hieronymus. Er selbst aber betete." (ActPl 4: [3] ὡς δὲ εἰσῆλθεν ἔσω τῶν [4] φυλάκων κοιμωμένων, ἔκλασεν ἄρτον ὕδωρ τε προσήνεγκεν [5] ἐπότισεν ῥήματι ἀπέλυσεν πρὸς Ἱερώνυμον τὸν ἄνδρα αὐτῆς· [6] αὐτὸς δὲ ἐδεήθη.) Es findet eine Feier mit Brot und Wasser statt. Man bricht das Brot (κλάω, „brechen"), das Wasser wird dazu gebracht, griechisch mit προσφέρω („bringen") ausgedrückt. Als drittes Element wird in 4,4–5 das Wort und damit verbunden das Verb ποτίζω („tränken") genannt. Die Übersetzung von Vers 5 (ἐπότισεν ῥήματι ἀπέλυσεν πρὸς Ἱερώνυμον) schließt sich dem plausiblen Vorschlag von WEIDEMANN, Taufe und Mahlgemeinschaft 127, an, ῥήματι anstatt auf ἐπότισεν auf das folgende Verb ἀπέλυσεν zu beziehen. Anders PERVO, Acts of Paul 233, der „after quenching her thirst for the word, [Paul] sent Artemilla to her husband Hieronymos" übersetzt und darin eine mögliche Parallele zu Eph 5,26 sieht, oder auch SCHMIDT und SCHUBART, ΠΡΑΞΕΙΣ ΠΑΥΛΟΥ 35–37 Anm. 5, die darunter eine metaphorische Ausdrucksweise für die mündliche Predigt sehen. PERVO, Acts of Paul 233, tendiert zu einem metaphorischen Verständnis und übersetzt daher „offered water, and after quenching her thirst for the word […]".

an diesem Punkt der Erzählung und auch im gesamten Verlauf mittels unterschiedlicher Begrifflichkeiten ausgedrückt wird. Ein besonders prägnanter ist die χαρά.

(3) Χαρά

Die neutestamentlichen Belege für die beiden griechischen Begriffe χαρά bzw. χαίρω sind zahlreich – 74 für das Verb und 59 für das Substantiv. Folgende Verwendungen werden unterschieden: der Gebrauch als Grußformel, z.B. in Apg 15,23 (Οἱ ἀπόστολοι καὶ οἱ πρεσβύτεροι ἀδελφοὶ τοῖς κατὰ τὴν Ἀντιόχειαν καὶ Συρίαν καὶ Κιλικίαν ἀδελφοῖς τοῖς ἐξ ἐθνῶν χαίρειν), die Verwendung bei den Synoptikern, um die Zeit Jesu als Zeit der Freude zu kennzeichnen (bspw. Mt 9,15 par., wo das Trauern der Hochzeitsgäste während der Anwesenheit des Bräutigams infrage gestellt wird), und die spezielle Verwendung bei Lukas, der Freude zur Grundstimmung des Evangeliums macht und daher das Wort bereits zu Beginn der Erzählung verwendet (Lk 1,14: καὶ ἔσται χαρά σοι καὶ ἀγαλλίασις καὶ πολλοὶ ἐπὶ τῇ γενέσει αὐτοῦ χαρήσονται).[279] Hinzu kommt das johanneische Verständnis von Freude als einer Gabe bzw. einem Geschenk, das Jesus den Seinen gibt: Ταῦτα λελάληκα ὑμῖν ἵνα ἡ χαρὰ ἡ ἐμὴ ἐν ὑμῖν ᾖ καὶ ἡ χαρὰ ὑμῶν πληρωθῇ (Joh 15,11). In den paulinischen Briefen wiederum, beispielsweise in Phil 3,1 (Τὸ λοιπόν, ἀδελφοί μου, χαίρετε ἐν κυρίῳ), ist gehäuft von Freude in Zusammenhang mit Trauer und Sorge die Rede. Die nachpaulinische Briefliteratur greift dann auf diese Gedanken zurück und legt eine Idee von Freude zugrunde, die sich als größer denn alle akute Bedrängnis erweist und die ihr überlegen ist (z.B. 1Petr 4,13: ἀλλὰ καθὸ κοινωνεῖτε τοῖς τοῦ Χριστοῦ παθήμασιν, χαίρετε, ἵνα καὶ ἐν τῇ ἀποκαλύψει τῆς δόξης αὐτοῦ χαρῆτε ἀγαλλιώμενοι).[280]

Um den Begriff χαρά, wie ihn die Paulus- und Theklaakten verwenden, einordnen zu können, sind folgende weiteren neutestamentlichen Kontexte hilfreich:

Apg 13,51–52 erwähnt Jünger, die sich auf dem Weg nach Ikonium befinden[281] und voll von Freude und Heiligem Geist sind: οἱ δὲ ἐκτιναξάμενοι τὸν κονιορτὸν τῶν ποδῶν ἐπ᾽ αὐτοὺς ἦλθον εἰς Ἰκόνιον. οἵ τε μαθηταὶ ἐπληροῦντο χαρᾶς καὶ πνεύματος ἁγίου. Dieser Hinweis ist insofern besonders passend, als die Erzählung um Thekla genau an diese geographische Angabe anschließt: Der erste Teil erzählt in Ikonium und erwähnt zu Beginn (Abschnitt 5) Freude, welche die Versammlung im Haus des Onesiphorus prägt.

Daneben ist Gal 5,22, wo der Apostel Freude als Frucht des Geistes nennt (ὁ δὲ καρπὸς τοῦ πνεύματός ἐστιν ἀγάπη χαρὰ εἰρήνη, μακροθυμία χρηστό-

---

[279] Vgl. dazu INSELMANN, Freude im Lukasevangelium.

[280] Dazu BEYREUTHER, FINKENRATH und FREY, „χαίρω" 537–543.

[281] Gemeint ist der Knotenpunkt Ikonium, der ca. 140 km östlich des pisidischen Antiochien liegt, so PESCH, Apostelgeschichte 47.51.

της ἀγαθωσύνη, πίστις), ein passender Anknüpfungspunkt, zumal er auch die ἀγάπη nennt. Diesen Begriff gebraucht die Erzählung an anderer Stelle, um eine Versammlung von Glaubenden zu beschreiben: Laut ActPlTh 25 bestimmt ἀγάπη die Zusammenkunft in der Höhle um Paulus und Onesiphorus.

Auch der Philipperbrief bietet einen Anknüpfungspunkt, der Formen beider in den Paulus- und Theklaakten vorkommender Ausdrücke, ἀγάπη und χαρά, enthält und diese zudem in den Kontext von Gemeinschaft stellt: In Kapitel 4 bezeichnet Paulus die „geliebten Brüder" als „Freude" und fordert sie auf, fest in der Gemeinschaft mit dem Herrn zu stehen (Ὥστε, ἀδελφοί μου ἀγαπητοὶ καὶ ἐπιπόθητοι, χαρὰ καὶ στέφανός μου, οὕτως στήκετε ἐν κυρίῳ, ἀγαπητοί Phil 4,1).

Eine enge bzw. direkte Anlehnung an die genannten kanonischen Texte anzunehmen und damit verbunden eine narrative Entfaltung von einzelnen Versen in den Paulus- und Theklaakten, würde zu weit gehen. Eher trifft zu, dass die Paulus- und Theklaakten die in biblischen Texten vielfach entfaltete Vorstellung, wie die Stimmung und das Miteinander in christlichen Versammlungen ist bzw. sein soll, übernehmen.

(4) Κλάσις ἄρτου

Beide Schilderungen der Paulus- und Theklaakten, die von einer Versammlung des Paulus mit anderen Glaubenden erzählen, nennen das Brotbrechen (κλάσις ἄρτου 5 und 25).[282]

Die Apostelgeschichte schildert einige Zusammenkünfte, die einerseits „durch das (gemeinsame) ‚Brotbrechen' [charakterisiert]",[283] andererseits auch so bezeichnet werden: Diese Berichte über die regelmäßigen Feiern des Mahls der christlichen Urgemeinde zeigen, dass der Vorgang des Brotbrechens bald zur Bezeichnung für die Zusammenkunft selbst wird:

Ἦσαν δὲ προσκαρτεροῦντες τῇ διδαχῇ τῶν ἀποστόλων καὶ τῇ κοινωνίᾳ, τῇ κλάσει τοῦ ἄρτου καὶ ταῖς προσευχαῖς (Apg 2,42–47 [42]) oder Apg 20,7.11: [7] Ἐν δὲ τῇ μιᾷ τῶν σαββάτων συνηγμένων ἡμῶν κλάσαι ἄρτον, ὁ Παῦλος […] [11] ἀναβὰς δὲ καὶ κλάσας τὸν ἄρτον καὶ γευσάμενος ἐφ᾽ ἱκανόν τε ὁμιλήσας ἄχρι αὐγῆς, οὕτως ἐξῆλθεν.[284]

Folgende Merkmale, die diese Versammlungen ausmachen, können anhand der Texte der Apostelgeschichte festgemacht werden:

---

[282] Vgl. MEßNER, Liturgiewissenschaft 154. Der Vorgang des Brotbrechens ist zur Zeit der Entstehung von neutestamentlichen Texten im Kontext eines Mahles selbstverständlich, im jüdischen Mahl wie auch beim hellenistischen Symposium wird Brot gebrochen und geteilt. Sowohl der irdische Jesus hat Mahl gehalten und Brot gebrochen, vgl. z.B. Mk 6,41, als auch vom Auferstandenen wird diese Tat berichtet (vgl. Lk 24,30–35).

[283] PESCH, Apostelgeschichte 130.

[284] PESCH, Apostelgeschichte 133.190: „[…] wie die ganze Feier genannt wird – […] ‚Brotbrechen' […]". Vgl. auch den Beitrag zum Herrenmahl von KLAPPERT, „δεῖπνον" 912–926.

gemeinsames Brotbrechen und ein Sättigungsmahl (vgl. bspw. 2,46)
im Haus bzw. innerhalb einer Versammlung (bspw. 2,46)
gemeinsame Gebete (bspw. 2,47a)
Jubel (2,46 oder 16,34)
Freude aufgrund von Rettung (wobei „das Gotteslob der erfahrenen Freude, der Rettung
[2,47b; vgl. 40] [entspringe])"[285]
Lehre (vgl. 20,9)

Diesen Punkten entsprechen auch die Elemente in den beiden kurzen Berichten über die Zusammenkünfte des Paulus mit Onesiphorus und weiteren Glaubenden:

gemeinsames Brotbrechen und ein Sättigungsmahl (ActPlTh 5)
im Haus (5) bzw. innerhalb einer Versammlung (25)
gemeinsame Gebete/Knie beugen (5)
Jubel (25)
Freude aufgrund von Rettung (über die Taten Christi, die Rettung [25])
Lehre (5)

Merkmale einer christlichen Versammlung	Apostelgeschichte	ActPlTh 5 und 25
gemeinsames Brotbrechen und Sättigungsmahl	(2,46) κλῶντες [...] ἄρτον, μετελάμβανον τροφῆς	(5) κλάσις ἄρτου (25) ἄρτους πέντε καὶ λάχανα καὶ ὕδωρ <καὶ ἄλας>
in einem Haus bzw. innerhalb einer Versammlung	(2,46) κατ' οἶκον	(5) εἰς τὸν τοῦ Ὀνησιφόρου οἶκον (25) ἦν ἔσω ἐν τῷ μνημείῳ
gemeinsame Gebete Jubel	(bspw. 2,47a) αἰνοῦντες τὸν θεὸν (2,46) ἀγαλλιάσει (16,34) ἀναγαγών τε αὐτοὺς εἰς τὸν οἶκον παρέθηκεν τράπεζαν καὶ ἠγαλλιάσατο πανοικεὶ πεπιστευκὼς τῷ θεῷ.	(5) κλίσις γονάτων (25) Παύλου ἀγαλλιω- μένου καὶ Ὀνησιφόρου καὶ πάντων
Freude aufgrund von Rettung	(2,47b) ἔχοντες χάριν πρὸς ὅλον τὸν λαόν. ὁ δὲ κύριος προσετίθει τοὺς σῳζομένους καθ' ἡμέραν ἐπὶ τὸ αὐτό.	(25) εὐφραίνοντο ἐπὶ τοῖς ὁσίοις ἔργοις τοῦ Χριστοῦ
Lehre	(20,9) καθεζόμενος δέ τις νεανίας ὀνόματι Εὔτυχος ἐπὶ τῆς θυρίδος, καταφερόμενος ὕπνῳ βαθεῖ διαλεγομένου τοῦ Παύλου ἐπὶ πλεῖον, κατενεχθεὶς ἀπὸ τοῦ ὕπνου ἔπεσεν ἀπὸ τοῦ τριστέγου κάτω καὶ ἤρθη νεκρός.	(5) λόγος θεοῦ περὶ ἐγκρατείας καὶ ἀναστάσεως, λέγοντος τοῦ Παύλου

---

[285] PESCH, Apostelgeschichte 132.

In ihren Grundzügen wird in den Paulus- und Theklaakten eine Mahlhandlung geschildert, die an Mahlfeiern urchristlicher Versammlungen erinnert:[286] Ein Vergleich der Schilderungen der Versammlungen zeigt, dass die beiden Erzählungen der Paulus- und Theklaakten viele Merkmale, wie sie die Apostelgeschichte nennt, enthalten und somit als eine christliche Versammlung eingeordnet werden können.

(5) Sättigungsmahl

Durch die Nennung der Nahrungsmittel sind nähere Aussagen über das Sättigungsmahl möglich, das im Rahmen des Brotbrechens stattfindet. Brot,[287] Gemüse und Wasser[288] verweisen auf eine Lebensweise der Versammelten, die sehr einfach sein mag, bzw. auf deren enkratitische Einstellung, die sich auch im Mahl zeigt.[289] Diese Annahme bestätigt auch, dass das Mahl der

---

[286] Einige Details der Schilderung der Paulus- und Theklaakten erinnern auch an Erzählungen der Evangelien. Brot, das auf Anfrage von Kindern besorgt wird, verweist auf Mk 7,27. Die Angabe einer Anzahl von Brotlaiben, hier fünf, wie auch die Situation – Hunger, fehlende Brote und die Erwähnung eines Kindes – lehnen sich an das Setting in Joh 6 an; im Johannesevangelium werden fünf Brote eines Jungen genommen (ἔστιν παιδάριον ὧδε ὃς ἔχει πέντε ἄρτους κριθίνους [...] Joh 6,9), in den Paulus- und Theklaakten wird ein Junge losgeschickt, um Brote zu kaufen.

[287] McGOWAN, Ascetic Eucharists 185, stellt hierbei den Bezug zur Apostelgeschichte vor Augen und äußert, die kanonischen wie auch apokryphe Belegstellen zeigten, dass Brot eine bedeutende Rolle spielt und ein Mahl ohne Becher stattfindet („This somewhat vague description obviously draws upon the ‚breaking of the bread' attested in the canonical Acts of the Apostles [...], but either or both the apocryphal and canonical references may seem to suggest a pattern where bread was more important, and possibly unaccompanied by a cup"); in Ascetic Eucharists 140 verweist er dabei auf die Seligpreisung der ActPlTh (5), die die Reinheit des Herzens fordert. Ob ein Zusammenhang zwischen der Wahl der Lebensmittel beim Mahl und diesen Worten bestehe, sei nicht eindeutig zu sehen. Μακάριοι οἱ καθαροὶ τῇ καρδίᾳ (5) sei wohl eher eine sittliche Empfehlung, die auf die Enthaltsamkeit im sexuellen Bereich anspiele. Generell solle die Erwähnung der Nahrung von Christen in den apokryphen Apostelakten und der pseudoclementinischen Literatur, sei es Gemüse und auch Salz oder Öl (unter anderem ActThom 20; 29), geradezu deren Verzicht auf Fleisch betonen und die Verwendung in ihren Mählern stelle eine „uncompromising rejection of the wider pagan society, including its food and especially its meat [...]" dar.

SCHMIDT, Acta Pauli 196, weist auf die kleine Menge der Nahrung hin: Fünf Brote seien ein Zeichen dafür, Völlerei auszuschließen, ebenso auch die Verwendung von Wasser anstelle von Wein. Er fügt hinzu, eine Reaktion auf die Vorwürfe von außen, von den Heiden, könnte ebenso ein Grund für die sparsame Nahrungsaufnahme sein.

[288] BREMMER, Magic 39, vermutet aufgrund der Tatsache, dass hier Eucharistie ohne Wein stattfindet, einen Verfasser der Paulus- und Theklaakten, der einer „congregation which took the eucharist without wine" angehört.

[289] McGOWAN, Ascetic Eucharists 185, verweist zum einen auf eine Passage der Paulus- und Theklaakten (27–28), welche zeige, dass „beasts, not humans, [...] the expected eaters of flesh" seien. Zum anderen erwähnt er eine Handschrift, die von Thekla berichtet,

Gruppierung um Paulus in mehrfacher Hinsicht in Kontrast zu anderen Mahlfeiern innerhalb der Erzählung gesetzt wird. Dieser angestellte Vergleich von
asketischem und üppigem Mahl kritisiert neben der Wahl der Lebensmittel
auch den Anlass des Mahls, so wie die Wahl der Mitfeiernden:[290] Thamyris
lädt ihm beinahe unbekannte, mit Geld bezahlte Gäste zu Wein und üppiger
Nahrung ein, um sie zur Auskunft über Paulus zu bringen. Wenn die Versammelten in der Höhle selbst Freudenereignisse – die Rettung der Thekla –
zurückhaltend und mäßig feiern, wird der Unterschied zum Mahl der Gegenseite, des Thamyris, nochmals deutlicher herausgestellt.[291]

c) Zwischenergebnis

Die Erzählung zeigt in kleinen Schritten, wie Thekla weiter ihre Rolle ändert:
Die Analyse der Abschnitte 25–27 verdeutlicht dabei, wie sie durch die
Worte, die sie spricht, immer mehr dem Apostel bzw. dem Apostel(in)dasein
ähnlich gemacht wird. Durch die sehr ähnlich angelegten Gebete, sowohl
hinsichtlich Struktur als auch Inhalt, entsteht eine Parallelisierung der Figuren
Paulus und Thekla. Die Figur Gott zeigt sich auf andere Weise, nicht durch
aktives Eingreifen, sondern durch die Gebete der Figuren, als der eigentliche
Handlungssouverän: Er wird als Vater angesprochen, der um die Rettung
gebeten und anschließend deretwegen gepriesen wird. Er ist die Figur im
Hintergrund, deren Verhalten entscheidend ist und so das Geschehen der
Erzählung lenkt. Die Gebete zeigen, wie Thekla und Paulus das Geschehen
und die Funktion Gottes darin deuten und verstehen: Er hat sich als der
souverän Agierende in der Rettung Theklas erwiesen. Die Erzählabschnitte

---

sie verweile 27 Jahre in einer Höhle und ernähre sich nur von Gemüse und Wasser. Vor
diesem Hintergrund scheint die Wahl der Nahrung, auch nach dem Beenden des Fastens,
ein Hinweis auf eine trotz aller Freude asketische Lebensweise, die sogar bei freudigen
Anlässen bewahrt wird, zu sein.

[290] Dazu MCGOWAN, Ascetic Eucharists 184: „All the Acts give some picture of appro-
priate ritual food; the Acts of Paul (and Thecla) […] are only moderately concerned about
the negative side, i.e. eating wrong foods and eating with pagans."

[291] Diesen Gedanken weiterführend formuliert MCGOWAN, Ascetic Eucharists 186:
„The Acts of Paul thus present a stark opposition between meat and wine on the one hand
and bread and water on the other, a distinction which seems to stand alongside the
glimpses in the narrative of extraordinary animal life; both perhaps invoke the distinctions
between humans, beasts, and gods established in sacrificial ritual. Over and against the
world of pagan violence in which animals hurt and harm stands the pure world of Christian
eating, a sphere of restored harmony between humans and beasts." Wahrscheinlich gab es
für Christen auch in anderen Kontexten als den hier geschilderten die Möglichkeit der
Teilnahme an reichen Mählern der „heidnischen" Umwelt, so vermutet McGowan. „A little
likelihood that pagans would seek or find Christian eucharistic meal celebration" ist als
Setting der Erzählung in den Paulus- und Theklaakten daher eher weniger anzunehmen und
möglicherweise eher auf weitere Akten zu beziehen, die McGowan in diesem Zusammenhang nennt (Andreasakten und Thomasakten).

zeigen durch eine differenzierte Verwendung der Begrifflichkeiten für Liebe, dass sich die Figur Thekla hinsichtlich ihres Verhältnisses zu Paulus ändert: Erotisches Verlangen (στοργή, vgl. 19) wird zu einer Form von Liebe, wie sie in einer Gemeinschaft von gleichgesinnten Gläubigen ihren Raum findet (ἀγάπη, vgl. 25). Diese Veränderung zeigt auf einer Ebene, die emotionale Vorgänge betrifft, wiederum, dass die Figur mehr und mehr auf dem Weg der Konversion voranschreitet und schon mehr zur Seite des Paulus gehört: Nach ihrer Ankunft in der Höhle nimmt sie erstmals an der Gemeinschaft der um Paulus Versammelten teil.

Bereits der erste Erzählteil lässt ein vorläufiges Zwischenergebnis zur Figur Paulus zu: Er wird durchweg freundlich und positiv beschrieben. Paulus kann durch Aussagen verschiedener anderer Figuren näher erläutert werden; die Informationen sind in zwei Bereiche einzuteilen, wobei die jeweilige Stellung zur Person des Apostels dabei ausschlaggebend ist. Innerhalb des Textes ergibt sich ein Bild, das zwischen der Beschreibung des Paulus als Lehrer und Prediger und der des Fremden differiert.

Paulus als Lehrer und Prediger:[292] Der Text handelt von einer Welt, in der die Weitergabe von Lehre eine wichtige Rolle spielt. Paulus tritt im ersten Erzählteil als Lehrer und Prediger auf. Er spricht im Haus des Onesiphorus und begeistert mehr und mehr Teile der Bevölkerung.

Der Text gibt auch verschiedene Informationen über die Lehren der beiden Seiten und aus welcher Perspektive sie jeweils wiedergegeben werden. Es können dabei drei Arten der Wiedergabe unterschieden werden: Eine Seite spricht über das eigene Verständnis von Auferstehung, eine Seite gibt aus ihrer Sicht die Lehre der anderen wieder oder ein Erzählkommentar schildert die Inhalte.

Paulus als Fremder: Im Laufe des ersten Erzählteils wird mehrmals erwähnt, dass Paulus nicht bekannt sei. Sowohl seine Herkunft als auch seine Funktion sind vielen unerklärlich: Er wird von verschiedenen Personen der Stadt als ξένος bezeichnet (so von Theoklia 8, Thamyris 13 oder dem Gefängniswärter 19), also als solcher umschrieben und charakterisiert (wie von Thamyris als Vorwurf an Paulus selbst und vor dem Richterstuhl formuliert 16). Ebenso stellt der Statthalter die Frage, wer er sei, nachdem die Ankläger ihn als Unbekannten vorgeführt haben (17).

Anhand der Wahrnehmung der Figur des Paulus durch andere Figuren lassen sich diese auch charakterisieren und einordnen: Durch die Darstellung des Paulus als Lehrer und Prediger zeigt der Erzähler, wie Paulus von den

---

[292] Vgl. dazu G. SNYDER, Acts of Paul 137: „Unlike the canonized book of Acts and letters of Paul, which depict Paul as a founder and builder of communities and a wonder-working charismatic, the *Acts of Paul and Thekla* offers the portrait of an itinerant preacher who offers a message that challenges the local customs and family norms of ancient Mediterranean societies."

Seinen wahrgenommen wird, die Beschreibung als Fremder dagegen stellt ihn den Lesern so vor Augen, wie ihn die andere Seite, die Gegner des Paulus und die Nichtglaubenden, wahrnehmen.

III. Figurenführung – Zweiter Erzählteil

Die Gliederung des zweiten Erzählteils stützt sich auf verschiedene Faktoren. Die Grobgliederung ist von den Gesprächs- und Interaktionspartnern der Thekla sowie den Ereignissen um den Kampf in der Arena bestimmt. Die Unterabschnitte ergeben sich vor allem durch inhaltliche Sinnabschnitte, die wiederum oftmals an verschiedene Erzählweisen gebunden sind. Im Vergleich zur ersten Erzählung spielen hinsichtlich der Strukturierung des Textes Ortswechsel eine geringere Rolle, es dominieren vielmehr Figurenkonstellationen.

Der Textabschnitt kann in folgende Einzelszenen eingeteilt werden:[293]

26–27   Thekla und Alexander
28–31   Thekla und Tryphäna
32–36   Vor und während des Kampfes im Stadion
37–39   Nach dem Kampf
40–43   Thekla und Paulus

5. Thekla und Alexander (26–27)

(26) Καὶ ἀπέπεμψεν Παῦλος τὸν Ὀνησιφόρον πανοικὶ εἰς Ἰκόνιον, καὶ οὕτως λαβόμενος τὴν Θέκλαν εἰς Ἀντιόχειαν εἰσῆλθεν. ἅμα δὲ τῷ εἰσέρχεσθαι αὐτούς, συριάρχης τις Ἀλέξανδρος ὀνόματι ἰδὼν τὴν Θέκλαν ἠράσθη αὐτῆς, καὶ ἐξελιπάρει τὸν Παῦλον χρήμασι καὶ δώροις. ὁ δὲ Παῦλος εἶπεν Οὐκ οἶδα τὴν γυναῖκα ἣν λέγεις, οὐδὲ ἔστιν ἐμή. ὁ δὲ πολὺ δυνάμενος, αὐτὸς αὐτῇ περι-

Paulus entließ Onesiphorus mit seinem ganzen Haus nach Ikonium,[294] nahm Thekla darauf zu sich und ging nach Antiochien. Gleich bei ihrer Ankunft wurde ein Syriarch mit Namen Alexander, als er Thekla erblickte, von Liebe zu ihr ergriffen und drängte Paulus durch Geld und Geschenke inständig. Paulus aber sagte: „Ich kenne die Frau nicht, von der du sprichst; sie ist auch

---

[293] Das Gliederungsprinzip übernimmt Ideen von EBNER und LAU, Überlieferung, Gliederung und Komposition, die den Antiochien-Zyklus in drei Einheiten teilen, deren Struktur sich aus den Interaktionspartnern Theklas sowie Zeit- und Ortsangaben ergibt, geht aber auch eigene Wege.

[294] Der erste Teilsatz von 26 kann zu Erzählteil I gezählt werden, so beispielsweise die Einteilung in PERVO, Acts of Paul 146. Der zweite Teil, der als der ursprünglichere angenommen wird, ergibt ohne diesen Teil zwar Sinn, der Einstieg erscheint aufgrund der Erwähnung einer Figur namens Thekla trotzdem sehr unmittelbar. Die beiden Erzählteile werden für die vorliegende Analyse und deren Hauptanliegen zusammengelesen, insofern ist eine Zuordnung nicht vorrangig wichtig. Dass der Teilsatz zu Teilabschnitt II gelesen wird, ist der Anlehnung an die der Arbeit zugrundeliegende Textedition von LIPSIUS geschuldet.

επλάκη εἰς τὸ ἄμφοδον· ἡ δὲ οὐκ ἠνέσχετο, ἀλλὰ Παῦλον ἐζήτει. καὶ ἀνέκραγεν πικρῶς λέγουσα Μὴ βιάσῃ τὴν ξένην, μὴ βιάσῃ τὴν τοῦ θεοῦ δούλην. Ἰκονιέων εἰμὶ πρώτη, καὶ διὰ τὸ μὴ θέλειν με γαμηθῆναι Θαμύριδι, ἐκβέβλημαι τῆς πόλεως. καὶ λαβομένη τοῦ Ἀλεξάνδρου περιέσχισεν αὐτοῦ τὴν χλαμύδα καὶ τὸν στέφανον ἀφείλετο ἀπὸ τῆς κεφαλῆς αὐτοῦ, καὶ ἔστησεν αὐτὸν θρίαμβον.

(27) Ὁ δὲ ἅμα μὲν φιλῶν αὐτήν, ἅμα δὲ καὶ αἰσχυνόμενος τὸ γεγονὸς αὐτῷ, προσήγαγεν αὐτὴν τῷ ἡγεμόνι, κἀκείνης ὁμολογησάσης ταῦτα πεπραχέναι κατέκρινεν αὐτὴν εἰς θηρία. αἱ δὲ γυναῖκες ἐξεπλάγησαν καὶ ἀνέκραξαν παρὰ τὸ βῆμα Κακὴ κρίσις, ἀνοσία κρίσις. Ἡ δὲ Θέκλα ᾐτήσατο τὸν ἡγεμόνα ἵνα ἁγνὴ μείνῃ μέχρις οὗ θηριομαχήσῃ. καί τις <βασίλισσα> πλουσία, ὀνόματι Τρύφαινα, ἧς ἡ θυγάτηρ ἐτεθνήκει, ἔλαβεν αὐτὴν εἰς τήρησιν, καὶ εἶχεν εἰς παραμυθίαν.

nicht mein." Da er viel vermochte, umarmte er sie einfach auf der Straße. Sie aber hielt nicht still, sondern sah sich nach Paulus um. Und heftig schrie sie auf: „Tue einer Fremden nicht Gewalt an, tue nicht der Dienerin Gottes Gewalt an! Unter den Ikoniern bin ich die Erste, und weil ich Thamyris nicht heiraten wollte, bin ich aus der Stadt vertrieben." Und sie ergriff Alexander und zerriss ringsherum das Obergewand, stieß ihm den Kranz vom Kopf und machte ihn zum Gespött.

Er aber, teils voll Liebe zu ihr, teils voll Scham über das, was ihm geschehen war, führte sie vor den Statthalter, und da sie gestand, dass sie das getan habe, verurteilte er sie zum Tierkampf. Die Frauen aber gerieten außer sich und schrien vor dem Richterstuhl: „Ein übles Urteil! Ein gottloses Urteil!" Thekla bat den Statthalter, dass sie rein bleiben dürfe, bis sie mit den Tieren kämpfen müsse. Eine reiche <Königin> namens Tryphäna, deren Tochter gestorben war, nahm sie in ihre Obhut und fand Trost.

a) Text- und Erzählstruktur

Den Übergang von Erzählteil I zu Erzählteil II schafft eine Notiz, die Ort und Figurenlage der folgenden Handlung erläutert. Die Versammlung in der Grabanlage teilt sich auf, Onesiphorus wird „mit seinem ganzen Haus" (τὸν Ὀνησιφόρον πανοικί 26) von Paulus nach Ikonium entlassen.[295]

Paulus trifft am Ende der ersten Szene zwei Entscheidungen: Er sendet Onesiphorus und sein Haus nach Ikonium, „so dass er weiterhin als *Haus*gemeinde in Ikonium fungieren kann"[296] – so eine Möglichkeit, diesen Hinweis zu deuten. Möglich ist aber zugleich auch, dass der Verfasser die Figuren abtreten lässt, insofern sie für den weiteren Plot keine große Rolle mehr spielen – abgesehen von der Bemerkung gegen Ende, dass Thekla nach Aufbruch aus Antiochien in Ikonium im Haus des Onesiphorus zu Gast ist. Gleichzeitig lässt die Figur Paulus Theklas Plan zu, ihm zu folgen.

Diese Entscheidungen zeigen zwei Nachfolgekonzepte, die differenziert werden können: Zum einen „der räumlich und inhaltlich an einen festen Ort

---

[295] SANCHEZ, Paulus nachfolgen 134.138, erklärt das Verhalten des Paulus gegenüber Onesiphorus auf plausible Weise, „[w]o kein Oikos, dort keine Gemeinde", daher die Anweisung, zu folgen.

[296] So SANCHEZ, Paulus nachfolgen 138. Die Hervorhebung ist dem Original entnommen.

gebundene Oikos, der in diesem Fall durch Onesiphorus verkörpert wird",
zum anderen „finden wir ein bewegliches Nachfolgekonzept, das – zwar unter schwierigsten Bedingungen und mit größeren Anlaufschwierigkeiten aber
letztlich doch erfolgreich – über die Hauptfigur Thekla in Szene gesetzt wird:
Mit Paulus gehen, um schließlich selbst(ständig) verkündigen zu können –
das ist die Devise der zweiten Form."[297]

Der zweite Erzählteil beginnt mit dem Hinweis, dass Paulus selber Thekla
mit sich nimmt und mit ihr nach Antiochien geht. Dort ereignet sich „gleich"
(ἄμα δὲ τῷ εἰσέρχεσθαι αὐτούς 26) und auf „der Straße" (εἰς τὸ ἄμφοδον
26)[298] die entscheidende Begegnung für die Folgeerzählung. Auf erzählende
Weise, unterbrochen von zwei direkt geäußerten Passagen, die einmal Paulus
und einmal Thekla zu Wort kommen lassen, wird in Abschnitt 26 auf sehr
dichte Weise das Geschehen erläutert.

Abschnitt 27 berichtet von der Verhandlung vor dem Statthalter, dessen
Urteil Tierkampf lautet (κατέκρινεν αὐτὴν εἰς θηρία). Eine weitere Figur wird
kurz eingeführt, Tryphäna, die Thekla in ihrer Not begleitet (ἔλαβεν αὐτὴν εἰς
τήρησιν 27).

Die Struktur von Abschnitt 26–27 kann folgendermaßen dargestellt werden:
26–27 Thekla und Alexander
    26 Begegnung und Abweisung
    27 Urteil

b) Figurenkonstellation und -beschreibung

Die ersten Abschnitte des Erzählteils zeigen, dass gegenüber Teil I eine neue
Figurenkonstellation entsteht. Die Episode führt einige Figuren als Handelnde
fort, schildert aber zugleich neue Konstellationen: Die Figuren Onesiphorus
und seine Familie bleiben zurück, von Demas und Hermogenes ist im zweiten
Erzählteil nicht mehr die Rede. Neu ergibt sich die Reisekonstellation der
Figuren Paulus und Thekla, die zusammen nach Antiochien aufbrechen. Dort
ereignet sich eine weitere Verurteilung, in deren Kontext zwei Figuren, Alex-

---

[297] Wiederum SANCHEZ, Paulus nachfolgen 138, der weiter darauf hinweist, dass diese
Unterscheidung nicht als „Konkurrenzsysteme" verstanden werden dürfen; vielmehr seien
„symbiotische Zugänge" nötig: Ein Haus brauche einen Zugang von außen, um „christlich"
(Anführungszeichen V.N.) werden und Bestand haben zu können. Der Wanderprediger
hingegen brauche den Oikos als „Anlaufstation".

[298] Dass Alexander mit seinem Verhalten, eine Frau auf offener Straße deutlich anzuge-
hen, gegen übliche gesellschaftliche Normen verstößt, ist, zumal aufgrund seiner Position,
möglich. PERVO, Acts of Paul 148, vermutet, „the most probable narrative hypothesis is
that Alexander, predatory elitist oaf that he was, did not feel free to make advances to any
woman. Thecla, evidently unveiled but not otherwise immodestly appareled, in public with
a male companion, was taken for a prostitute, most likely as a slave of her owner. To that
owner Alexander makes a commercial proposal, probably for outright purchase of Thecla,
with whom he has, after the fashion of romantic villains, fallen in love/lust at first sight."

ander und Tryphäna, neu in Erscheinung treten und eine jeweils bedeutende Rolle einnehmen.

aa) Einführung und Charakterisierung der Figur Alexander

Die Figur Alexander wird als ein „Syriarch" (συριάρχης τις Ἀλέξανδρος 26) vorgestellt, der beim Anblick Theklas sofort von Liebe ergriffen ist und daher versucht, sich über Paulus Zugang zu ihr zu verschaffen.

(1) Syriarch

Die Textzeugen variieren an dieser Stelle. Die Ausgabe von *Vouaux* folgt der Lesart σύρος, wie sie die meisten griechischen Handschriften und auch der koptische Papyrus Heidelberg vorgeben. *Lipsius*[299] folgt griechischen Textzeugen, die συριάρχης enthalten. *Pervo* meint zu dieser Variatio treffend, „it is unlikely that someone characterized Syrian in origin would gain high status in Pisidian Antioch, geographically, culturally, and ethnically different from Syria". Außerdem halte er eine „alteration of ‚Syriarch' to ‚Syrian'" für „more probable than the opposite, particularly since he was evidently wearing a crown with the imperial imagery". Die Bezeichnung Alexanders als Syriarch ist auch Anhaltspunkt für den *terminus post quem* der Datierung des Textes: Der erste Syriarch Antiochiens wurde in der Zeit von Kaiser Commodus, also zwischen 180 und 192, ernannt.[300] Ein Syriarch „was head of the provincial council, the major purpose of which was maintenance of loyalty to Rome. The Imperial Cult was a major function of his council".[301] Er war als Priester eingesetzt und als solcher für den Kaiserkult zuständig wie auch für die Durchführung von Spielen. Diese historischen Angaben, verbunden mit den Hinweisen zur Figur in der Erzählung, lassen mich zur Variante συριάρχης tendieren.

Alexander erhofft sich durch „Geld und Geschenke" (χρήμασι καὶ δώροις 26) die Gunst Theklas. Er wirbt „auf der Straße" (εἰς τὸ ἄμφοδον 26) um Thekla, wird jedoch von ihr abgewiesen.

Die Figur Alexander ist einflussreich (ὁ δὲ πολὺ δυνάμενος 26) und nutzt ihre Position dann, um Thekla nach deutlichen Gesten ihrer Abneigung ihm gegenüber vor den Statthalter führen zu lassen.

Der in Abschnitt 10 bereits auffallende Ausdruck „sich schämen" wird zu Beginn des zweiten Erzählteils nochmals erwähnt, nun mit dem Partizip αἰσχυνόμενος konstruiert. Kontext der Verwendung des Begriffs ist die Ableh-

---

[299] Vgl. LIPSIUS, Acta 253, und VOUAUX, Les actes de Paul 194–197.

[300] Vgl. VITALE, Koinon Syrias 52, der sich auf die Notiz des Chronisten Iohannes Malalas, der von der Einsetzung des ersten Syriarchen namens Artabanios durch Kaiser Commodus berichtet, bezieht, und BREMMER, Onomastics.

[301] PERVO, Acts of Paul 152.

nung und Zurückweisung der Werbungen Alexanders durch Thekla. Nach den folgenden Ereignissen – Alexander wird sofort von Thekla ergriffen (ἰδὼν τὴν Θέκλαν ἠράσθη αὐτῆς 26) und versucht, sich durch Paulus Zugang zu ihr zu verschaffen (ἐξελιπάρει τὸν Παῦλον χρήμασι καὶ δώροις 26), bleibt aber erfolglos; als einer, der viel vermag (ὁ δὲ πολὺ δυνάμενος 26), ergreift er sie daraufhin (αὐτὸς αὐτῇ περιεπλάκη εἰς τὸ ἄμφοδον 26). Thekla wehrt sich mehrfach und eindeutig: Sie hält nicht still, sucht nach Paulus und schreit (ἡ δὲ οὐκ ἠνέσχετο, ἀλλὰ Παῦλον ἐζήτει. καὶ ἀνέκραγεν πικρῶς 26), sie ergreift Alexander, zerreißt ihm das Obergewand und stößt ihm den Kranz vom Kopf (λαβομένη τοῦ Ἀλεξάνδρου περιέσχισεν αὐτοῦ τὴν χλαμύδα καὶ τὸν στέφανον ἀφείλετο ἀπὸ τῆς κεφαλῆς αὐτοῦ 26) und macht ihn aufgrund dieses Verhaltens zum Gespött (ἔστησεν αὐτὸν θρίαμβον) – werden die Emotionen Alexanders, als er Thekla vor den Statthalter führen lässt, als von Liebe und zugleich Schande geprägt beschrieben: Ὁ δὲ ἅμα μὲν φιλῶν αὐτήν, ἅμα δὲ καὶ αἰσχυνόμενος (27).

Ein Vergleich der Verwendung des Begriffs „Scham bzw. Schande" in den beiden Kontexten, welche die Erzählung schildert – Abschnitt 10 im ersten Erzählteil und Abschnitt 27 im zweiten –, zeigt Folgendes:

Beide Male ist im Zusammenhang von „sich schämen" auch von Liebe die Rede: Im Falle des Thamyris ist es die Liebe eines Verlobten zur Verlobten. Alexander empfindet zu Thekla eine Liebe, die laut Erzählung beim ersten Anblick entstanden und erst von sehr kurzer Dauer ist. Der Begriff dafür ist wiederum zweimal derselbe, φιλέω.[302]

Durch die parallel konstruierten Sätze wird die Situation der beiden Figuren Thamyris und Alexander auch auf formal-syntaktischer Ebene auf eine Linie gestellt:

ActPlTh 10
Καὶ προσελθὼν Θάμυρις,
ἅμα μὲν <u>φιλῶν αὐτήν</u>,
ἅμα δὲ καὶ φοβούμενος τὴν ἔκπληξιν αὐτῆς,
[...]
ἐπιστράφηθι πρὸς τὸν σὸν Θάμυριν
καὶ <u>αἰσχύνθητι</u>.

ActPlTh 27
[...]
Ὁ δὲ ἅμα μὲν <u>φιλῶν αὐτήν</u>,
ἅμα δὲ καὶ <u>αἰσχυνόμενος</u> τὸ
γεγονὸς αὐτῷ

---

[302] Der Begriff φιλέω meint allgemein *gern haben, lieben* und auch *küssen*. Im ursprünglichen Sinn wird er verwendet, um die „Bejahung und die Praxis der Gemeinschaft, die zwischen Kampfgefährten, Tischgenossen, Bündnispartnern, Familien- und Sippenmitgliedern, Kultgenossen und persönlichen Freunden besteht", auszudrücken. Zu dieser Bedeutungsbreite kommt ein religiöser Sinn hinzu: Φιλέω wird dann vor allem verwendet, um die Gunst der Götter dem Geschehen an Mensch und Staat gegenüber auszudrücken. Im neutestamentlichen Gebrauch sind alle diese allgemeinen Bedeutungen vorhanden. Hinzu kommt, dass damit auch die Liebe Gottes zu seinem Sohn ausgedrückt wird (vor allem im johanneischen Kontext); vgl. dazu SÖDING, „φιλέω" 1329–1331.

Die Liebe des Thamyris ist mit Furcht verbunden, die in der Verhaltensänderung der Verlobten Thekla gründet. Diese treibt ihn zu der Aufforderung,
Thekla solle sich schämen und zu ihm zurückkehren. Der Text stellt durch
diese Wortwahl die Schande aktiv auf die Seite der Thekla, durch ihr Verhalten wird aber indirekt auch Thamyris beschämt, der als Verlassener dasteht.

Auch die Liebe der Figur Alexander ist mit Scham gekoppelt: Diese bei-
den emotionalen Komponenten lassen ihn, den Zurückgewiesenen, handeln.
Auch in diesem Fall ist die Beschämung anderer durch das Verhalten der
Thekla das Ergebnis.

Thamyris	**Alexander**
handelt	handelt
voll Liebe und voll Furcht	voll Liebe und Scham
und fordert,	
Thekla solle sich schämen.	⇩
Ergebnis:	
Thamyris beschämt durch	Alexander beschämt durch
Theklas Verhalten	Theklas Verhalten

bb) Einführung und Charakterisierung der Figur Tryphäna

Neu eingeführt wird die Figur Tryphäna: Sie ist mit dem Attribut „reich"
(πλουσία 27) vorgestellt; dieser Hinweis wird im Verlauf des Textes präzisiert. Sie ist eine „Königin" (βασίλισσα[303] 36) und „Verwandte des Kaisers"
(ὁ Καῖσαρ, τάχα ἀπολέσει σὺν ἡμῖν καὶ τὴν πόλιν, ὅτι ἡ συγγενὴς αὐτοῦ
Τρύφαινα ἡ βασίλισσα ἀπέθανεν παρὰ τοὺς ἄβακας 36). Tryphäna hat eine
leibliche Tochter, die bereits verstorben ist (ἡ θυγάτηρ ἐτεθνήκει 27), an
späterer Stelle wird auch deren Name genannt: Falkonilla (ὡς τὴν θυγατέρα
Φαλκονίλλαν 29).[304] Nach der Vorstellung gibt der Text die Information, dass
sich diese Figur auf Rat der eigenen, bereits verstorbenen Tochter bis zum
Tag des Kampfes Theklas annimmt.

---

[303] Einige Handschriften (vgl. LIPSIUS, Acta 255 Anm. zu βασίλισσα) belegen für Abschnitt 27 bereits die Bezeichnung Tryphänas als Königin (τις <βασίλισσα> πλουσία, ὀνόματι Τρύφαινα 27), in Abschnitt 28 wird sie einheitlich als βασίλισσα Τρύφαινα angeführt.
Meines Erachtens ist es für die historische Einordnung der Figur wichtig, den Zusatz Königin belegt zu wissen, ob dieses Wort zweifach oder nur einmal erwähnt wird, ist jedoch
nicht ausschlaggebend. Dem griechischen Text liegt die Edition von Lipsius zugrunde, dessen Vorschlag in diesem Fall übernommen ist.

[304] Die Erzählung erwähnt eine Tochter der Königin Tryphäna namens Falkonilla (ἡ
θυγάτηρ αὐτῆς Φαλκονίλλα 29). Eine Tochter der historischen Person Tryphäna kann
anhand der Quellen nicht nachgewiesen werden. Der Name an sich ist aus Inschriften
bekannt: Pompeia Sosia Falconilla ist die Frau des römischen Konsuls des Jahres 163 von
Sizilien, M. Pontius Laelianus; siehe beispielsweise die Untersuchungen von Inschriften
und deren Analysen in ECK, Familien 109–128. Zum Konsulat des Pontius Laelianus siehe
MAREK, Zeugnis 88–93.

In dieser Funktion als Schutzherrin für Thekla fungiert sie von Beginn der Erzählung an als Gegenfigur zu Alexander. Dieser ist vielmehr „a civic patron whose benefictions include the delectation of having a young woman publicly shredded by animals", er ist „a lover", der für „sexual desire" stehe, Tryphäna hingegen für „familial love", die sich in Fürsorge und Beistand für die Bedürftigen und Hilfesuchenden zeige.[305]

An den Hinweisen, die der Text zur Einführung der Figur Tryphäna gibt, lässt sich ein Rückschluss auf die Leserkreise aufzeigen. Der Text denkt auch in höchste Kreise hinein und richtet sich wohl mitunter an solche.

(1) Βασίλισσα Τρύφαινα

Die im Text erwähnte Figur Tryphäna erinnert an eine historische Gestalt aus der Mitte des ersten Jahrhunderts.[306] Der „königliche"[307] Name taucht auf einer Münze der 50er Jahre des ersten nachchristlichen Jahrhunderts auf, die Vorderseite bildet König Polemon II. aus Pontus als jungen Herrscher mit Diadem ab. Die Beschriftung dazu lautet: ΒΑΣΙΛΕΩΣ ΠΟΛΕΜΩΝ. Die Rückseite trägt die Aufschrift ΒΑΣΙΛΙΣΣΗΣ ΤΡΥ†ΑΙΝΗΣ in einem Diadem.[308] Tryphäna war demnach Königin, steht in Verbindung mit König Polemon II. aus Pontus und lebte um die Mitte des ersten Jahrhunderts n.Chr. Da sie eine Tochter von Juba II. und Kleopatra-Helene sein könnte, die wiederum Tochter der berühmten Kleopatra aus Ägypten mit Marcus Antonius ist, und deren Tochter Antonia minor mit ihrem Gemahl Drusus Claudius den Kaiser zeugt, ist eine tatsächliche kaiserliche Verwandtschaft vorhanden. Königin Tryphäna wäre demnach eine Cousine des Kaisers Claudius.

Historisch ist nicht sicher nachweisbar, ob sich Königin Tryphäna selbst in Antiochien aufhielt, anders als ihr Vater, Polemon I.[309] Die Dynastie dürfte somit im Raum Ikonium bekannt sein und die Erinnerungen an die Königin Tryphäna den Verfasser bei der Beschreibung der Figur in den Paulus- und Theklaakten beeinflusst haben, wie das auch von Lesern, die mit dem Namen konfrontiert werden, vermutet werden kann. Die Königin Tryphäna als historische Person kann als Vorlage und Inspiration für die Figur Tryphäna gese-

---

[305] PERVO, Acts of Paul 151.

[306] Vgl. VON GUTSCHMID, Königsnamen 178–179, der diesen Zusammenhang der Figur Tryphäna in den Paulus- und Theklaakten mit der historischen Person herstellt. Diskutiert auch bei BREMMER, Onomastics, und DERS., Magic 36–59, oder BARRIER, Acts of Paul and Thecla 23.

[307] So BREMMER, Onomastics, der den Namen zu Recht als „certainly royal" einordnet.

[308] Vgl. VISCONTI, Iconographie Grecque, Tomus II, tab. IX, 3, 201–202: online verfügbar unter: http://reader.digitale-sammlungen.de/de/fs1/object/display/bsb10211963_00013. html (abgerufen am 17. Januar 2017).

[309] Vgl. SULLIVAN, Dynasts 922–923.

hen werden, die dieser und deren Agieren Authentizität zuspricht.[310] Zugleich wird die Erzählung spannender, wenn eine Figur auftaucht, die ein informierter Leser mit einer Königin in Verbindung bringt.

cc) Charakterisierung der Figur Thekla

Thekla weist Alexander ab und hält hilfesuchend nach Paulus Ausschau (ἡ δὲ οὐκ ἠνέσχετο, ἀλλὰ Παῦλον ἐζήτει 26).[311] Was dem Leser aufgrund der Szenenabfolge der ersten Erzählung bereits klar sein kann – dass Alexander keinen Erfolg haben wird –, macht Thekla durch ihr Verhalten und ihre Worte nochmals deutlich: Zwei parallel konstruierte Prohibitive, die sich aus der Verneinung und einem Verb im Aorist Konjunktiv zusammensetzen,[312] führen an, weshalb er ihr keine Gewalt antun solle: Sie sei eine „Fremde" (ξένος 26) und eine „Dienerin Gottes" (τοῦ θεοῦ δούλη 26). Die Bezeichnung Theklas als „Fremde" kann in der Erzählung auch wie ein Statustitel fungieren, indem der Erzähler sie dadurch von Bürgerinnen der Stadt und deren unterschiedlichen Stände, Herrinnen wie Sklavinnen, abgrenzt. Außerdem kann mit einer solchen Bezeichnung eine Person besonders hervorgehoben werden.[313]

(1) (Θεοῦ) δούλη

Die Wortgruppe δουλ- kommt in neutestamentlichen Texten sehr häufig vor. Damit verbunden ist meist ein weiterer Begriff, der eine „Relation bzw. Zugehörigkeit"[314] ausdrückt. Dies kann ein soziales Verhältnis meinen – beispielsweise dem Hausherrn gegenüber (vgl. Phlm 16) oder im übertragenen Sinne verstanden Gott oder Christus gegenüber. Neutestamentliche Texte übernehmen in der Verwendung des Begriffs oft den alttestamentlich-jüdischen Gebrauch. Der Begriff ist nicht ausschließlich negativ verwendet, wie es in der hellenistischen Welt der Fall war, sondern drückt damit auch „ein Teilhaben an einer Gemeinschaft und Loyalität" aus. Das Verhältnis

---

[310] Siehe auch PERVO, Acts of Paul 150, der sie als „an historical character making an appearance in a work of fiction" beschreibt, wobei an weiteren Elementen, beispielsweise Figuren wie Paulus, Titus oder Falkonilla, oder Orten wie Ikonium, Antiochien oder Myra gezeigt werden kann, dass der Text viel mehr als ein „work of fiction" sein will.

[311] „In this first part Thecla is also represented as being focused on Paul, but the relationship changes in Antioch where her final test will take place", so treffend BREMMER, Magic 49.

[312] Die Formen der Verben im Aorist betonen besonders die punktuelle Komponente des Geschehens (vgl. BLASS, DEBRUNNER und REHKOPF, Grammatik des neutestamentlichen Griechisch § 318).

[313] Vgl. bspw. 1Petr 1,11, wenn die Adressaten des Briefes von Petrus mit ähnlichen Worten, die aber dasselbe ausdrücken, als Geliebte, Gäste und Fremde angeredet werden (Ἀγαπητοί, παρακαλῶ ὡς παροίκους καὶ παρεπιδήμους).

[314] Vgl. VOLLENWEIDER, „δουλός" 496.

eines Einzelnen wie auch des Volkes Gottes kann mit „Knecht/Knechtschaft" zum Ausdruck gebracht werden.

Bei Lukas findet sich sowohl im Evangelium als auch in der Apostelgeschichte „[...] gehäuft die Bezeichnung besonderer religiöser Individuen oder überhaupt der Glaubenden als Knechte/Mägde Gottes",[315] so z.B. in Lk 1,38.48 ([38] εἶπεν δὲ Μαριάμ· ἰδοὺ ἡ δούλη κυρίου· [48] [...] τῆς δούλης αὐτοῦ) oder in Apg 2,18 (καί γε ἐπὶ τοὺς δούλους μου καὶ ἐπὶ τὰς δούλας μου). Der Apostel Paulus schließt sich in seiner Literatur eng an den alttestamentlichen Gebrauch an. Der Glaubende wird mit δοῦλος θεοῦ bezeichnet (vgl. bspw. Röm 12,11: ἦ σπουδῆ μὴ ὀκνηροί, τῷ πνεύματι ζέοντες, τῷ κυρίῳ δουλεύοντες) oder der Dienst am „lebendigen und wahren Gott" als erstrebenswert bezeichnet (δουλεύειν θεῷ ζῶντι καὶ ἀληθινῷ 1Thess 1,9). Auch Paulus selbst sieht sich als δοῦλος Χριστοῦ (vgl. bspw. das Präskript des Römerbriefes Röm 1,1: Παῦλος δοῦλος Χριστοῦ Ἰησοῦ). Der Titusbrief, der den Anspruch paulinischer Verfasserschaft erhebt, zeigt einen Verfasser, der sich gleich zu Beginn δοῦλος θεοῦ nennt (Tit 1,1: Παῦλος δοῦλος θεοῦ), in der Offenbarung des Johannes werden Christusanhänger durchgehend als Gottesknechte bezeichnet und auch besondere biblische Gestalten benannt, so Mose in Offb 15,3 (καὶ ἄδουσιν τὴν ᾠδὴν Μωϋσέως τοῦ δούλου τοῦ θεοῦ) oder die Propheten (Offb 10,7: ὡς εὐηγγέλισεν τοὺς ἑαυτοῦ δούλους τοὺς προφήτας und 11,18: καὶ δοῦναι τὸν μισθὸν τοῖς δούλοις σου τοῖς προφήταις).

Die Erzählung gibt Thekla mit δούλη θεοῦ einen neuen Titel. Die Figur bezeichnet sich vor Alexander selbst als δούλη θεοῦ (26). Mehrmals tritt der Begriff δούλη in Verbindung mit anderen Wörtern auf: δούλην σου (31), wobei das Possessivpronomen auf Gott bezogen ist, θεοῦ τοῦ ζῶντος δούλη (37) sowie τὴν τοῦ θεοῦ δούλην τὴν θεοσεβῆ (38). Der Text setzt die Figur Thekla durch diese mehrmalige Verwendung eines besonderen Titels in Bezug zu großen biblischen Gestalten wie Mose, den Propheten und Paulus und stellt sie dadurch gewissermaßen auch in eine Reihe mit diesen. Der Erzählung gelingt es damit, die Figur als Glaubende zu zeichnen und zu bestätigen.

dd) Charakterisierung der Figur Paulus

Die Figur Paulus verhält sich offensichtlich ambivalent zur geschilderten Situation. Zweifach begründet sie: Οὐκ οἶδα[316] τὴν γυναῖκα[317] ἣν λέγεις, οὐδὲ

---

[315] VOLLENWEIDER, „δοῦλος" 497.

[316] Diese Worte erinnern an neutestamentliche Szenen: οὐκ οἶδα wird unter anderem auch verwendet, um sich in Notsituationen von Personen zu distanzieren (vgl. Mt 25,12; 26,70; Lk 13,25 und öfter).

[317] Die Verbindung von οὐκ οἶδα mit dem Substantiv γυνή erinnert an Joh 20,13 (αἱ λέγουσιν αὐτῇ ἐκεῖνοι· γύναι, τί κλαίεις; λέγει αὐτοῖς ὅτι ἦραν τὸν κύριόν μου, καὶ οὐκ οἶδα ποῦ ἔθηκαν αὐτόν.).

ἔστιν ἐμή (er kenne diese Frau nicht und sie sei nicht sein, vgl. 26).[318] *Bremmer* folgert aus dieser Situation, die man Paulus auch als nachlässig auslegen könnte, da er einer hilfesuchenden Frau nicht zur Seite stehe, „his answer left the field free for Thecla to prove the quality of her faith."[319] Diese Aussage scheint auch unter Einbeziehung der Wendung Πάτερ Χριστοῦ, μὴ ἁψάσθω Θέκλης τὸ πῦρ, ἀλλὰ πάρεσο αὐτῇ, ὅτι σή ἐστιν (24), die Paulus im Gebet für Thekla in den Mund gelegt wird, plausibel. Nicht er, sondern vielmehr Gott könne ihr beistehen, denn sie gehöre zu ihm. *Pervo* dagegen vertritt eine andere Perspektive: „[…] the result of this encounter is to vindicate Paul's statement that Thecla is too good looking for this occupation (3.25). Women should be hesitant about serving as itinerant missionaries." Vorausblickend auf den weiteren Handlungsverlauf weist er darauf hin, dass Thekla im Laufe der Erzählung Maßnahmen treffe, indem sie sich männlich kleide und mit Begleiterinnen umgebe.[320] Diese Annahme ist meines Erachtens eher unplausibel, da Thekla nicht aufgrund von Angst diese Maßnahmen im Sinne von Schutzmechanismen ergreift. Sie wird vielmehr immer mehr zur Apostelin, die sich ihrem Vorbild annähert, durch ihre Worte, Taten und eben auch durch die Veränderung ihres Äußeren.

Esch-Wermeling nennt diese Stelle den „Bruch zwischen den beiden Zyklen", der die „redaktionelle Schwachstelle der ActThecl dar[stelle]". Dies führe dazu, dass feministische Auslegungen, an dieser Stelle nennt sie Wehn und Schottroff,[321] enorme Kritik an Paulus anbringen und sogar davon sprechen würden, dass er Thekla in einem besonders wichtigen Moment nicht beschütze.[322] Aufgrund der Erzähllogik sind diese pauluskritischen Analysen

---

[318] PERVO, Acts of Paul 149, erklärt die Reaktion durch Bezugnahme auf Abschnitt 25 folgendermaßen: „The narrator wishes to have Paul say ‚I told you so' and leave the heroine to face the consequences".

[319] Vgl. BREMMER, Magic 50, der gegen feministisch angelegte Interpretationen, die dieses Verhalten des Paulus sehr negativ auslegen, einen plausiblen Ansatz aufzeigt, der die Situation zu verstehen hilft.

[320] PERVO, Acts of Paul 148–149.

[321] Vgl. WEHN, Selig 41, die in einem weiteren Beitrag, WEHN, Sklavin 293, sogar so weit geht, die Figuren Paulus und Theoklia in ihrem Verhalten zu vergleichen, und SCHOTTROFF, Frau 11–12.

[322] ESCH-WERMELING, Paulusschülerin 206–207. G. SNYDER, Acts of Paul 133, verweist in diesem Zusammenhang auf Gen 12,10–20; 20,1–18 und vergleicht Abraham und Sara mit Paulus und Thekla: „The author of the Acts of Paul and Thecla therefore seems to have used the doublet stories of Abraham and Sarah in order to enhance, if not to construct, his doublet stories of Paul and Thecla." Siehe dazu auch die Übersicht der Parallelen bei G. SNYDER, Acts of Paul 132. Diese Überlegungen stellt auch WEHN, Selig 190–192, an, die damit „Paulus'Motiv für die Verleugnung und Preisgabe Theklas" zu erklären versucht. Sein Verhalten, die ablehnende Reaktion wie auch sein Verschwinden seien Selbstschutz. Mehr plausibel erscheint dagegen ihr Vorschlag, durch einen Bezug zur Erzelternerzählung eine Sicht auf die Figur Thekla zu eröffnen, die ganz nahe an die auf Sara

dem Text als Ganzen nicht angemessen. Vielmehr müsse die Gesamterzählung ins Auge gefasst und diese Szene in den Plot eingeordnet werden, als sie losgelöst vom Kontext als pauluskritisch zu deuten. Im ersten Teil ist Thekla auf Paulus ausgerichtet und wird dann zunehmend von ihm unabhängig dargestellt. Die Figur Paulus spielt nach dieser Szene kaum mehr eine Rolle. Eine mögliche Erklärung dafür kann sein, dass die Abweisung Theklas innerhalb der Logik des Plots erfolgen muss, um die zweite Verurteilung, die für die Veränderung der Figur Thekla noch einmal Entscheidendes beiträgt, in Gang zu bringen. Paulus gibt als Reaktion auf die Bestechungsversuche des Alexander eine abweisende Auskunft, die zu verstehen gibt, dass er ihm nicht helfen werde. Der Verfasser schildert, wie Alexander auf diese Aussage reagiert: Er als Mann, „der viel vermochte" (ὁ δὲ πολὺ δυνάμενος 26), traut sich, die Frau zu umgreifen.

Unmittelbar nach dieser Begegnung verschwindet die Figur Paulus plötzlich aus dem Blickfeld, im weiteren Verlauf der Erzählung tritt Paulus weder auf, noch ist von ihm die Rede. Erst nach dem Kampf Theklas mit den Tieren und ihrer Rettung macht sie sich wieder auf die Suche nach ihm und erfährt, dass er in Myra sei. Dieser Hinweis führt den Leser zu Apg 27,6. Dort ist Myra der Ort, an dem Paulus und seine Gefährten auf ihrem Weg nach Italien Halt machen und ein Schiff besteigen, das weiter nach Rom fährt, dem Ort der Verurteilung des Paulus.[323] Während des Geschehens im zweiten Erzählteil tritt Paulus so sehr an den Rand der Erzählung, dass ihn der Leser beinahe vergisst. Stattdessen ist es Thekla, die immer mehr Erzählraum einnimmt und durch deren Figur der Leser durch das Geschehen geführt wird. Mit Apg 27,6 als Hintergrund wird deutlich, dass eine Theklageschichte beginnt, die beinahe ohne Paulus auskommt. Die Figur Thekla entwickelt sich immer mehr zur selbstständigen Missionarin, während der Apostel sich lokal immer mehr entfernt. Auch aus dieser Sicht ist Kritik am Verhalten des Paulus Thekla gegenüber eine Interpretation, die am Gesamt der Erzählung vorbeigeht. *Esch-Wermeling* spricht sogar von einer „Pauluszentrierung" im ersten Erzählteil, die „einher[gehe] mit einer deutlichen Fixierung Theklas auf den Apostel". Paulus sei dennoch durch seine „Mentorenfunktion" für Thekla in das Gesamt der Erzählung eingebunden, auch wenn er im zweiten Erzählteil nicht direkt anwesend sei. Dies zeige der Hinweis, dass Thekla ihm nach der Verhandlung in Antiochien sofort nachreise. Die fast identische Wortwahl stütze diese Beobachtung:

---

und Rebekka herankommt. Dieser Schritt kann auch auf die Figur Paulus und seine Parallelfigur Abraham ausgeweitet werden. Dann würden Thekla und Paulus in einem sehr engen Verhältnis zu den Erzeltern stehen und könnten wie diese sogar als Vater und Mutter eines Glaubens gesehen werden, auf den sich eine große Geschichte baut.

[323] Vgl. PESCH, Apostelgeschichte 289.

ActPlTh 26: ἡ [...] ἀλλὰ Παῦλον ἐζήτει
ActPlTh 40: Θέκλα Παῦλον [...] ἐζήτει αὐτὸν[324]

Die Erzählung scheint auch eine Nachfolge nach dem Tod des Paulus zu thematisieren. Für den Leser kann die narrativ gestaltete, plötzliche Abwesenheit des Apostels bedeuten, dass der Apostel bzw. weiter gesehen die apostolische Zeit auf eine Art, die persönliche Begegnung voraussetzt, nicht bzw. nicht mehr zugänglich ist. Andere Formen des Bezugs und der Glaubensweitergabe sind aber möglich, wie durch die Figur der Thekla und des Onesiphorus gesehen werden kann – Paulus bleibt als abwesender Mentor gegenwärtig. Theologisch mag diese Begebenheit, dass Paulus gleichsam von der Bildfläche verschwindet, auch die Idee einbringen, dass in nachapostolischer Zeit eine andere Art von Anwesenheit von Bedeutung wird: Die Mimesis des Paulus wird wichtig.

Auf dem Weg zur Konversion durchschreitet Thekla die Stadien des Hörens, Sehens und Berührens des Vorbildes und kommt zu einer Form des Glaubens, die auf Nachahmung des Apostels basiert. Diese geschieht in Wort – der Erzähler lässt die Figur Thekla beten – und Tat, Thekla ahmt Paulus als ihr Vorbild im Apostelsein äußerlich nach und handelt wie er, indem sie wie er auf Reisen geht und lehrt. Anstelle einer weiteren Beschreibung der Konversion Theklas wendet sich der Blick zunehmend auf andere Figuren und deren Veränderung. Bezüglich Thekla nimmt die Erzählung nun deren Nachfolgeverhalten näher in den Blick.

c) Zwischenergebnis

Die Charakterisierung der Figur Tryphäna zeigt, dass die Erzählung auch gesellschaftliche Stellung und Wohlstand von Figuren aufgreift. In ihrem Fall tut das die Erzählung, um die Figur durchweg positiv zu zeichnen. Die Figuren Alexander und auch Thamyris dagegen werden ebenso als wohlhabend eingestuft (vgl. 13 und 26), im Kontext der Erzählung erweist sich dies allerdings als Beschreibung, die negativ konnotiert ist.

Verhältnis der Figuren Alexander, Thekla und Tryphäna:[325]

Alexander	←	**Thekla**	→	**Tryphäna**
Syriarch				reiche Frau
(συριάρχης)				(τις <βασίλισσα> πλουσία)
Liebhaber				Liebe einer Mutter
(ἰδὼν τὴν Θέκλαν ἡράσθη αὐτῆς)				(ἔλαβεν αὐτὴν εἰς τήρησιν, καὶ εἶχεν εἰς παραμυθίαν)

---

[324] ESCH-WERMELING, Paulusschülerin 149.207–211.
[325] Das Schema wurde auf Grundlage der Ausführungen von PERVO, Acts of Paul 151, erstellt.

Die Worte des Paulus Οὐκ οἶδα τὴν γυναῖκα ἣν λέγεις, οὐδὲ ἔστιν ἐμή (26) sagen auf einer anderen Ebene, wie Paulus zu Thekla steht und wie ihr Verhältnis zueinander zu verstehen ist. Paulus äußert in seinem Gebet um Thekla am Ende des ersten Erzählteils (24), „sie ist dein [sc. des Gottes]", zugleich traut er aber ihrem Verhalten noch keinen Bestand zu und ist noch besorgt, sie könnte Versuchungen nicht widerstehen (25). Thekla wird an dieser Stelle der Erzählung noch nicht als gänzlich Gleichgesinnte, als zu Paulus gehörig, gesehen. Dass sie jedoch als Glaubende weit vorangeschritten ist, zeigt die Gebetsformulierung im Munde des Paulus, der sie Gott zuschreibt.

Neben den Schilderungen um Thekla, deren Hinwendung zum Glauben beinahe abgeschlossen erscheint, wird eine weitere Konversionserzählung geschildert: Erste subtile Hinweise erhält der Leser durch die einführende Schilderung um die Königin Tryphäna, die sich Theklas annimmt.

6. Thekla und Tryphäna (28–31)

(28) Ἡνίκα δὲ τὰ θηρία ἐπόμπευεν, προσέδησαν αὐτὴν λεαίνῃ πικρᾷ, καὶ ἡ βασίλισσα Τρύφαινα ἐπηκολούθει αὐτῇ.

ἡ δὲ λέαινα ἐπάνω καθεζομένης Θέκλης περιέλειχεν αὐτῆς τοὺς πόδας, καὶ πᾶς ὁ ὄχλος ἐξίστατο· ἡ δὲ αἰτία τῆς ἐπιγραφῆς αὐτῆς ἦν Ἱερόσυλος. αἱ δὲ γυναῖκες μετὰ τῶν τέκνων ἔκραζον ἄνωθεν λέγουσαι Ὦ θεέ, ἀνοσία κρίσις γίνεται ἐν τῇ πόλει ταύτῃ. Καὶ ἀπὸ τῆς πομπῆς πάλιν λαμβάνει αὐτὴν ἡ Τρύφαινα· ἡ γὰρ θυγάτηρ αὐτῆς Φαλκονίλλα ἦν τεθνεῶσα, καὶ κατ' ὄναρ εἶπεν αὐτῇ Μῆτερ, τὴν ξένην τὴν ἔρημον Θέκλαν ἕξεις εἰς τὸν ἐμὸν τόπον, ἵνα εὔξηται ὑπὲρ ἐμοῦ καὶ μετατεθῶ εἰς τὸν τῶν δικαίων τόπον.

(29) Ὅτε οὖν ἀπὸ τῆς πομπῆς ἐλάμβανεν αὐτὴν ἡ Τρύφαινα, ἅμα μὲν ἐπένθει ὅτι ἔμελλεν εἰς τὴν αὔριον θηριομαχεῖν, ἅμα δὲ καὶ στέργουσα ἐμπόνως ὡς τὴν θυγατέρα Φαλκονίλλαν εἶπεν Τέκνον μου δεύτερον Θέκλα, δεῦρο πρόσευξαι ὑπὲρ τοῦ τέκνου μου, ἵνα ζήσεται εἰς τοὺς αἰῶνας· τοῦτο γὰρ εἶδον ἐν ὕπνοις. ἡ δὲ μὴ μελλήσασα ἐπῆρεν τὴν φωνὴν αὐτῆς καὶ εἶπεν Ὁ θεός μου, ὁ υἱὸς τοῦ ὑψίστου ὁ ἐν τῷ οὐρανῷ, δὸς αὐτῇ κατὰ τὸ θέλημα αὐτῆς, ἵνα ἡ θυγάτηρ αὐτῆς Φαλκονίλλα ζήσεται εἰς τοὺς αἰῶνας. καὶ ταῦτα εἰπούσης Θέκλης ἐπένθει ἡ Τρύφαινα ἐπέχουσα τοιοῦτον κάλλος εἰς θηρία βαλλόμενον.

Als man nun die Tiere aufzog, band man sie an eine wilde Löwin und die Königin Tryphäna folgte ihr. Und die Löwin leckte ihr, während Thekla oben drauf saß, die Füße und die ganze Volksmenge geriet außer sich. Ihre Schuld lautete in der Überschrift: ‚Tempelräuberin'. Die Frauen aber schrien mit den Kindern von oben her und riefen: „O Gott, ein gottloses Urteil geschieht in der Stadt!" Und nach dem Aufzug nahm Tryphäna sie wieder zu sich. Ihre Tochter Falkonilla nämlich, die gestorben war, hatte im Traum zu ihr gesprochen: „Mutter, die Fremde, die verlassene Thekla, sollst du an meiner Stelle annehmen, damit sie für mich bete und ich an den Ort der Gerechten versetzt werde."

Als Tryphäna sie nun nach dem Aufzug zu sich nahm, war sie einerseits traurig, weil sie am folgenden Tag mit den Tieren kämpfen sollte, andererseits aber liebte sie sie wie ihre Tochter Falkonilla; sie sprach: „Thekla, mein zweites Kind, komm, bete für mein Kind, dass es in Ewigkeit lebt; denn das habe ich im Traum geschaut." Sie aber erhob, ohne zu zögern, ihre Stimme und sprach: „Mein Gott, Sohn des Höchsten im Himmel, gib ihr nach ihrem Willen, dass ihre Tochter Falkonilla lebt in Ewigkeit!" Und als Thekla so sprach, trauerte Tryphäna, da sie daran dachte, dass solche Schönheit vor die Tiere geworfen werden sollte.

(30) Καὶ ὅτε ὄρθρος ἐγένετο, ἦλθεν Ἀλέξανδρος παραλαβεῖν αὐτήν, αὐτὸς γὰρ ἐδίδου τὰ κυνήγια, λέγων Ὁ ἡγεμὼν κάθηται καὶ ὁ ὄχλος θορυβεῖ ἡμᾶς· δὸς ἀπαγάγω τὴν θηριομάχον. ἡ δὲ Τρύφαινα ἀνέκραξεν ὥστε φυγεῖν αὐτὸν λέγουσα· Φαλκονίλλης μου δεύτερον πένθος ἐπὶ τὴν οἰκίαν γίνεται, καὶ οὐδεὶς ὁ βοηθῶν· οὔτε τέκνον, ἀπέθανεν γάρ, οὔτε συγγενής, χήρα γάρ εἰμι. ὁ θεὸς Θέκλης τοῦ τέκνου μου, βοήθησον Θέκλη.

Als es Morgen geworden war, kam Alexander, um sie abzuholen – er selbst nämlich veranstaltete die Hetze –, und sagte: „Der Statthalter hat seinen Platz eingenommen und die Volksmenge ruft lärmend nach uns; gib (sie) her, ich will die Tierkämpferin abführen." Tryphäna aber schrie auf, sodass er floh, und rief: „Nach meiner Falkonilla kommt die Trauer zum zweiten Mal über mein Haus, und keiner hilft; weder ein Kind, denn es ist tot, noch ein Verwandter, denn ich bin eine Witwe. Gott Theklas, meines Kindes, stehe Thekla bei!"

(31) Καὶ πέμπει ὁ ἡγεμὼν στρατιώτας ἵνα ἀχθῇ Θέκλα. ἡ δὲ Τρύφαινα οὐκ ἀπέστη, ἀλλὰ αὐτὴ λαβομένη τῆς χειρὸς αὐτῆς ἀνήγαγεν λέγουσα Τὴν μὲν θυγατέρα μου Φαλκονίλλαν ἀπήγαγον εἰς τὸ μνημεῖον σὲ δέ, Θέκλα, εἰς θηριομαχίαν ἀπάγω. καὶ ἔκλαυσεν Θέκλα πικρῶς καὶ ἐστέναξεν πρὸς κύριον, λέγουσα Κύριε ὁ θεὸς ᾧ ἐγὼ πιστεύω, ἐφ᾽ ὃν ἐγὼ κατέφυγα, ὁ ῥυσάμενός με ἐκ πυρός, ἀπόδος μισθὸν Τρυφαίνῃ τῇ εἰς τὴν δούλην σου συμπαθησάσῃ, καὶ ὅτι με ἁγνὴν ἐτήρησεν.

Und der Statthalter schickte Soldaten, um Thekla herbeiführen zu lassen. Tryphäna aber trat nicht zur Seite, sondern ergriff sie selbst bei der Hand und geleitete sie mit dem Wort: „Meine Tochter Falkonilla habe ich zum Grab geleitet; dich aber, Thekla, geleite ich zum Tierkampf." Und Thekla weinte sehr und seufzte zum Herrn und sprach: „Herr Gott, an den ich glaube, zu dem ich meine Zuflucht genommen habe, der mich aus dem Feuer gerettet hat, belohne Tryphäna, die mit deiner Dienerin Mitleid und mich rein bewahrt hatte."

a) Text- und Erzählstruktur

Die nächste Erzähleinheit 28–31[326] schildert die Ereignisse während Theklas Aufenthalts bei Tryphäna. Verben, die deren Handlungen und Haltungen beschreiben, strukturieren die Erzählung:

---

[326] Abschnitt 28–30 wird als Interpolation angesehen, innerhalb derer sich nochmals eine solche befindet: Καὶ ἀπὸ τῆς πομπῆς πάλιν λαμβάνει αὐτὴν ἡ Τρύφαινα· ἡ γὰρ θυγάτηρ αὐτῆς Φαλκονίλλα ἦν τεθνεῶσα, καὶ κατ᾽ ὄναρ εἶπεν αὐτῇ Μῆτερ, τὴν ξένην τὴν ἔρημον Θέκλαν ἕξεις εἰς τὸν ἐμὸν τόπον, ἵνα εὔξηται ὑπὲρ ἐμοῦ καὶ μετατεθῶ εἰς τὸν τῶν δικαίων τόπον; vgl. PERVO, Acts of Paul 156. Abschnitt 29, noch Teil der Interpolation, erscheint innerhalb der Erzählung als „retardation and reiteration". Die Absicht des Erzählers sei dabei, das Verhältnis von Tryphäna zu Thekla zu schildern: Thekla werde, so Pervo, von Tryphäna immer mehr als Tochter wahrgenommen und auf diese Art werde der Text emotional aufgeladen – Mitgefühl mit Tryphäna, die bereits eine Tochter verloren hat, solle hervorgerufen werden; vgl. PERVO, Acts of Paul 158.

Die Wortwahl im griechischen Text unterstützt diese Beobachtung: Tryphäna ist voll Trauer und Liebe zugleich (ἅμα μὲν ἐπένθει ὅτι ἔμελλεν εἰς τὴν αὔριον θηριομαχεῖν, ἅμα δὲ καὶ στέργουσα ἐμπόνως ὡς τὴν θυγατέρα Φαλκονίλλαν), nachdem sie das Gebet Theklas gehört hatte, wird die Gefühlslage der Tryphäna nochmals mit demselben Wort beschrieben: ἐπένθει ἡ Τρύφαινα […]. MISSET-VAN DE WEG, Tryphaena 16–17, weist auf

Diese Beobachtung deutet sich schon aufgrund der Aussage in Abschnitt 27 an: „[…] Tryphäna […] nahm sie in ihre Obhut und fand Trost" (ἔλαβεν αὐτὴν εἰς τήρησιν, καὶ εἶχεν εἰς παραμυθίαν). Demgemäß begleitet sie Thekla während des Umzugs mit den Tieren und danach (ἐπηκολούθει αὐτῇ […] πάλιν λαμβάνει αὐτήν 28 [und auch 29 ἐλάμβανεν αὐτήν]). Am Folgetag (ὅτε ὄρθρος ἐγένετο 30) tritt Alexander zum Haus der Tryphäna hinzu, um Thekla abzuholen (ἦλθεν Ἀλέξανδρος 30).

Die Struktur von Abschnitt 28–31 kann folgendermaßen dargestellt werden:
28–31 Thekla und Tryphäna
    28 Umzug
    29 Gebet Theklas
    30 Neueinsatz: Tag des Tierkampfes, Klage Tryphänas
    31 Abführung Theklas, Gebet

b) Figurenkonstellation und -beschreibung

Der Erzählverlauf wird zum einen durch Handlungen der Figur Tryphäna strukturiert: Sie ist voller Fürsorge (ἅμα μὲν ἐπένθει ὅτι ἔμελλεν εἰς τὴν αὔριον θηριομαχεῖν, ἅμα δὲ καὶ στέργουσα […] ἐπένθει ἡ Τρύφαινα ἐπέχου- σα […] 29), begleitet Thekla beim Umzug, nimmt sie auf und erbittet von ihr ein Gebet für ihre verstorbene Tochter (εἶπεν […] πρόσευξαι […] 29). Selbst unmittelbar vor der Abführung zum Tierkampf steht Tryphäna ihr bei (οὐκ ἀπέστη […] λαβομένη τῆς χειρὸς αὐτῆς […] ἀνήγαγεν […] λέγουσα 31).

Zum anderen sind die Erzählabschnitte von zwei Gebeten Theklas be- stimmt, deren Inhalt vor allem Informationen über ihr Verständnis der „ande- ren" Welt geben.

aa) Gebet Theklas (29)

Die beiden Gebete der Figur Thekla zeichnen diese vor allem in ihrem Ver- hältnis zu Gott. Ersteres spricht Thekla auf Bitten Tryphänas, die sich um das ewige Leben ihrer leiblichen Tochter, das sie „im Traum geschaut" (29) hat, Gedanken macht.

Folgende Aspekte sind dabei für das Verstehen der Figur Theklas von Bedeutung: Im Zentrum des Gebetes steht die Bitte um das ewige Leben der bereits verstorbenen Falkonilla, der Tochter Tryphänas. Thekla richtet ihr Gebet an den θεός, den sie bereits als θεός μου, als ihren Gott, bezeichnet. Weitere Attribute werden genannt, die den Gott Theklas näher beschreiben.

---

die beiden möglichen Verstehensweisen der Figur Tryphäna hin: Einerseits wird sie als neue Mutter Theklas gesehen, die sie annimmt und in die große christliche Gemeinde mit hineinnimmt (mit Verweis unter anderem auf MACDONALD, Legend 51), andere Positio- nen sehen sie als Figur, die Sympathie für Thekla entwickelt und sie als Ersatz für ihre verstorbene Tochter versteht (unter Bezug auf JENSEN, Thekla 92).

Der Zusatz ὁ υἱὸς τοῦ ὑψίστου ὁ ἐν τῷ οὐρανῷ („Sohn des Höchsten im Himmel") lässt darauf schließen, dass Thekla nun Christus zum Adressaten ihrer Worte macht. War ihr erstes Gebet in der Grabanlage nach dem Auffinden des Paulus (24) noch an den Πάτερ gerichtet, so ist es nun der Sohn, der im Himmel (ist), den sie anruft. Dieser wird als θεός beschrieben.[327]

(1) Ὕψιστος

Der Ausdruck „Höchster", griechisch ὕψιστος, wird im paganen Kontext meist verwendet, um einer Gottheit ein Attribut zuzuweisen; eine absolute Bezeichnung mit diesem Begriff ist selten. Dieser Ausweis eines Gottes als höchsten Gottes ist im Kontext eines polytheistischen Verständnisses zu sehen, das diesen dadurch unter anderen Göttern hervorhebt. „In der griechisch-hellenistischen Welt ist das Wort aber auch ein wichtiges „Epitheton u. a. des Zeus".[328] In der Septuaginta wird der Ausdruck sehr häufig gebraucht: als Attribut für Gott (vgl. Ps 7,18: ἐξομολογήσομαι κυρίῳ κατὰ τὴν δικαιοσύνην αὐτοῦ καὶ ψαλῶ τῷ ὀνόματι κυρίου τοῦ ὑψίστου), vor allem aber im absoluten Verständnis (vgl. bspw. Ps 17,14: καὶ ἐβρόντησεν ἐξ οὐρανοῦ κύριος, καὶ ὁ ὕψιστος ἔδωκεν φωνὴν αὐτοῦ).

In neutestamentlichen Texten ist ein klarer Schwerpunkt des Gebrauchs im lukanischen Doppelwerk zu finden. Ὕψιστος kommt Gott Vater als Attribut zu: Bei der Verheißung der Geburt Jesu wird dieser als „Sohn des Höchsten" (οὗτος ἔσται μέγας καὶ υἱὸς ὑψίστου κληθήσεται Lk 1,32) bezeichnet. Entscheidend ist im neutestamentlichen Gebrauch, dass Gott als der Höchste nicht als Gegensatz zum Niedrigsten gesehen wird, der zudem unerreichbar scheint, sondern mit dem Attribut als einer, der die „Überwindung des Gefälles"[329] schafft, gesehen wird, wie es beispielsweise Lk 2,14 zeigt: Gott wird in der Höhe (ἐν ὑψίστοις) gepriesen und gleichzeitig wird den Menschen auf Erden Friede verkündet.

In Apg 16 wird „der Höchste" als Attribut Gottes gebraucht. Eine Magd, die von bösen Geistern besessen ist und Wahrsagekunst betreibt, bezeichnet Paulus und seine Gefährten mehrmals als „Diener des höchsten Gottes", die

---

[327] Vor allem Gebete der Märtyrer zeigen eine solche Ausrichtung auf Christus hin. Dieser fungiert dabei als Mittler zwischen dem Leidenden und Gott. Das Gebet des Stephanus, der sich kurz vor der Hinrichtung an Jesus als den Herrn wendet (Apg 7,59), gilt als erstes Zeugnis einer Gebetsausrichtung an Jesus als Kyrios. In Nachahmung dieses ersten Märtyrers können zahlreiche Gebete von weiteren Märtyrern belegt werden, die sich an Christus wenden. So beispielsweise Polykarp, der vor der Hinrichtung zu Gott Vater durch den Sohn Jesus Christus betet: Κύριε ὁ θεὸς ὁ παντοκράτωρ, ὁ τοῦ ἀγαπητοῦ καὶ εὐλογητοῦ παιδός σου Ἰησοῦ Χριστοῦ πατήρ [...] (MartPol 14,1); vgl. dazu HAMMAN, Gebet in der Alten Kirche XX; 5 Anm. 1 zu Text 5.

[328] FRENSCHKOWSKI, „ὕψος" 982.

[329] FELDMEIER, Der Höchste 149.

den „Weg des Heils" ankündigen (αὕτη κατακολουθοῦσα τῷ Παύλῳ καὶ ἡμῖν ἔκραζεν λέγουσα· οὗτοι οἱ ἄνθρωποι δοῦλοι τοῦ θεοῦ τοῦ ὑψίστου εἰσίν, οἵτινες καταγγέλλουσιν ὑμῖν ὁδὸν σωτηρίας Apg 16,17). Die Erzählung macht auf Probleme aufmerksam, mit denen Missionare in heidnischen Gegenden konfrontiert werden. Die Frau deckt durch den „Wahrsagegeist [...] die verborgene [...] Wahrheit über die Missionare auf".[330] Paulus reagiert darauf verärgert und treibt den Dämon der Frau aus (τοῦτο δὲ ἐποίει ἐπὶ πολλὰς ἡμέρας. διαπονηθεὶς δὲ Παῦλος καὶ ἐπιστρέψας τῷ πνεύματι εἶπεν· παραγγέλλω σοι ἐν ὀνόματι Ἰησοῦ Χριστοῦ ἐξελθεῖν ἀπ' αὐτῆς· καὶ ἐξῆλθεν αὐτῇ τῇ ὥρᾳ Apg 16,18). Dadurch soll jedoch nicht vorrangig „der Abwehrversuch des unterlegenen Dämons gegen den Träger des überlegenen göttlichen Geistes dargestellt" werden. Vielmehr macht Paulus deutlich, was es bedeutet, Gott als den Höchsten zu bezeichnen, und wie er als solcher zu verstehen ist: „Die christliche Mission wird nicht nur von Gott selbst gelenkt, sie setzt sich auch – trotz aller Widerstände – mit Gottes Hilfe durch."[331]

Der Ausdruck ὕψιστος ist einem Leser aufgrund des zahlreichen Vorkommens in paganen wie biblischen Texten bekannt. Dass damit ein Gott unter vielen bezeichnet und herausgehoben oder, wie in der Septuaginta, der Gott Israels mit diesem „Titel" ausgewiesen wird, kann als gängiges Gedankengut angenommen werden. Wenn in den Paulus- und Theklaakten zu Jesus als „Sohn des Höchsten" gebetet wird, schwingt bei einem Leser möglicherweise die genannte zentrale Stelle aus dem Lukasevangelium mit.

Neben der Verwendung dieses bedeutenden biblischen Begriffs gestaltet der Verfasser diese Szene derart, dass sich Figurenkonstellationen der Erzählung besser erschließen und neu definieren lassen: Obwohl keine direkte familiäre Verbindung besteht und Thekla und Tryphäna auch noch nicht über eine Gottesbeziehung miteinander verbunden sind, werden Bande aufgebaut. Das Vertrauen in die Hilfe eines Gottes, der zwar Tryphäna nicht vertraut ist, auf den aber Thekla hofft, verbindet die beiden Frauenfiguren. Die Erzählung greift hier christliche Familienmetaphorik, wie sie beispielsweise Mk 3,31–35 par. erwähnt, auf. Jesus wird von Leuten (ὄχλος) darauf hingewiesen, dass Mutter und Brüder auf ihn warten, worauf er zunächst mit der Frage, wer diese denn seien, antwortet. Daraufhin stellt er andere Kriterien auf, die Familie ausmachen: Die wahre Familie bemisst sich nach Mk 3,35 am Tun des Willens Gottes (ὃς [γὰρ] ἂν ποιήσῃ τὸ θέλημα τοῦ θεοῦ, οὗτος ἀδελφός μου καὶ ἀδελφὴ καὶ μήτηρ ἐστίν), nicht an leiblichen Verwandtschaftslinien.[332]

---

[330] PESCH, Apostelgeschichte 113.

[331] PESCH, Apostelgeschichte 119.

[332] GNILKA, Markusevangelium 152, weist in diesem Kontext darauf hin, dass die Verse 31–35 keinen Gegensatz zwischen Verwandtschaft und Jüngerschaft herstellen sollen: Es sei die „moralische Begründung, die den Kontrast Jüngerschaft/Verwandtschaft abschwächt", wie Vers 35 zeige.

Der Verfasser der Paulus- und Theklaakten hat Familienvorstellungen im Blick, wie sie in Texten der kanonischen Evangelien erzählt werden. Anhand der Figuren Thekla und Tryphäna setzt er diese auf narrative Weise um.[333] Es zeigt sich, dass Tryphäna und Thekla mehr eint, als es zwischen Tochter und leiblicher Mutter möglich ist. Gott ist der Einende und das Kriterium, das eine Verbindung unter Menschen herstellt, die enger sein kann als familiäre Bande.

Die Reaktion Tryphänas auf das Gebet der Thekla – sie trauert, da „solche Schönheit vor die Tiere geworfen werden sollte" (29) – bringt einen neuen Aspekt zur Charakterisierung der Figuren.

(2) Schönheit (κάλλος)

Τὸ κάλλος (καλός) meint im profanen Gebrauch allgemein die *Schönheit*, vor allem auf den Körper, im übertragenen Sinn auf die Seele und auf Personen bezogen, die jeweils eine besondere Qualität aufweisen. Konkret wird der Begriff auch auf Gegenstände bezogen, Kleider oder Stoffe. Das Substantiv in femininer Form, κάλλη, bezeichnet die *Schöne (Frau)*.[334]

Alt- wie neutestamentliche Texte übernehmen die Begriffsbedeutungen der profan-griechischen Welt nur selten. Die Septuaginta verwendet καλός stattdessen beinahe synonym zu ἀγαθός und bezeichnet damit Dinge oder Personen, die *angenehm* bzw. *erfreuend* sind. Auch auf Frauen bezogen ist dieser Ausdruck belegt (vgl. Gen 6,2: ἰδόντες δὲ οἱ υἱοὶ τοῦ θεοῦ τὰς θυγατέρας τῶν ἀνθρώπων ὅτι καλαί εἰσιν, ἔλαβον ἑαυτοῖς γυναῖκας ἀπὸ πασῶν, ὧν ἐξελέξαντο).[335]

In neutestamentlichen Schriften werden καλός und ἀγαθός im Sinne von *gut* gebraucht. Synoptische (vgl. bspw. Mt 5,16: Jesus spricht im Rahmen der Bergpredigt von „guten Werken", τὰ καλὰ ἔργα), johanneische (Jesus nennt sich „der gute Hirte", Ἐγώ εἰμι ὁ ποιμὴν ὁ καλός Joh 10,11) wie paulinische Texte (vgl. Gal 6,9, wo Paulus auffordert, das Gute zu tun: τὸ δὲ καλὸν ποιοῦντες μὴ ἐγκακῶμεν) zeigen diese Einheitlichkeit im Verständnis.[336]

---

[333] Vgl. dazu auch NICKLAS und SCHLÖGEL, Mission 324–339 (325), die im Kontext einer Aufnahme in paulinische Gemeinden davon sprechen, dass Mitglieder ihr „System of Relationships" grundlegend ändern mussten: „[…] they had to redefine the ‚relationships' which were important for their lives in a radical manner". Damit sei die Beziehung zu Gott und Christus gemeint und, daraus resultierend, diejenige zu anderen Gemeindemitgliedern.

[334] Vgl. GEMOLL, Wörterbuch, s. v. κάλλος (καλός), und LIDDELL, SCOTT und JONES, A Greek-English Lexicon, s. v. κάλλος.

[335] Vgl. BEYREUTHER und HEILIGENTHAL, „καλός" 860.

[336] Vgl. BEYREUTHER und HEILIGENTHAL, „καλός" 861.

Der Gebrauch in frühchristlichen Texten unterscheidet die körperliche Schönheit von der geistigen und seelischen. Zudem wird κάλλος auch auf Gott selbst bezogen.[337]

Zweifach bezeichnet der Text die Figur Thekla nun als τοιοῦτον κάλλος. Der Figur Tryphäna (vgl. 29) wie auch dem Statthalter (vgl. 34) wird dies in den Mund gelegt.

29 ἡ Τρύφαινα ἐπέχουσα	34 ὥστε καὶ τὸν ἡγεμόνα δακρῦσαι,
τοιοῦτον κάλλος εἰς θηρία βαλλόμενον.	ὅτι τοιοῦτον κάλλος φῶκαι ἔμελλον ἐσθίειν.

Tryphäna reagiert mit dieser Aussage auf das Gebet, das Thekla auf ihre Bitte hin zu Gott spricht. Der Erzähler äußert, dass der Statthalter nach dem Sprung Theklas in das mit Tieren gefüllte Wasserbecken wegen dieser „Schönheit" Tränen vergieße.

Vor diesem Sprung betet Thekla im Stadion mit ausgebreiteten Händen. In beiden Situationen folgt die Aussage demnach auf ein Gebet Theklas. Aufgrund dieser Erzählfolge ist meines Erachtens die Annahme möglich, den Schönheitsbegriff in beiden Kontexten nicht körperlich, sondern auf Theklas Taten bezogen zu verstehen. Damit liegt ein Begriffsverständnis vor, das sich dem einheitlichen Bild der biblischen Texte anschließt. Thekla wird als eine Figur beschrieben, die „gute Werke" tut, wie es von Jesus ausgesagt wird und wie es auch ihm Nachfolgende tun sollen. Der Erzähler zeichnet Thekla durch den Begriff κάλλος somit als Figur, die aus der Perspektive Tryphänas und des Statthalters, zwei ihr zugeneigten Figuren, auf ihrem Weg schon so weit fortgeschritten ist, dass sie mit Jesus selbst verglichen werden kann.

bb) Gebet Tryphänas (30)

Auch die Figur Tryphäna wendet sich an Gott und bittet ihn, ὁ θεὸς Θέκλης (30), den Gott Theklas, als die Tierkämpfe näherkommen, um Hilfe (βοήθησον Θέκλη 30). Dieser kurze Hinweis zeigt zweierlei Aspekte: Die Figur Tryphäna betet in ihrer Not nun selbst. Sie wendet sich dabei an den Gott Theklas. Dies zeigt, dass aus der Perspektive der Figur Tryphäna sowohl Theklas Gott wie ihr Glaube an diesen nicht nur ernst genommen wird. Vielmehr vertraut sie diesem Thekla an und traut ihm Hilfe zu. Sie gebraucht jedoch noch keine Wendung wie θεός μου; so zeigt der Text, dass auch Tryphäna in kleinen Schritten auf dem Weg des Glaubens voranschreitet.

(1) Gebete für Verstorbene

Das Thema der Fürbitte für Tote wird in vielen Texten der ersten nachchristlichen Jahrhunderte behandelt. Ein Blick auf neutestamentliche Texte zeigt, dass der Befund nicht eindeutig eingeordnet werden kann: Mittels Lk 16,19–

---

[337] Vgl. LAMPE, A Patristic Greek Lexicon, s. v. κάλλος.

31, der Erzählung vom zu Lebzeiten armen Lazarus, der nach dem Tod in den Schoß Abrahams getragen wird, und vom reichen Mann, der im Hades landet, zeigt sich, dass die Taten zu Lebzeiten für die Zeit nach dem Tod entscheidend sind. Der reiche Mann, der Abraham und auch Lazarus bittet, dass sie für ihn oder seine noch lebenden Brüder vor Gott eintreten sollen, wird mit dem Hinweis auf die Worte des Mose und der Propheten, man solle zu Lebzeiten auf die eigenen Taten achten, beantwortet. Ein weiterer Text, der in eine andere Richtung geht, ist Jak 5,13–18: Diese Passage verdeutlicht, dass das „Gebet des Glaubens" (ἡ εὐχὴ τῆς πίστεως σώσει τὸν κάμνοντα 5,15) für den Kranken rettend sein und ein Beten füreinander Heilung bedeuten kann (ἐξομολογεῖσθε οὖν ἀλλήλοις τὰς ἁμαρτίας καὶ εὔχεσθε ὑπὲρ ἀλλήλων, ὅπως ἰαθῆτε 5,16).[338]

Thomas Kraus führt diese beiden neutestamentlichen Passagen an und zeigt dann mittels verschiedener apokrypher Texte, dass der Befund auch für diese Texte vielfältig ist. Die griechische Version der Apokalypse des Petrus beispielsweise schreibt, so Kraus, dass „Berufenen und Auserwählten von Gott sogar die Gunst erwiesen wird, dass jene, die sich bereits mitten im Vollzug ihrer Bestrafung befinden, von dort heraus gerettet werden, sofern sie eben um deren Errettung bitten" (-ἐξομαι τοῖς κλητοῖς μου, καὶ ἐκλεκτοῖς μου, ὃν ἐὰν αἰτήσωνταί με ἐκ τῆς κολάσεως καὶ δώσω αὐτοῖς καλὸν βάπτισμα ἐν σωτηρίᾳ Ἀχερουσίας λίμνης ἣν καλοῦσιν ἐν τῷ Ἠλυσίῳ πεδίῳ).[339] In einem anderen apokalyptischen Text, dem Vierten Esrabuch, sei dagegen zu finden, dass eine Rettung aus dem Gericht mittels Fürbitte anderer nicht möglich sei (4Esr 7,112–115).[340]

Weitere frühchristliche Quellen wiederum zeigen den Befund, dass das Schicksal von Toten beeinflusst werden kann. Anders als es pagane Vorstellungen kennen, begegnet der Gedanke, dass diese durch das Gebet Lebender von einem Ort der Qualen in einen angenehmeren Zustand geführt werden können.[341] Durch Gaben, Opfer und Gebete anderer kann eine Linderung oder Überwindung des eigenen Leids ermöglicht werden. Die Berichte über das Martyrium Perpetuas erzählen, wie diese nach Offenbarungen über das Leiden ihres verstorbenen Bruders folgert, dass sie ihm durch ihr Gebet helfen könne (et orabam pro eo omnibus diebus quousque transiuimus in carcerem

---

[338] KLEIN, Lukasevangelium 549–556 (556).

[339] So KRAUS, Fürbitte 356, der den Text auf den Zeilen 1 bis 13 auf Folio 1 recto und Zeile 1 auf Folio 1 verso angibt. Kraus bringt in seinem Beitrag zahlreiche weitere Textbeispiele, in deren Kontext die Petrusapokalypse und ihre verschiedenen Versionen stehen. Der griechische Text ist der Edition von KRAUS und NICKLAS, Petrusevangelium und Petrusapokalypse, entnommen.

[340] Vgl. KRAUS, Fürbitte 363–365.

[341] Vgl. dazu MERKT, Fegefeuer, der nach Analyse der Dinokartesvision der Perpetua, der Schriften De resurrectione und Adversus Marcionem von Tertullian und Cyprians Brief 55,20 zu diesen Schlüssen kommt.

castrensem 7,9).[342] Diese Erzählung bringt noch einen weiteren interessanten Hinweis: Wenn Fürbittgebete für Tote von kürzlich Getauften gesprochen werden, deren Martyrium zudem bevorsteht, wird diesem Gebet besondere Wirksamkeit zugesprochen.[343]

In diese Vorstellung kann auch die Episode der Erzählung der Paulus- und Theklaakten eingereiht werden: Die Figur Tryphäna bittet Thekla um ein Gebet für ihre verstorbene Tochter Falkonilla, damit diese lebe. An diesem Punkt der Erzählung ist Thekla noch ungetauft, Tryphäna spricht ihr dennoch als Nachfolgerin des Paulus und Glaubende Wirksamkeit in ihrem Gebet zu; interessanterweise weiß Tryphäna als Nichtchristin um diese Vorstellung. Die Erzählung wie auch die Aussage Perpetuas zeigen, dass Fürbittgebete für Tote nicht von jedem gebetet werden können bzw. nicht die Wirkung zu haben scheinen, die ihnen aus dem Mund von Personen zukommt, die Gott näherstehen. Zudem spielen auch in den Paulus- und Theklaakten Träume eine bedeutende Rolle: Wie Perpetua ihre Erkenntnisse in visionären Träumen erhält, erfährt Tryphäna auf diese Weise, wie sie ihrer Tochter beistehen könnte. Durch das Medium Traum bringt die Erzählung nun erstmals die sich auf dem Weg zum Glauben hin befindliche Tryphäna in die Nähe von Märtyrern.

cc) Gebet Theklas (31)

Das Gebet Theklas bei der Abholung durch die Soldaten am Tag des Tierkampfes gibt weitere Hinweise zur Entwicklung ihrer Figur:

Tryphäna spricht Thekla zuvor noch ihren Beistand aus, Thekla wendet sich dann voller Tränen und Seufzen an ihren Herrn (καὶ ἔκλαυσεν Θέκλα πικρῶς καὶ ἐστέναξεν πρὸς κύριον 31).[344]

Thekla spricht ihn als Κύριε ὁ θεός („Herr, Gott") an. Durch die Verwendung dieser Anrede werden auch auf Basis der Gebete die beiden Erzählteile miteinander verbunden: Thekla betet in ihrem ersten Gebet der Erzählung bei der Grabanlage (24), wie auch Paulus, eindeutig zum Vater Christi. Ihm verdankt sie die Rettung aus dem Feuer, wie dort erwähnt wird. In diesem Bittgebet (31) spricht sie die Rettung aus dem Feuer auch an. Der Anruf Κύριε ὁ θεός ist somit aus dieser Perspektive vorerst auf Gott Vater zu beziehen.

---

[342] Der lateinische Text ist der Edition von MUSURILLO, The Acts of the Christian Martyrs, entnommen. Vgl. die Unterscheidung der Wendungen im Lateinischen vor bzw. nach der Vision: „orare pro" ist im Sinne eines Fürbittgebets zu verstehen, „pro eo petere" (7,2) und „orationem facere" (7,2), „das Bitten um eine Vision über seine Lage", so MERKT, Fegefeuer 99 Anm. 156.

[343] Vgl. MERKT, Fegefeuer 49.

[344] PERVO, Acts of Paul 161, verwendet dafür die treffende Umschreibung: „This his her Gethsemane."

Die Anrede wird weiter ausgestaltet. Thekla beschreibt ihren Gott als einen, an den sie glaubt (ᾧ ἐγὼ πιστεύω 31), zu dem sie Zuflucht nahm und der sie gerettet hat (ἐφ' ὃν ἐγὼ κατέφυγα, ὁ ῥυσάμενός με ἐκ πυρός 31). Dass Thekla glaubt und warum sie glaubt, wird in einem Zug erwähnt. In ihrer Situation, die wiederum zunächst ausweglos erscheint, kann sie aber bereits sagen, dass sie an diesen Gott glaubt. Aufgrund ihrer Vorgeschichte drückt sie damit die Hoffnung, aber auch die Zuversicht aus, dass sich Gott wieder als helfend erweisen wird. Ein Leser, der den ersten Erzählteil kennt, ist der Figur voraus: Er wird die nochmalige Rettung Theklas durch Gott vielmehr erwarten.

Was Thekla von Gott erwartet, formuliert sie in der folgenden Bitte: Er möge Tryphäna belohnen. Dem schließt sich eine zweifache Begründung an: Tryphäna hatte zum einen mit Thekla Mitleid, zum anderen hatte sie sie dadurch „rein bewahrt" (ὅτι με ἁγνὴν ἐτήρησεν 31).

Thekla kann somit aufgrund von bereits erfahrener Hilfe im Gebet äußern, dass sie glaubt. Daher rührt ihre Zuversicht und sie ist imstande, auch für andere ein Bittgebet zu sprechen.

Das Gebet kulminiert in der Bitte mit anschließender Begründung, die wiederum zwei für die gesamte Erzählung zentrale Begriffe enthält: Thekla als Dienerin und die Reinheit als ethisches Ideal. Die Selbstbezeichnung Theklas als Dienerin zeigt, wie sie sich bereits selber wahrnimmt, als τὴν δούλην σου, als „(s)eine Dienerin" (31). Die Bewahrung der Reinheit ist Ziel und Ausrichtung als Dienerin Gottes. Dies zeigt auch die Verbindung dieser beiden Elemente in der Argumentation Theklas.

Inhaltlich betrachtet werden Glaube und Rettung in den Worten Theklas miteinander verbunden und auf sie selbst bezogen; hinsichtlich Tryphäna ist eine Verbindung von Glaube und Leben, das sie sich für ihre verstorbene Tochter wünscht, zu sehen.

dd) Charakterisierung der Figur Alexander

Die Figur Alexander ist in diesem Erzählkontext als entschlossen, aber auch beeinflussbar gezeichnet: Er, der Veranstalter der Spiele,[345] zeigt sich souverän, ergreift selbst die Initiative und ist gewillt, Thekla abzuholen (ἦλθεν Ἀλέξανδρος παραλαβεῖν αὐτήν). Er verlangt später die Freigabe Theklas, die er in diesem Kontext bereits als „Tierkämpferin" bezeichnet (δὸς ἀπαγάγω τὴν θηριομάχον 30). Zum anderen geht seine Entschlossenheit verloren, wenn er auf das Schreien der Tryphäna mit Flucht reagiert (Τρύφαινα ἀνέκραξεν ὥστε φυγεῖν αὐτὸν 30).

---

[345] Zahlreiche Handschriften, darunter lateinische, syrische, armenische und koptische, fügen bereits in Abschnitt 27 ein, dass es Alexander ist, der die Spiele veranstaltet.

ee) Anklage Theklas als Tempelräuberin

Die Erzählung spricht zweimal von einer Anklage Theklas als „ἱερόσυλος" (28 und 32). Dieser Ausdruck, eine Zusammensetzung des Adjektivs ἱερός, das im allgemeinen Gebrauch *heilig, göttlich* meint, auf einen Ort bezogen für einen *heiligen Bezirk* oder *Tempel* stehen kann, und des Verbs συλάω, das allgemein *rauben, plündern*, speziell *heraus-* und *wegnehmen* bedeutet, wird generell verwendet, um damit entweder eine *sacrilegious person* zu bezeichnen oder eine(n) *temple-robber*, eine(n) Tempelräuber(in).[346] Der Text gibt weiter an, dass diese Anklage als Schuldspruch geschrieben steht: ἡ δὲ αἰτία τῆς ἐπιγραφῆς αὐτῆς ἦν Ἱερόσυλος (28). Eine Parallele dazu aus den kanonischen Texten ist Mk 15,26:

ActPlTh 28	Mk 15,26
ἡ δὲ αἰτία τῆς ἐπιγραφῆς αὐτῆς	καὶ ἦν ἡ ἐπιγραφὴ τῆς αἰτίας αὐτοῦ ἐπιγεγραμμένη
ἦν Ἱερόσυλος.	ὁ βασιλεὺς τῶν Ἰουδαίων.

Eine Parallelisierung der Figur Thekla mit Jesus würde aufgrund dieses Aspekts der Erzählung zu weit führen. Dass der Verfasser die Szene im Hintergrund mitdenkt und das auch von den Lesern annimmt, ist durchaus möglich. Die Verurteilung Theklas würde somit insgesamt ein Stück näher an die biblische Schilderung herangebracht und zumindest in eine Reihe mit ihr gestellt.[347]

Die zweite Verwendung des Begriffs erfolgt vor dem Tierkampf, wenn das Volk nach der Hereinführung der Tempelräuberin ruft: Τὴν ἱερόσυλον εἰσάγαγε (32).

„Tempelraub" als Anklagepunkt führt zu einer weiteren kanonischen Schrift. Im Brief an die Römer spricht Paulus die Sünden von Juden an,[348] konkret den „schreienden Widerspruch zwischen Lehre und Tun".[349] Er nennt Beispiele dafür und erwähnt in diesem Kontext den Tempelraub, den man verabscheue, aber doch begehe: ὁ λέγων […] ὁ βδελυσσόμενος τὰ εἴδωλα ἱεροσυλεῖς; (Röm 2,22). Tempelraub kann eine Verehrung von (falschen) Göttern meinen, im konkreten Fall von Röm 2,22 bezieht er sich auf den

---

[346] LIDDELL, SCOTT und JONES, A Greek-English Lexicon, s. v. ἱερόσυλος.

[347] WEHN, Selig 190 Anm. 17, spricht allgemein von Parallelen dieser Szene mit der Verurteilung Jesu. Hier nochmals der Verweis auf HERCZEG, Parallels 143, der Parallelen differenziert, die es zwischen den Paulusakten und kanonischen Texten gibt. Als eine Gruppe nennt er solche, die annehmen lassen, dass der Verfasser der Paulusakten die „kanonischen Texte" kenne und vielleicht auch benütze, so wie z. B. in ActPlTh 28 (αἰτία τῆς ἐπιγραφῆς) mit der Parallele aus dem Markusevangelium (Mk 15,26).

[348] WILCKENS, Römerbrief 121: „VV 17–29 wiederholt Paulus in direkter Ansprache an die Juden, was er in VV 1–16 zunächst in lehrhaft-allgemeiner Anrede […] ausgeführt hat."

[349] WILCKENS, Römerbrief 149.

Handel mit Götzenbildern und heidnischen Tempelgeräten, den die Diaspora-juden trotz eines Verbotes (Dtn 7,25–26) begehen, so *Wilckens*.[350]

Dieses Verständnis von Tempelraub ist auf die Figur Thekla nicht über-tragbar. Eine weitere Spur gibt aber einerseits der unmittelbare Kontext der Verse des Römerbriefes. Der Tempelraub wird in Zusammenhang mit Ehe-bruch genannt: ὁ λέγων μὴ μοιχεύειν μοιχεύεις; (Röm 2,22). Dieses Thema spielt in der Erzählung um Thekla eine große Rolle: Die Figur Thekla, bereits für die Ehe mit Thamyris vorgesehen, löst sich auch selber aus der Verlobung.

Andererseits ist Apg 19,37 eine zweite Stelle, die den „Tempelraub" er-wähnt: Der Stadtschreiber äußert, dass Paulus und seine Gefährten, die in Ephesus von Silberschmieden – deren angefertigte Götterstatuen sie nicht als solche verstehen – angeklagt werden, sich unter anderem weder des Tempel-raubes noch der Gotteslästerung schuldig gemacht haben (ἠγάγετε γὰρ τοὺς ἄνδρας τούτους οὔτε ἱεροσύλους οὔτε βλασφημοῦντας τὴν θεὸν ἡμῶν). Spannend ist hier wiederum der Kontext: Gotteslästerung wird ebenfalls genannt.[351] Dieser macht sich Thekla indirekt schuldig, insofern sie Paulus, dessen Gottesverehrung von Seiten der anderen Glaubenden (Demas und Hermogenes) angeklagt wird (vgl. ActPlTh 14), anhängt und dieser Lehre Glauben schenkt.[352] Wie die Analyse zeigt, kann die Anklage „Tempelraub" mithilfe der beiden Belegstellen von ἱερόσυλος in neutestamentlichen Texten näher eingeordnet werden: Thekla handelt zwar nicht aktiv mit Götterbildern oder heidnischen Geräten, sie begeht jedoch laut den anklagenden Figuren ein Verbrechen mit solchem Ausmaß, dass es zu verurteilen ist.[353] Wie konkret sich der Verfasser bzw. der Leser an die kanonischen Texte und Kontexte erinnern kann, ist für die Theklaerzählung nicht bedeutend. Entscheidend ist,

---

[350] Vgl. WILCKENS, Römerbrief 150.

[351] Vgl. PESCH, Apostelgeschichte 182.

[352] In diesem Kontext ist auch auf den Blasphemievorwurf gegen Jesus zu verweisen, wie ihn Mk 14,61–64 berichtet: Jesus bekennt sich auf Nachfrage des Hohepriesters vor diesem und dem Hohen Rat zu Gott und wird daraufhin der Gotteslästerung beschuldigt (σὺ εἶ ὁ χριστὸς ὁ υἱὸς τοῦ εὐλογητοῦ; ὁ δὲ Ἰησοῦς εἶπεν· ἐγώ εἰμι, καὶ ὄψεσθε τὸν υἱὸν τοῦ ἀν-θρώπου ἐκ δεξιῶν καθήμενον τῆς δυνάμεως καὶ ἐρχόμενον μετὰ τῶν νεφελῶν τοῦ οὐρα-νοῦ. ὁ δὲ ἀρχιερεὺς διαρρήξας τοὺς χιτῶνας αὐτοῦ λέγει· τί ἔτι χρείαν ἔχομεν μαρτύρων; ἠκούσατε τῆς βλασφημίας). Zur näheren Einordnung des Vorwurfs der Gotteslästerung zur Zeit Jesu bis hinein in das vierte nachchristliche Jahrhundert vgl. NICKLAS, Diskurse.

[353] Vgl. dazu auch OMERZU, Prozeß 506–507: Im Falle Paulus habe der „Vorwurf der Tempelentweihung keinen Anhalt am historischen Auftreten", vielmehr verdeutliche diese Anzeige, dass ein „bereits länger schwelender Konflikt mit Juden der Asia kulminierte"; der Anklagepunkt von jüdischer Seite habe sich vom Vorwurf der versuchten Tempel-schändung zum Vowurf der „Unruhestiftung" verlagert. Für Letzteres sei eindeutig die römische Obrigkeit zuständig, die Frage nach der Zuständigkeit bei einem Strafverfahren im Falle der Tempelentweihung sei uneindeutig, wie Quellen zeigten. Hier verweist Omer-zu beispielsweise auf Josephus, bell. VI, 126, wo nicht vom Recht der Todesvollstreckung durch die Juden ausgegangen wird (349).

dass der Leser den Anklagepunkt als schwerwiegend und verurteilungswürdig einstuft, wie es die biblischen Texte schildern.

c) Zwischenergebnis

Die Erzählung konzentriert sich in Abschnitt 28–31 vorrangig auf das Verhältnis der Figuren Thekla und Tryphäna. Die Figur Thekla tritt zunehmend an die Stelle der verstorbenen leiblichen Tochter Tryphänas: Diese nimmt Thekla auf und behandelt sie wie eine Tochter. Aus der Sicht Tryphänas steht Thekla auf der Seite Gottes: Sie bittet selbst Thekla um ein Gebet für ihre Tochter, damit diese lebe. Sie traut Theklas Gebet Kraft zu und behandelt sie auch vor der Taufe wie eine Fürsprecherin, die bei Gott für ihre Tochter eintritt.

Es zeigt sich, dass Konversion mit der Veränderung von bisherigen Beziehungsgefügen eines Menschen einhergehen kann. Die neu entstehenden Strukturen und Beziehungen hingegen können als neue Familie verstanden werden – ein Bild, das Paulus ausdrucksstark verwendet, wenn er beispielsweise im Brief an Philemon diesen auffordert, den Sklaven Onesimus, den Paulus im Gefängnis als Sohn bezeichnet (παρακαλῶ σε περὶ τοῦ ἐμοῦ τέκνου Phlm 10), anstelle eines Sklaven als „geliebten Bruder" (οὐκέτι ὡς δοῦλον ἀλλ᾽ ὑπὲρ δοῦλον, ἀδελφὸν ἀγαπητόν Phlm 16) anzusehen.

7. Kampf im Stadion (32–36)

(32) Θόρυβος οὖν ἐγένετό τε καὶ πάταγος τῶν θηρίων καὶ βοὴ τοῦ δήμου καὶ τῶν γυναικῶν ὁμοῦ καθεσθεισῶν, τῶν μὲν λεγόντων Τὴν ἱερόσυλον εἰσάγαγε τῶν δὲ λεγουσῶν Ἀρθήτω ἡ πόλις ἐπὶ τῇ ἀνομίᾳ ταύτῃ· αἶρε πάσας ἡμᾶς, ἀνθύπατε· πικρὸν θέαμα, κακὴ κρίσις.

(33) Ἡ δὲ Θέκλα ἐκ χειρὸς Τρυφαίνης ληφθεῖσα ἐξεδύθη καὶ ἔλαβεν διαζώστραν καὶ ἐβλήθη εἰς τὸ στάδιον. καὶ λέοντες καὶ ἄρκοι ἐβλήθησαν ἐπ᾽ αὐτήν.
καὶ πικρὰ λέαινα προσδραμοῦσα εἰς τοὺς πόδας αὐτῆς ἀνεκλίθη· ὁ δὲ ὄχλος τῶν γυναικῶν ἐβόησεν μέγα. καὶ ἔδραμεν ἐπ᾽ αὐτὴν ἄρκος· ἡ δὲ λέαινα δραμοῦσα ὑπήντησεν καὶ διέρρηξεν τὴν ἄρκον. καὶ πάλιν λέων δεδιδαγμένος ἐπ᾽ ἀνθρώπους ὃς ἦν Ἀλεξάνδρου ἔδραμεν ἐπ᾽ αὐτήν· καὶ ἡ λέαινα συμπλέξασα τῷ λέοντι συνανῃρέθη. μειζόνως δὲ ἐπένθησαν αἱ γυναῖκες, ἐπειδὴ καὶ ἡ βοηθὸς αὐτῇ λέαινα ἀπέθανεν.

Es entstand Lärm, sowohl Gebrüll der Tiere als auch Geschrei des Volkes und der Frauen, die mit dabeistanden, indem die einen riefen: „Führe die Tempelräuberin herein!" und die anderen: „Dass doch die Stadt unterginge wegen dieser Gesetzlosigkeit. Beseitige uns alle, Prokonsul! Klägliches Schauspiel, schlechtes Urteil!" Thekla aber wurde den Händen der Tryphäna entrissen, entkleidet, sie empfing einen Schurz und wurde in die Rennbahn gestoßen. Und Löwen und Bären wurden auf sie losgelassen. Und eine wilde Löwin lief auf sie zu und legte sich ihr zu Füßen. Die Menge der Frauen aber erhob ein großes Geschrei. Und es ging eine Bärin auf sie los; die Löwin aber stellte sich ihr entgegen und zerriss die Bärin. Und wiederum ging ein Löwe auf sie los, der auf Menschen abgerichtet war und Alexander gehörte. Und die Löwin verbiss sich mit dem Löwen und kam mit ihm um. Die Frauen aber klagten lauter, weil auch die Löwin, die ihr beistand, tot war.

(34) Τότε εἰσβάλλουσιν πολλὰ θηρία, ἑστώσης αὐτῆς καὶ ἐκτετακυίας τὰς χεῖρας καὶ προσευχομένης. ὡς δὲ ἐτέλεσεν τὴν προσευχήν, ἐστράφη καὶ εἶδεν ὄρυγμα μέγα πλῆρες ὕδατος, καὶ εἶπεν Νῦν καιρὸς λούσασθαί με. καὶ ἔβαλεν ἑαυτὴν λέγουσα Ἐν τῷ ὀνόματι Ἰησοῦ Χριστοῦ ὑστέρᾳ ἡμέρᾳ βαπτίζομαι. Καὶ ἰδοῦσαι αἱ γυναῖκες καὶ πᾶς ὁ ὄχλος ἔκλαυσαν λέγοντες Μὴ βάλῃς ἑαυτὴν εἰς τὸ ὕδωρ, ὥστε καὶ τὸν ἡγεμόνα δακρῦσαι, ὅτι τοιοῦτον κάλλος φῶκαι ἔμελλον ἐσθίειν. ἡ μὲν οὖν ἔβαλεν ἑαυτὴν εἰς τὸ ὕδωρ ἐν τῷ ὀνόματι Ἰησοῦ Χριστοῦ· αἱ δὲ φῶκαι πυρὸς ἀστραπῆς φέγγος ἰδοῦσαι νεκραὶ ἐπέπλευσαν. καὶ ἦν περὶ αὐτὴν νεφέλη πυρός, ὥστε μήτε τὰ θηρία ἅπτεσθαι αὐτῆς, μήτε θεωρεῖσθαι αὐτὴν γυμνήν.

(35) Αἱ δὲ γυναῖκες ἄλλων θηρίων βαλλομένων φοβερωτέρων ὠλόλυξαν, καὶ αἱ μὲν ἔβαλλον φύλλον, αἱ δὲ νάρδον, αἱ δὲ κασίαν, αἱ δὲ ἄμωμον, ὡς εἶναι πλῆθος μύρων. πάντα δὲ τὰ βληθέντα θηρία ὥσπερ ὕπνῳ κατασχεθέντα οὐχ ἥψαντο αὐτῆς· ὡς τὸν Ἀλέξανδρον εἰπεῖν τῷ ἡγεμόνι Ταύρους ἔχω λίαν φοβερούς, ἐκείνοις προσδήσωμεν τὴν θηριομάχον. καὶ στυγνάσας ἐπέτρεψεν ὁ ἡγεμὼν λέγων Ποίει ὃ θέλεις. Καὶ ἔδησαν αὐτὴν ἐκ τῶν ποδῶν μέσον τῶν ταύρων, καὶ ὑπὸ τὰ ἀναγκαῖα αὐτῶν πεπυρωμένα σίδηρα ὑπέθηκαν, ἵνα πλείονα ταραχθέντες ἀποκτείνωσιν αὐτήν. οἱ μὲν οὖν ἥλλοντο· ἡ δὲ περικαιομένη φλὸξ διέκαυσεν τοὺς κάλους, καὶ ἦν ὡς οὐ δεδεμένη.

(36) Ἡ δὲ Τρύφαινα ἐξέψυξεν ἑστῶσα παρὰ τὴν ἀρήναν ἐπὶ τοὺς ἄβακας, ὥστε τὰς θεραπαινίδας εἰπεῖν Ἀπέθανεν ἡ βασίλισσα Τρύφαινα. καὶ ἐπέσχεν ὁ ἡγεμών, καὶ πᾶσα ἡ πόλις ἐπτύρη· καὶ ὁ Ἀλέξανδρος πεσὼν εἰς τοὺς πόδας τοῦ ἡγεμόνος εἶπεν· Ἐλέησον κἀμὲ καὶ τὴν πόλιν, καὶ ἀπόλυσον τὴν θηριο-

Da ließen sie viele Tiere herein, während sie dastand und die Hände ausgebreitet hatte und betete. Als sie aber ihr Gebet beendet hatte, wandte sie sich um und sah eine große Grube voll Wasser und sprach: „Jetzt ist der Zeitpunkt gekommen, mich zu waschen." Und sie stürzte sich selbst hinein mit den Worten: „Im Namen Jesu Christi unterziehe ich mich der Taufe am letzten Tage!" Als die Frauen und die ganze Menge das sahen, weinten sie und riefen: „Stürze dich nicht selbst ins Wasser!" Sogar der Statthalter vergoss Tränen, weil so viel Schönheit von den Robben gefressen werden sollte. Sie also stürzte sich ins Wasser im Namen Jesu Christi; die Robben aber sahen den Glanz eines Blitzes und schwammen tot an der Oberfläche. Und um sie herum war eine Wolke von Feuer, sodass weder die Tiere sie anrühren konnten noch sie in ihrer Nacktheit gesehen werden konnte.

Als aber andere, schrecklichere Tiere losgelassen wurden, klagten die Frauen und die einen warfen Grünes, die anderen Narde, andere Zimt und andere Amomum hinab, sodass eine Menge von Duftendem dort war. Alle losgelassenen Tiere aber waren wie vom Schlaf übermannt und rührten sie nicht an. Daher sagte Alexander zum Statthalter: „Ich habe sehr wilde Stiere, an die wollen wir die Tierkämpferin binden." Verdrießlich gestattete es der Statthalter und sagte: „Tue, was du willst." Und man band sie mit den Füßen mitten zwischen die Stiere und legte unter deren Geschlechtsteile glühend gemachte Eisen, damit sie noch mehr gereizt würden und sie töten sollten. Die sprangen zwar; aber die ringsum lodernde Flamme brannte die Stricke durch und sie war, als ob sie nicht gebunden wäre.

Tryphäna aber fiel in Ohnmacht, während sie bei der Arena stand, odass die Dienerinnen sagten: „Die Königin Tryphäna ist gestorben." Und der Statthalter merkte auf und die ganze Stadt erschrak. Und Alexander fiel dem Statthalter zu Füßen und rief: „Habe Erbarmen mit mir und mit der

μάχον, μὴ καὶ ἡ πόλις συναπόληται. ταῦτα γὰρ ἐὰν ἀκούσῃ ὁ Καῖσαρ, τάχα ἀπολέσει σὺν ἡμῖν καὶ τὴν πόλιν, ὅτι ἡ συγγενὴς αὐτοῦ Τρύφαινα ἡ βασίλισσα ἀπέθανεν παρὰ τοὺς ἄβακας.

Stadt und lass die Tierkämpferin frei, damit nicht auch die Stadt mit zugrunde geht! Denn wenn der Kaiser dies hört, wird er wahrscheinlich mit uns auch die Stadt verderben, weil seine Verwandte, die Königin Tryphäna, bei der Arena gestorben ist."

a) Text- und Erzählstruktur

Mit Abschnitt 32 wechselt der Erzählort mit dem Hinweis καθίστημι („dabeistehen") in das Stadion; eine Notiz beschreibt die dort herrschende Situation, die zeitlich gesehen unmittelbar vor dem Tierkampf anzusetzen ist – „Lärm, sowohl Gebrüll der Tiere" (Θόρυβος [...] καὶ πάταγος 32) „als auch Geschrei" (βοή 32) der anwesenden Bevölkerung.

Die Abschnitte 33 und 35 schildern die Kämpfe Theklas mit Tieren, zuerst mit „Löwen und Bären" (καὶ λέοντες καὶ ἄρκοι), danach mit „schrecklichere[n] Tieren" (θηρίων [...] φοβερωτέρων 35).

Die Kampfschilderung wird von den Ereignissen um ein (Tauf-)Geschehen – eingeführt mit dem Verb βαπτίζω – der Figur Thekla unterbrochen (34): Die Verben des Abschnittes, die Theklas Handeln beschreiben (ἑστώσης [...] ἐκτετακυίας τὰς χεῖρας [...] προσευχομένης [...] ἐστράφη [...] εἶδεν [...] εἶπεν [...] ἔβαλεν [...] λέγουσα), stellen diese in das Zentrum der Erzählung.

Abschnitt 36 richtet den Blick mit Ἡ δὲ Τρύφαινα („Tryphäna aber") wieder auf Tryphäna, deren Ohnmacht die Verantwortlichen letztlich dazu bringt, den Kampf zu beenden.

Die Struktur von Abschnitt 32–36 kann folgendermaßen dargestellt werden:
32–36 Vor und während des Kampfes im Stadion
    32   Reaktionen der Bevölkerung im Stadion
    33.35 Kampf mit Löwen, Bären und anderen Tieren
    34   Gebet und Selbsttaufe Theklas im Stadion
    36   Alexander bittet um Begnadigung Theklas.

b) Figurenkonstellation und -beschreibung

Die Erzählabschnitte 32–36 führen einerseits Figuren ein, die als Nebenfiguren eingeordnet werden können. Andererseits spielen Tiere eine bedeutende Rolle, deren Einbettung in die Erzählung wiederum neue Aspekte zur Charakterisierung der Figuren beitragen.

aa) Die Menge

Volk und Frauen sind in der Arena anwesend und wiegeln die Situation mit auf, indem sie sich gegen Thekla und ihre Verhaltensweise äußern: Sie treiben den Statthalter zum einen in seinem Tun an und fordern ihn zum Handeln auf: „Führe die Tempelräuberin herein!" (Τὴν ἱερόσυλον εἰσάγαγε 32). Zum anderen sind sie auch in ihrer inneren Haltung auf der Seite der Ankläger, sie verstehen das Tun der Thekla als „Gesetzlosigkeit" (τῶν δὲ λεγουσῶν Ἀρθή- τω ἡ πόλις ἐπὶ τῇ ἀνομίᾳ ταύτῃ 32) und bitten den Prokonsul in dieser Situa- tion, die sie als „klägliches Schauspiel" und „schlechtes Urteil" (πικρὸν θέαμα, κακὴ κρίσις 32) wahrnehmen, sogar um den eigenen Tod (αἶρε πάσας ἡμᾶς, ἀνθύπατε 32).

„Frauen" werden in dieser Kampfszene mehrfach genannt und beschrie- ben. Vor dem Kampf werden sie als antreibend, sich schämend und aus Schande zum Tod bereit beschrieben und als solche führen sie nun ihr Ge- schrei fort. Dieses wandelt sich immer mehr in ein Klagen (μειζόνως δὲ ἐπένθησαν αἱ γυναῖκες, ἐπειδὴ καὶ ἡ βοηθὸς αὐτῇ λέαινα ἀπέθανεν 33), weil die Löwin getötet wird.

Vorerst erweisen sich die „Frauen" als Gegenpart zu Thekla und ihrer Welt. Mit Blick auf die gesamte Erzählung ergibt sich ein anderes Bild: Die Erzählung lässt die Figuren plötzlich um eine Figur, die Löwin, trauern und beim Sprung der Thekla in das Becken (34) beklagen sie dies sogar. Diese Figurengruppe zeigt eine Veränderung auf: Sie entwickelt sich im Lauf der Erzählung von der einen Seite hin zur anderen.

Als weitere Tiere auf Thekla losgelassen werden, klagen Frauen (Αἱ δὲ γυναῖκες 35)[354] wiederum und werfen verschiedene Arten von Aromen und Düften in die Arena. Damit sollten die Tiere betäubt werden und aufgrund dieses Zustandes von Thekla ablassen (ἔβαλλον φύλλον, αἱ δὲ νάρδον, αἱ δὲ κασίαν, αἱ δὲ ἄμωμον, ὡς εἶναι πλῆθος μύρων 35).[355]

Die Erzählung spezifiziert die Kräuter näher; dies kann dazu dienen, die Frauen, die sie bei sich haben, näher einzuordnen: Nardensalben, Kassia und Amomum galten als sehr kostbar und wertvoll und wurden als Zutaten für Parfüme verwendet.[356] Ein Publikum, das aufgrund des Besitzes solcher wert- vollen Kräuter sozial höhergestellt zu sein scheint, begibt sich auf die Seite Theklas, indem es Kostbarkeiten für sie verschwendet.

Das Auftreten dieser Figuren ändert die Konstellation der Figuren: Der Menge, die Thekla und Paulus anklagt (vgl. 15; 20; 27), tritt narrativ eine Gruppe der Befürworter Theklas gegenüber. Durch diesen Hinweis verschiebt sich auch die Perspektive der Erzählung weiter: Einerseits nimmt die Gruppe

---

[354] Die Bezeichnung im Griechischen mit dem bestimmten Artikel Plural αἱ δὲ γυναῖκες lässt darauf schließen, dass die nun gemeinten Frauen dem Leser bekannt und im Lauf der Erzählung schon aufgetreten sind. Das würde heißen, dass in Abschnitt 33 und 34 von Frauen die Rede war, die auf der Seite Theklas stehen.

[355] Vgl. dazu ESCH-WERMELING, Thekla 334 Anm. 7, die diese Kräuter näher erläutert. Κασία sei eine spezielle Zimtart mit bitterem und scharfem Geruch, Narden seien intensiv riechende Kräuter, Amomum könnte eventuell eine Aromapflanze sein, die ebenfalls inten- siv schmecke.

[356] Vgl. FAURE, Magie 250 251.

der Seite des Paulus und der Thekla zahlenmäßig zu, andererseits sind es immer mehr Figuren, die sich auch aktiv für Thekla einsetzen und deren Seite stärken.

(1) Tierkampf

Der Statthalter verurteilt Thekla εἰς θηρία, „zum Tierkampf" (27). Der Text gibt Hinweise, wie dieser abläuft, und verwendet zwei verschiedene Begriffe, die helfen, diesen Kampf Theklas mit den Tieren im Stadion näher einzuordnen.

Zuerst findet ein πομπή (vgl. 28 und 29) statt, ein Umzug.[357] Thekla wird dabei an eine Löwin gebunden: Ἡνίκα δὲ τὰ θηρία ἐπόμπευεν προσέδησαν αὐτὴν λεαίνῃ πικρᾷ (28). Der darauffolgende Abschnitt leitet nochmal mit den Worten ein: Ὅτε οὖν ἀπὸ τῆς πομπῆς ἐλάμβανεν αὐτὴν ἡ Τρύφαινα (29).

Innerhalb der griechischen Feste ist die πομπή Bestandteil einer gewissen Abfolge von Elementen, die bestimmte Feierlichkeiten, darunter historische Gedenktage wie auch andere Feste, ausmachen:[358] Bekränzung (στεφανηφορία), Umzug/Prozession (πομπή), Opfer (θυσία ἐναγισμός), Gebet (εὐχή), Singen eines Festliedes, Festmahl (εὐωχία), Spiele (ἀγῶνες), Reden.

Am Tag darauf folgt für Thekla der Kampf mit Tieren: εἰς τὴν αὔριον θηριομαχεῖν (29). Die Erzählung verwendet dafür das Substantiv κυνήγια (30), worunter eine *Jagd* bzw. *Hetze* zu verstehen ist.[359] In diesem Kontext wird auch der Veranstalter der κυνήγια genannt: Alexander (ἦλθεν Ἀλέξανδρος [...] αὐτὸς γὰρ ἐδίδου τὰ κυνήγια 30).

Es finden demnach öffentliche Spiele statt, was aus der Verwendung des Begriffs πομπή zu schließen ist; diese werden laut Erzählung von Alexander veranstaltet. Von ihm berichtet der Text, dass er einen Kranz trage (καὶ τὸν στέφανον ἀφείλετο ἀπὸ τῆς κεφαλῆς αὐτοῦ 26).[360] Die armenische und die syrische Handschrift des Textes fügen dem hinzu, dass der Kranz mit einer

---

[357] Vgl. dazu LIDDELL, SCOTT und JONES, A Greek-English Lexicon, s. v. πομπή: Dieser Begriff meint zunächst *conduct, escort*, aber auch eine *solemn procession*.

[358] CHANIOTIS, Gedenktage 127–131, entwickelt diese Abfolge für historische Gedenktage der Griechen; HERZ, Herrscherverehrung 238, schlägt vor, diese Gliederung auch auf andere Feste zu übertragen.

[359] Der griechische Begriff κυνήγια bedeutet *hunt* oder *chase*, das im Deutschen mit *Jagd* bzw. *Hetze* übersetzt wird. Vgl. dazu LIDDELL, SCOTT und JONES, A Greek-English Lexicon, s. v. κυνήγια.

[360] Einen sehr ausführlichen und gut recherchierten Exkurs mit zahlreichem Quellenmaterial zum Begriff Stephanos im Zusammenhang mit der Figur Alexander in den Paulus- und Theklaakten bietet ESCH-WERMELING, Thekla 123–130. Auf diese Ausführung stützt sich obige Zusammenfassung.

Figur Caesars verziert sei. Eine auf diese Weise ausgeschmückte Krone kann als Zeichen eines Priesters, der zum Kaiserkult gehört, dienen.[361]

Diese „Büstenkrone [kommt] ausschließlich im agonalen Kontext"[362] vor und kann nicht nur als Zeichen für den Priesterstand gesehen werden, sondern auch anderen, vor allem Agonotheten (ἀγωνοθέτης),[363] die für die Ausführung und Ausrichtung von Tierhetzen verantwortlich waren, zugesprochen werden.

Vor diesem Hintergrund kann die Figur Alexander als Agonothet gesehen werden, der für den Ablauf und die Durchführung der Festspiele und des Umzugs, die Opfergaben und die Preisverteilung zuständig ist; in dieser Funktion kann er auch als Kampfrichter auftreten. Als Geldgeber für die Spiele kommt einem Agonotheten zudem große Ehre zu.[364]

Die Erzählung verdeutlicht durch kleine Hinweise, dass die Figur Alexander für die Organisation und Durchführung von Spielen in der Stadt zuständig ist. So lässt sie Thekla nach der Abweisung seiner Person vor den Statthalter führen. Dieser verurteilt sie zum Tierkampf, Alexander wiederum, in seiner Funktion als Manager, kümmert sich persönlich um alle Einzelheiten, wie der Text erwähnt, um die Abholung Theklas oder um die Bereitstellung der Tiere – auch seiner eigenen (vgl. Abschnitt 33).

bb) Charakterisierung der Figuren im Kontext Tiere

Beide Erzählteile erwähnen Tiere, die auf erzählerische Weise mit den Figuren in Verbindung gebracht werden und anhand derer die Figuren näher charakterisiert werden können. „Durch den Vergleich mit Tieren, deren Ähnlichkeit mit dem menschlichen Geschlecht auf triebhafter und emotionaler Ebene in der Antike *common sense* war, werden Menschentypen charakterisiert und bestimmte menschliche Verhaltensweisen oder Gefühle veranschaulicht."[365]

Die Figur Thekla selber erscheint zunächst passiv, an ihr wird gehandelt: Sie wird der Tryphäna entrissen (ἐκ χειρὸς Τρυφαίνης ληφθεῖσα 33), sie wird entkleidet (ἐξεδύθη 33), sie empfängt einen Schurz (ἔλαβεν διαζώστραν 33)

---

[361] Diese Zusammengehörigkeit weisen auch archäologische Funde auf, vgl. dazu ESCH-WERMELING, Thekla 124–125. Manche Handschriften zeigen Alexander durch die Erwähnung eines Kranzes mit der Caesardarstellung und des Titels Syriarch zudem als Kaiserpriester.

[362] RUMSCHEID, Kranz 24.

[363] Vgl. dazu LIDDELL, SCOTT und JONES, A Greek-English Lexicon, s. v. ἀγωνοθέτης. Der Begriff meint allgemein den *judge*, bezeichnet konkreter aber auch den *judge of the contests, president of the games* oder auch den *exhibitor of games*.

[364] Zur Aufgabe des Agonotheten vgl. ESCH-WERMELING, Thekla 127 Anm. 290.

[365] ESCH, Thekla und die Tiere 160, sowie SPITTLER, deren Monographie: Animals in the Apocryphal Acts of the Apostles für die folgenden Analysen herangezogen wird.

und wird in die Bahn gestoßen (ἐβλήθη εἰς τὸ στάδιον 33). Löwen und Bären werden auf sie losgelassen (λέοντες καὶ ἄρκοι ἐβλήθησαν ἐπ᾽ αὐτήν 33).

Bereits während des Umzugs mit den Tieren (28), an dem Thekla an eine Löwin gebunden wird, zeigt sich, wie sie mit dieser umgeht: Die Löwin leckt ihre Füße.

Inmitten des Tumultes beginnt Thekla zu beten (εἰσβάλλουσιν πολλὰ θηρία, ἑστώσης αὐτῆς καὶ ἐκτετακυίας τὰς χεῖρας καὶ προσευχομένης 34), sie erblickt hinter sich eine große Wassergrube, in die sie sich hineinstürzt. Es werden Robben (φώκη)[366] erwähnt, die in diesem Becken schwimmen und bei den Frauen, beim Volk und selbst beim Statthalter Besorgnis erregen.[367]

Die Erzählung macht zwar keine näheren Angaben über die Herkunft der Robben, erläutert aber genauer, wie sie durch ein Eingreifen von oben getötet werden: Allein der Anblick eines „Blitzes" (πυρὸς ἀστραπῆς φέγγος ἰδοῦσαι 34) lässt sie umkommen und tot an der Wasseroberfläche schwimmen (νεκραὶ ἐπέπλευσαν 34).

---

[366] Vgl. dazu die Übersetzungen in LIDDELL, SCOTT und JONES, A Greek-English Lexicon, s. v. φώκη, *seal*.

[367] SCHNEIDER, Robben, wie auch SPITTLER, Animals 181, geben einen sehr hilfreichen Überblick, der eine nähere Einordnung dieser Tiere ermöglicht. Folgende Komponenten sind genannt: Die Tiere werden in mythologischen Texten der Antike negativ bewertet. Homer beispielsweise zeichnet ein solches Bild der Robben in seiner Odyssee: Sie gelten als Ungeheuer des Meeres, denen Getötete zum Fraß vorgeworfen werden, so ESCH, Thekla und die Tiere 165. Homer verwendet für diese Art von Tieren im vierten Buch der Odyssee mehrfach den griechischen Ausdruck κῆτος, der einen großen Fisch oder ein Seemonster bezeichnet; vgl. LIDDELL, SCOTT und JONES, A Greek-English Lexicon, s. v. κῆτος: *any sea-monster* or *huge fish* (Hom. Od. IV, 363–572 [443]: τίς γάρ κ᾽ εἰναλίῳ παρὰ κήτεϊ κοιμηθείη;). Im 15. Buch findeet sich dagegen das griechische Wort φώκη, was Robbe/Seehund meint; dieses Tier tritt aber in diesem Kontext auch negativ in Erscheinung: Es frisst getötete Menschen (Hom. Od. XV, 478–480: τὴν μὲν ἔπειτα γυναῖκα βάλ᾽ Ἄρτεμις ἰοχέαιρα, ἄντλῳ δ᾽ ἐνδούπησε πεσοῦσ᾽ ὡς εἰναλίη κήξ. καὶ τὴν μὲν φώκῃσι καὶ ἰχθύσι κύρμα γενέσθαι ἔκβαλον· αὐτὰρ ἐγὼ λιπόμην ἀκαχήμενος ἦτορ᾽). Plinius erwähnt eine weitere in diesem Zusammenhang hilfreiche Komponente: Das Fell von Robben schütze neben dem eines Adlers vor Blitzen, siehe Plin. nat. II, 146. In der Theklaerzählung werden die Tiere gerade durch Blitze getötet. So wird die Macht der Tiere außer Kraft gesetzt und Thekla durch Gott gerettet, eine Stelle, die die Episode „perfectly ironic" darstelle, so SPITTLER, Animals 181.

Die Erwähnung von Bären in der Theklaerzählung führt wiederum einen Schritt weiter: Robben sind aus Zirkusspielen in Rom auch als gefährliche Tiere bekannt, die mit Bären kämpfen, siehe SCHNEIDER, Thekla 53, der auf die Schrift Oppians über den Fischfang, halieutica V, 38–40 hinweist, wo eine „Feindschaft zwischen Robben und Bären" belegt ist. SCHNEIDERs Fazit, das zudem von der Tatsache geleitet ist, dass in der Septuaginta das Wort für den Fisch, der Jona verschlingt, und für den Leviathan verwendet wird, lautet, dass ein Verfasser der Paulus- und Theklaakten zwar um die Tiere wisse und von ihnen im Zusammenhang von Kämpfen in der Arena gehört, aber nie welche gesehen habe – dies scheint sehr plausibel (vgl. SCHNEIDER, Robben 55–57).

Thekla kommt in mehrfacher Weise Hilfe von oben zu, in Form eines „Blitzes", der nur die Tiere im Becken trifft und sterben lässt, als auch in Form einer „Wolke von Feuer" (ἦν περὶ αὐτὴν νεφέλη πυρός), die sie für die Tiere unzugänglich macht und auch ihre Nacktheit bedeckt.

Nach diesen Ausführungen um das Geschehen im Wasser knüpft die Erzählung inhaltlich wie stilistisch an Abschnitt 33 an: Inhaltlich, indem ein weiteres Mal Tiere hereingeholt werden, stilistisch, indem die Wortwahl, die getroffen wird, um dieses Geschehen zu beschreiben, ähnlich ist:

34 [...] εἰσβάλλουσιν πολλὰ θηρία
35 [...] ἄλλων θηρίων βαλλομένων

Die Situation spitzt sich zu, die Gegenseite versucht ein weiteres Mal, mit noch stärkeren Mitteln, die Tiere gegen Thekla aufzuhetzen. Thekla wird zwischen die Stiere gebunden, diese werden noch zusätzlich angereizt (καὶ ὑπὸ τὰ ἀναγκαῖα αὐτῶν πεπυρωμένα σίδηρα ὑπέθηκαν, ἵνα πλείονα ταραχθέντες ἀποκτείνωσιν αὐτήν 35). Wiederum erfährt Thekla Hilfe von der „ringsum lodernde[n] Flamme" (ἡ δὲ περικαιομένη φλόξ 35), die sie selbst vor diesen Tieren beschützt, indem sie die Stricke durchbrennt. Auch in dieser gefährlichen Situation erweist sich die Thekla zu Hilfe kommende Macht als stärker.

Die verschiedenen auftretenden Tiere können nun mittels Informationen, die ihre Bedeutung in der antiken Welt näher erläutern, besser eingeordnet bzw. in einem weiteren Schritt den einander gegenüberstehenden Seiten zugeordnet werden.

(1) Λέων

Der „Löwe" tritt in antiken Werken häufig auf. In biblischer, frühchristlicher wie profan-klassischer Literatur gilt er sowohl als Symbol für Kraft und Herrschaft, wird aber auch als bedrohliches Tier eingeordnet.[368]

Alttestamentliche Texte beschreiben ihn als starkes Tier, das den Menschen Angst einjagt (vgl. Ps 104,21), aber auch von ihm bezwungen werden kann, wie etwa 1Sam 17,34 zeigt, wo von David die Rede ist, der einen die Schafherde bedrohenden Löwen tötet. Wie sehr er in der antiken Welt als Tier mit Macht fungiert, zeigt, dass selbst JHWH mit einem Löwen im Kampf für sein Volk verglichen wird (vgl. bspw. Jes 31,4). Wie sehr der Löwe als gefürchtet und zügellos angesehen wird, verdeutlich die Verwendung des folgenden Bildes für die zukünftige Zeit des messianischen Reiches, das den Löwen, der auf friedvolle Weise zusammen mit Schafen weidet und sich von Stroh ernährt, beschreibt (Jes 11,1–16 [6–7]).

Im Neuen Testament taucht λέων im Zusammenhang von Bildern und Vergleichen auf: Der Löwe gilt dabei jeweils als ein Tier, das mit Respekt

---

[368] HÜNEMÖRDER, „Löwe" 390–393.

betrachtet wird, da es beispielsweise laut brüllt (vgl. Offb 10,3: Ein Engel brüllt so laut wie ein Löwe), oder als eines der vier Wesen um den Thron Gottes (Offb 4,7 [bzw. Ez 1,10]). Die Verwendung des Tieres als Symbol, das für Gut und Böse stehen kann, verdeutlicht 1Petr 5,8, wo der Teufel mit einem brüllenden Löwen verglichen wird, bzw. Offb 5,5 wo von Christus als dem „Löwen aus dem Stamme Juda" die Rede ist.[369]

Dieses ambivalente Bild zeigt sich auch in klassischen Texten der Antike.[370] Der Physiologus, eine anonyme, vielfältige Sammlung von Geschichten über die Natur und deren Wesen, stellt die „wichtigste Schrift geistlich-typologischer Naturerklärung, in der zahlreiche, zum Teil in der Bibel vorkommende Tiere sowie einige Pflanzen [...] und Steine [...] naturtypologisch auf Gott, Christus, Teufel, Taufe, Auferstehung usw. gedeutet werden",[371] dar. Die Ausführungen beginnen mit dem Löwen. Es werden drei Eigenheiten des Tieres zunächst erläutert und dann übertragen: Erstens verwischt es seine Spuren, damit der Jäger keine Verfolgung aufnehmen kann, so wie Christus sein Gottsein verbarg – ein Merkmal, das in der bekannten antiken Literatur so nicht erwähnt wird. Zweitens schläft er in der Höhle, doch dabei sind seine Augen wach, wovon auch Plutarch in den Quaestiones convivales IV, 5,2 schreibt. Diese Aussage bezieht der Verfasser auf das Hohelied (Hld 5,2): „Ich schlafe, doch mein Herz wacht." Als drittes Merkmal schreibt der Text, der Löwe bringt seine Jungen tot zur Welt und umsorgt sie, bis sie am dritten Tag wieder zum Leben erwachen. Ein Bezug findet sich laut dem Verfasser des Physiologus unter anderem im Neuen Testament: Gott erweckt seinen Sohn am dritten Tag.[372]

Aristoteles beschreibt ihn als tapferes, edles und starkes Tier mit Reißzähnen (hist. an. I, 1488b17; II, 1501a16), Homer verwendet den Löwen in „allen Lagen, die denen eines Kriegers ähneln" (Il. V, 782).[373] Als starke und kämpfende Tiere werden sie im Stadion gegen andere Tiere und auch gegen Gladiatoren eingesetzt (vgl. Plin. nat. VIII, 53).

Zahlreiche Texte berichten von Löwen und Menschen und deren Verhalten zueinander. Darunter finden sich Erzählungen, die ein Zusammenleben eines Menschen mit dem Tier schildern, wie beispielsweise die Fabel über Androclus und den Löwen, wie sie Aulus Gellius, von Apion übernommen, schildert: Das Tier und der Mensch leben in einer Höhle zusammen, der Löwe

---

[369] Vgl. BIETENHARD, „λέων" 1714–1715.

[370] SPITTLER, Animals, gibt eine Übersicht der klassischen Texte und deren Verwendung des Motivs Löwe. Daran angelehnt und mit weiteren Beispielen versehen werden Texte ausgewählt, welche die verschiedenen Motive aufzeigen und helfen, das Tier Löwe in die antike Welt einzuordnen.

[371] ALPERS, Physiologus 596.

[372] Siehe die Anmerkungen von SCHÖNBERGER zum Löwen im Physiologus 107–108.

[373] HÜNEMÖRDER, „Löwe" 392.

versorgt beide mit Nahrung, Androclus pflegt den Löwen.[374] Der lateinische Dichter Martial berichtet in acht Epigrammen von „various impressive and unusual occurances involving lions",[375] darunter von einer Frau, die einen Löwen tötet (spect. 6), oder von Löwen, die sich davor scheuen, Schwächere anzugreifen (epigr. 104). Eine Differenzierung im Umgang von Löwen mit Frauen und Männern ist deutlich erkennbar: Plinius berichtet von Löwen, die nur Männer angreifen (nat. VIII, 48), oder von Löwen, die die menschliche Sprache verstehen, insbesondere die von Frauen (nat. III, 1); dazu ist auffällig, dass eine Löwin in der Antike häufig auch als Attribut weiblicher Gottheiten verwendet wird. Generell ist es in romanhafter antiker Literatur auch keine Besonderheit, wenn Tiere menschliche Züge erhalten und Menschen verstehen.

In dieses differenzierte Bild soll die Erzählung um Thekla und dieses Tier eingeordnet werden: Eine Löwin,[376] mit dem Attribut „wild" (πικρός 33)[377] bezeichnet, handelt scheinbar entgegen ihrer Charakterisierung durch den Erzähler: Die laufende Löwin legt sich, wider Erwarten, Thekla zu Füßen und beschützt sie vor anderen Tieren, vor Bärin und Löwe. In zweifacher Weise verschärft die Erzählung die Situation, indem diesem Löwen besondere Attribute zugeschrieben werden: Der Löwe ist „auf Menschen abgerichtet" und gehört sogar Alexander, der die Anklage verursacht hatte, selbst (λέων δεδιδαγμένος ἐπ' ἀνθρώπους ὃς ἦν Ἀλεξάνδρου 33). Dieser veranlasst, dass ein weiteres Mal Tiere geholt werden. Es sind „Stiere", die neben den Löwen ihm selber gehören und die er selber als „sehr wild" beschreibt (Ταύρους ἔχω λίαν φοβερούς 35).

---

[374] Vgl. Aulus Gellius, noct. Att. 147–150.

[375] Spittler, Animals 175.

[376] Die Löwin wird im Griechischen mit der Wendung καὶ πικρὰ λέαινα eingeführt. Diese allgemeine Angabe lässt die Annahme zu, dass neben der Löwin, die bereits wenige Abschnitte vorher auftritt, hier ein weiteres und anderes Tier gemeint ist, so auch Esch, Thekla und die Tiere 170. Die an beiden Stellen gebrauchte Bezeichnung καὶ πικρὰ λέαινα wie auch das Verhalten zu Thekla – beide Male steht ihr die Löwin wider Erwarten bei – zeichnen die beiden Tiere so ähnlich, dass man auch von ein und demselben Tier ausgehen könnte.

[377] Das Adjektiv πικρός bedeutet zunächst allgemein *pointed, sharp, keen*. Diese Bedeutungen können auf die Sinne wie im übertragenen Sinn auf Dinge und Personen bezogen verstanden werden. Im Deutschen bietet sich im letzteren Verständnis eine Übersetzung mit *grausam* oder *widerwärtig* an, vgl. dazu Liddell, Scott und Jones, A Greek-English Lexicon, s. v. πικρός. In neutestamentlichen Texten ist der Begriff einige Male belegt, die Bedeutung kann in zwei große Bereiche eingeteilt werden: Der Kontext des Begriffs legt entweder eine Übersetzung im eben erläuterten Verständnis nahe (bspw. Kol 3,19: Οἱ ἄνδρες, ἀγαπᾶτε τὰς γυναῖκας καὶ μὴ πικραίνεσθε πρὸς αὐτάς) oder eine Wiedergabe mit dem Wort *bitter*. In diesen Fällen steht jeweils ein Gegensatz zu einem Ausdruck, der *süß* oder *lieblich* meint, beispielsweise Jak 3,11: μήτι ἡ πηγὴ ἐκ τῆς αὐτῆς ὀπῆς βρύει τὸ γλυκὺ καὶ τὸ πικρόν;

(2) Ταῦρος

Stiere werden in der antiken Welt sehr häufig mit folgenden zwei Merkmalen verbunden: Sie gelten als Tiere, die für Macht und Gewalt stehen. Gottheiten werden häufig mit diesen Tieren in Verbindung gebracht oder nehmen deren Gestalt an.[378] So verwandelt sich der höchste Gott Iuppiter in einen Stier, woraufhin sich die vom ihm verehrte Europa ihm annähert und er sie in Gestalt dieses überaus mächtigen Tieres entführen kann (vgl. bspw. Ov. met. II, 833–875: ausa est quoque regia virgo nescia, quem premeret, tergo considere tauri 865); oder Poseidon, der Gott des Meeres, schickt einen Stier aus dem Wasser, um einen Gegner, Hippolytos, zu töten, wie Euripides überliefert (Hipp. 1213–1329).

Eine zweite Linie zeigt, dass Stiere oft im Zusammenhang mit Sexualität erwähnt werden. Sie werden auch als „Inkulturation sexueller Potenz"[379] gedeutet. Der Mithraskult nimmt interessanterweise auch dieses Verständnis auf, geht aber vielmehr noch in eine Deutungsrichtung, die die Tötung eines Stiers mit dem Entstehen von neuem Leben verbindet. Die Tötung ist eine Heilstat und aus dem Blut und Samen des Tieres entsteht neues Leben. Dieses wiederum kann Rettung für die Eingeweihten bedeuten.[380]

Die Angaben des Verfassers über die Stiere, die der Figur Alexander gehören, erzählen eine *substory* zur eigentlichen: Die Stiere spiegeln Alexander und dessen Verhalten, sie „dienen als Projektionsfläche seiner *animalischen* Intention". Wenn die Erzählung Tiere dieser Art auftreten lässt, werden die Macht und Überlegenheit Alexanders, die ihm aufgrund seines Standes zukommen, die aber auf der Straße im Werben um Thekla gescheitert sind, nun doppelt betont und wird zugleich auf narrative Weise seine „(sexuelle) Macht mithilfe der Löwen und Stiere [potenziert]"[381] und letztlich als machtlos gegen Thekla und die Tiere, die auf deren Seite stehen, dargestellt.

Durch die Löwin ereignet sich eine große und entscheidende Wendung: Das Tier übernimmt die Funktion Tryphänas und beschützt Thekla. Sie nimmt sogar den tödlichen Kampf gegen einen Löwen auf. Dass die Erzählung ausdrücklich von einem weiblichen Tier spricht, kann auch zur Annahme führen, dass das Symbol der Macht, des Schutzes und des Sieges Thekla nicht nur zur Seite gestellt wird, sondern Thekla selbst für das Tier stehe.[382]

---

[378] Vgl. RAEPSAET, „Rind IV" 1019, und JAMESON, „Rind III" 1015–1017.

[379] NISSEN und RENGER, „Rind II" 1014.

[380] In GIEBEL, Tiere 45, findet sich ein Bild, das die Stiertötung des Mithras zeigt: Aus den verschiedenen Körperöffnungen des Stieres kommt neues Leben hervor, beispielsweise aus dem Schweif Ähren, aus der Halswunde Trauben. Zur genauen Erklärung des Kultes siehe ebd. 44–47.

[381] ESCH, Thekla und die Tiere 168–169.

[382] Wiederum sind Aussagen über das Martyrium der Perpetua ein Vergleichspunkt: Perpetua wird wie Thekla auch mit weiblichen Tieren in den Kampf geschickt: Auf Per-

Die Löwin steht auf der Seite der Figur Thekla, der Löwe gehört Alexander. Die Löwin greift den Löwen, das Tier Alexanders, an, so wie dieser es bei Thekla getan hat.[383] Die Konstellation auf der Ebene der Figuren Thekla und Alexander wird nun auf die Tiere übertragen. Nicht mehr Menschen stehen einander gegenüber, sondern Tiere übernehmen diese Rolle.[384] Der Verfasser zeigt sich also vertraut mit der Sicht auf Tiere und den Konnotationen,[385] die ein antiker Leser haben kann, und es gelingt ihm, durch die Einfügung zahlreicher Tiergestalten in die Erzählung Figuren zu charakterisieren und Figurenkonstellationen zu beschreiben.

Mittels dieser Tiergestalten und deren Bedeutung in der antiken Welt ergibt sich im Bezug auf Thekla und ihren Glauben nochmals eine Wende: Der Text spielt mit den Themen Sexualität und Macht, indem er Tiere damit in Verbindung bringt. Thekla, die ihren Verlobten verlassen hat, ist bereits so weit in die neue Welt eingetreten, dass sie der weltlichen Macht überlegen ist und den Verführungen, für die die Tiere stehen können, scheinbar leicht widerstehen kann.

cc) Elemente zur Charakterisierung der Figur Statthalter

Der Statthalter kann aufgrund seines Verhaltens im Verlauf der Kämpfe näher eingeordnet werden: Er wird seiner Aufgabe nicht eigenständig gerecht und lässt Alexander gewähren. Dieser informiert ihn, er antwortet mit der Aussage: „Tue, was du willst" (Ποίει ὃ θέλεις 35).

Die Figur nimmt wiederum eine Rolle ein, die sie als zurückhaltenden Charakter klassifiziert: Alle Leitung wird an Alexander abgegeben.

dd) Elemente zur Charakterisierung der Figur Tryphäna

Die Figur Tryphäna gibt den entscheidenden Anlass, der die Handlung an der Oberfläche wendet. Tryphäna fällt beim Anblick Theklas und der Tiere in Ohnmacht. Alexander und der Statthalter werden davon durch den Ausruf der

---

petua und die mit ihr verurteilten Frauen wird eine „sehr wilde Kuh" losgelassen (Puellis autem ferocissimam uaccam ideoque praeter consuetudinem conparatam diabolus praeparauit, sexui earum etiam de bestia aemulatus 20). Thekla wird mit einer Bärin und einer Löwin konfrontiert. Perpetua wie Thekla überleben den Kampf mit den weiblichen Tieren. Perpetua wird dann mit einem Todesstoß umgebracht (ceteri quidem inmobiles et cum silentio ferrum receperunt […]. Perpetua autem, ut aliquid doloris gustaret, inter ossa conpuncta exululauit, et errantem dexteram tirunculi gladiatoris ipsa in iugulum suum transpulit 21).

[383] Vgl. ESCH, Thekla und die Tiere 167.

[384] Vgl. auch SPITTLER, Animals 176.

[385] SPITTLER, Animals 188: „The comparison of both Christian episodes with contemporary lion literature reveals an author who is well versed in the popular anecdotes of his day, but also one who knows how to create some popularity for his own composition."

Dienerinnen, die dies als Tod deuten (Ἀπέθανεν ἡ βασίλισσα Τρύφαινα 36), informiert. Nicht aus Überzeugung, sondern aus Angst, für den Tod der Tryphäna zur Verantwortung gezogen zu werden – Tryphäna ist eine Königin und hat Verbindungen zum Kaiser –, bittet Alexander den Statthalter, Thekla um seinet- und der Stadt willen freizulassen (Ἐλέησον κἀμὲ καὶ τὴν πόλιν, καὶ ἀπόλυσον τὴν θηριομάχον [...] 36).[386]

Der Ohnmachtsanfall der Königin dramatisiert das Geschehen und erzeugt Spannung. Die Erzählung zeigt durch diese Handlungsabläufe, dass Figuren entsprechend ihrer Funktion im Text insgesamt handeln. Eine Königin dürfte genügend Macht und Einfluss haben, mit dem Statthalter zu kooperieren. Narrativ stehen jedoch nicht logische Abläufe im Vordergrund, sondern das Agieren der Seite entsprechend, auf der eine Figur steht oder mit der sie sympathisiert.

Für den Leser kann der Ohnmachtsanfall der Königin ein subtiler Hinweis darauf sein, dass sich in ihr etwas verändert. Er könnte somit als ein Element, das die beginnende Konversion Tryphänas zeigt, gedeutet werden.[387]

ee) Elemente zur Charakterisierung der Figur Thekla

Inmitten der Ereignisse in der Arena wird der Plot an einem spannenden Punkt – beim Hereinlassen der Tiere (Τότε εἰσβάλλουσιν πολλὰ θηρία 34) – durch folgende Szene unterbrochen: Thekla breitet die Hände aus, betet und erblickt eine Wassergrube (vgl. 34). Der in diesem Zusammenhang geschilderte Taufvorgang gibt nähere Informationen zur Figur Thekla. Die Analyse konzentriert sich daher folgend auf Elemente, die den Taufvorgang ausmachen, sowie auf Begrifflichkeiten, welche die Erzählung diesbezüglich gebraucht. Dadurch kann der Taufvorgang in den Kontext von Tauftraditionen des zweiten Jahrhunderts eingeordnet werden.

(1) Der Taufvorgang (34)

Die Erzählung stellt die Figur Thekla in den Mittelpunkt des Geschehens. Dies zeigt sich durch den im Vergleich zur vorherigen Erzählschilderung dichten Gebrauch von aktiven Verben, die ihr Tun beschreiben: Während Tiere in die Arena geführt werden, „steht" Thekla da (ἵστημι), „breitet" die

---

[386] Diese Aussage erinnert an Joh 11,50, so PERVO, Acts of Paul 173: „The narrator is evidently playing with such passages as John 11:48 [11:50 korr. V.N.]; Mark 12:8. In this case it is better that one condemned prisoner live than that the whole city perish."

[387] Vgl. in diesem Zusammenhang Schilderungen der Johannesakten, die auch Totenerweckungen mit Konversion in Verbindung bringen, beispielsweise die Erzählung über Kleopatra und Lykomedes beim ersten Aufenthalt des Apostels in Ephesus (ActJoh 19–25).

Hände aus (ἐκτείνω) und „betet" (προσεύχομαι). Anschließend „wendet sie sich" (στρέφω) und „sieht" (ὁράω) eine Grube.

Indem sich Thekla in das Wasser stürzt und dazu spricht, tauft sie sich selbst. Der Taufvorgang ist somit eine eigenständige Tat. Die Worte enthalten Elemente von Taufformeln: Sie bittet um die σφραγίς, möchte sich „waschen" (λούω) und „tauft sich" (βαπτίζομαι) schließlich „auf den Namen Christi" am „letzten Tag". Es wird eine Selbsttaufe vollzogen (βαπτίζομαι), die im griechischen Text durch die Verwendung der ersten Person Singular Medium ausgedrückt wird. Dadurch wird auch auf der Ebene der Sprache eine besonders aktive Teilhabe der Figur Thekla am Geschehen kenntlich gemacht.[388]

Vor der eigentlichen Taufe findet ein Gebet statt, während dessen Thekla die Hände ausgestreckt hält (ἐκτετακυίας τὰς χεῖρας). Nach Beendigung erweckt der Anblick einer Grube voll mit Wasser den Gedanken an die Taufe: Νῦν καιρὸς λούσασθαί με, erst jetzt ist der Kairos, der richtige Zeitpunkt, sich zu „waschen".

Ein erster zentraler Punkt, der dem Gebet folgt und der dem eigentlichen Taufvorgang unmittelbar vorausgeht, ist die Änderung der lokalen Ausrichtung Theklas: Sie wendet sich um. Dieser scheinbar nebensächliche Hinweis gewinnt mit einem Blick auf die begriffsgeschichtliche Verwendung des Verbs, das der Verfasser dafür gebraucht, an Bedeutung.

(2) Ἐπιστρέφω

Ἐπιστρέφω bedeutet in einem allgemein profanen Kontext *umwenden, sich zurückwenden, sich abkehren.* Damit wird eine generelle zielgerichtete Bewegung zum Ausdruck gebracht. In der Septuaginta wird das Verb auch theologisch verstanden angewandt und meint in dieser Hinsicht *bekehren, sich bekehren.* Neutestamentliche Texte belegen einen profanen wie theologischen Gebrauch. Für das Verb στρέφω in der theologischen Deutung gibt es eine Belegstelle im Matthäusevangelium, wenn Jesus die um Ansehen und Rang streitenden Jünger auffordert, umzukehren und wie Kinder zu werden (καὶ εἶπεν· ἀμὴν λέγω ὑμῖν, ἐὰν μὴ στραφῆτε καὶ γένησθε ὡς τὰ παιδία, οὐ μὴ εἰσέλθητε εἰς τὴν βασιλείαν τῶν οὐρανῶν Mt 18,3).[389] Ein besonderes Beispiel für die Verwendung von στρέφω ist die Szene in Joh 20,11–18, die die Offenbarung des Auferstandenen vor Maria von Magdala beschreibt. Diese steht am Grab und weint, weil Jesus weggenommen wurde. Zwei Engel sprechen sie darauf an und sie beschreibt den Grund ihrer Trauer. Daraufhin heißt es über sie: „Als sie das gesagt hatte, drehte sie sich nach hinten um und sah Jesus dastehen, wusste aber nicht, dass es Jesus war" (Ταῦτα εἰποῦσα ἐστράφη εἰς

---

[388] Das Genus verbi Medium hebt die besondere Beteiligung des Subjekts an einem Vorgang hervor, der entweder an diesem selbst oder in dessen Interesse ausgeführt wird; vgl. LEGGEWIE, Ars Graeca 72.

[389] Vgl. LAUBACH und GOETZMANN, „ἐπιστρέφω" 230–232.

τὰ ὀπίσω καὶ θεωρεῖ τὸν Ἰησοῦν ἑστῶτα καὶ οὐκ ᾔδει ὅτι Ἰησοῦς ἐστιν Joh 20,14). In Joh 20,16 wird dann erzählt, dass Maria eine weitere Wendung vollzieht (λέγει αὐτῇ Ἰησοῦς· Μαριάμ. στραφεῖσα ἐκείνη λέγει αὐτῷ Ἑβραϊστί· ῥαββουνι): Erst als Jesus sie dann mit ihrem hebräischen Namen, Mirjam, anredet, dreht sie sich wieder um, erkennt ihn, und sie redet ihn mit Rabbuni an. Der Text zeigt so eine Wende Marias auf, die in zwei Schritten geschieht und auf zweifache Weise verstanden werden kann. Maria wendet sich zweimal körperlich, vollzieht aber auch eine andere Wendung, die innerlich geschieht. Beide Male spielt der Text mit dem griechischen Verb στρέφω. Der Vers Joh 20,14 zeigt eine Wendung auf, die zwar äußerlich, nicht jedoch innerlich vollzogen ist: Maria wendet sich um, erkennt aber Jesus noch nicht. Erst mit der zweiten äußerlichen Wende folgt auch ein Erkennen Jesu. Der Text kann durch den Gebrauch von στρέφω eine Begegnung zwischen Maria und Jesus beschreiben, die sie Jesus, den Auferstandenen, erkennen lässt.

Die Theklaerzählung gebraucht das Verb στρέφω im Kontext einer Taufhandlung. Dass der Verfasser dadurch den Gedanken an eine „Umkehr" Theklas einräumt, ist durchaus möglich.

In den gesamten Paulus- und Theklaakten werden verschiedene Verben gebraucht, die den Taufvorgang benennen, βαπτίζω (34) und λούω (34.40). Eine begriffsgeschichtliche Analyse stellt zunächst die jeweiligen Bedeutungen der beiden Ausdrücke im Kontext von Texten dar und zeigt Veränderungen im Verständnis dieser auf.

(3) Βαπτίζω

Das Verb βαπτίζω[390] ist ein Intensivum von βάπτω, das in neutestamentlicher Zeit (das meist vollständige) *untertauchen, eintauchen, eintunken, färben* bedeutet. Der Ausdruck wird im christlichen (vgl. z.B. Lk 16,24; Joh 13,26) wie auch profanen Sprachgebrauch verwendet. Tatsächlich wird das Verb im Neuen Testament viermal in der Bedeutung *eintauchen* gebraucht. Βαπτίζω hat sehr ähnliche Bedeutungen – *eintauchen, versenken, versinken, ertrinken, untergehen* –, im Unterschied zu βάπτω lässt sich der Ausdruck im profanen Gebrauch nicht nachweisen. Das Verb bzw. das Substantiv βάπτισμα ist nur aus neutestamentlicher und kirchlicher Zeit bekannt und steht vorrangig für den Ritus der Taufe von Johannes, wie zahlreiche Belege innerhalb der Evangelienliteratur zeigen (bspw. Mk 1,4, wo die Taufe des Johannes mit βάπτισμα bezeichnet wird: ἐγένετο Ἰωάννης [ὁ] βαπτίζων ἐν τῇ ἐρήμῳ καὶ κηρύσσων βάπτισμα μετανοίας εἰς ἄφεσιν ἁμαρτιῶν). In der Apostelgeschichte ist es auch Terminus für die christliche Taufe allgemein (bspw. Apg 2,38, wenn Petrus die Nachfolge Jesu mit Umkehr und Taufe auf den Namen Jesu erklärt: Πέτρος δὲ πρὸς αὐτούς· μετανοήσατε, [φησίν,] καὶ βαπτισθήτω ἕκαστος

---

[390] Vgl. dazu BEASLEY-MURRAY, „βαπτίζω" 1693–1702.

ὑμῶν ἐπὶ τῷ ὀνόματι Ἰησοῦ Χριστοῦ εἰς ἄφεσιν τῶν ἁμαρτιῶν ὑμῶν καὶ λήμψεσθε τὴν δωρεὰν τοῦ ἁγίου πνεύματος). In neutestamentlicher Briefliteratur ist es ein Terminus für die christliche Taufe, wie z.B. Röm 6,4 zeigt: An dieser Stelle wird βάπτισμα für die Taufe bzw. die Getauften gebraucht (συνετάφημεν οὖν αὐτῷ διὰ τοῦ βαπτίσματος εἰς τὸν θάνατον, ἵνα ὥσπερ ἠγέρθη Χριστὸς ἐκ νεκρῶν διὰ τῆς δόξης τοῦ πατρός, οὕτως καὶ ἡμεῖς ἐν καινότητι ζωῆς περιπατήσωμεν).

(4) Λούω

Im hellenistischen Gebrauch steht der Ausdruck allgemein für Waschungen von Körperteilen wie auch für solche, die mit Ritualen in Verbindung stehen. In der Septuaginta ist das Verb sehr häufig und wird allermeist im Kontext von Waschungen, die mit religiösen Ritualen in Verbindung stehen, verwendet. Im selben Zusammenhang wird auch νίπτω gebraucht, vgl. beispielsweise Ex 30,18–19, wenn im Zuge der Erwähnung von Kultvorschriften das Waschen der Hände in einem Gefäß mit Wasser, das vor dem Offenbarungszelt aufgestellt werden soll, angewiesen wird: ποίησον λουτῆρα χαλκοῦν καὶ βάσιν αὐτῷ χαλκῆν ὥστε νίπτεσθαι καὶ θήσεις αὐτὸν ἀνὰ μέσον τῆς σκηνῆς τοῦ μαρτυρίου καὶ ἀνὰ μέσον τοῦ θυσιαστηρίου καὶ ἐκχεεῖς εἰς αὐτὸν ὕδωρ. καὶ νίψεται Ααρων καὶ οἱ υἱοὶ αὐτοῦ ἐξ αὐτοῦ τὰς χεῖρας καὶ τοὺς πόδας ὕδατι.

Im Neuen Testament wird λούω nur selten verwendet. In Apg 16,33 findet sich eine profane Bedeutung, die das *Säubern* von Striemen meint, in Joh 13,10 drückt es das Waschen zum Zweck der Reinigung aus. Hier wird durch den Gebrauch von zwei unterschiedlichen Verben deutlich zwischen dem *Waschen* des ganzen Körpers, mit λούω zum Ausdruck gebracht, und dem bloßen *Saubermachen* von einzelnen Körperteilen unterschieden, das mit νίπτω beschrieben wird: λέγει αὐτῷ ὁ Ἰησοῦς· ὁ λελουμένος οὐκ ἔχει χρείαν εἰ μὴ τοὺς πόδας νίψασθαι, ἀλλ' ἔστιν καθαρὸς ὅλος· καὶ ὑμεῖς καθαροί ἐστε, ἀλλ' οὐχὶ πάντες. In wenigen weiteren Texten findet sich dann jeweils ein Gebrauch von λούω, der eine andere Bedeutungsebene jenseits der Säuberung oder der rituellen Reinigung hinzubringt: Apg 22,16 beispielsweise bezieht sich auf die Taufe, wenn Saulus von Hananias aufgefordert wird, er solle sich taufen und zugleich seine Sünden abwaschen lassen: καὶ νῦν τί μέλλεις; ἀναστὰς βάπτισαι καὶ ἀπόλουσαι τὰς ἁμαρτίας σου ἐπικαλεσάμενος τὸ ὄνομα αὐτοῦ. Als weiteres Beispiel gilt noch Hebr 10,22, ein Vers, der vom Leib der Christusanhänger, der mit reinem Wasser gewaschen ist, spricht (προσερχώμεθα μετὰ ἀληθινῆς καρδίας ἐν πληροφορίᾳ πίστεως ῥεραντισμένοι τὰς καρδίας ἀπὸ συνειδήσεως πονηρᾶς καὶ λελουσμένοι τὸ σῶμα ὕδατι καθαρῷ).[391] Das Substantiv λουτρόν tritt im Neuen Testament zweimal (Tit 3,5 und Eph 5,26) im Zusammenhang mit der Taufthematik auf; es bezeichnet nicht

---

[391] BEASLEY-MURRAY, „λούω" 1702–1705.

den Ort, sondern die Waschung an sich, das Wasserbad heilige und reinige durch das Wort, so der Epheserbrief: ἵνα αὐτὴν ἁγιάσῃ καθαρίσας τῷ λουτρῷ τοῦ ὕδατος ἐν ῥήματι (Eph 5,26).

Die Untersuchung der Textbelege zeigt, dass der neutestamentliche Befund eine Bedeutungsöffnung des Begriffs aufweist: Λούω meint nicht mehr nur ein Säubern von Körperteilen oder das rituelle Abwaschen von diesen bzw. dem Körper aufgrund von religiösen Vorschriften, sondern auch *waschen* im Kontext der Taufe, die Christus verkündet hat. Somit wird das Verb λούω, das nicht mehr nur *waschen* oder *reinigen* meint, theologisch aufgeladen und bedeutungsvoll. Die Erzählung der Paulus- und Theklaakten gebraucht beide Ausdrücke, λούω und βαπτίζω, und auch deren Substantive βάπτισμα und λουτρόν. Die Ausdrücke stehen nebeneinander und scheinen austauschbar zu sein, da deren theologische Bedeutung einander gleicht: Sie bezeichnen das Taufgeschehen an sich, das als Waschung im Namen Christi geschieht, und beschreiben gleichzeitig den Vorgang. Eindeutig ist dies in Abschnitt 40 nochmals aufgezeigt: Thekla erklärt Paulus, sie habe das Bad genommen, und derjenige, der zusammen mit Paulus gewirkt habe, habe mitgewirkt, sie zu waschen: Christus. Als hilfreich für eine weitere Einordnung[392] erweist sich neben neutestamentlichen Texten die älteste erhaltene Schilderung einer Taufe, die in der Didache, einer Kirchenordnung aus dem zweiten Jahrhundert,[393] zu finden ist. Dieser Text berichtet über den praktischen Vollzug des Taufvorgangs:

---

[392] LÖHR, Kindertaufe 1531–1552, stützt sich in einem Beitrag über die Kindertaufe im frühen Christentum auch auf die Beobachtungen der christlichen Apokryphen. Die Zusammenstellung der Quellen gibt einen ersten Überblick über die breite Verwendung von Motiven und stellt eine hilfreiche Sammlung dar, die Hinweise auf die jeweils zugrundeliegenden Taufvorstellungen und -theologien ermöglicht. Verschiedene Elemente des Taufgeschehens, die Löhr in den gesichteten Texten besonders auffallen, sind Fasten, Sündenbekenntnis, Taufunterweisung, Taufwasser, trinitarische Taufformel. Für die Theklaakten sind es eine Taufe im bzw. auf den Namen Christi, ein Namenswechsel, Salbung und der Zusammenhang von Mahlfeier und Taufe. Löhr weist auch darauf hin, dass es zwar eine regelmäßige und geregelte Taufpraxis bereits im zweiten Jahrhundert gab, wie Didache (7) und Justin (1apol. 61,3) zeigen; wenn dies aus den neutestamentlichen Apokryphen nicht explizit bestätigt werde, mag es auf den „narrativen Charakter der Quellen und ihren Bezug auf die Gründungszeit des Christentums" zurückzuführen sein, so LÖHR, Kindertaufe 1539. Zum Zusammenhang der Initiationssakramente im zweiten und dritten Jahrhundert vgl. auch WEIDEMANN, Taufe und Taufeucharistie 1483–1529.

[393] Die Fragen zur Datierung wie auch zum Entstehungsort der Didache sind nicht eindeutig zu beantworten. Als wahrscheinlich gilt eine Abfassung zu Beginn des zweiten Jahrhunderts. Der einzige Anhaltspunkt, den der Text selber gibt, ist die Tatsache, dass Anordnungen, die bei der Wahl von Episkopen und Diakonen gemacht werden sollen, aufgeführt sind (Did 15). Der Entstehungsort des Textes ist unbekannt, oft wird Syrien oder Palästina angenommen; vgl. LINDEMANN und PAULSEN, Die Apostolischen Väter 1–2.

Did 7: ¹ Περὶ δὲ τοῦ βαπτίσματος, οὕτω βαπτίσατε· ταῦτα πάντα προειπόντες, βαπτίσατε εἰς τὸ ὄνομα τοῦ πατρὸς καὶ τοῦ υἱοῦ καὶ τοῦ ἁγίου πνεύματος ἐν ὕδατι ζῶντι. ² ἐὰν δὲ μὴ ἔχῃς ὕδωρ ζῶν, εἰς ἄλλο ὕδωρ βάπτισον· εἰ δ᾽ οὐ δύνασαι ἐν ψυχρῷ, ἐν θερμῷ. ³ ἐὰν δὲ ἀμφότερα μὴ ἔχῃς, ἔκχεον εἰς τὴν κεφαλὴν τρὶς ὕδωρ εἰς ὄνομα πατρὸς καὶ υἱοῦ καὶ ἁγίου πνεύματος. ⁴ πρὸ δὲ τοῦ βαπτίσματος προνηστευσάτω ὁ βαπτίζων καὶ ὁ βαπτιζόμενος καὶ εἴ τινες ἄλλοι δύνανται· κελεύεις δὲ νηστεῦσαι τὸν βαπτιζόμενον πρὸ μιᾶς ἢ δύο.

¹ Betreffs der Taufe aber: Tauft so: Nachdem ihr dies alles zuvor gesagt habt, tauft auf den Namen des Vaters und des Sohnes und des Heiligen Geistes mit lebendigem Wasser. ² Wenn du aber kein lebendiges Wasser hast, taufe in anderem Wasser. Wenn du aber nicht mit kaltem Wasser (taufen) kannst, (dann) mit warmem. ³ Wenn du aber beides nicht hast, dann gieße auf den Kopf dreimal Wasser auf den Namen des Vaters und des Sohnes und des Heiligen Geistes. ⁴ Vor der Taufe aber sollen der Täufer und der Täufling fasten und wenn möglich einige andere. Du befiehlst aber dem Täufling, vorher zu fasten einen oder zwei (Tage).³⁹⁴

Die Taufe besteht nach Didache 7 aus folgenden Elementen: Belehrung (Hinweis in 7,1 mit Verweis auf die vorhergehenden Kapitel), ein Fasten des Täufers, des Täuflings und anderer (7,4), einen Wasserritus, der durch Untertauchen, wenn möglich in lebendiges, das meint fließendes Wasser (7,1–2), mit trinitarischem Verständnis – auf den Namen des Vaters, des Sohnes und des Heiligen Geistes – erfolgt (7,3). Alle diese Elemente sind in der Theklaerzählung als ganzer enthalten:

Thekla wird durch die Worte belehrt, die sie von Paulus vernimmt, und fastet dabei, insofern dabei Nahrungsaufnahme zweitrangig wird. Ein Wasserritus mit Untertauchen erfolgt, sie tauft sich auf den Namen Jesu Christi; die trinitarische Entfaltung der Formel fehlt.

Die Schilderung des Taufvorgangs in den Paulus- und Theklaakten ist der Taufe, wie sie der älteste erhaltene Text, die Didache, vorgibt, sehr nahe. Als Kirchenordnung hat der Text den praktischen Vollzug des Taufvorgangs im Blick, wie schon die einleitenden Worte οὕτω βαπτίσατε (Did 7,1) zeigen, „enthält [aber] keine explizite ‚Theologie der Taufe‘".³⁹⁵

Hierfür ist ein Blick in einen weiteren Text aus dem zeitgeschichtlichen Umfeld der Paulus- und Theklaakten hilfreich: den Hirten des Hermas. Dieser wurde wahrscheinlich von einem Verfasser namens Hermas in der ersten Hälfte des zweiten Jahrhunderts in Rom geschrieben. Die Schrift besteht aus drei Teilen, fünf Visionen, zwölf Geboten und zehn Gleichnissen, die ein gewisser Hermas in Visionen empfängt. Verschiedene Personen, eine Presbyterin, ein Jüngling oder ein Hirt sprechen dabei zu ihm.³⁹⁶

---

³⁹⁴ Der griechische Text sowie die deutsche Übersetzung sind der Edition von LINDEMANN und PAULSEN, Die Apostolischen Väter, entnommen.

³⁹⁵ LINDEMANN, Sakramentale Praxis 10.

³⁹⁶ Zu den Einleitungsfragen vgl. LINDEMANN und PAULSEN, Die Apostolischen Väter 325–326.

Für die Paulus- und Theklaakten sind zwei Passagen besonders interessant, Gebot (mand.) 4,3,1 § 31 und Gleichnis (sim.) 9,16,4 § 95.

Ein Hirt erscheint Hermas und beauftragt ihn, Gebote und Gleichnisse aufzuschreiben. In diesem Zusammenhang fragt Hermas den Hirten:

> „Herr, ich habe von einigen Lehrern gehört, daß es keine Buße gebe als jene von damals, da wir ins Wasser hinabstiegen und Vergebung unserer früheren Sünden empfingen." (Ἤκουσα, φημί, κύριε, παρά τινων διδασκάλων, ὅτι ἑτέρα μετάνοια οὐκ ἔστιν εἰ μὴ ἐκείνη, ὅτε εἰς ὕδωρ κατέβημεν καὶ ἐλάβομεν ἄφεσιν ἁμαρτιῶν ἡμῶν τῶν τροτέρων [Herm. mand. 4,3,1 § 31].)[397]

In einem Gleichnis vom Turmbau, das den „Weg der Reinigung der Kirche bis zum Anbruch des Gottesreiches [...] schildert [...]",[398] stellt Hermas wiederum eine Rückfrage. Er möchte wissen, weshalb die im Gleichnis erwähnten Steine aus der Tiefe den Turm hinaufsteigen müssen, um letztlich darin verbaut zu werden. Hermas antwortet, diese können erst in das Reich Gottes eingehen, wenn sie aus dem Tod des vorherigen Lebens aufsteigen und das Siegel erhalten:

> „Wenn er [der Mensch] aber das Siegel erhält, dann tut er den Todeskeim ab und empfängt das Leben. Das Siegel ist das Wasser; in das Wasser nun steigen sie tot hinein und lebend heraus." (ὅταν δὲ λάβῃ τὴν σφραγῖδα, ἀποτίθεται τὴν νέκρωσιν καὶ ἀναλαμβάνει τὴν ζωήν. ἡ σφραγὶς, οὖν τὸ ὕδωρ ἐστίν. εἰς τὸ ὕδωρ οὖν καταβαίνουσι νεκροὶ καὶ ἀναβαίνουσι ζῶντες [Herm. sim. 9,16,4 § 95].)

Beide Passagen enthalten jeweils folgende Hinweise zur Taufe: Man steigt als Toter in ein Wasser hinab und als Lebender wieder hinauf. Zusätzlich spricht mand. 4 in diesem Zusammenhang auch von der Vergebung der Sünden und von einer Umkehr, die sich ausschließlich dadurch ereignet. Sim. 9 erwähnt noch ein Siegel, welches das Wasser ist, und dass man auf diese Weise in das Reich Gottes eingeht.

Wenn man versucht, die Taufe der Thekla mit den Aussagen der Auszüge aus dem Hirten des Hermas in Verbindung zu bringen, sind folgende Anknüpfungspunkte möglich: Thekla bittet Paulus um das „Siegel in Christus", das sie vor Versuchungen schützen soll (25). Er vertröstet sie zunächst. Die Taufe Theklas besteht dann aus einem Sprung in ein Becken, das mit Wasser gefüllt ist. Das Auftauchen ist nicht explizit erwähnt, der Erzählkontext lässt aber darauf schließen. Am Ende des zweiten Erzählteils berichtet Thekla Paulus davon, dass sie das „Bad" genommen hat (40). Das Siegel, um das sie zuvor gebeten hatte, hat sie demnach empfangen, durch den Sprung in das

---

[397] Der griechische Text sowie die deutsche Übersetzung sind der Edition von LINDE-MANN und PAULSEN, Die Apostolischen Väter, entnommen.

[398] LINDEMANN und PAULSEN, Die Apostolischen Väter 326.

Wasser. *Karl Olav Sandnes* folgert dazu treffend „[...] Here, Thecla's question for the seal (ATh 25) finds a narrative fulfilment (!).“[399]

Die Taufe, um die Thekla bittet, wird also an einer Stelle der Paulus- und Theklaakten als „Siegel“, an anderer als „Bad“ bezeichnet. Eine theologiegeschichtliche Einordnung des Begriffes σφραγίς zeigt dessen Bedeutungsebenen und verdeutlicht den Zusammenhang von Taufe und Siegel nochmals.

(5) Σφραγίς

Im nichtbiblischen wie biblischen Verständnis wird dieser Begriff, das Verb σφραγίζω wie auch das Substantiv σφραγίς, wörtlich wie auch im übertragenen Sinn gebraucht. Das Substantiv meint im profanen Verständnis das *Werkzeug*, das für den Vorgang des Siegelns gebraucht wird, den *Siegelstein*, und auch das Siegel im Sinn einer *Unterschrift*. In der Septuaginta meint σφραγίς auch den *Siegelring* und dient zur Kennzeichnung von Eigentum. In übertragener Bedeutung galt im profanen Gebrauch ein Siegel auf einem Opfertier als Zeichen der Reinheit, im alttestamentlichen Gebrauch wird es auch verwendet, um eine Zugehörigkeit zu JHWH auszudrücken (bspw. Ez 9,4: Ein Zeichen auf der Stirn dient der Schonung vor dem Gericht). Ebenso verwenden neutestamentliche Texte die Wortgruppe im konkreten wie übertragenen Sinn: Zweimal meint Versiegeln ein konkretes Verschließen, wie in Mt 27,66 (der Stein am Grab Jesu) und Offb 20,3 (der Abgrund als Ort des Teufels wird versiegelt). Im übertragenen Sinn bedeutet σφραγίς/σφραγίζω *bestätigen* (Joh 3,33: Die Annahme des Zeugnisses bestätigt die Wahrhaftigkeit Gottes). In der neutestamentlichen Briefliteratur wird σφραγίς zweimal im Kontext der Taufe verwendet. Dazu kommt jeweils die Verbindung mit dem Heiligen Geist. Paulus spricht in 2Kor 1,21–22 von einer Taufe, die mit der Besiegelung im Geist verbunden ist (ὁ καὶ σφραγισάμενος ἡμᾶς καὶ δοὺς τὸν ἀρραβῶνα τοῦ πνεύματος ἐν ταῖς καρδίαις ἡμῶν 2Kor 1,22). Der pseudepigraphe Epheserbrief verwendet den Ausdruck Siegel, um damit die Taufe insgesamt als „Versiegelung im Heiligen Geist“ (ἐν ᾧ καὶ πιστεύσαντες ἐσφραγίσθητε τῷ πνεύματι τῆς ἐπαγγελίας τῷ ἁγίῳ Eph 1,13) zu bezeichnen.[400] Diese Verwendung setzt sich zunehmend durch, Texte des zweiten Jahrhunderts zeigen, dass der Begriff σφραγίς vermehrt für die Bezeichnung der christlichen Taufe auftritt und häufiger als βάπτισμα zu finden ist,[401] vgl. beispielsweise den Hirten des Hermas (s.o.) oder ActThom 26–27. Der Apostel Thomas erteilt dem König Gundafor und dessen Bruder, die sich seiner

---

[399] Sandnes, Seal and Baptism in Early Christianity 1463.

[400] Vgl. Heiligenthal und Schippers, „σφραγίς“ 1116–1119.

[401] Vgl. Lampe, A Patristic Greek Lexicon, s. v. σφραγίς und βάπτισμα. Eine TLG-Recherche, die in einer Suche Texte inklusive des zweiten Jahrhunderts einschließt, bestätigt diesen Befund.

Lehre anschließen wollen, Taufe und Salbung; diese werden in diesem Zusammenhang auch als Siegel bezeichnet:

26 Πάνυ οὖν διατεθέντες ἐν τῷ ἀποστόλῳ ὅ τε βασιλεὺς Γουνδαφόρος καὶ ὁ τούτου ἀδελφὸς Γὰδ εἵποντο αὐτῷ μηδ᾽ ὅλως ἀναχωροῦντες, καὶ αὐτοὶ ἐπαρκοῦντες τοῖς δεομένοις, πᾶσιν διδόντες καὶ ἀναπαύοντες πάντας· ἐδεήθησαν δὲ αὐτοῦ ἵνα καὶ τὴν σφραγῖδα τοῦ λόγου δέξωνται λοιπὸν καὶ αὐτοί, λέγοντες αὐτῷ· Σχολαζουσῶν τῶν ψυχῶν ἡμῶν καὶ προθύμων ἡμῶν ὄντων περὶ τὸν θεόν, δὸς ἡμῖν τὴν σφραγῖδα· ἠκούσαμεν γάρ σου λέγοντος ὅτι ὁ θεὸς ὃν κηρύσσεις διὰ τῆς αὐτοῦ σφραγῖδος ἐπιγινώσκει τὰ ἴδια πρόβατα. Ὁ δὲ ἀπόστολος ἔφη αὐτοῖς· Καὶ χαίρω καὶ δέομαι ὑμῶν λαβεῖν τὴν σφραγῖδα ταύτην, καὶ κοινωνῆσαί μοι εἰς τὴν εὐχαριστίαν ταύτην καὶ εὐλογίαν τοῦ κυρίου. [...] Καὶ ἐκέλευσεν προσενεγκεῖν αὐτοὺς ἔλαιον, ἵνα διὰ τοῦ ἐλαίου δέξωνται τὴν σφραγῖδα.

26 Sehr freundlich nun gegen den Apostel gestimmt, folgten der König Gundafor und sein Bruder Gad ihm nach und wichen niemals von ihm und halfen den Bedürftigen, gaben allen und erquickten alle. Sie baten ihn aber, daß auch sie bereits das Siegel des Wortes empfingen, und sprachen zu ihm: „Da unsere Seelen Ruhe haben und wir für Gott willig sind, so gib uns das Siegel! Denn wir haben dich sagen hören, daß der Gott, den du predigst, seine Schafe an seinem Siegel erkenne." [Vgl. Joh 10,1–18, bes. 14.] Der Apostel aber sprach zu ihnen: „Ich freue mich und bitte euch auch, dieses Siegel zu nehmen und mit mir an dieser Eucharistie und dem Segen(smahl) des Herrn teilzuhaben und aufgrund desselben vollendet zu werden. [...] Und er befahl ihnen, Öl herbeizubringen, damit sie durch das Öl das Siegel empfingen.[402]

Diese begriffsgeschichtlichen Ausführungen zeigen deutlich, dass σφραγίς genauso wie λουτρόν und βάπτισμα für die christliche Taufe an sich stehen kann und dieser Gebrauch im zweiten Jahrhundert sogar zunimmt. Wie in der Schilderung vom Hirten des Hermas (Herm. sim. 9,16,4 §95) kann für die Paulus- und Theklaakten auch gesagt werden, „das Siegel ist das Wasser". *Sandnes* verdeutlicht diese Aussage nochmals treffend: „Thecla's way of receiving the seal is unique; [...] In the Acts of Thecla, seal and baptism are identical. This text is a narrative unfolding in the statement found in Hermas: the seal is the water".[403] Theologisch knüpfen die Hinweise aus dem Hirten des Hermas an Röm 6 an:

[1] Τί οὖν ἐροῦμεν; ἐπιμένωμεν τῇ ἁμαρτίᾳ, ἵνα ἡ χάρις πλεονάσῃ; [2] μὴ γένοιτο. οἵτινες ἀπεθάνομεν τῇ ἁμαρτίᾳ, πῶς ἔτι ζήσομεν ἐν αὐτῇ; [3] ἢ ἀγνοεῖτε ὅτι, ὅσοι ἐβαπτίσθημεν εἰς Χριστὸν Ἰησοῦν, εἰς τὸν θάνατον αὐτοῦ ἐβαπτίσθημεν; [4] συνετάφημεν οὖν αὐτῷ διὰ τοῦ βαπτίσματος εἰς τὸν θάνατον, ἵνα ὥσπερ ἠγέρθη Χριστὸς ἐκ νεκρῶν διὰ τῆς δόξης τοῦ πατρός, οὕτως καὶ ἡμεῖς ἐν καινότητι ζωῆς περιπατήσωμεν.

Die Taufe auf Christus bedeutet, sowohl auf dessen Tod getauft zu sein als auch mit ihm als neuer Mensch zu leben.[404] Gleichwie er starb und von den

---

[402] Der griechische Text ist der Edition von BONNET, Acta Philippi et Acta Thomae, die deutsche Übersetzung ist aus DRIJVERS, Thomasakten 313–314, entnommen.

[403] SANDNES, Seal and Baptism in Early Christianity 1466.

[404] Die Taufe geschieht ἐν τῷ ὀνόματι, auf den bzw. im Namen einer Person. Das heißt, das Taufgeschehen ist konkret auf Christus bezogen, Thekla tauft sich auf den Namen Jesu

Toten auferstand, bewirkt eine Taufe auf ihn ein Mitsterben und Mitaufersthe-hen. Diese Vorstellung vom Untertauchen in den Tod und das Auftauchen in das Leben durch die Herrlichkeit des Vaters und das Eingehen in die Gemein-schaft[405] mit ihm prägt theologisch auch die Schilderungen des Hirten des Hermas.

In den Theklaakten ist durch den deutlichen inhaltlichen Bezug zum Hirten des Hermas auch eine theologische Anknüpfung an die Vorstellung von Röm 6 möglich: Thekla taucht unter in das Wasser, bezieht sich dabei auf Jesus Christus, indem sie sich auf dessen Namen tauft, und kommt mit Gottes Hilfe wieder aus dem Wasser (34). Auch das Element des Lebens ist im fol-genden Erzählteil explizit enthalten, wenn sie sich als „Dienerin des lebendi-gen Gottes" vorstellt (37), und auch auf narrative Weise ausgestaltet, wenn sie sich im Lauf ihrer Konversion zunehmend von der alten Welt abgrenzt und schrittweise in die neue eintritt.

Zusammenfassend kann gesagt werden, dass die Theklaakten Elemente enthalten, die auf den Hirten des Hermas und durch diesen auch auf Röm 6 verweisen. Diese werden auf erzählerische Art theologisch gefüllt. Die Er-wähnung erfolgt dabei nicht nur im Zusammenhang mit dem unmittelbaren Taufvorgang, sondern vor allem im Zuge des ganzen Narrativs. In den Pau-lus- und Theklaakten wird ein weiteres Element genannt, das im Kontext des Taufvorgang Theklas auftritt, der φέγγος (34). Eine nähere Erläuterung dieses Elementes ordnet die Taufe Theklas nochmals genauer ein:

(6) Φέγγος

Das griechische Wort φέγγος wird im Neuen Testament nur an zwei Stellen gebraucht: im Zusammenhang mit einem Erscheinen des Herrn Mt 24,29 und im Kontext der Beschreibung der Umstände bei der Ankunft des Menschen-sohnes (Mk 13,24). Der Ausdruck ist in altkirchlicher Literatur nicht weiter belegt.[406] Durch die Wendung ὑστέρᾳ ἡμέρᾳ setzt der Text der Paulus- und Theklaakten in unmittelbarem Kontext der Verwendung von φέγγος eine zeitliche Komponente, die eine Einordnung der Begriffe in die Szene zulässt und mehrfache Deutungsmöglichkeiten eröffnet. In biblischen Schriften wie

---

Christi. Im Neuen Testament findet sich diese Konkretion in der Apostelgeschichte wie auch im Ersten Korintherbrief (Apg 2,38; 8,16; 10,48; 19,5; 1Kor 1,13.15; 6,11). Die Tau-fe „auf Christus" ist in Gal 3,27 und Röm 6,3 belegt. Durch eine Taufe auf den Namen Jesu bzw. auf Christus unterscheidet sich die christliche Taufe von der Johannestaufe. „Die Tatsache, daß auf den Namen Jesu getauft wurde, zeigt, daß man – im Gegensatz zu den anderen Gruppen – in der Taufe nicht nur ein Reinigungsritual bzw. einen Initiations- und Aufnahmeritus sah, sondern den Rückbezug auf die Person Jesu für konstitutiv hielt", so MARKSCHIES, Zwischen den Welten wandern 8.

[405] Siehe dazu ausführlich WILCKENS, Brief an die Römer 11–16.

[406] Dieser Negativbefund ergibt sich aus LAMPE, A Patristic Greek Lexicon.

auch späteren Texten wird Taufe grundsätzlich als Ereignis verstanden, das eine eschatologische Dimension zum Ausdruck bringt.[407] Taufe auf den Namen Christi gibt Anteil an dessen Tod und Auferstehung und verleiht neues Leben durch Wiedergeburt, das durch Christus ermöglicht ist. Auf den Text übertragen bedeutet dies, an Theklas ὑστέρᾳ ἡμέρᾳ, der aufgrund der Notsituation, dem Kampf mit den Tieren, bevorsteht, erfolgt ihre Taufe. Vor einem möglichen gewaltsamen Tod übergibt sie sich also Christus.[408]

Die Verwendung des Begriffs φέγγος bestätigt diese Vermutung. Ähnlich dem ersten Erzählteil geschehen auch außergewöhnliche Naturereignisse. Ein Blitz leuchtet (πυρὸς ἀστραπῆς φέγγος 34) vor den Robben auf und tötet sie. Eine „Wolke von Feuer" (νεφέλη πυρός 34) umgibt Thekla und bietet ihr Schutz vor den Tieren und vor den Augen der Zuschauer. Genauso lehnt sich das Geschehen der Taufe Theklas durch den Gebrauch verschiedener Motive und Audrücke an Schilderungen besonderer Ereignisse in biblischen Texten an. Im neutestamentlichen Kontext werden die Taufe Jesu und dessen Verklärung sowie das Kommen des Menschensohnes von außergewöhnlichen Geschehnissen der Natur begleitet, die eine unmittelbare Verbindung von Himmel und Erde zum Ausdruck bringen. Den Ereignissen um Thekla kommt so eine Bedeutung zu, die jenseits der irdischen Zeit steht.

c) Zwischenergebnis

Die Erzählung zeichnet Thekla durch ihr Verhalten beim Tierkampf als souverän: Inmitten des Tumults scheint sie über alle Not und deren Verursacher erhaben. Sie beginnt zu beten und tauft sich selbst. Die Entwicklung Theklas

---

[407] Vgl. MEßNER, Liturgiewissenschaft 90.

[408] Vgl. PERVO, Acts of Paul 169, der die eschatologische Komponente dieser Aussage eher ablehnt und den letzten Tag auf den Tag vor ihrem Sterben bezieht. Die im Kontext der Taufschilderung in den Paulus- und Theklaakten auch diskutierte Frage nach dem Zusammenhang von Martyrium und Taufe ist für die vorliegende Fragestellung nicht von entscheidender Bedeutung: Dass Martyrium und Taufe zusammenhängen und dass das Martyrium als Taufe bzw. zweite Taufe verstanden werden kann, ist in antiker christlicher Literatur belegt: Ein Anhaltspunkt kann der Vergleich mit dem Märtyrertext der Perpetua und Felicitas sein. Im Zusammenhang der Schilderungen um das Martyrium der Perpetua wird das Martyrium eines Mitverurteilten namens Saturus als zweite Taufe und als Bad bezeichnet. Die Erzählung schreibt, dass das Volk bei seiner Rückkehr aus dem Kampf „Saluum lotum! saluum lotum!" ausruft und so „Zeugnis von seiner zweiten Taufe" (ut populus reventi illi secundi baptismatis testimonium […] 21) gibt.
Die Erzählungen um Thekla differieren aber: Zum einen ist das „Martyrium" der Thekla von den Schilderungen um Perpetua und ihre Genossen in einem wesentlichen Punkt zu unterscheiden – Thekla stirbt nicht –, daher ist ihr „vereiteltes Martyrium" nicht als zweite Taufe zu sehen. Zum anderen scheint Taufe im Fall der Theklaerzählung mehr ein zu Konversion und Nachfolge gehöriger Vorgang zu sein, ganz unabhängig von der Verurteilung bzw. der beabsichtigten Hinrichtung, vgl. auch WEIDEMANN, Taufe und Mahlgemeinschaft 120–121.

mündet erzählerisch in eine Taufe. Nachdem sie sich durch die Abweisung Alexanders als standhaft erwiesen hat und die letzte Garantie ihrer Zuwendung zum Glauben auch auf der Ebene der Sexualität gegeben ist, mündet ihr Weg in die Taufe. Diese beiden Aspekte zeigen dem Leser eine Figur, die bereits so sehr im Glauben steht, dass sie sogar selbst eine Taufe vollzieht und auch Elemente dieser kennt und umsetzt. Eine genauere Analyse einzelner Elemente bietet Anhaltspunkte, die es ermöglichen, das Geschehen in den Kontext der Zeit des zweiten Jahrhunderts und deren vorherrschenden Initiationsvorgängen einzuordnen: Die Taufvorstellungen zeigen Aspekte auf, die sich nah an jene der ältesten erhaltenen Taufbeschreibung, der Didache, anlehnen. Durch den Vergleich mit Passagen aus dem Hirten des Hermas und deren Nähe zu Röm 6 kann die Erzählung um die Taufe Theklas auch theologisch eingeordnet werden: Thekla erhält das Siegel, indem sie im Namen Christi am letzten Tag in das Wasser eintaucht und als lebendige Dienerin wieder aufsteigt.

Die Figur Gott wird indirekt eingespielt, zeigt sich aber wiederum auf der Seite Theklas: Dieser kommt beim Intitationsvorgang nochmal Hilfe von oben zu.

Dass die Tiere des Kampfes entweder auf die Seite Theklas rücken oder weniger auf Thekla ausgerichtet sind, als vielmehr sich gegenseitig angreifen, zeigt erzählerisch zum einen nochmals, wie sehr Thekla Hilfe zukommt, die unerklärlich ist und auf übernatürliches Eingreifen zurückgeführt werden kann, zum anderen aber auch, wie sehr selbst die Tierwelt Partei ergreift und auf Theklas Seite steht. Die Tiere Alexanders, Löwe und Stier, die als ein Sinnbild für Stärke und Potenz auch ihn repräsentieren, sind wie auch er wehrlos gegen Theklas Standhaftigkeit im Glauben, die auch ihre Sexualität mit einschließt: Sie lässt sich nicht verführen und ist über die Begierden und Stärken erhaben. Alexander und die Tiere sind in all ihrer Macht machtlos.

Der Tierkampf zeigt auch eine weitere Entwicklung hinsichtlich der Figurenkonstellationen: Eine Menge und die Frauen bekräftigen die Anklage vor dem Statthalter, eine Menge von Frauen ist es auch, die sich im Stadion dann auf Theklas Seite begibt. Die Figur des Statthalters macht einen weiteren Schritt auf die Seite Theklas zu: Sie gibt die Verantwortung an Alexander ab und resigniert. Dieser ist anfangs zunehmend auf Theklas Vernichtung aus, lässt aber aufgrund der beunruhigenden Meldungen über die Königin und deren Konsequenzen – Konflikte mit dem Kaiser – von seinen Absichten ab und bittet letztlich den Statthalter um Freilassung. Die Figur Alexander wird im Erzählverlauf nicht weiter erwähnt: Sie zeigt an dieser Stelle eine Haltung, die zwar nicht als Schritt auf die „andere" Seite verstanden werden soll. Sein Verhalten ist die Konsequenz einer Angst vor weltlichen Mächten, kann jedoch auch ein Aufgeben bzw. Resignieren vor der anderen Seite zum Ausdruck bringen.

8. Nach dem Kampf (37–39)

(37) Καὶ ἐκάλεσεν ὁ ἡγεμὼν τὴν Θέκλαν ἐκ μέσου τῶν θηρίων καὶ εἶπεν αὐτῇ Τίς εἶ σύ; καὶ τίνα τὰ περὶ σέ, ὅτι οὐδὲ ἓν τῶν θηρίων ἥψατό σου; ἡ δὲ εἶπεν Ἐγὼ μέν εἰμι θεοῦ τοῦ ζῶντος δούλη· ἃ δὲ περὶ ἐμέ, εἰς ὃν εὐδόκησεν ὁ θεὸς υἱὸν αὐτοῦ ἐπίστευσα· δι' ὃν οὐδὲ ἓν τῶν θηρίων ἥψατό μου. οὗτος γὰρ μόνος σωτηρίας ὅρος καὶ ζωῆς ἀθανάτου ὑπόστασίς ἐστιν· χειμαζομένοις γὰρ γίνεται καταφυγή, θλιβομένοις ἄνεσις, ἀπηλπισμένοις σκέπη, καὶ ἁπαξαπλῶς ὃς ἐὰν μὴ πιστεύσῃ εἰς αὐτόν, οὐ ζήσεται ἀλλὰ ἀποθανεῖται εἰς τοὺς αἰῶνας.

(38) Καὶ ταῦτα ἀκούσας ὁ ἡγεμὼν ἐκέλευσεν ἐνεχθῆναι ἱμάτια καὶ εἶπεν· Ἔνδυσαι τὰ ἱμάτια. Ἡ δὲ εἶπεν Ὁ ἐνδύσας με γυμνὴν ἐν τοῖς θηρίοις, οὗτος ἐν ἡμέρᾳ κρίσεως ἐνδύσει με σωτηρίαν. Καὶ λαβοῦσα τὰ ἱμάτια ἐνεδύσατο. καὶ ἐξέπεμψεν εὐθέως ὁ ἡγεμὼν ἄκτον λέγων Θέκλαν τὴν τοῦ θεοῦ δούλην τὴν θεοσεβῆ ἀπολύω ὑμῖν. Αἱ δὲ γυναῖκες πᾶσαι ἔκραξαν φωνῇ μεγάλῃ καὶ ὡς ἐξ ἑνὸς στόματος ἔδωκαν αἶνον τῷ θεῷ λέγουσαι Εἷς θεὸς ὁ Θέκλαν σώσας, ὥστε ἀπὸ τῆς φωνῆς σεισθῆναι πᾶσαν τὴν πόλιν,

(39) καὶ τὴν Τρύφαιναν εὐαγγελισθεῖσαν ἀπαντῆσαι μετὰ ὄχλου καὶ περιπλακῆναι τῇ Θέκλῃ καὶ εἰπεῖν Νῦν πιστεύω ὅτι νεκροὶ ἐγείρονται· νῦν πιστεύω ὅτι τὸ τέκνον μου ζῇ· δεῦρο ἔσω, καὶ τὰ ἐμὰ πάντα σοὶ καταγράψω. ἡ μὲν οὖν Θέκλα εἰσῆλθεν μετ' αὐτῆς καὶ ἀνεπαύσατο εἰς τὸν οἶκον αὐτῆς ἡμέρας ὀκτώ, κατηχήσασα αὐτὴν τὸν λόγον τοῦ θεοῦ, ὥστε πιστεῦσαι καὶ τῶν παιδισκῶν τὰς πλείονας, καὶ μεγάλην εἶναι χαρὰν ἐν τῷ οἴκῳ.

Und der Statthalter ließ Thekla mitten aus den Tieren herausrufen und sagte zu ihr: „Wer bist du? Was hat es mit dir auf sich, dass nicht eines von den Tieren dich anrührte?" Sie sagte: „Ich bin eine Dienerin des lebendigen Gottes; was es mit mir auf sich hat: Ich habe an den geglaubt, an dem Gott Wohlgefallen hatte, an seinen Sohn. Um seinetwillen hat mich keines der Tiere angerührt. Denn er allein ist das Ziel der Rettung und die Grundlage unsterblichen Lebens. Ist er doch für die, die vom Sturm geplagt sind, Zuflucht, für Bedrängte Erquickung, für Verzweifelte Schutz; wer nicht an ihn glaubt, wird nicht leben, sondern tot sein in Ewigkeit."
Als der Statthalter das hörte, ließ er Kleider herbeiholen und sagte: „Ziehe die Kleider an!" Sie aber antwortete: „Der mich bekleidet hat, als ich nackt unter den Tieren war, der wird mich am Tag des Gerichts mit Heil bekleiden." Und sie nahm die Kleider und zog sie an. Und sogleich gab der Statthalter eine Verfügung des Inhalts heraus: „Thekla, die fromme Dienerin Gottes, gebe ich euch los." Die Frauen aber schrien alle mit lauter Stimme und lobten Gott wie aus einem Mund und sprachen: „Einer ist Gott, der Thekla gerettet hat", sodass von dem Schreien die ganze Stadt erbebte.
Als Tryphäna die frohe Botschaft erhalten hatte, ging sie mit einer Volksmenge entgegen und umarmte Thekla und sagte: „Jetzt glaube ich, dass Tote erweckt werden! Jetzt glaube ich, dass mein Kind lebt! Komm herein, und alles, was mein ist, will ich dir überschreiben." Thekla ging nun mit ihr hinein und ruhte sich in ihrem Hause acht Tage aus und unterrichtete sie im Wort Gottes, sodass auch die Mehrheit der Dienerinnen glaubend wurde und die Freude im Haus groß war.

a) Text- und Erzählstruktur

Die Abschnitte 37–39 berichten von den Ereignissen unmittelbar nach dem Kampf: Mit der Wendung ἐκάλεσεν ὁ ἡγεμὼν τὴν Θέκλαν ἐκ μέσου τῶν θηρίων („der Statthalter ließ Thekla mitten aus den Tieren herausrufen" 37) endet die Szene im Stadion erzählerisch; der Statthalter und dessen Gespräch mit Thekla (37–38) stehen nun im Mittelpunkt. Nach Anhörung spricht er diese dann frei (Θέκλαν τὴν τοῦ θεοῦ δούλην τὴν θεοσεβῆ ἀπολύω ὑμῖν 38).

Die Worte καὶ τὴν Τρύφαιναν (39) wenden die Erzählung wieder auf Tryphäna. Als Reaktion auf die Freilassung Theklas, die sich anschließend weitere acht Tage im Haus der Tryphäna aufhält (ἀνεπαύσατο εἰς τὸν οἶκον αὐτῆς ἡμέρας ὀκτώ 39), spricht sie ein Bekenntnis (Νῦν πιστεύω 39).

Die Struktur von Abschnitt 37–39 kann folgendermaßen dargestellt werden:
37–39 Nach dem Kampf
      37 Bekenntnis Theklas vor dem Statthalter
      38 Bekleidung und Freilassung
      39 Bekenntnis Tryphänas

b) Figurenkonstellation und -beschreibung

aa) Elemente zur Charakterisierung der Figur Statthalter

Der Statthalter hört ein weiteres Mal auf die Bedenken Alexanders und lässt Thekla aus dem Tierkampf holen (ἐκάλεσεν ὁ ἡγεμὼν τὴν Θέκλαν ἐκ μέσου τῶν θηρίων 37). Er stellt ihr zwei Fragen, die seine Einstellung der Situation und ihr gegenüber verdeutlichen:

1. Τίς εἶ σύ;
2. καὶ τίνα τὰ περὶ σέ, ὅτι οὐδὲ ἓν τῶν θηρίων ἥψατό σου;

Die erste Frage, wer sie sei, ist zunächst auffällig: Der Statthalter kennt Thekla bereits, er hat sie auch schon vernommen und weiß, dass sie die Verlobte des Thamyris ist, den sie „nach der Norm der Ikonier" heiraten soll (20). Nach den Ereignissen um Thekla im Stadion ist der Grund für die Nachfrage jedoch auf anderer Ebene zu suchen. Die Frage erinnert zunächst an die Vernehmung des Paulus, wie sie die Erzählung schildert:[409]

Statthalter an Paulus (16): <u>Τίς εἶ</u>, καὶ τί διδάσκεις;
Statthalter an Thekla (37): <u>Τίς εἶ</u> σύ; καὶ τίνα τὰ περὶ σέ, ὅτι οὐδὲ ἓν τῶν θηρίων ἥψατό σου;

Der Statthalter stellt Paulus und Thekla dieselbe erste Frage, an Thekla mit dem Personalpronomen σύ verbunden, das die Aussage nochmals verstärkt, bei Paulus mit dem Zusatz, was er lehre (Τίς εἶ, καὶ τί διδάσκεις; 16). Dieser antwortet in einer ausführlichen Rede, die auf seinen Gott und dessen Heilsplan eingeht. Indem sich Paulus in dessen Plan einordnet, antwortet er somit

---

[409] Eine aufschlussreiche Übersicht der Verhandlungsszenen mit Paulus (ActPlTh 17) und Thekla (ActPlTh 37) bietet PERVO, Acts of Paul 174. Dabei zeigt sich Ähnlichkeit sowohl hinsichtlich der Aussagen der beiden Verhörten als auch bezüglich des Aufbaus der Befragung.

im übertragenen Sinn auf die Frage, wer er sei. Der Statthalter zeigt sich darauf zunehmend interessiert an den Worten des Paulus (siehe Abschnitte 16 und 20).

Wenn der Statthalter Thekla nun sehr ähnliche Fragen stellt wie zuvor Paulus, ordnet er sie Paulus und dessen Gott zu. Diese Zuordnung geschieht auf einer anderen Ebene: Nicht die Herkunft bestimmt die Zugehörigkeit, sondern der Glaube.

Die zweite Frage an Thekla, was es mit ihr auf sich hat, ist wie die erste Frage, wer sie sei, bereits auf einer anderen Ebene zu verstehen.

Eine Verbindung zur Frage an Paulus, was er lehre, lässt sich ebenso wieder herstellen und gibt Antwort: Auf die Frage, was er lehre und was es mit ihr auf sich habe, kann mit derselben Antwort reagiert werden: der Gott, an dessen Wirkmacht beide glauben.

bb) Elemente zur Charakterisierung der Figur Thekla

Als Antwort gibt Thekla eine umfassende Auskunft. Sie legt ein Bekenntnis zu ihrem Gott ab, woraufhin der Statthalter sie freilässt.

Folgende Aspekte sind zur Charakterisierung der Figur Thekla und ihrem Glauben wichtig: Die erste Frage beantwortet sie knapp und im übertragenen Sinn, sie versteht sich als θεοῦ τοῦ ζῶντος δούλη („Ich bin eine Dienerin des lebendigen Gottes" 37). Alles Weitere kann einerseits als Antwort auf die zweite Frage des Statthalters gesehen werden, andererseits als Bekenntnis, das umfassende Auskunft über den Gott, den Thekla verehrt, gibt.

Die Begründung, weshalb die Tiere sie unberührt ließen, lautet folgendermaßen: Der Glaube an Gottes Sohn, der als σωτηρίας ὅρος καὶ ζωῆς ἀθανάτου ὑπόστασις („Ziel der Rettung und die Grundlage unsterblichen Lebens") gilt, ist dafür ausschlaggebend. Ist es im Gebet in Abschnitt 31 noch der Glaube an Gott Vater, so wird hier der Glaube an den Sohn genannt, der als Voraussetzung für die Rettung gemeint ist. Dieser ist es, εἰς ὃν εὐδόκησεν ὁ θεός („an dem Gott Wohlgefallen hatte" 37).[410]

Die weitere Erklärung verallgemeinert die Aussage: Der Glaube an den Sohn, Christus, ist die Voraussetzung für Rettung auf Erden und für Rettung

---

[410] Die Wendung „Wohlgefallen haben" verweist auf die Taufe Jesu in den kanonischen Evangelien: σὺ εἶ ὁ υἱός μου ὁ ἀγαπητός, ἐν σοὶ εὐδόκησα (Mk 1,11 par.). Im markinischen Kontext wird durch den Intertext aus Jes 42,1 ein Bezug zum leidenden Gottesknecht hergestellt: Jesus wird unter anderem bei seiner Taufe von der Himmelsstimme als der ausgewiesen, an dem Gott Gefallen hat. Es ist möglich, dass diese christologische Aussage auch bei der Verwendung des griechischen Begriffs εὐδοκέω im Munde Theklas mitschwingt. Zumindest liegt der breite Kontext „Taufe" beiden Texten zugrunde.

auf Dauer. Christus ist ὅρος für die Rettung und ὑπόστασις der Unsterblichkeit.[411]

Daran schließen sich Beispiele, die den Sohn in seiner Funktion als Retter[412] beschreiben, an. Drei Lebenslagen – Geplagtheit durch den Sturm, Bedrängnis und Verzweiflung – werden genannt, in denen Rettung in Form von Zuflucht, Erquickung und Schutz gewährt wird.

Das Bekenntnis endet mit einer zusammenfassenden Aussage, die den Glauben an Jesus Christus in das Zentrum stellt. Um Leben anstelle von Tod in Ewigkeit zu erlangen, ist ein πιστεύειν εἰς αὐτόν[413] nötig: ein Glaube in bzw. auf etwas hin. Hier wird πιστεύω zum einen eng mit dem Ausdruck „Leben" verbunden: Der „lebendige Gott" hat Thekla bewahrt, ihr Leben erhalten und er wird daraufhin von ihr als der bekannt, der zu „unsterblichem Leben" (ζωὴ ἀθανάτη 37) verhilft. Der Glaube wird mit Leben verbunden, als Alternative dazu steht der Tod in Ewigkeit.

Zum anderen kommt zu Leben und Glauben das πιστεύω εἰς αὐτόν hinzu. Der Glaube an Christus schenkt Leben in Ewigkeit.[414]

Eine Analyse der Worte Theklas an den Statthalter zeigt, dass der Text in manchen Aspekten 1Thess 1,9–10 illustriert: Der Apostel Paulus beginnt sein erstes Schreiben an die Thessalonicher mit einer großen Dankrede an die Gemeinde. Grund dafür ist ihr Lebenswandel als Christen.[415] Die Verse 9 und 10 weisen auf das „ganze Bekehrungsgeschehen bei den Thessalonichern" hin. Dieses meint die Hinwendung zu Gott und die Abwendung von Götzen-

---

[411] Die Rede vom ὁδός, der zum Leben führt, erinnert an Joh 14,6 (ἐγώ εἰμι ἡ ὁδὸς καὶ ἡ ἀλήθεια καὶ ἡ ζωή). An dieser Stelle des Johannesevangeliums tritt eine Verbindung zweier das Evangelium prägender Begriffe, ὁδός und ζωή, auf. Der Kontext erklärt, dass „Leben" ewiges Leben beim Vater bedeutet. In den Paulus- und Theklaakten wird der Ausdruck ὁδός in Verbindung mit der griechischen Wortkombination ζωῆς ἀθανάτου ὑπόστασις verwendet; so ist denkbar, „Leben" an dieser Stelle so zu deuten, wie es im johanneischen Sinn verstanden wird.

[412] Vgl. ActPl 2,29: Paulus spricht zu Artemilla und deutet die Retterfunktion Gottes an: μόνος δὲ ὁ θεὸς μένει καὶ ἡ δι' αὐτοῦ διδομένη υἱοθεσία, ἐν ᾧ [δε]ῖ σωθῆναι.

[413] Die Verbindung des Verbs πιστεύω mit der Präposition εἰς und einem Objekt im Akkusativ drückt eine Richtungsangabe aus und meint den *Glauben in etwas hinein* bzw. *auf etwas hin.* In der deutschen Übersetzung ist diese Komponente, die πιστεύειν εἰς αὐτόν meint, mitzudenken.

[414] Hier zeigt sich wiederum eine Anlehnung an das Johannesevangelium und an johanneische Theologie: vgl. vor allem Joh 5,24: Ἀμὴν ἀμὴν λέγω ὑμῖν ὅτι ὁ τὸν λόγον μου ἀκούων καὶ πιστεύων τῷ πέμψαντί με ἔχει ζωὴν αἰώνιον καὶ εἰς κρίσιν οὐκ ἔρχεται, ἀλλὰ μεταβέβηκεν ἐκ τοῦ θανάτου εἰς τὴν ζωήν sowie auch die Verbindung von Glaube und Rettung, die im johanneischen Kontext zu finden ist: τῇ τε γυναικὶ ἔλεγον ὅτι οὐκέτι διὰ τὴν σὴν λαλιὰν πιστεύομεν, αὐτοὶ γὰρ ἀκηκόαμεν καὶ οἴδαμεν ὅτι οὗτός ἐστιν ἀληθῶς ὁ σωτὴρ τοῦ κόσμου (Joh 4,42).

[415] T. HOLTZ, 1Thessalonicher 41: „Der 1Thess stellt ein Extrem dar. In ihm kommt die Danksagung erst mit 3,13 zu ihrem endlichen Abschluß […]."

bildern. So werde dem lebendigen und wahren Gott gedient und zugleich auf den Sohn gewartet, der sich als eschatologischer Retter erweisen wird.[416]

⁹ αὐτοὶ γὰρ περὶ ἡμῶν ἀπαγγέλλουσιν ὁποίαν εἴσοδον ἔσχομεν πρὸς ὑμᾶς, καὶ πῶς ἐπεστρέψατε πρὸς τὸν θεὸν ἀπὸ τῶν εἰδώλων δουλεύειν θεῷ ζῶντι καὶ ἀληθινῷ ¹⁰ καὶ ἀναμένειν τὸν υἱὸν αὐτοῦ ἐκ τῶν οὐρανῶν, ὃν ἤγειρεν ἐκ [τῶν] νεκρῶν, Ἰησοῦν τὸν ῥυόμενον ἡμᾶς ἐκ τῆς ὀργῆς τῆς ἐρχομένης.

Paulus erklärt in seiner ältesten Schrift am Beispiel der Thessalonicher, was Bekehrung meint: eine Lebenswende, die vom Tod zum Leben führe, die durch den Glauben an den wahren Gott und die Erwartung Christi, der aus dem Zorngericht befreie, geschehe. Dabei sei es vorrangige Absicht des Paulus, die Gemeinde an die Bekehrung zu erinnern. Diese wird als „Bruch mit der bisherigen kulturellen Heimat charakterisiert: als Hinwendung [...] zu Gott, weg von den Götterbildern und den damit repräsentierten Göttern, die die pagane Kultur im öffentlichen und privaten Raum prägen." Dies bedeute Veränderungen im nicht geringen Ausmaß; der „soziale und kulturelle Umbruch" bedeute für die Betroffenen „einen echten Wirklichkeits- und Herrschaftswechsel in ihrem Leben."[417]

Eine genauere Analyse zeigt, die Wortwahl im Ersten Thessalonicherbrief und in ActPlTh 37 (und auch 34) ist in manchen Punkten gleich. Inhaltlich ist eine Übereinstimmung so weit vorhanden, dass in den Paulus- und Theklaakten von einer narrativen Illustration dessen, was Paulus unter Bekehrung versteht, gesprochen werden kann:

1Thess 1,9–10	ActPlTh 37 (und 34)
αὐτοὶ γὰρ περὶ ἡμῶν ἀπαγγέλλουσιν	
ὁποίαν εἴσοδον ἔσχομεν πρὸς ὑμᾶς,	
καὶ πῶς <u>ἐπεστρέψατε</u> πρὸς τὸν θεὸν	34 <u>ἐστράφη</u>
ἀπὸ τῶν εἰδώλων	37 Ἐγὼ μέν εἰμι <u>θεοῦ τοῦ</u>
<u>δουλεύειν</u> θεῷ ζῶντι καὶ ἀληθινῷ	<u>ζῶντος δούλη</u>
¹⁰ καὶ ἀναμένειν τὸν υἱὸν αὐτοῦ	37 εἰς ὃν εὐδόκησεν ὁ θεὸς
ἐκ τῶν οὐρανῶν.	υἱὸν αὐτοῦ <u>ἐπίστευσα</u>·

Thekla, die „Dienerin des lebendigen Gottes" (Ἐγὼ μέν εἰμι θεοῦ τοῦ ζῶντος δούλη 37), glaubt an dessen Sohn (υἱὸν αὐτοῦ ἐπίστευσα 37). Seinetwegen, der zum unsterblichen Leben verhelfe, habe sie Rettung erfahren – sie hat ihr altes Leben losgelassen und sich zu Gott hingewandt (vgl. ἐστράφη 34) und hat so vom Tod zum Leben gefunden.

Die Thessalonicher haben sich von den Götzen zu Gott bekehrt (αὐτοὶ γὰρ περὶ ἡμῶν ἀπαγγέλλουσιν ὁποίαν εἴσοδον ἔσχομεν πρὸς ὑμᾶς, καὶ πῶς ἐπεστρέψατε πρὸς τὸν θεόν), um ihm, dem Lebendigen, zu dienen, und sie erwarten dessen Sohn (ἀναμένειν τὸν υἱὸν αὐτοῦ), der Rettung bringt, da er sie

---

[416] T. HOLTZ, 1Thessalonicher 54.

[417] Die Zitate sind aus SCHREIBER, Der erste Brief an die Thessalonicher 109, entnommen.

aus dem Gericht Gottes entreißt (Ἰησοῦν τὸν ῥυόμενον ἡμᾶς ἐκ τῆς ὀργῆς τῆς ἐρχομένης).

Die Erzählung der Paulus- und Theklaakten arbeitet narrativ aus, was 1Thess 1,9–10 unter Konversion versteht: Thekla, die „Dienerin des lebendigen Gottes" (37), wird ganz konkret aus der Situation des Todes befreit. Der Glaube an den Sohn verhilft ihr zur Rettung. Der Vergleich mit 1Thess 1,9–10 lässt auch auf die Ausmaße und Auswirkungen schließen, die die die Hinwendung zu Gott für Thekla mit sich bringen wird: Ihre Konversion betrifft das gesamte Leben, ihr alltägliches soziales und kulturelles Umfeld ändert sich, und sie richtet ihr ganzes Dasein nach neuen Maßstäben und Vorgaben aus.

cc) Der Dialog zwischen den Figuren Statthalter und Thekla

Ein kurzer Dialog zwischen den beiden Figuren Thekla und Statthalter schließt sich an. Dieser verdeutlicht zum einen nochmals die innere wie auch äußere Haltung des Statthalters Thekla gegenüber, zum anderen wird auch aufgezeigt, dass die Kommunikation der beiden Figuren nicht glückt. Man spricht über ein Thema, das Ankleiden, bewegt sich dabei jedoch auf verschiedenen Ebenen des Verstehens.

Der Statthalter sorgt für Thekla, indem er Kleider bringen lässt, die sie anziehen soll (ὁ ἡγεμὼν ἐκέλευσεν ἐνεχθῆναι ἱμάτια καὶ εἶπεν· Ἔνδυσαι τὰ ἱμάτια 38). Thekla wiederum gibt ihm zu verstehen, dass sie von dem bekleidet werden wird, der sie auch am Tag des Tierkampfes in ihrer Nacktheit bekleidet hat. Dass unter Kleidung dabei nicht das vom Statthalter bereitgestellte Gewand zu verstehen ist, zeigt die weitere Aussage Theklas: Es handle sich um die Bekleidung ἐν ἡμέρᾳ κρίσεως […] mit σωτηρία („am Tag des Gerichts mit Heil" 38).

Dieser kurze Dialog stellt eine Verbindung zu Gal 3,26–29 her:

[26] Πάντες γὰρ υἱοὶ θεοῦ ἐστε διὰ τῆς πίστεως ἐν Χριστῷ Ἰησοῦ·
[27] ὅσοι γὰρ εἰς Χριστὸν ἐβαπτίσθητε, Χριστὸν ἐνεδύσασθε.
[28] οὐκ ἔνι Ἰουδαῖος οὐδὲ Ἕλλην, οὐκ ἔνι δοῦλος οὐδὲ ἐλεύθερος, οὐκ ἔνι ἄρσεν καὶ θῆλυ· πάντες γὰρ ὑμεῖς εἷς ἐστε ἐν Χριστῷ Ἰησοῦ.
[29] εἰ δὲ ὑμεῖς Χριστοῦ, ἄρα τοῦ Ἀβραὰμ σπέρμα ἐστέ, κατ' ἐπαγγελίαν κληρονόμοι.

Der Apostel Paulus deutet an dieser Stelle des Briefes an die Galater die Taufe als ein Heilsgeschehen. Εἰς Χριστὸν ἐβαπτίσθητε meint in diesem Kontext nicht eine Tauformel, sondern damit wird ein Vorgang zum Ausdruck gebraucht, der den Täufling in das mit „dem Namen ‚Christus' zusammenhängende Heilsgeschehen hinein[nimmt]". Taufe wird mithilfe von Gewandmetaphorik erklärt: Taufe und das damit verbundene Heil bedeute für den Getauften so viel wie Christus als „seine eschatologisch-pneumatische Wirklichkeit wie ein neues Kleid an[zuziehen]".[418]

---

[418] MUßNER, Galaterbrief 262–263.

Diese Verse des Galaterbriefes machen auch Aussagen zur christlichen Gemeindezugehörigkeit bzw. zur Zugehörigkeit zu Christus: Deren Struktur ist sowohl durch die „Berufung zum Glauben" bestimmt als auch durch „neue Verhältnisse"; diese werden durch den geregelten und für alle gleich bedeutungsvollen Vorgang der Taufe hergestellt.[419]

Knüpft man an dieser Stelle der Erzählung an die Aussagen des Galaterbriefs an, so wird Thekla als zu Christus und den Seinen gehörig beschrieben. Der Hinweis auf die Bekleidung Theklas ist mehr als ein alltäglicher Vorgang, der ein Überziehen von Kleidung meint; er bringt metaphorisch verstanden theologisch und auch ekklesiologisch sehr viel mehr zum Ausdruck. Als Getaufte und Glaubende ist Thekla ganz Christus zugehörig und in das Heil Christi ganz hineingenommen.

Der Statthalter spricht unmittelbar nach diesem Dialog die Verfügung zur Freigabe Theklas: Θέκλαν τὴν τοῦ θεοῦ δούλην τὴν θεοσεβῆ ἀπολύω ὑμῖν („Thekla, die fromme Dienerin Gottes, gebe ich euch los" 38). Diese verdeutlicht wiederum, welche Position er Thekla gegenüber einnimmt: Die Verfügung nimmt durch die Bezeichnung Theklas als δούλη τοῦ θεοῦ (38) Bezug auf deren Bekenntnis. Es erweitert die Aussage sogar, wenn er sie offiziell τὴν τοῦ θεοῦ δούλην τὴν θεοσεβῆ (38) nennt. Er unterlässt es, Gott als den „lebendigen Gott" aufzufassen, wie es Thekla in der Aussage auf die Frage nach ihrem Sein vorgibt (siehe 37).[420] Nicht zuletzt die Ereignisse während des Tierkampfes, sondern auch ihr Verhalten und ihre Worte während der Vernehmung veranlassen den Statthalter doch zu diesen Worten. Dass die Aussage des Statthalters im Rahmen seiner Verfügung als Bekenntnis zu verstehen ist, das er aufgrund von Überzeugung spricht, ist an dieser Stelle der Erzählung nicht ganz auszuschließen.

Neben der oben bereits vorgenommenen Einordnung von (Θεοῦ) δούλη bringt eine begriffsgeschichtliche Analyse des Adjektivs θεοσεβής weitere Hinweise zur Figurenzeichnung der Erzählung.

(1) Θεοσεβής

Der Stamm des Begriffs θεοσεβής – σεβ – meint ursprünglich *vor jemandem* oder *etwas zurücktreten, einen räumlichen Abstand herstellen*, wobei der übertragene Sinn dieses Verständnisses, das eher *Scheu*, *Staunen* und *Furcht* zum Ausdruck bringt und mehr den Grund für diesen Abstand meint, zunehmend überhandnimmt. Aus dieser profanen Bedeutung leitet sich auch der Bezug von Begriffen dieses Stammes auf Gottheiten ab, wobei sich jedoch

---

[419] VOUGA, Galater 92.

[420] Dies würde eher dafür sprechen, dass der Statthalter von Thekla als Glaubender überzeugt ist, nicht aber von Gott als dem Ursprung und Grund ihres Glaubens.

Verwendung und Bedeutung an diese anlehnen.[421] In griechischen Texten sind Worte des Stammes die „eine in Dingen, Menschen oder Göttern liegende Erhabenheit[, die] heilige Scheu, Staunen, Bewunderung hervorruf[en]", sehr zahlreich, im biblischen Kontext ist dieses Verständnis auf die „Gehorsamsbindung an einen einzigen, persönlich gedachten Gott" bezogen.[422]

Worte des Stammes σεβ- kommen in neutestamentlichen Texten generell selten vor, in Verbindung mit θεός einzig in Joh 9,31 und im Ersten Timotheusbrief (1Tim 2,10). Im Johannesevangelium streiten Pharisäer mit dem geheilten Blindgeborenen über Jesus, in diesem Zusammenhang äußert der Geheilte, dass Gott nicht Sünder, sondern diejenigen, die seinen Willen tun und gottesfürchtig sind, hört: οἴδαμεν ὅτι ἁμαρτωλῶν ὁ θεὸς οὐκ ἀκούει, ἀλλ' ἐάν τις θεοσεβὴς ᾖ καὶ τὸ θέλημα αὐτοῦ ποιῇ τούτου ἀκούει.

Im Kontext von Anweisungen zum Gemeindeleben ordnet der Verfasser des Ersten Timotheusbriefes an, Frauen sollten Kostbarkeiten ablegen und ihre Gottesfurcht dadurch zeigen: Ὡσαύτως [καὶ] γυναῖκας ἐν καταστολῇ κοσμίῳ μετὰ αἰδοῦς καὶ σωφροσύνης κοσμεῖν ἑαυτάς, μὴ ἐν πλέγμασιν καὶ χρυσίῳ ἢ μαργαρίταις ἢ ἱματισμῷ πολυτελεῖ, ἀλλ' ὃ πρέπει γυναιξὶν ἐπαγγελλομέναις θεοσέβειαν, δι' ἔργων ἀγαθῶν (1Tim 2,9–10).

An diese Stelle knüpft die Verwendung in ActPlTh 38 durch die Bezeichnung Theklas als gottesfürchtige Dienerin an. Die guten Werke (δι' ἔργων ἀγαθῶν), die laut 1Tim 2 Gottesfurcht bekunden, werden über Thekla auch erzählt: Sie schneidet ihre Haare, gibt Schmuck her und ändert ihre Kleidung. Der Text der Paulus- und Theklaakten stellt die Figur Thekla durch diesen Bezug zu den Pastoralbriefen als Gottesfürchtige dar, geht jedoch noch einen Schritt weiter: Die genannten Werke sollen nicht der rechten Ordnung dienen, wie es der Pastoralbrief Erster Timotheusbrief angibt, sondern stellen Schritte auf dem Konversionsweg Theklas dar, die sie immer mehr als τὴν τοῦ θεοῦ δούλην τὴν θεοσεβῆ zeigen.

Dadurch, dass die Bezeichnung im Mund der Figur Statthalter liegt, zeigt der Erzähler zudem, dass Thekla auch von Nichtglaubenden als gottesfürchtig und als Dienerin Gottes wahrgenommen wird.

dd) Die „Frauen" und die Figur Gott

An diesem Punkt der Erzählung werden wiederum Frauen erwähnt: „Frauen der Stadt" (Αἱ δὲ γυναῖκες 38) sind es, die handeln. Im Erzählverlauf wird direkt nach der Herausgabe der Verfügung des Statthalters gesagt, dass sie „mit lauter Stimme" schreien und „Gott wie aus einem Mund" loben (ἔκραξαν φωνῇ μεγάλῃ καὶ ὡς ἐξ ἑνὸς στόματος ἔδωκαν αἶνον τῷ θεῷ λέγουσαι

---

[421] Vgl. HAACKER, „σέβομαι" 553–556, bzw. LAMPE, A Patristic Greek Lexicon, s.v. θεοσεβής.

[422] HAACKER, „σέβομαι" 553.

38) und dadurch die ganze Stadt erbeben lassen (ὥστε ἀπὸ τῆς φωνῆς σεισθῆναι πᾶσαν τὴν πόλιν 38). Ihr Lob spezifiziert der Verfasser mit den Worten Εἷς θεὸς ὁ Θέκλαν σώσας (38). Dies zeigt:

Ihre Worte beziehen sich auf den Gott Theklas,
dieser ist einer/einzig (εἷς),
diesem schreiben sie die Rettung Theklas zu (σώσας).

Die Gruppe von Frauen, die hier erwähnt wird, ist nach diesem Verhalten und nach diesen Aussagen eindeutig der Seite Theklas und ihres Gottes zuzuordnen.

ee) Die Figur Tryphäna und deren Haus

Die Figur Tryphäna kann aufgrund ihres Verhaltens und ihrer Aussagen nochmals näher eingeordnet werden. Dazu kommen Hinweise, welche die Stimmung in ihrem Haus näher erläutern – Freude und Glaube qualifizieren die Gruppe, die in ihrem Haus versammelt ist. Diese Beschreibung verweist innerhalb des Textes auf die Abschnitte 5 und 25, die jeweils die Versammlung um Onesiphorus mit diesen Attributen beschreiben. Der Begriff hat innerhalb der Erzählung so schon eine Färbung bekommen – er wird gebraucht, um eine im Glauben versammelte Gruppe zu beschreiben – und diese schwingt auch in Abschnitt 39 mit.

Dieser ist im ersten Teil vom Verhalten Tryphänas bestimmt und von deren Gesten, die zum einen Offenheit ausdrücken und die zum anderen ihre Bereitschaft signalisieren, sich Thekla und ihrem Gott zuzuwenden. Sie nimmt Thekla in Begleitung einer „Volksmenge" (ἀπαντῆσαι μετὰ ὄχλου 39) in Empfang, geht Thekla entgegen und begrüßt sie mit einer Umarmung (καὶ περιπλακῆναι τῇ Θέκλῃ 39). Sie fordert Thekla auf, wiederum einzutreten, und sagt ihr das Erbe ihres gesamten Besitzes zu (δεῦρο ἔσω, καὶ τὰ ἐμὰ πάντα σοὶ καταγράψω 39).

Der Text konkretisiert das Zueinander der Figuren Tryphäna und Thekla immer mehr: Es wird ein Verhältnis beschrieben, das dem einer Familie gleicht. So wird der Figur Thekla neue soziale Identität zugeschrieben, sie wird auf ihrem Weg des Weltenwechsels, der sie immer mehr von ihrer leiblichen Familie entfernt,[423] Teil einer neuen Familie. Der Grund dieser Familienbildung ist der Glaube, der sie kreiert und deren Mitglieder verbindet.[424]

---

[423] Auffällig ist auch die parallele Konstruktion in der Schilderung der beiden „Mütter" Theklas. Nach deren Rettung spielt die Thematik „Leben" eine große Rolle. Tryphäna äußert, sie glaube an die Erweckung Toter und an das ewige Leben, und Theoklia wird gefragt, ob sie an einen Gott glaubt, der im Himmel lebt.

[424] MISSET-VAN DE WEG, Tryphaena, vor allem 19–21.34, spricht in diesem Zusammenhang von einem Verhältnis, das „an early christian form of the pervasive cultural phenomenon of patronage" darstelle: Dieses sei geprägt von „reciprocity", einer Relation, die „per-

Der zweite Teil enthält ein Bekenntnis Tryphänas, das Aufschluss über ihre Einstellung zu Thekla und deren Glauben gibt: Dieses folgt als Reaktion auf die Vernehmung des Edikts des Statthalters zur Freilassung Theklas. Tryphäna fasst dieses als „frohe Botschaft" (καὶ τὴν Τρύφαιναν εὐαγγελισθεῖσαν 39) auf, das sie große Aussagen über ihren eigenen Glauben machen lässt.

(1) Εὐαγγελίζω

Εὐαγγέλιον ist im vor- und außerchristlichen griechischen Sprachgebrauch zunächst ein Begriff für den *Lohn*, den ein Überbringer einer guten Botschaft erhält, und steht dann auch für die *Botschaft* selbst. Das Substantiv wird in dieser Bedeutung im Kontext des römischen Kaiserkultes verwendet, um damit die frohe Botschaft der Ausrufung eines Kaisers zu bezeichnen. Der jüdische Historiker Flavius Josephus berichtet beispielsweise in seiner Geschichte des jüdischen Krieges, die Nachricht über die Ausrufung Vespasians als Herrscher über den Osten und Kaiser in Rom seien in den Städten als εὐαγγέλια, als „gute Nachrichten", aufgenommen worden (Flav. Jos. bell. IV, 618. 656). In alttestamentlich-jüdischer Tradition ist ausschließlich die Bedeutung *frohe Botschaft* belegt. Das Verb εὐαγγελίζω meint im profanen Kontext *verkünden*, in der Septuaginta das *Verkündigen einer frohen Botschaft*, die den Sieg eines Königs, den Tod des Gegners oder die Geburt eines Sohnes meinen kann. Diese Botschaft vom Heil kommt in Jes 52,7 LXX beispielsweise zum Ausdruck, wenn vom Freudenboten die Rede ist, der die Kunde von der Königsherrschaft Gottes, die offenbar geworden ist, bringt (ὡς ὥρα ἐπὶ τῶν ὀρέων, ὡς πόδες εὐαγγελιζομένου ἀκοὴν εἰρήνης, ὡς εὐαγγελιζόμενος ἀγαθά, ὅτι ἀκουστὴν ποιήσω τὴν σωτηρίαν σου λέγων Σιων Βασιλεύσει σου ὁ θεός).

Im Neuen Testament kommen Substantiv wie auch Verb in allen Gattungen häufig vor. Die Texte greifen beide Linien, die profane wie die alttestamentlich-jüdische, auf, und füllen die Bedeutung des Begriffs neu: Die Erzählungen und die Botschaft Jesu sind durch den Gebrauch des Begriffs εὐαγγέλιον „als Wirkungs- und Erfüllungsgeschichte"[425] der Jesajaworte zu lesen, die schildern, was die Botschaft von der Königsherrschaft Gottes meint.[426]

Die begriffsgeschichtliche Analyse zeigt, mit welch bedeutenden Inhalten das Verb εὐαγγελίζω gefüllt ist. In der Theklaerzählung wird der Erlass des Statthalters als „Frohe Botschaft" bezeichnet: Damit kommt zum einen der

---

sonal", „asymmetrical" und „voluntary" sei sowie auf „solidarity" beruhe. Diese Punkte, die in der Erzählung festgemacht werden könnten, würden zeigen, dass Christentum „the importance of material and mental support" wahrgenommen und vielmehr aber noch Gott bzw. Christus als „source of all good things" (34) erkannt habe. Meines Erachtens zeigen die Theklaakten in der dynamischen Entwicklung der Figuren Thekla und Tryphäna, wie sich ein Familienverhältnis entwickelt, das sozial auf einer Ebene zu sehen ist.

[425] BETZ, „εὐαγγέλιον" 433.

[426] Zur Begriffsgeschichte vgl. BETZ, „εὐαγγέλιον" 432–442.

Handlung des Statthalters großes Gewicht zu – er vollbringt eine Tat, die zur Frohen Botschaft wird –, zum anderen wird Thekla als Figur dargestellt, über die man eine „Freudenbotschaft" erzählen kann, wie es sonst von Phänomenen um die Königsherrschaft Gottes der Fall ist. Ein mit dem Wortfeld vertrauter Leser des zweiten Jahrhunderts, der das Ausmaß dieses Begriffs erkennt, kann die Ereignisse um Thekla so einordnen und auf dieser Linie als überaus wichtige und bedeutende Nachricht, die mit Gott in Verbindung zu bringen ist, einstufen.

Die Worte Tryphänas knüpfen inhaltlich zum einen an ein vorausgehendes Gespräch mit Thekla, worin sie diese um ein Gebet für das ewige Leben ihrer Tochter Falkonilla (29) bittet, an, zum anderen ist ihre eigene Bitte an den Gott Theklas um dessen Beistand für ihre „zweite Tochter" im Tierkampf (30) Thema. Tryphäna trifft zuerst eine allgemeine Glaubensaussage: Νῦν πιστεύω ὅτι νεκροὶ ἐγείρονται („Jetzt glaube ich, dass Tote erweckt werden!" 39), darauf eine spezielle: νῦν πιστεύω ὅτι τὸ τέκνον μου ζῇ („Jetzt glaube ich, dass mein Kind lebt!" 39). Die Rettung Theklas durch Gott lässt Tryphäna folgern, dass ihre Bitten Gehör gefunden haben bzw. finden werden.

Die Struktur kann folgendermaßen dargestellt werden:
Νῦν πιστεύω
    ὅτι νεκροὶ ἐγείρονται
νῦν πιστεύω
    ὅτι τὸ τέκνον μου ζῇ· δεῦρο ἔσω,
καὶ τὰ ἐμὰ πάντα σοὶ καταγράψω.

Die Analyse der Worte Tryphänas zeigt das Ausmaß der Veränderung dieser Figur: Vorab bittet sie Thekla um ein Gebet (vgl. 29: Τέκνον μου δεύτερον Θέκλα, δεῦρο πρόσευξαι ὑπὲρ τοῦ τέκνου μου, ἵνα ζήσεται εἰς τοὺς αἰῶνας· τοῦτο γὰρ εἶδον ἐν ὕπνοις) um ewiges Leben ihrer Tochter, nach der Rettung Theklas, nach einem Wunder, spricht sie selbst ein Gebet, das sich als Bekenntnis zum Gott Theklas erweist.[427]

Dem Inhalt nach schließen die Aussagen Tryphänas an 1Kor 15,1–8 an: Paulus erinnert die Korinther an die „Frohe Botschaft" (τὸ εὐαγγέλιον ὃ εὐ-ηγγελισάμην ὑμῖν 1), die er schon einmal verkündet hat und auf welche sie ihren Glauben gründen sollen. In diesem Zusammenhang formuliert er ein Bekenntnis, das seinen Glauben folgendermaßen ausdrückt: Christus ist

---

[427] Im Griechischen wird zweimal das Adverb νῦν verwendet. Wird das Adverb νῦν temporal verstanden, wird eher der gegenwärtige Aspekt des Glaubens betont. Bei konsekutivem Gebrauch würde eher die Folge einer Handlung zum Ausdruck gebracht werden, dann wäre eine Übersetzung mit der Bedeutung „unter solchen Umständen" zu wählen. Eine dritte Möglichkeit wäre ein adversativer Gebrauch des Adverbs im Sinne von „nun aber". Da das Adverb zweimal in direkter Verbindung mit einem Verb auftritt, ist die erste, die zeitliche, Übersetzungsvariante gewählt (vgl. LIDDELL, SCOTT und JONES, A Greek-English Lexicon, s. v. νῦν).

gestorben, begraben und auferweckt worden und vielen, darunter auch ihm, erschienen.

[1] Γνωρίζω δὲ ὑμῖν, ἀδελφοί, τὸ εὐαγγέλιον ὃ εὐηγγελισάμην ὑμῖν, ὃ καὶ παρελάβετε, ἐν ᾧ καὶ ἑστήκατε,
[2] δι' οὗ καὶ σῴζεσθε, τίνι λόγῳ εὐηγγελισάμην ὑμῖν εἰ κατέχετε, ἐκτὸς εἰ μὴ εἰκῇ ἐπιστεύσατε.
[3] παρέδωκα γὰρ ὑμῖν ἐν πρώτοις, ὃ καὶ παρέλαβον, ὅτι Χριστὸς ἀπέθανεν ὑπὲρ τῶν ἁμαρτιῶν ἡμῶν κατὰ τὰς γραφὰς
[4] καὶ ὅτι ἐτάφη καὶ ὅτι ἐγήγερται τῇ ἡμέρᾳ τῇ τρίτῃ κατὰ τὰς γραφὰς
[5] καὶ ὅτι ὤφθη Κηφᾷ εἶτα τοῖς δώδεκα·
[6] ἔπειτα ὤφθη ἐπάνω πεντακοσίοις ἀδελφοῖς ἐφάπαξ, ἐξ ὧν οἱ πλείονες μένουσιν ἕως ἄρτι, τινὲς δὲ ἐκοιμήθησαν·
[7] ἔπειτα ὤφθη Ἰακώβῳ εἶτα τοῖς ἀποστόλοις πᾶσιν·
[8] ἔσχατον δὲ πάντων ὡσπερεὶ τῷ ἐκτρώματι ὤφθη κἀμοί.

Paulus bekennt seinen Glauben an die Auferweckung und das Leben Jesu Christi. Eine Bestätigung dafür hat er persönlich in einem sichtbaren Zeichen erfahren: Jesus Christus ist neben vielen anderen auch ihm erschienen.

Das Bekenntnis Tryphänas kann mithilfe dieser Passage aus dem Ersten Korintherbrief näher eingeordnet werden: Wie Paulus gründet auch ihr Glaube auf sichtbare Zeichen. Wie Jesus, der tot war und von Gott Rettung erfahren hat, wird die dem Tod geweihte Thekla gerettet und ist somit am Leben. Daraus leitet Tryphäna die Leben ermöglichende Macht Gottes ab und überträgt sie auf ihre bereits verstorbene Tochter Falkonilla. Darauf gründend kann Tryphäna eine Glaubensaussage treffen. Beide Texte bezeichnen diese Rettungstat Gottes als „Frohe Botschaft". Das εὐαγγέλιον, das Paulus der Gemeinde von Korinth verkündet, wird in die Erzählung um Thekla aufgenommen und wiederum narrativ umgesetzt.

Die Figur Tryphäna lässt ihren Aussagen sogleich Taten folgen. Ihr Glaube wird verbunden mit Gastfreundschaft und dem Teilen von Hab und Gut. *Vor* dem Tierkampf hat sie Thekla auch zu sich genommen, die Motivation war eine Nuance anders. Sie sieht in Thekla einen Ersatz für ihre verstorbene Tochter, sie sucht Trost für sich. Zudem hofft sie, dass durch das Bittgebet Theklas ewiges Leben für die Tote möglich wird. *Nach* der Rettung Theklas ist sie vom Glauben an deren Gott überzeugt, sodass sie nicht nur äußert, selber zu glauben, sondern gleich Grundzüge des Ethos der Christusanhänger übernimmt: teilen und Gastfreundschaft.

Die Reaktion Tryphänas ist dem Verhalten des Onesiphorus, wie es der Beginn der Erzählung schildert, ähnlich. Dieser lädt die beiden Weggefährten des Paulus in sein Haus ein, damit sie sich ausruhen können (δεῦτε καὶ ὑμεῖς εἰς τὸν οἶκόν μου καὶ ἀναπαύσασθε 4). Bedingung für die Aufnahme ist die „Frucht der Gerechtigkeit" (καρπὸν δικαιοσύνης 4), die er von ihnen erwartet.

Durch die Parallelisierung der beiden Figuren zeigt die Erzählung einen weiteren Schritt Tryphänas in ihrer Hinwendung zum christlichen Glauben:

Sie handelt nicht nur wie der glaubende Onesiphorus,[428] auch die Wortwahl der Aussage Tryphänas ist an die des Onesiphorus angelehnt. Beide Male wird das Verb ἀναπαύω gebraucht, zudem die Verwendung der Präposition εἰς in Verbindung mit dem folgenden Nomen im Akkusativ.

Onesiphorus

δεῦτε καὶ ὑμεῖς εἰς τὸν οἶκόν μου καὶ ἀναπαύσασθε.

Tryphäna

καὶ ἀνεπαύσατο εἰς τὸν οἶκον αὐτῆς.

Die Erzählung erwähnt auch weitere Figuren, die sich im Haus Tryphänas aufhalten: Acht Tage bleibt Thekla bei Tryphäna und unterweist (κατηχέω[429]) diese im Glauben, im „Wort Gottes" (τὸν λόγον τοῦ θεοῦ 39).

(2) Κατηχέω

Κατηχέω meint profangriechisch *von etwas berichten, Kunde geben*, aber auch *belehren, unterweisen, unterrichten*. In der Septuaginta fehlt der Begriff, in neutestamentlichen Texten findet sich der Ausdruck insgesamt viermal, bei Paulus und bei Lukas, bei diesem sowohl im Evangelium als auch in der Apostelgeschichte. Letztere kennt beide Bedeutungen des Wortes, Paulus dagegen verwendet κατηχέω nur im Kontext theologischer Belehrung. Im Ersten Korintherbrief ist der Zusammenhang die Ausführungen über die Zungenrede; diese sei vor der Gemeinde hintanzustellen, denn es solle die Gemeinde lieber durch wenige Worte „unterwiesen" werden als durch viele Worte, die in Zungenrede gestammelt und nicht von allen gedeutet werden könnten (ἀλλ᾽ ἐν ἐκκλησίᾳ θέλω πέντε λόγους τῷ νοΐ μου λαλῆσαι, ἵνα καὶ ἄλλους κατηχήσω, ἢ μυρίους λόγους ἐν γλώσσῃ 1Kor 14,19). Der Galaterbrief spricht davon, denjenigen, der einen im Evangelium „unterwiesen" habe, an allem teilhaben zu lassen: κοινωνείτω δὲ ὁ κατηχούμενος τὸν λόγον τῷ κατηχοῦντι ἐν πᾶσιν ἀγαθοῖς (Gal 6,6). Unklar ist die Verwendung des Wortes in Lk 1,4 (ἵνα ἐπιγνῷς περὶ ὧν κατηχήθης λόγων τὴν ἀσφάλειαν): Wenn λόγοι die Ereignisse des Lebens, des Todes und der Auferstehung Jesu meinen würden, wäre das ein Beleg für den „technischen Gebrauch des Wortes κατηχέω im Urchristentum". Der Ausdruck κατηχέω ist zur Zeit der Abfassung der Theklaakten bereits ein gängiger Begriff, der im Kontext der Unterweisung von Taufbewerbern auftaucht.[430] Der Verfasser des Zweiten Clemensbriefes gebraucht den Ausdruck in einer Homilie: Er ruft zu Buße auf und erinnert an Gebote, konkret daran, dem Götzendienst zu widersagen und zu unterweisen: [...] Μετανοήσωμεν οὖν ἐξ ὅλης καρδίας, ἵνα μή τις

---

[428] PERVO, Acts of Paul 87, verweist mit der Aussage „Thecla is not the only model for converts" auf Onesiphorus als vorbildhaften Glaubenden. In diese Reihe kann auch Tryphäna eingefügt werden, deren Bekehrung ebenso als beispielhaft für die Leser gelten kann.

[429] Dazu WEGENAST, „κατηχέω" 1265–1266.

[430] Vgl. WEGENAST, „κατηχέω" 1266.

ἡμῶν παραπόληται. εἰ γὰρ ἐντολὰς ἔχομεν, ἵνα καὶ τοῦτο πράσσωμεν, ἀπὸ τῶν εἰδώλων ἀποσπᾶν καὶ κατηχεῖν, πόσῳ μᾶλλον ψυχὴν ἤδη γινώσκουσαν τὸν θεὸν οὐ δεῖ ἀπόλλυσθαι; (2Clem 17,1).[431]

Unabhängig von der Begrifflichkeit gab es ein „allgemein gültiges Verfahren der Taufvorbereitung [...] zu dieser Zeit [zweites und drittes Jahrhundert; Anm. V.N.] offensichtlich nicht";[432] einige Quellen geben aber Informationen darüber, dass die Zeit vor der Taufe von Vorbereitungsmaßnahmen geprägt war, wie beispielsweise die Didache. Der Text erwähnt, bevor der Taufvorgang an sich erläutert wird, dass eine Unterweisung stattfindet: [...] ταῦτα πάντα προειπόντες [...] (Did 7,1). Justin der Märtyrer gibt in seiner Ersten Apologie Informationen über die Vorbereitung von Taufbewerbern in Rom. Bestandteile sind Belehrungen in Lehre und Gebet, die innere Disposition dazu und ein Fasten und Beten vor der Taufe. Justin berichtet auch, dass sich daran neben den Taufbewerbern auch andere beteiligen können: Καὶ δὴ τὸ ὑπολύεσθαι <τοὺς> ἐπιβαίνοντας τοῖς ἱεροῖς καὶ [τοῖς] αὐτοῖς τοὺς θρησκεύοντας κελεύεσθαι ὑπὸ τῶν ἱερατευόντων ἐκ τῶν συμβάντων Μωσεῖ τῷ εἰρημένῳ προφήτῃ μαθόντες οἱ δαίμονες ἐμιμήσαντο (Iust. 1apol. 62,2).[433]

In dieses vielfältige Bild über das Katechumenat in den ersten beiden christlichen Jahrhunderten lassen sich auch die Hinweise in den Paulus- und Theklaakten einordnen. Dienerinnen werden mehrere Tage unterwiesen, dafür wird das Verb κατηχέω verwendet. Inhalt dieser Unterweisung ist das „Wort Gottes" (τὸν λόγον τοῦ θεοῦ 39). Als Ziel bzw. Ergebnis ist der Glaube genannt: ὥστε πιστεῦσαι καὶ τῶν παιδισκῶν τὰς πλείονας (39). Dieser wiederum ist verbunden mit großer Freude (μεγάλην εἶναι χαρὰν ἐν τῷ οἴκῳ 39), die unter den Unterwiesenen herrscht. Der Glaube der Dienerinnen wird durch folgende Absicht bestätigt: Sie wollen Thekla auch auf ihrer Reise nach Myra folgen. Der Glaube ist zum einen bedingt durch Hören und hat zum anderen Nachfolge zur Konsequenz. Die Beschreibung der Situation und der Geschehnisse im Haus Tryphänas lassen nicht nur die Annahme zu, hierbei an eine Form von Katechumenat zu denken. Vielmehr bringt die Erzählung dadurch wiederum verstärkt zum Ausdruck, wie weit auch Tryphäna schon auf ihrem Weg zum christlichen Glauben fortgeschritten ist: Ihr Haus wird zum Ort der Unterweisung, nicht nur sie, sondern auch ihre Dienerinnen werden unterwiesen. Dass dies erfolgreich ist, zeigt der Text durch den Hinweis, dass die Unterwiesenen auch bereit sind, das alte Leben hinter sich zu lassen und Thekla, ihrer Lehrerin, nachzufolgen.

---

[431] Vgl. WEGENAST, „κατηχέω" 1266. Der griechische Text ist der Edition von LINDEMANN und PAULSEN, Die Apostolischen Väter, entnommen.

[432] METZGER, Katechumenat 509.

[433] Der Text ist der Edition von MARCOVICH, Justin, Apologiae pro Christianis, entnommen.

(3) Πίστις *im zweiten Erzählabschnitt*

Noch häufiger als im ersten Teil ist im zweiten Erzählabschnitt von „Glauben" die Rede: Viermal spricht Thekla selbst davon, zweimal Tryphäna, einmal eine Erzählnotiz. Es wird jeweils eine Verbform von πιστεύω gebraucht.[434]

Thekla spricht für Tryphäna zu Gott und bittet, er, „an den sie glaube" (κύριε ὁ θεὸς ᾧ ἐγὼ πιστεύω 31), möge sie belohnen, so wie auch diese mit ihr Mitleid hatte und ihr half, rein zu bleiben. Auch dieses Element ist im Rahmen des Katechumenats belegt. Justin (1apol. 62,2) und Did 7 berichten davon, dass sich andere dem Gebet und dem Fasten der Bewerber anschließen. Thekla wird vor dem Statthalter zur Rechenschaft gezogen, stellt sich in diesem Zusammenhang als „Dienerin des lebendigen Gottes" (Ἐγὼ μέν εἰμι θεοῦ τοῦ ζῶντος δούλη 37) vor, die „an den glaubt, an dem Gott Wohlgefallen hatte, an seinen Sohn" (εἰς ὃν εὐδόκησεν ὁ θεὸς υἱὸν αὐτοῦ ἐπίστευσα 37). Ihre Erklärungen schließt sie mit den Worten „wer nicht an ihn glaubt, wird nicht leben, sondern tot sein in Ewigkeit" (ὃς ἐὰν μὴ πιστεύσῃ εἰς αὐτόν, οὐ ζήσεται ἀλλὰ ἀποθανεῖται εἰς τοὺς αἰῶνας 37).

Die Figur Tryphäna bekennt nach der Freilassung Theklas: „Jetzt glaube ich, dass Tote erweckt werden! Jetzt glaube ich, dass mein Kind lebt! (Νῦν πιστεύω ὅτι νεκροὶ ἐγείρονται· νῦν πιστεύω ὅτι τὸ τέκνον μου ζῇ [...] 39). Eine Erzählnotiz erwähnt, dass Thekla im Haus Tryphänas bleibt, dort das Wort Gottes lehrt und dadurch „die Mehrheit der Dienerinnen zum Glauben kamen" (ὥστε πιστεῦσαι καὶ τῶν παιδισκῶν τὰς πλείονας 39). Nach all den Ereignissen in Antiochien trifft Thekla auf ihrer Reise auf ihre Mutter, der sie die Frage stellt, ob sie glauben könne, „dass der Herr in den Himmeln lebt" (δύνασαι πιστεῦσαι ὅτι ζῇ κύριος ἐν οὐρανοῖς 43).

Diese Aussagen zeigen, dass πιστεύω nun, anders als im ersten Teil, mehrfach als Haltung des „Vertrauens" auf Gott vorausgesetzt wird, so etwa, wenn Thekla das Verb im Fürbittgebet für Tryphäna verwendet. In ihrer Not ist der Adressat des Gebetes der „Herr, Gott" (κύριε ὁ θεός 31), „an den sie glaubt" (ᾧ ἐγὼ πιστεύω 31), zu dem sie Zuflucht nimmt und der sie bereits einmal aus dem Feuer gerettet hat. Dass sie glaubt und warum sie glaubt, wird so in einem Zug erwähnt. Während es im ersten Teil der Paulus- und Theklaakten noch Paulus war, der Inhalte dieses Glaubens bezeugte, rückt nun Thekla selbst mehr und mehr in eine ihm vergleichbare Rolle. Sie versteht sich als „Dienerin des lebendigen Gottes" (θεοῦ τοῦ ζῶντος δούλη 37), spricht von ihrem Glauben an Gottes Sohn, der „allein [...] das Ziel bzw. den Weg der Rettung und die Grundlage unsterblichen Lebens" (μόνος σωτηρίας ὅρος καὶ ζωῆς ἀθανάτου ὑπόστασις 37) ist, weshalb sie die Tiere unberührt gelassen

---

[434] Zweimal wird πιστεύω mit Dativ, einmal mit der Präposition εἰς mit folgendem Akkusativ αὐτόν und einmal mit Akkusativ konstruiert. Dreimal wird πιστεύω mit der Konjunktion ὅτι verbunden, einmal mit ὥστε.

hätten. Ist es im Gebet in Abschnitt 31 noch der Glaube an Gott Vater, so spricht sie nun davon, dass sie zum Glauben an den Sohn, „an dem Gott Wohlgefallen gefunden hat" (37), gekommen sei. Diese Aussage zeigt: Um Leben anstelle von Tod in Ewigkeit zu erlangen, ist ein πιστεύειν εἰς αὐτόν nötig. Als dessen Alternative stellt sich der Tod in Ewigkeit dar.[435]

Glaube ist mit Weitergabe, Vermittlung und Unterweisung verbunden und von Hören und Nachfolge bestimmt. Tryphäna findet aufgrund sichtbarer Zeichen, der Rettung Theklas, zum Glauben. Thekla „unterrichtete" (κατηχέω 39) das Haus Tryphänas im „Wort Gottes" (τὸν λόγον τοῦ θεοῦ 39). So kommen auch weitere im Haus lebende Frauen zum Glauben, die Thekla auf ihrer anschließenden Reise begleiten.

Wie sehr durch die gemeinsame Haltung des Glaubens in den Akten des Paulus und der Thekla die Entstehung einer (hier klar von Frauen bestimmten) Gemeinschaft beschrieben ist, zeigt sich daran, dass auch im zweiten Teil das Motiv gemeinsamer großer Freude (μεγάλην εἶναι χαρά 39) begegnet oder dass Tryphäna Thekla bei ihrem Bekenntnis umarmt (περιπλακῆναι τῇ Θέκλῃ 39). Dass eine solche Darstellung einer Gemeinschaft lehrender und lernender, asketischen Idealen verpflichteter Frauen in dramatischem Gegensatz zu dem steht, was die Pastoralbriefe fordern, in denen Frauen (wie auch Männern, die außerhalb der werdenden Ämterhierarchie stehen) verboten ist zu lehren, während ihre positive Aufgabe in erster Linie in der Mutterschaft definiert wird,[436] ist überdeutlich.

Die Analysen der Worte und Taten Tryphänas ermöglichen folgende Aussagen zur Charakterisierung der Figur: Die Parallelisierung der Figuren Onesiphorus und Tryphäna, die Schilderung des Verhaltens der Figur Tryphäna Thekla und ihrem Haus gegenüber – eine Atmosphäre, die einer christlichen Hausgemeinschaft gleichkommt, die sich einer Belehrung durch Thekla unterzieht, wie auch der Vergleich ihrer vorangegangenen Aussagen, die sich von einer Bitte um ein Gebet zu einem selbstständigen Beten wandeln –, zeigen ein Zum-Glauben-Kommen der Figur Tryphäna. Kleine Nuancen in der erzählerischen Gestaltung zeigen eine Figur, deren Veränderungen einer Konversion gleichkommen, „it seems not unlikely that we see here also something of the effect of the conversion of upper-class women."[437] *Bremmer* geht sogar noch einen Schritt weiter und fasst treffend zusammen: „The passage is fairly unique, but must reflect one of the ways Christianity took hold: when a rich lady converted, her slaves surely would convert often too".[438]

---

[435] Siehe bei Esch-Wermeling, Thekla 217: „Glauben heißt, in Ewigkeit leben – nicht glauben heißt, in Ewigkeit tot sein. Dieser Grundsatz gilt nicht nur für sie selbst, sondern für alle Gläubigen."

[436] Vgl. Zamfir, Men and Women 160–288.

[437] So treffend Bremmer, Magic 55.

[438] Bremmer, Conversion 70.

c) Zwischenergebnis

Die Theklaakten zeigen anhand der Entwicklung der Figuren Thekla und Tryphäna die Entstehung eines Verhältnisses, das nicht dem einer „patron-client relationship" entspricht, sondern vielmehr als Familie bezeichnet werden kann. Die Figuren stehen als Christusanhänger sozial auf einer Ebene.

Thekla geht auf ihrem Weg in die andere Welt einen weiteren Schritt: Sie unterrichtet die παιδίσκαι (39) acht Tage im Haus der Tryphäna. Der Inhalt ihrer Lehre ist der λόγος τοῦ θεοῦ. Als Ergebnis wird „glauben" (πιστεῦσαι) genannt, der sich bei vielen einstellt (τὰς πλείονας). Die im Haus herrschende Grundstimmung ist von χαρά geprägt. Diese Schilderungen erinnern an die Tätigkeit Paulus' und die Beschreibung im Haus des Onesiphorus. Diese Rückbindung durch die Ähnlichkeiten macht Thekla in ihren Tätigkeiten immer mehr Paulus gleich: Sie wird wie der Apostel Lehrende im Glauben.

Die Erzählung schildert auch eine Konversion der Figur Tryphäna: Das Zum-Glauben-Kommen der Tryphäna und auch ihres Hauses kann immer mehr mit einer Konversion gleichgesetzt werden. Diese verändert nicht so sehr ihr Verhalten, vielmehr zeigen einerseits die Aussagen der Figur, dass eine Änderung stattfindet: Tryphäna bittet zuerst Thekla um ein Gebet, im weiteren Erzählverlauf spricht sie selbst zu Gott. Andererseits zeichnet die Erzählung eine Figur, die ihrem Glauben immer mehr Ausdruck verleiht, ihn in die Tat umsetzt und letztlich in eine Linie mit Onesiphorus, dem glaubenden Hausherrn, gestellt wird.

9. Thekla und Paulus (40–43)

(40) Ἡ δὲ Θέκλα Παῦλον ἐπεπόθει καὶ ἐζήτει αὐτὸν περιπέμπουσα πανταχοῦ· καὶ ἐμηνύθη αὐτῇ ἐν Μύροις εἶναι αὐτόν. καὶ λαβοῦσα νεανίσκους καὶ παιδίσκας, ἀναζωσαμένη καὶ ῥάψασα τὸν χιτῶνα εἰς ἐπενδύτην σχήματι ἀνδρικῷ ἀπῆλθεν ἐν Μύροις, καὶ εὗρεν Παῦλον λαλοῦντα τὸν λόγον τοῦ θεοῦ καὶ ἐπέστη αὐτῷ. ὁ δὲ ἐθαμβήθη βλέπων αὐτὴν καὶ τὸν ὄχλον τὸν μετ' αὐτῆς, λογισάμενος μή τις αὐτῇ πειρασμὸς πάρεστιν ἕτερος. ἡ δὲ συνιδοῦσα εἶπεν αὐτῷ Ἔλαβον τὸ λουτρόν, Παῦλε· ὁ γὰρ σοὶ συνεργήσας εἰς τὸ εὐαγγέλιον κἀμοὶ συνήργησεν εἰς τὸ λούσασθαι.

Thekla aber sehnte sich nach Paulus und suchte ihn, indem sie überall herumschickte. Und es wurde ihr mitgeteilt, er sei in Myra. Und sie nahm Diener und Dienerinnen, gürtete sich und nähte ihr Chiton in das Obergewand nach Art des Mannes und sie kam in Myra an und fand Paulus, der das Wort Gottes verkündete, und stellte sich zu ihm. Er aber erschrak, als er sie sah und die Menge bei ihr, da er daran dachte, ob ihr nicht eine andere Versuchung nahe sei. Sie aber bemerkte es und sagte zu ihm: „Ich habe die Taufe genommen, Paulus; denn der mit dir zusammen gewirkt hat für das Evangelium, hat auch mit mir zusammen gewirkt, als ich (mich) getauft habe."

(41) Καὶ λαβόμενος ὁ Παῦλος τῆς χειρὸς αὐτῆς ἀπήγαγεν αὐτὴν εἰς τὸν οἶκον Ἑρμείου καὶ πάντα ἀκούει παρ' αὐτῆς, ὥστε ἐπὶ πολὺ

Und Paulus ergriff sie bei der Hand und führte sie in das Haus des Hermias und hörte von ihr alles, sodass Paulus sie sehr

θαυμάσαι τὸν Παῦλον, καὶ τοὺς ἀκούοντας στηριχθῆναι καὶ προσεύξασθαι ὑπὲρ τῆς Τρυφαίνης. καὶ ἀναστᾶσα Θέκλα εἶπεν τῷ Παύλῳ Πορεύομαι εἰς Ἰκόνιον. Ὁ δὲ Παῦλος εἶπεν Ὕπαγε καὶ δίδασκε τὸν λόγον τοῦ θεοῦ. ἡ μὲν οὖν Τρύφαινα πολὺν ἱματισμὸν καὶ χρυσὸν ἔπεμψεν αὐτῇ, ὥστε καταλιπεῖν τῷ Παύλῳ εἰς διακονίαν τῶν πτωχῶν.

(42) Αὐτὴ δὲ ἀπῆλθεν εἰς Ἰκόνιον. καὶ εἰσέρχεται εἰς τὸν Ὀνησιφόρου οἶκον, καὶ ἔπεσεν εἰς τὸ ἔδαφος ὅπου Παῦλος καθεζόμενος ἐδίδασκεν τὰ λόγια τοῦ θεοῦ, καὶ ἔκλαιεν λέγουσα Ὁ θεός μου καὶ τοῦ οἴκου τούτου, ὅπου μοι τὸ φῶς ἔλαμψεν, Χριστὲ Ἰησοῦ ὁ υἱὸς τοῦ θεοῦ, ὁ ἐμοὶ βοηθὸς ἐν φυλακῇ, βοηθὸς ἐπὶ ἡγεμόνων, βοηθὸς ἐν πυρί, βοηθὸς ἐν θηρίοις, αὐτὸς εἶ θεός, καὶ σοὶ ἡ δόξα εἰς τοὺς αἰῶνας, ἀμήν.

(43) Καὶ εὗρεν τὸν Θάμυριν τεθνεῶτα, τὴν δὲ μητέρα ζῶσαν· καὶ προσκαλεσαμένη τὴν μητέρα αὐτῆς λέγει αὐτῇ· Θεοκλεία μῆτερ, δύνασαι πιστεῦσαι ὅτι ζῇ κύριος ἐν οὐρανοῖς; εἴτε γὰρ χρήματα ποθεῖς, δώσει σοι κύριος δι' ἐμοῦ· εἴτε τὸ τέκνον, ἰδού, παρέστηκά σοι. καὶ ταῦτα διαμαρτυραμένη ἀπῆλθεν εἰς Σελεύκειαν, καὶ πολλοὺς φωτίσασα τῷ λόγῳ τοῦ θεοῦ μετὰ καλοῦ ὕπνου ἐκοιμήθη.

bewunderte und die Hörer gestärkt wurden und für Tryphäna beteten. Thekla stand auf und sagte zu Paulus: „Ich gehe nach Ikonium." Paulus aber sagte: „Gehe hin und lehre das Wort Gottes!" Tryphäna sandte ihr viele Gewänder und Gold, sodass sie Paulus davon zurücklassen konnte für den Dienst an den Armen.

Sie selbst ging nach Ikonium. Und sie trat in das Haus des Onesiphorus hinein und warf sich auf den Boden, wo Paulus gesessen und die Worte Gottes gelehrt hatte, und sie weinte und sprach: „Mein Gott und Gott dieses Hauses, in dem mir das Licht aufleuchtete, Christus Jesus, Sohn Gottes, mein Helfer im Gefängnis, Helfer vor Statthaltern, Helfer im Feuer, Helfer unter den Tieren, du selbst bist Gott und dir sei Ehre in die Ewigkeiten, Amen."

Sie erfuhr, dass Thamyris gestorben war, die Mutter aber lebte; sie rief ihre Mutter und sprach zu ihr: „Theoklia, Mutter, kannst du glauben, dass der Herr in den Himmeln lebt? Was auch immer du an Gütern brauchst, der Herr wird es dir durch mich geben, oder wenn du dein Kind brauchst, siehe, ich stehe dir zur Seite." Und nachdem sie dies versprochen hatte, ging sie weg nach Seleukia; und nachdem sie viele durch das Wort Gottes erleuchtet hatte, entschlief sie eines sanften Todes.

a) Text- und Erzählstruktur

Abschnitt 40–43 stellt die Figur Thekla wieder in den Vordergrund des Erzählverlaufs: Einerseits unterteilen vier verschiedene Ortsangaben die Handlung nochmals in kleinere Einheiten, die jeweils die Figur Thekla als aktiv agierende darstellen, andererseits werden der Figur Thekla eine Reihe von Verben zugeordnet, die ihr Handeln explizit schildern.

1. Thekla sucht und findet Paulus in Myra, wohin er von Ikonium aus gereist ist (ἀπῆλθεν ἐν Μύροις, καὶ εὗρεν Παῦλον 40).[439] Sie sehnt sich nach Paulus (ἐπεπόθει 40), sucht ihn (ἐζήτει αὐτόν 40) und schickt überall herum

---

[439] Myra ist eine wichtige Hafenstadt Lykiens. Apg 27,5–6 nennt den Ort als Station auf der Reise des Apostels nach Rom (τό τε πέλαγος τὸ κατὰ τὴν Κιλικίαν καὶ Παμφυλίαν διαπλεύσαντες κατήλθομεν εἰς Μύρα τῆς Λυκίας). In den Textzeugen der Paulusakten variieren die Angaben für diesen Ort. Siehe dazu PERVO, Acts of Paul 182.

(περιπέμπουσα πανταχοῦ 40); ihr wird mitgeteilt, wo er ist (καὶ ἐμηνύθη αὐτῇ ἐν Μύροις εἶναι αὐτόν 40), sie nimmt sich Diener und Dienerinnen (λαβοῦσα νεανίσκους καὶ παιδίσκας 40), gürtet sich und näht ihr Gewand um (ἀναζωσαμένη καὶ ῥάψασα τὸν χιτῶνα εἰς ἐπενδύτην σχήματι ἀνδρικῷ 40), kommt nach Myra (ἀπῆλθεν ἐν Μύροις 40), findet Paulus und stellt sich zu ihm (καὶ εὗρεν […] ἐπέστη […] 40).

2. Der nächste Ort des Geschehens ist das Haus des Hermias (ἀπήγαγεν αὐτὴν εἰς τὸν οἶκον Ἑρμείου 41), wohin Paulus sie führt. Thekla berichtet Paulus von den Vorkommnissen und wird nun auch von seiner Seite aus beauftragt, das Wort Gottes zu lehren (Ὕπαγε καὶ δίδασκε τὸν λόγον τοῦ θεοῦ 41).

3. Mit der Wendung ἀπῆλθεν εἰς Ἰκόνιον (42) wechselt die Erzählung an den Ausgangsort zurück, in das Haus des Onesiphorus (εἰς τὸν Ὀνησιφόρου οἶκον 42), wo Thekla zuerst am Ort der Verkündigung des Paulus spricht (vgl. 5).

Ein weiteres Mal wechselt der Schauplatz innerhalb dieses Ortes, wenn Thekla dort auch auf ihre Familie trifft (εὗρεν τὸν Θάμυριν τεθνεῶτα, τὴν δὲ μητέρα ζῶσαν 42).

4. Eine abschließende Ortsangabe berichtet sehr straff und dicht[440] von den weiteren Handlungen Theklas jenseits des Erzählbogens Ikonium – Antiochien – Ikonium: Sie bricht nach Seleukia auf (ἀπῆλθεν εἰς Σελεύκειαν 43), wo sie stirbt, „nachdem sie viele durch das Wort Gottes erleuchtet hatte" (πολλοὺς φωτίσασα τῷ λόγῳ τοῦ θεοῦ 43).

Die Struktur von Abschnitt 40–43 kann folgendermaßen dargestellt werden:
40–43 Thekla und Paulus
    40 Suchen und Finden
    41 Bericht und Beauftragung
    42 Abreise und Bekenntnis
    43 Zeugnis vor der Familie/Mutter

b) Figurenkonstellation und -beschreibung

aa) Elemente zur Charakterisierung der Figur Thekla

Auch der letzte Teil der Erzählung zeigt die Figur Thekla auf ihrem Weg des Glaubens und schildert, wie sich diesem entsprechend ihr Verhalten und Agieren ändern. Folgende Punkte können festgemacht werden:

Thekla umgibt sich zum einen mit Menschen, die ihr folgen, zum anderen berichtet der Erzähler, dass sie sich gürtet und ihr Obergewand auf die Art, wie es für Männer üblich ist, über den Chiton bindet (ἀναζωσαμένη καὶ

---

[440] Vgl. PERVO, Acts of Paul 185, der den prompten Schluss der Erzählung auf einen Verfasser zurückführt, der „the story of Thecla as quickly as possible" enden lassen möchte.

ῥάψασα τὸν χιτῶνα εἰς ἐπενδύτην σχήματι ἀνδρικῷ 40).[441] Die Verbindung der beiden Begriffe ἐπενδυτής und ζώννυμι (bzw. ἀναζώννυμι) ist aus dem Johannesevangelium bekannt. Es ist dort Petrus, der auf See ist und den Herrn erblickt und sich daraufhin das Obergewand umgürtet (τὸν ἐπενδύτην διεζώσατο, ἦν γὰρ γυμνός Joh 21,7).[442] Der Begriff ἐπενδυτής ist zusammengesetzt aus der Präposition ἐπί und dem Verb ἐνδύω (mit der Grundbedeutung *sich kleiden*) und meint eine Robe (engl. *robe*) oder ein Kleidungsstück, das man über einem anderen trägt.[443] Auch frühchristliche Literatur kennt diesen Ausdruck für ein *upper garment* bzw. ein Kleidungsstück, das man über ein anderes zieht.[444]

Auch Thekla zieht sich nach dem Hören der Botschaft und ihren Erlebnissen mit Paulus anders an. Sie kleidet sich nicht mehr wie eine wohlhabende Frau, stattdessen legt sie den Schmuck ab, will sich scheren und gürtet und kleidet sich, wie Männer es tun. Das Aposteldasein wird mit dem Dasein als Mann verbunden, was ῥάψασα τὸν χιτῶνα εἰς ἐπενδύτην σχήματι ἀνδρικῷ deutlich macht. Durch diese Tat geht Thekla einen weiteren Schritt, um dem eigenen Aposteldasein näherzukommen. Dieser wird von Paulus am Ende der Erzählung in gewisser Weise legitimiert, wenn er sie beim nächsten Zusammentreffen mit der Verkündigung des Wortes Gottes beauftragt (Ὁ δὲ Παῦλος εἶπεν Ὕπαγε καὶ δίδασκε τὸν λόγον τοῦ θεοῦ 41).

Die Figur Thekla macht sich auf die Suche nach ihrem Lehrer und erklärt, sie werde nach Ikonium aufbrechen. Sie kommt zuerst ins Haus des Onesiphorus, dann zu ihrer Mutter. Diese Aussage zeigt einen „substantial shift": Thekla, die zuvor noch beabsichtigt, Paulus überallhin zu folgen, schildert

---

[441] Χιτών ist der Ausdruck für ein Untergewand, das auf der Haut getragen wird (vgl. LIDDELL, SCOTT und JONES, A Greek-English Lexicon, s. v. χιτών).

[442] Die Erwähnung von Nacktheit und Sich-Bekleiden könnte, so GNILKA, Johannesevangelium 157b, auf Gen 3,7 anspielen, wo es heißt, dass sich Adam und Eva nach dem Sündenfall bekleiden. So auch BECKER, Evangelium nach Johannes II, 765–766, der das Bekleiden des Petrus als Reaktion auf seine Verleumdung in Joh 18 deutet: Die Reue, die an der Stelle fehle, werde nun szenisch eingearbeitet, daher bekleide sich Petrus vor der Begegnung mit dem Auferstandenen gleich wie Adam und Eva in Gen 3.

[443] Vgl. LIDDELL, SCOTT und JONES, A Greek-English Lexicon, s. v. ἐπενδύτης, und LAMPE, A Patristic Greek Lexicon, s. v. ἐπενδύτης. In der Septuaginta ist das Substantiv nur in 2Sam 13,18 belegt, als Verb zweimal bei Josephus, die Mediumform in 2Kor 5,2.4. Neutestamentliche Literatur verwendet ἱμάτιον als gängigen, allgemeinen Begriff für Kleidung, so DEINES, „δύω/δύνω" 1172.1175.

[444] Tertullian berichtet, er selbst habe nach seiner Annahme des christlichen Glaubens die Toga abgelegt und stattdessen das Pallium, einen griechischen weiten Überwurf bzw. Mantel, getragen. Er schreibt in der Schrift De Pallio: „Ich dagegen halte es nun auch mit jener bekannten Philosophenschule Gottes und ihrer Sittenlehre. Freue dich, Pallium, und frohlocke! Eine bessere Philosophie hat dich nunmehr ihrer gewürdigt, seitdem du einen Christen zu bekleiden angefangen hast." Vgl. Tert. pall. 6 (die Übersetzung ist der Edition von KELLNER, De pallio, entnommen).

ihren eigenen Weg und erfährt dafür Zustimmung von Paulus. Damit zeigt sich ein großer Wandel hinsichtlich der Wahrnehmung ihrer Figur:

„She did not need Paul's authorization in that she had already converted many in the household of Tryphaena [...], but the author wishes to show that Paul had given his blessing to Thecla's evangelistic activities. She then became Paul's patron, transferring some or most [...] of Tryphaena's largesse to Paul."[445]

Auch der Glaube der Figur Thekla verändert sich: Er ist geprägt von sinnlichen Komponenten. Thekla geht nicht nur nach Ikonium, sondern auch in das Haus des Onesiphorus und sogar an die Stelle im Haus, von der aus Paulus gesprochen hat. Auch der erste Bericht schildert ein derartiges Verhalten Theklas: Während Paulus vom Gefängnis zum Verhör geführt wird, verweilt Thekla an Ort und Stelle (ἡ δὲ Θέκλα ἐκυλίετο ἐπὶ τοῦ τόπου οὗ ἐδίδασκεν ὁ Παῦλος καθήμενος ἐν τῇ φυλακῇ 20).

Die Figur Thekla zeigt sich gehorsam und führt den Auftrag des Paulus aus. Sie soll das „Wort Gottes" (τὸν λόγον τοῦ θεοῦ 41) lehren, woraufhin sie loszieht und im Haus des Onesiphorus spricht.

(1) Das Gebet Theklas (42)

Die Worte Theklas in Abschnitt 42 geben weiter Aufschluss über ihre Figur. Der Struktur nach gleichen ihre Worte einem Gebet mit folgendem Aufbau: Sie spricht Gott an und gibt ihm zwei Attribute. Er ist θεός μου (42) und der τοῦ οἴκου τούτου (42). Daran schließen sich Worte an, die das „Haus" näher beschreiben. Die Ereignisse dort (ὅπου 42) haben Thekla mit Licht erleuchtet (τὸ φῶς ἔλαμψεν 42).

Der folgende Vokativ Χριστὲ Ἰησοῦ spricht Christus als Gott an: Er ist der Christus Jesus, der υἱὸς τοῦ θεοῦ („Sohn Gottes" 42). Als solcher wird er nun näher erläutert: Vier Kontexte, in denen Gott für Thekla in jüngster Zeit Bedeutung hatte, werden erwähnt. Das Substantiv βοηθός in Verbindung mit ἐν φυλακῇ, ἐπὶ ἡγεμόνων, ἐν πυρί und ἐν θηρίοις nennt zusammenfassend die Stationen der Rettung Theklas durch Gott: das Gefängnis (18, 19, 20 sie selbst oder spricht sie auch von Paulus (17–19), den Statthalter (20 [Verhör], 21 [Urteil], 27 [Verurteilung], 37–38 Freispruch), das Feuer (22) und die Tiere (28 [Umzug mit wilder Löwin], 33–37 [Rennbahn – Löwen und Bären, Löwin]).

Die abschließenden Worte Theklas informieren nochmals über ihren Glauben und was ihn inhaltlich ausmacht und zeigen (nochmals neben 29) sehr konkret, für wen sie Christus hält. Sie versteht ihn als υἱὸς τοῦ θεοῦ und αὐτὸς εἶ θεός. Dieser Christus, den sie als Gott erkennt, hat ihr in den genannten Situationen geholfen. Diesen hat sie um ewiges Leben für Falkonilla angerufen (Ὁ θεός μου, ὁ υἱὸς τοῦ ὑψίστου ὁ ἐν τῷ οὐρανῷ 29) und aufgrund

---

[445] So PERVO, Acts of Paul 182.

der selbst erfahrenen Hilfe kann sie ihn als Gott bezeichnen; diesem spricht sie δόξα εἰς τοὺς αἰῶνας („Ehre in Ewigkeit" 42) zu. Das folgende ἀμήν schließt das Gebet der Thekla ab.

bb) Elemente zur Charakterisierung der Figur Paulus

Die Figur Paulus tritt erstmals seit Beginn des ersten Erzählteils (26) wieder auf.[446] Abschnitt 40 erwähnt ihn im Zusammenhang mit der Suche Theklas nach ihm. Gleichwie in Abschnitt 25 wird erzählt, dass Paulus befürchtet, eine „andere Versuchung" (πειρασμὸς πάρεστιν ἕτερος 40) könnte sie überkommen, woraufhin Thekla ihr Auftreten und ihr Tun erklärt.[447]

Auf der Ebene der Textstruktur wird durch den griechischen Ausdruck πειρασμός (40) eine Stichwortverbindung zu Abschnitt 25 geschaffen – so wird nach paulusfreien Abenteuern in Antiochien Thekla wieder an den ersten Teil der Erzählung zurückgebunden.[448]

25 Ὁ καιρὸς αἰσχρός, καὶ σὺ εὔμορφος· μὴ ἄλλος σε πειρασμὸς λήψεται χείρων τοῦ πρώτου, καὶ οὐχ ὑπομείνῃς ἀλλὰ δειλανδρήσῃς.
40 ὁ δὲ ἐθαμβήθη βλέπων αὐτὴν καὶ τὸν ὄχλον τὸν μετ' αὐτῆς, λογισάμενος μή τις αὐτῇ πειρασμὸς πάρεστιν ἕτερος.

In Abschnitt 41 ist Paulus aktiv Handelnder und rückt geradezu wieder mitten in das Geschehen:[449] Er ergreift Thekla, führt sie in das Haus des Hermias (Καὶ λαβόμενος ὁ Παῦλος τῆς χειρὸς αὐτῆς ἀπήγαγεν αὐτὴν εἰς τὸν οἶκον Ἑρμείου καὶ πάντα ἀκούει παρ' αὐτῆς, ὥστε ἐπὶ πολὺ θαυμάσαι τὸν Παῦλον)[450] und beauftragt sie, das Wort Gottes in Ikonium zu lehren.

(1) Charakterisierung von Figuren durch die Figur Thekla

Im Kontext der Erzählungen um die Figur Thekla macht die Erzählung abschließend Aussagen über weitere Figuren:

Die Königin Tryphäna wird im letzten Erzählgeschehen zweimal in einer kleinen Randbemerkung erwähnt. Thekla berichtet von allen Geschehnissen,

---

[446] PERVO, Acts of Paul 180, erklärt, dass an dieser Stelle der Erzählung „Thecla's old longing for Paul" wieder zur Sprache gebracht wird; dies deutet er folgendermaßen: „In reality, of course, the author has intervened to place her in proper relationship to the apostle."

[447] PERVO, Acts of Paul 181, nennt die Antwort Theklas „an intelligible parallel. [...] She, with the help of the narrator, has read Paul's mind."

[448] Vgl. EBNER und LAU, Überlieferung, Gliederung und Komposition.

[449] PERVO, Acts of Paul 185, formuliert sehr passend: „One thing this author understood was terse narration. After two chapters dominated by a subordinate character, the narrator returns Paul to center stage."

[450] Dazu G. SNYDER, Acts of Paul 143: „As astonished as he was, after Thekla announces that she was baptized (cp. Gal. 2:8), Paul immediately touches Thekla for the first time and welcomes her to speak."

worauf die Hörer für Tryphäna beten. Von dieser wird gesagt, dass sie „viele Gewänder" (41) sendet, um diese den Armen zu geben. Die Erzählung schildert damit nochmals einen Schritt der Bekehrung Tryphänas. Sie handelt, wie es der Apostel Paulus in den Makarismen der Erzählung (μακάριοι οἱ δι’ ἀγάπην θεοῦ ἐξελθόντες τοῦ σχήματος τοῦ κοσμικοῦ) beschreibt: Sie gibt ihren Besitz ab und entsagt somit den weltlichen Dingen, sie wird zur Patronin Theklas. Dieser Hinweis der Erzählung erinnert wiederum an eine Gnadengabe des paulinischen Hohelieds: κἂν ψωμίσω πάντα τὰ ὑπάρχοντά μου (1Kor 13,3). Dieser Gedanke, der vom Teilen bzw. Abgeben von Reichtum spricht, wird aufgegriffen und in den Paulus- und Theklaakten erzählerisch mehrfach umgesetzt: Die Figur Paulus greift den Verzicht auf weltlichen Besitz in den Makarismen auf (5 und 6), die Figur Tryphäna lässt der Text diese Gedanken umsetzen und zeichnet sie so als eine, die auf ihrem Weg der Konversion voranschreitet, den Worten des Apostels folgt und somit seligzupreisen ist.

Thekla trifft in Ikonium auf ihre Familie. In diesem Zusammenhang werden zwei Familienmitglieder und das Verhältnis zu diesen nochmals beschrieben: Über den Verlobten, Thamyris, wird berichtet, er sei schon verstorben. Im übertragenen Sinn kann dieser kurze Hinweis weiter gedeutet werden: Thamyris als Verlobter Theklas steht für deren vorheriges Dasein. Mit dem Hinweis auf seinen Tod äußert die Erzählung auf indirekte Weise, dass das Leben und die Lebensweise, die Thekla vor ihrer Begegnung mit Paulus geführt hat, ganz vorbei ist.

Die Mutter Theklas, Theoklia, lebt noch.[451] Die Worte Theklas an ihre Mutter zeigen folgende Züge der Figuren auf: Thekla konfrontiert Theoklia nach der Rettung mit der Frage, ob sie denn glauben könne, dass „der Herr in den Himmeln lebe" (δύνασαι πιστεῦσαι ὅτι ζῇ κύριος ἐν οὐρανοῖς; 43).[452]

Thekla begründet ihre Frage: Egal, was sie sich wünsche, Gott werde es ihr durch sie geben (εἴτε γὰρ χρήματα ποθεῖς, δώσει σοι κύριος δι’ ἐμοῦ 43). Selbst wenn sie ihre Tochter verlange (εἴτε τὸ τέκνον, ἰδού, παρέστηκά σοι 43), dann wird diese auch bei ihr sein. Mit diesen beiden Beispielen erklärt Thekla ihre Anfrage und es scheint, als solle auf diese Weise der Mutter die Reaktion erleichtert werden: Vor dem Statthalter plädierte Theoklia noch für die Verbrennung ihrer Tochter und bezeichnete sie als ἄνομος und ἄνυμφος (20). Da Thekla nun nach der Rettung wieder lebend vor ihr steht, scheint es

---

[451] Diese Erzählnotiz thematisiert auf ganz einfache Weise auch die den Erzähltext bestimmende Thematik Leben – Tod, indem „nur" vom Tod bzw. Noch-am-Leben-Sein der Verwandten berichtet wird.

[452] Auffällig ist auch die parallele Konstruktion in der Schilderung der beiden Mütter Theklas. Nach der Rettung der Thekla spielt die Thematik „Leben" eine große Rolle. Tryphäna äußert, sie glaube an die Erweckung Toter und an das ewige Leben, Theoklia wird gefragt, ob sie an einen Gott glaubt, der in den Himmeln lebt.

möglich, solche Worte an die Mutter zu richten, ein Zeugnis,[453] das diese auch zum Nachdenken anregen soll.

Wie sehr Thekla immer mehr in die Rolle des Apostels rückt, zeigt sich nicht nur im Auftrag des Paulus an sie: „Gehe hin und lehre das Wort Gottes" (41), sondern ebenso in ihrer weiteren Tätigkeit – auch sie verkündet ihren Glauben an bisher Ungläubige, wie am Beispiel ihrer Mutter Theoklia und der Aussage, sie „erleuchtet" viele durch das Wort Gottes" (43), illustriert[454] wird. Dies zeigt, „The docile, silent Thecla of chap. 3 is replaced by a firm, determined, active, and eloquent defender of her faith and rights".[455] Die kurze Erwähnung Theoklias kann schließlich als letzte versuchte Erzählung über eine Konversion gesehen werden. Ob es dazu kommt, lässt der Text offen.

Thekla definiert sich nach wie vor über Paulus, sie gibt ihren Bezug zu dem nun abwesenden Apostel nicht auf: Sie wirft sich vor ihrer Abreise nach Ikonium noch einmal an der Stelle, wo Paulus gepredigt hat, auf den Boden und betet.

Im Grunde kann dies – mit dem Text (ταῦτα διαμαρτυραμένη 43) – als Theklas drittes „Martyrium" (im Sinne eines Glaubenszeugnisses) verstanden werden. Erst nach diesem Zeugnis und einer Tätigkeit, in der sie „viele durch das Wort Gottes erleuchtete", entschläft sie friedlich in Seleukia.

c) Zwischenergebnis

Während des zweiten Erzählteils tritt Paulus an den Rand der Erzählung, er scheint beinahe keine Rolle mehr zu spielen. Stattdessen ist es Thekla, die mehr Raum einnimmt und durch deren Figur der Leser durch das Geschehen geführt wird.

Mehr noch wird Thekla durch diesen Hinweis bereits über den Text hinaus als eine Zeugin des Glaubens geformt, die konkret greifbar scheint, wie dies später die Pilgerin Egeria in ihrem Itinerar berichtet. Sie besucht über eine Reise ins Heilige Land hinaus auch weitere Stätten, so auch das Grab der hl. Thekla, das sich außerhalb von Seleukia befindet.

Wenn in Teil I noch die Figur des Paulus als Mittler des Glaubens gezeichnet wurde, kann dies am Ende der Akten des Paulus und der Thekla nun auch für Thekla selbst gesagt werden – über ihr Zeugnis kommen andere zum

---

[453] Für die Aussage Theklas wird im Griechischen das Verb διαμαρτύρομαι verwendet, das in Verbindung mit ὅτι *versichern; Gott und Menschen zu Zeugen anrufen* meint.

[454] Φωτίζω kann auf die christliche Taufe bezogen werden, die den Täufling erleuchtet. Die Erleuchtung durch das Wort bezieht die Erleuchtung eher auf die lehrende Tätigkeit der Thekla: Durch ihre Worte erleuchtet sie gewissermaßen die Hörenden; vgl. dazu PERVO, Acts of Paul 185.

[455] Vgl. PERVO, Acts of Paul 146.

Glauben.[456] Selbst der narrativ nicht unbedingt notwendig erscheinende Hinweis des Textes über den Tod Theklas in Seleukia (43) kann in dieser Linie verstanden werden: Er markiert möglicherweise den Ort ihrer späteren Verehrung – Seleukia entwickelte sich mit dem Grab der Thekla zu einem bereits in der Spätantike wichtigen Pilgerzentrum, wie die späteren Texte über die Wunder der hl. Thekla des Basilius von Seleukia bezeugen.[457]

Dass an diesem Ort zum Gedenken an Thekla selbst die Akten der Thekla gelesen wurden, zeigt eine Passage im Itinerarium der Pilgerin Egeria: [...] Ac tertia die perueni ad ciuitatem, quae appellatur Seleucia Hisauriae. [...] Ibi ergo cum uenissem in nomine Dei, facta oratione ad martyrium nec non etiam et lecto omni actu[s] sanctae Teclae, gratias Christo Deo nostro egi infinitas, qui mihi dignatus est indignae et non merenti in omnibus desideria complere (Eg. itin. 23,1.5).

Das Glaubenszeugnis Theklas wird abschließend durch Paulus legitimiert, der sie zur Lehre beauftragt.

Im Lauf der Erzählung rückt Theoklia in ihrer Funktion als Mutter Theklas immer mehr in den Hintergrund. Stattdessen übernimmt Tryphäna diese Rolle.[458] Die beiden „Mütter" Theklas werden in ihrem Verhalten ihrer „Tochter" gegenüber auf ähnliche Weise und doch konträr zueinander geschildert. Die leibliche Mutter, Theoklia, kann das Verhalten ihrer Tochter nicht verstehen, hetzt den Verlobten und die herrschende Obrigkeit gegen sie auf und fordert letzten Endes die Hinrichtung der Tochter. Tryphäna dagegen nimmt Thekla in ihren Schutz. Mittels ihres Wohlstandes und Einflusses setzt sie sich für sie ein und verhilft ihr zur Rettung. Zwei Welten und deren Systeme treffen so aufeinander, wie die abschließende Szene zeigt. Deren Unterschiede sind jedoch nicht in den einzelnen Gesellschaftsschichten zu suchen. Tryphäna als bedeutende Frau und Königin ermöglicht in ihrem Haus die Weitergabe des Glaubens. Gegen Ende der Erzählung wird diese Rollenverschiebung wieder geschwächt und Theoklia wird als Mutter Theklas nochmals erwähnt, die zudem nun mehr ein Teil ihrer Welt werden kann, als es vorab anzunehmen war.

---

[456] Der lateinische Text ist der Edition von RÖWEKAMP, Egeria, Itinerarium, entnommen.

[457] Zum Theklakult vgl. die Beiträge im Sammelband BARRIER, BREMMER, NICKLAS und PUIG I TARRÈCH, Thecla.

[458] G. SNYDER, Acts of Paul 115, mit Verweis auf MISSET-VAN DE WEG, Tryphaena 16–35, formuliert treffend: „Especially poignant is the contrast between Thekla's mother Theokleia, who (initially) abandons her, and the woman Tryphaena, who takes Thekla in – a contrast often understood as Thekla changing mothers, families, or communities."

IV. Zusammenfassung

Die Untersuchung der Figurenführung mit Konzentration auf die Figur Thekla steht im Zentrum der historisch-informierten narrativen Analyse. Sie zeigt, wie die Paulus- und Theklaakten als Narrativ auf vielfältige Weise zwei Welten kreieren, die sich gegenüberstehen. Innerhalb dieser bewegen sich die Figuren: Sie nähern sich den Welten an, entfernen sich davon oder treten von der einen in die andere über. Dadurch kommen auf unterschiedliche Weise das Thema Konversion und im Zusammenhang mit dieser Nachfolge und Glaubensentwicklung erzählerisch zum Tragen.

1. Kontrastierte Welten

Linien, die sich durch den gesamten Plot der Erzählung ziehen, zeigen, dass die Erzählung auf verschiedenen Ebenen mit Kontrastsetzungen arbeitet. Diese dienen als eine Art erzählerisches Gerüst dazu, die Figuren, deren Dynamiken und Veränderungen und damit verbunden deren Bezug zu den verschiedenen Welten zu verdeutlichen.

Gerade am Anfang der Erzählung werden solche Kontraste mittels der Nennung von Orten, an denen sich das Geschehen abspielt, scheinbar über-deutlich gesetzt – dazu gehören Städte, aber auch Schauplätze oder Räume: Die Erzählung ereignet sich an verschiedenen Orten, die aufgrund mehrerer Merkmale näher bestimmt und mithilfe der dort stattfindenden Ereignissen und den sich dort befindenden Figuren eingeordnet werden. Die Erwähnung von konkreten Ortsbezeichnungen unterstützt, Geschehnisse greifbarer und damit realer zu machen. Diesen kommt somit mehr als ein rein fiktives und symbolisches Verständnis zu.

Das Setting wechselt gleich zu Beginn der Erzählung, nach dem Empfang des Paulus durch Onesiphorus, in dessen Haus. Dieses ist geprägt von einer freudigen, betenden Gemeinschaft, die den Worten des Paulus zuhört; währenddessen lauscht Thekla ebenso, befindet sich jedoch noch an einem Ort, in einem Haus in der Nachbarschaft, den sie verlassen möchte.

Zugleich dienen Raumkonzepte auch als Mittel, Figurenkonstellationen zu ändern: Thekla sitzt an einem Fenster, ist auf das Nachbarhaus ausgerichtet und wendet sich davon nicht ab, obwohl sie von ihrer Mutter und ihrem Verlobten gedrängt wird. So bringt die Erzählung durch die Schilderung der räumlichen Struktur und der äußeren Haltung Theklas gleich bei der Einführung ihrer Figur zum Ausdruck, dass sie eigentlich zu einem anderen Ort, in das andere Haus, in dem eine andere Gesinnung herrscht, gehört.

Nochmal mehr in Kontrast zum Haus des Onesiphorus steht das Haus der Figur Thamyris. Dieser Ort steht für Handlungen, die denen im Haus des Onesiphorus ähnlich sind, konkret finden dort eine Zusammenkunft, ein Mahl und Unterredungen, die jedoch in schlechter Absicht geschehen, statt.

Die Kontrastierung und Einordnung der Figuren mittels verschiedener Orts- und Raumkonzepte wird erzählerisch durch den Gebrauch von Begriffen, die Stimmungen ausdrücken, verstärkt; zur weiteren Zeichnung der Figuren werden Emotionen, Gesten und Haltungen erwähnt. Sie zeigen hintergründig, was auf der Ebene der Charaktere geschieht, und helfen somit, deren Bewegungen und Dynamiken zu erläutern.

Die die Erzählung prägenden Emotionen können zwei großen Bereichen zugeordnet werden, Freude und, gegensätzlich dazu, Trauer. Diese beiden Bereiche stehen dabei von Beginn der Erzählung an für die beiden Seiten, die sich gegenüberstehen.

Auf unterschiedliche Weise vermittelt die Erzählung Freude; der Begriff durchzieht beide Erzählteile und bindet sie aneinander. Für eine Einordnung des Begriffs sind zum einen Kontexte bzw. Erzählzusammenhänge bedeutend, zum anderen ist die Verbindung zu verschiedenen Figuren oder Figurengruppen aussagekräftig. Die Gemeinschaft um Paulus im Haus des Onesiphorus wie auch die Zusammenkunft in der Grabanlage sind von einer Freudenstimmung geprägt (5; 23–25). Auf diese Seite sind auch die Figur Tryphäna und die Beschreibung der Stimmung in ihrem Haus, die von großer Freude geprägt ist, einzuordnen (39).

Mittels emotionaler Stimmungen zeigt die Erzählung neben der Beschreibung der beiden Seiten auch eine Entwicklung der Figur Thekla: Diese ist aufgrund der Verlobung an die alte Welt gebunden. Parallel dazu schildert der Text mittels des Gebrauchs von Sprachbildern ein Verhalten Theklas, das einer Verliebten gleicht. Paradoxerweise wird damit nicht die Liebe zu ihrem Verlobten Thamyris, sondern zu Paulus ausgedrückt: Liebeskummer, Begierde und Leidenschaft (9) werden erwähnt, Thekla ist sogar von einer στοργή Paulus gegenüber geprägt (19), einer Liebe, die vor allem eine erotische Komponente zum Ausdruck bringt. So klebt sie zunächst wie eine Spinne am Fenster, um Paulus zu hören, und zeigt sich wie (mit)gefesselt aufgrund ihrer Liebe (9). Im Zuge der weiteren Erzählung tauchen dann andere Begriffe auf, um ihre Emotionen zu beschreiben. Thekla nimmt letztlich jeweils gegen Ende der beiden Erzählteile an von christlicher Freude (χαρά) bestimmten Gemeinschaften – in der Grabanlage (23–25) und im Haus Tryphänas (39) – teil. Auch auf emotionaler Ebene bringt der Text somit den Wandel, den die Figur Thekla vollzieht, zum Ausdruck: Die zunächst erotische Liebe ändert sich in eine Liebe, die unter Christusanhängern herrscht.

In einen Gegensatz zur Liebe Theklas, die sich von einer leidenschaftlichen hin zu einer Liebe entwickelt, die unter Glaubenden herrscht, stellt die Erzählung die Liebe der anderen Seite. Eine Liebe, die zugleich von Scham begleitet ist, wird sowohl Alexander (27) als auch Thamyris (10) zugeschrieben. Die Emotionen des Verlobten sind zudem von Furcht begleitet. Die Liebe dieser beiden Figuren ist begleitet von Umständen, welche „Liebe" nicht nur einschränken, sondern auch negativ konnotieren.

Im Gegensatz zu den Räumen und Figuren, die mit Freude in Verbindung gebracht werden, steht die Beschreibung der Häuser der Trauer. Diese Stimmung ist zum einen auf die Situation im Haus Theoklias, die in Sorge um und in Wut auf ihre Tochter ist, zu beziehen (10), zum anderen auf die Zusammenkunft im Haus des Thamyris, der die Reisebegleiter des Paulus zu üppigen Speisen lädt und dabei mit ihnen Pläne gegen Paulus schmiedet. Die Erzählung schildert ein „Haus der Trauer", das nicht nur durch Emotionen geprägt ist, sondern auch durch die listigen Absichten des Hausherrn zu einem solchen wird.

2. Eine Narrative Form der Paulusrezeption

(1) Die Paulus- und Theklaakten erzählen narrativ-intertextuell eine Konversionsgeschichte. Die Analyse zeigt, dass der Text immer wieder paulinische Gedanken aufnimmt und narrativ umsetzt:

– Röm 10,17 (Glaube kommt vom Hören) wird aufgegriffen, um die anfängliche Änderung Theklas, die vom Hören der Worte des Paulus ausgeht, und um die Gemeinschaft der Glaubenden im Haus des Onesiphorus und der sich auf dem Weg zum Glauben Befindenden im Haus Tryphänas zu beschreiben (7);
– der Bezug auf 1Kor 4,1 (das Verständnis von Paulus und seinen Mitarbeitern als Dienern Christi und Verwaltern seiner Gaben) und auf Gal 1 (die Erläuterung des Sendungsanspruchs des Apostels Paulus) zeigt, wie die Figur Paulus zu sehen ist – als Apostel und Lehrer (4 bzw. 17);
– Gal 2,20 („nicht mehr ich lebe, sondern Christus in mir"), woran sich Phil 3,17 (der Weg zu Christus führt über die Nachahmung des Paulus) anschließt, verdeutlicht einerseits, wie Paulus in den Paulus- und Theklaakten verstanden wird und dass ein Zugang zum Glauben über ihn, der immer mehr in die Nähe Christi rückt, möglich ist (11 und 20);
– dagegen wird 2Kor 6,1–10 (die Wahrnehmung des Apostels mit den Augen Nichtglaubender) aufgegriffen, um die Sicht der Gegenseite auf die Figur Paulus darzustellen (8);
– durch die erzählerische Einarbeitung des Inhalts von 1Kor 13,3 (die Abgabe von Hab und Gut und der Leib als Gnadengabe) zeigt der Text, wie das Leben in der Nachfolge Christi gestaltet werden soll (22).

Diese Einbindung und Umsetzung von paulinischen Gedanken, die alle Glauben und Nachfolge thematisieren, unterstützen die Wahrnehmung und Einordnung des Textes als Konversionsgeschichte, als eine Erzählung von Figuren und deren Bewegung innerhalb zweier Welten.

Dies zeigten letztlich die Einbeziehung von 1Thess 1,9–10 und die darin formulierten Aussagen über Konversion nochmals deutlich. Die Erzählung der Paulus- und Theklaakten gestaltet narrativ aus, was Paulus an die Thessalonicher schreibt: Konversion meint, sich von den Götzen zu Gott zu bekehren, um ihm, dem Lebendigen und Wahren, zu dienen, und den Sohn, der von den Toten auferweckt und im Gericht beisteht, zu erwarten (vor allem 37).

(2) Durch die Aufnahme verschiedener Themen aus kanonischen Evangelien, der Apostelgeschichte, den Paulinen und den Pastoralbriefen nehmen die Paulus- und Theklaakten erzählerisch Stellung dazu.

Dies zeigt sich zunächst an der Aufnahme von Figuren der Pastoralbriefe und des Corpus Paulinum. Ein Leser, der Paulus, Titus und Onesiphorus mit dessen Familie kennt, wird zunächst mit bekannten positiven Zügen dieser Figuren konfrontiert. Der Text der Paulus- und Theklaakten übernimmt und entwickelt sie weiter. Anhand der Inhalte, die die Paulus- und Theklaakten aus den genannten Texten aufnehmen, zeigt sich aber ein vielfältigeres Bild: Der Text greift Auferstehungsthematik auf und zeigt, wie unterschiedlich sie aufgegriffen und verstanden wird: Der Verfasser der Paulus- und Theklaakten kennt die Lehre der Pastoralbriefe und setzt sich mit dieser auf narrative Weise auseinander. Die Figuren nehmen damit Stellung zur Idee von Auferstehung, zum Zeitpunkt und zur dafür benötigten Lebensform. Es zeigt sich, dass jede Figur (bzw. Figurengruppe) gegen, aber auch für die Lehre der Pastoralbriefe eintritt und die Auferstehungsvorstellung, wie sie die Pastoralbriefe vertreten, erklärt: Es sind Demas und Hermogenes, die in etwa auf einer Linie mit den Inhalten der Pastoralbriefe stehen, an anderer Stelle der Erzählung ist es der Paulus der Paulus- und Theklaakten, der diese vertritt. Da jede der beiden Welten für und an anderer Stelle gegen die Inhalte der Pastoralbriefe stehen kann, zeigt der Verfasser, dass diese Texte nicht als einzig autoritativ einzustufen sind und daher ein Umgang mit ihnen möglich ist, der anders bzw. weiter denkt.

(3) Der Text stellt einerseits auch verschiedene Lebensformen vor, andererseits bewertet er sie durch den Bezug zu neutestamentlichen Texten und durch Erzählstrategien.

Die Erzählung hebt auf den ersten Blick am deutlichsten Theklas neuen Weg positiv hervor. Sie verlässt den Verlobten und damit auch ihre Familie für eine Lebensform ohne Ehe und Familie. Dass aber nicht nur Ehelosigkeit, sondern auch Ehe als Lebensform geschätzt wird, zeigt sich dadurch, dass die Figur Onesiphorus und dessen Familie in der Erzählung als Zentrum fungieren, in dem Paulus, viele andere Figuren und zuletzt auch Thekla einen Raum finden, der die Verbreitung und Weitergabe der Lehre des Paulus ermöglicht. Für dieses andere Leben steht die Familie des Onesiphorus, deren Lebenshaltung als vorbildlich geschildert wird. Die Figur Paulus kehrt in das Haus der Familie ein, verweilt eine längere Zeit dort und kommt auch in der Not – nach der Vertreibung aus der Stadt – wieder auf diese zu und verbringt eine wichtige und intensive Zeit mit der Familie in der Grabanlage. Auch wenn

Onesiphorus, der mitsamt seiner Familie gegen Ende des ersten Abschnittes in die Heimat Ikonium entlassen wird, im zweiten Erzählteil nur mehr am Rand der Erzählung auftaucht, zeigt sich die Bedeutung seiner Familie nochmals deutlich: Thekla kehrt nach den Ereignissen in Antiochien zurück an den Ort, an dem ihre Konversion begonnen hat – in das Haus des Onesiphorus, dorthin, wo Paulus gelehrt hat. Der Verfasser stellt somit nicht nur das enkratitische Leben, das Leben als Apostel oder Apostelin, als einzigen und besten Weg dar. Auch eine nach den christlichen Idealen lebende Familie ist als gleichwertig anzusehen.

Neben Ehe und Familie bzw. Ehelosigkeit wird durch Raumkonzepte auch die christliche Hausgemeinschaft als Ideal einer Lebensform dargestellt. Durch das Spiel mit Familien und dem Lösen aus familiären Kontexten zeigt der Text der Paulus- und Theklaakten die in den paulinischen Briefen erkennbaren Metaphern eines familiären Zueinanders der Mitglieder der Ekklesia, die aus Brüdern und Schwestern und dem Vater, Gott, besteht. Thekla wird nicht nur aus ihrem familiären Kontext herausgelöst, sondern nimmt auch die Rolle einer Tochter für die zum Glauben findende Tryphäna an.

Dabei arbeitet der Text den Zusammenhang von Familienformen und Identitätsbildung stark heraus, indem er immer wieder die im Glauben versammelte Gemeinschaft mit Familienmetaphorik, wie sie in neutestamentlicher Literatur (Mk 3,31–35 par.) zum Ausdruck kommt, beschreibt. Der Text der Paulus- und Theklaakten verdeutlicht narrativ, was diese konkret bedeutet: Eine Lebensweise, die geprägt ist von einer Ausrichtung auf Gott, und die Orientierung an der christlichen Lehre machen zu Geschwistern und bilden Familienbande. So bewegen sich die beiden Figuren Thekla und Tryphäna aufeinander zu und gehen dabei mehr und mehr eine Bindung ein, die der eines Mutter-Tochter-Verhältnisses gleicht: Soziale Unterschiede spielen dabei keine Rolle, das verbindende Element ist der christliche Glaube.

Die Erzählung hebt auch die Frauen, die im Haus der Figur Tryphäna wohnen, und deren Zusammenleben hervor: Nicht als leibliche, aber als Brüder und Schwestern im Glauben nehmen sie eine Lebensweise an, die der der ersten Christen, wie sie die Apostelgeschichte beschreibt, nahekommt: Man hört das Wort Gottes, teilt Hab und Gut und gibt den Armen. Nachfolge wird so zu einer Nachahmung der Lebensweise von Glaubensvorbildern.

3. Christologische und theologische Aspekte der Erzählung

Ein Blick speziell auf die Christologie und Theologie der Erzählung zeigt, welche Aspekte davon für Konversion, Nachfolge und Glaube bedeutend sind. Die Analysen großer Reden, Dialoge und Gebete zeigen, dass zwar eine einheitliche Christologie und Theologie in der Erzählung generell nicht festgemacht werden kann, dass sich aber folgende wichtige inhaltliche Elemente dennoch herauskristallisieren:

Der Adressat des Gebetes variiert: Thekla wendet sich mit einer Bitte an den Vater, die eine Mittlerschaft Christi nennt (24), aber auch explizit sowohl an den Vater (31) als auch an den Sohn (29; 42). Die Figur Paulus wendet sich an den Vater (24). Inhalt der Verkündigung des Apostels wie auch Theklas sind das Wort Gottes (5; 39; 41; 42) oder Christi (7) sowie Taten Gottes (18) und auch Taten und Werke Christi (1; 20; 25). Der Name „Jesus" wird nicht verwendet. Stattdessen ist von Jesus Christus oder Christus die Rede, der oft als Sohn bezeichnet wird. Thekla wie auch Paulus gebrauchen den Anruf κύριος. Paulus verwendet ihn für Jesus Christus (24), Thekla wendet sich an den „Herrn Gott" (31) in ihrem Bittgebet vor dem Tierkampf.

Die Funktionen Gottes und Christi gehen zum Teil ineinander, sind aber an anderen Stellen auch klar festzumachen: Sohn (17; 37) wie auch Vater (24; 31) werden als Retter gesehen. Christus fungiert als Mittler (17; 24; 25) zwischen Gott und Mensch, ist aber auch derjenige, der die Gabe des ewigen Lebens verleiht (29; 37), wenn man ihm Glauben schenkt (17). Als solcher ist er Garant der Hoffnung auf ewiges Leben; Grundbedingung dafür ist der Glaube an ihn. Christus ist Richter über die Welt und über die Menschheit, er steht zugleich im Gericht bei und schenkt Auferstehung und ewiges Leben den Glaubenden. Auch Gott ist Kyrios, Vater Christi, Schöpfer und Herr über Himmel und Erde. Somit ist er über alles erhaben und den Menschen wohlgesinnt, der diesen zu ihrem Heil den Sohn sendet (17).

Durch die Einspielung von paulinischem Gedankengut und von christologischen wie theologischen Aspekten beschreibt die Erzählung die Welt bzw. Seite der Glaubenden näher: Die alte Welt hält Thekla fest, und dies beinahe bis zur Zerstörung. Die Verbindung dahin erscheint wie ein Faden, der immer dünner wird und bis zum Ende der Erzählung nicht zu reißen scheint. Die gegenüberstehende Welt wird von Beginn an als eine erzählt, die sie aufnehmen will. Der Verfasser setzt die Figur Gott als Handlungssouverän den beiden Welten gegenüber. Dieser ist ein lebendiger Gott (1Thess 1,9–10), den selbst oder seinen Sohn der Verfasser immer wieder auf übernatürliche Weise rettend in das Geschehen eingreifen lässt.

4. Die Figurenmodelle der Paulus- und Theklaakten

Die Analysen zeigen, wie der Gesamtplot Konversion und mit dieser verbunden Nachfolge und Glaubensvermittlung beschreibt. Mithilfe der vorgestellten narrativen wie narrativ-intertextuellen Mittel kann viel mehr ein Zueinander als ein Nebeneinander der Figuren beschrieben werden. Die Zuordnung und mit ihr auch die Bewegung einzelner Figuren auf die verschiedenen Welten zu ermöglichen es, diese Veränderungen zu präzisieren. Sie können zum einen als Konversionen verschiedenen Grades eingestuft werden (an erster Stelle Thekla und an zweiter Stelle Tryphäna), Figuren können als Bezugs- und Orientierungspunkte gelten (Paulus; Onesiphorus mit seinem Haus), manche zeigen kleine Veränderungen zur positiv gezeichneten Welt hin (Statthalter; Theoklia) und andere sind von Beginn an negativ gezeichnet und bewegen sich innerhalb dieser Welt immer mehr in die Kontrastposition (Demas und Hermogenes; Thamyris).

Thekla

Die Figur Thekla und deren Konversion zum christlichen Glauben stehen im Mittelpunkt der Erzählung. Alle Informationen, die der Text im Verlauf der Erzählung gibt, beschreiben sie mehr und mehr als Nachfolgende und zeigen charakteristische Merkmale dafür. In vielerlei Hinsicht wird innerhalb der Handlung erkennbar, wie sich die Figur Thekla verändert:

Bereits die Worte zur Einführung ihrer Figur schildern sie als ganz dem neuen Lehrer zugeneigt: Sie verharrt in der Position des Zuhörens am Fenster und lässt sich von Aussagen der Mutter und des Verlobten nicht beeindrucken, indem sie sich nicht davon wegbegibt.

Durch ihr Verhalten und ihre Gestik zeigt die Erzählung einerseits äußerlich, dass die Figur eine kontinuierliche Wandlung vollzieht. Sie ist auf die Worte des Apostels und das Geschehen im Nachbarhaus fixiert. Selbst während der Befragungen vor dem Richterstuhl hält die Freude in ihr an, sie reagiert nicht auf den Verhörer, sondern sucht stattdessen den Blickkontakt zu Paulus. Thekla bewahrt selbst in größter Not ihre Haltung: Sie besteigt den Holzhaufen im Vertrauen auf Gott. Neben dieser Haltung zeigt Thekla auch beim Eintritt in das Gefängnis verschiedene Gesten: Sie schenkt dem Türwärter Wertgegenstände, setzt sich zu Füßen des Apostels, küsst diese und hört seinen Worten zu. Nach seinem Aufbruch verharrt sie an der Stelle, wo er gefangen war. Auf die Verurteilung zur Verbrennung reagiert sie ruhig.

Andererseits zeichnet auch ihr Kommunikationsverhalten, verbal wie nonverbal, den Charakter[459] Theklas deutlich: Die Figur Thekla spricht weder mit Familienangehörigen, wie mit ihrer Mutter oder ihrem Verlobten Thamyris (10), noch gibt sie Autoritäten Antwort. Sie verweigert dem Prokonsul die Aussage, indem sie auf seine Frage hin schweigt (20). Thekla kommt so zwar nicht aktiv zu Wort, doch spricht sie vielmehr passiv zum Leser durch ihr Schweigen auf direkt an sie gerichtete Fragen. Erst nach der Verurteilung erhebt sie zum ersten Mal die Stimme, wenn sich die Menge bereits ins Theater begibt. Nur mit einem Kind, das ihr auf der Suche nach Paulus begegnet (23), und mit Paulus selbst lässt sie einen Dialog zu (25). Zugespitzt kann man er-

---

[459] Die Figuren der Erzählung können zum Teil mithilfe der Analysen in die eingangs vorgestellten Kategorien eingeteilt werden: Sie fungieren so innerhalb des Plots als vollausgebildete Charaktere (Paulus, Thekla und Gott), als Agenten (Titus und Falkonilla) oder Typen (Demas und Hermogenes, Thamyris). Tryphäna und auch Theoklia sind aufgrund ihrer Veränderung im Lauf der Erzählung meines Erachtens eher als Charaktere zu sehen. Anhand ihrer Zeichnung durch den Verfasser geschieht eine Annäherung an die Figur Thekla.

kennen, dass Thekla nur mit bereits glaubenden Personen spricht, mit ihresgleichen.

So wie ihr ganzes Verhalten auf die Figur des Paulus ausgerichtet ist, spiegeln auch ihre Worte dies wider. Sie glaubt, Paulus zu sehen, der zu ihr in der Not gekommen ist (21), und ist so nach der Rettung auf der Suche nach ihm (23). Die Schilderungen ihrer Figur, insbesondere bei den Verurteilungen und Vollstreckungen dieser, zeigen dabei Parallelen zu Motiven aus christlichen Märtyrerakten. An erster Stelle fallen vor allem die Akten der Perpetua und Felicitas ins Auge, deren Schilderungen mit der Hauptakteurin in vielen Punkten vergleichbar sind: Die Bezeichnung als Dienerin Gottes, das Bekenntnis zu diesem mit der Aussage „Ich bin Christin", die weiblichen Tiere bei der Tierhetze, der positive Bezug zu Kerker/bzw. Gefängnis zeigen, dass die Erzählungen der Paulus- und Theklaakten diesen ähnlich gestaltet ist. Dass auch Theklas Gebetssprache der von Märtyrern sehr ähnlich ist, zeigt ein Vergleich mit dem Martyrium des Polykarp: Thekla wendet sich wie dieser an Gott Vater, bezieht aber den Sohn Jesus Christus als Mittler ein.

Der zweite Erzählteil zeigt nochmals, wie sich die Figur Thekla von einer jungen Frau, die sich im Haus der Mutter befindet und die Außenwelt nur hörend und am Fenster stehend wahrnehmen kann, deren weiteres Leben als Ehefrau geplant ist, die anderen Figuren gegenüber schweigt, kontinuierlich zu einer selbstbewussten Figur, die alte Strukturen auflöst, aufbricht und Paulus nachfolgt, entwickelt. Sie durchsteht ein zweites Mal Vernehmung und Urteilsvollstreckung, bei denen sich Gott jeweils auf ihrer Seite zeigt. Löwe und Stier, die für Kraft und Potenz stehen und als solche die weltlichen Begierden und Mächte symbolisieren, sind chancenlos gegen sie. Sie tauft sich selbst, spricht Gebete dabei, bekennt sich als „Dienerin Gottes" (37) vor dem Statthalter. So erweist sie sich als souverän und standhaft allen Leidenschaften gegenüber. Durch ihr Zeugnis und ihre Glaubensweitergabe bewirkt Thekla Veränderungen anderer Figuren, z.B. Tryphänas und ihres Hauses. Sie wird einerseits von anderen Figuren mehr und mehr als Christusanhängerin und Apostelin gesehen – Tryphäna traut ihr eine Bitte um ihre verstorbene Tochter zu und vertraut ihr das gesamte Haus zur Unterweisung an – und sie wird auch von Paulus, ihrem Vorbild und Orientierungspunkt, der für die Welt steht, auf die sie sich hinbewegt, letztlich als Lehrerin legitimiert.

Tryphäna und ihr Haus

Die Standhaftigkeit Theklas im christlichen Glauben hat auch Auswirkungen auf andere Figuren. Parallel erzählt der Text eine weitere Konversion: Aufgrund der Erlebnisse mit Thekla entwickelt sich die Figur Tryphäna und bewegt sich immer mehr der Seite Theklas zu. Die Figur zeigt während der zweiten Erzählung eine beachtliche Änderung. Sie bittet Thekla um ein Gebet zu ihrem Gott, dann spricht sie selbst ein Gebet zu diesem, nach der Rettung

Theklas bekennt sie sich schließlich sogar zu ihm. Die Änderung dieser Figur kann somit auch als Konversion eingeordnet werden, die sich parallel zu der Theklas ereignet. In ihrer Hinwendung zu Gott zeigt sie sich nicht nur als zunehmend Glaubende, sondern sie nimmt auch Verhaltensweisen an, die diesem entsprechen: Sie macht ihr Haus zum Ort der christlichen Versammlung, an dem auch andere unterrichtet werden und zum Glauben finden können.

Die Figur Tryphäna kann auch als Kontrast zu Theoklia gesehen werden. Sie übernimmt die Funktion der Mutterrolle und somit die Rolle Theoklias. Ein wechselseitiger Nutzen stellt sich ein: Tryphäna nimmt Thekla in Schutz, diese tröstet Tryphäna, indem sie an die Stelle der verstorbenen Tochter tritt. Diese, Falkonilla, eine Agentin am Rande, prägt das Geschehen entscheidend mit und bestimmt den Verlauf. Die bereits Verstorbene bringt ihre Mutter zur Fürsorge um Thekla, indem sie durch einen Traum ihre Mutter beeinflusst, und trägt somit entscheidend dazu bei, dass Thekla in gute Hände kommt. Mit der Figur Tryphäna und deren Zeichnung als wohlhabend und einflussreich bringt der Text auch den gesellschaftlichen Stand der Figuren ins Spiel und zeigt, dass Veränderung zum Glauben hin unabhängig davon möglich ist.

Paulus

Als wichtiger Bezugs- und Orientierungspunkt für Thekla gilt an erster Stelle die Figur Paulus und mit ihm auch Onesiphorus und sein Haus.

Der Charakter Paulus tritt als Figur auf, die zwar eher am Rand der Erzählung vorkommt und über große Erzählabschnitte hinweg keine Rolle zu spielen scheint. Während er nur im Hintergrund der Erzählung fungiert, dominiert Thekla vordergründig die Handlung. Inhaltlich gesehen prägt jedoch Paulus den gesamten Erzählverlauf. Seine große Rede zu Beginn ist ausschlaggebend für das Verhalten Theklas und die weitere Handlung. In der Erzählung werden zur Figur des Paulus vielfältige Hinweise gegeben, die es ermöglichen, daraus ein Bild des Apostels zu erstellen. Er ist während des ersten Erzählteils Orientierungspunkt für die Figur Thekla: Sie richtet sich auf ihn hin aus und lässt allmählich von ihrem alten Leben los. Selbst während der Vernehmung ist Paulus der Fixpunkt, auf den Thekla gerichtet ist. Er fungiert als Leiter und Lehrer Theklas, führt sie mit sich in die nächste Stadt und bestätigt am Ende der Handlung letztlich ihre Tätigkeit als Lehrerin. Eine Anlehnung an Gal 1,11–12.16 und den darin zum Ausdruck kommenden Anspruch des Apostels zeigt, dass die Paulusfigur der Paulus- und Theklaakten dieses Paulusbild aufgreift. Die Erzählung gebraucht für den Paulus der kanonischen Texte typische Inhalte, bindet ihn so an diesen zurück und verleiht dadurch dem Text Authentizität. Eine gewisse Änderung im Bild der Figur kann auch festgemacht werden: Auch als Abwesender dient Paulus weiterhin als Mentor Theklas, theologisch betrachtet macht die Erzählung deutlich, dass zunehmend Mimesis des Paulus wichtig wird (Phil 3,17).

Onesiphorus und sein Haus

Onesiphorus und seine Familie sind aus den Pastoralbriefen bekannt. Sie gelten dort wie in den Paulus- und Theklaakten als treue und vorbildliche Christen. Von Beginn der Erzählung an werden sie als Anhänger der christlichen Lehre geschildert, die Paulus aufnehmen und in ihrem Haus eine Versammlung, in der er lehren kann, ermöglichen. Sie stehen paradigmatisch für die Welt, in die hinein sich Thekla und Tryphäna bewegen. Dabei sind sie konstant auf der Seite des Paulus. Sie leisten zunächst Gefolgschaft, hören aber auch auf seine Anweisung und kehren dorthin zurück, wohin er sie sendet.

Gott

Gott wird zwar innerhalb der Erzählung nicht näher als Figur ausgestaltet. An entscheidenden Stellen greift er aber indirekt in Form von übernatürlichen Vorgängen in die Handlung ein. Zudem ist er Inhalt der großen Lehren und Reden von Paulus und Thekla. Diese Tatsachen zeigen dem Leser, dass Gott als der eigentliche Handlungssouverän der Erzählung gesehen und gedeutet werden kann. Die Figur Gott lenkt und leitet das Geschehen und zeigt sich den gesamten Erzählverlauf hindurch auf der Seite der Figur Thekla.

Demas und Hermogenes

Neben den Bezugsfiguren, die zugleich auch für die Welt stehen, auf die hin sich Thekla bewegt, können Kontrastfiguren festgemacht werden, die die andere Seite repräsentieren.

Demas und Hermogenes, die der Text aufgrund des kohärenten Handelns und Redens als eine Figureneinheit auftreten lässt, stellen einen Type des Erzählplots dar, der vordergründig nicht eindeutig einer Welt zugeordnet werden kann. Von Beginn der Erzählung an sind sie zwar die Reisebegleiter des Paulus und so Teil seiner Welt; der Hinweis, dass sie nicht aufrichtig sind, zeigt jedoch, dass sie innerlich nicht dazugehören. Sie verbinden die beiden Welten, tun das aber auf negative Weise. Im Verlauf der Erzählung wird dieses Bild noch stärker. Durch ihre Zusammenarbeit mit Thamyris positionieren sie sich eindeutig und ihre Zugehörigkeit wird immer klarer.

Thamyris

Am Type Thamyris kann eine große Veränderung beobachtet werden. Bevor Thamyris von der Haltung seiner Verlobten weiß, wird auch von ihm gesagt, dass er Thekla „hocherfreut" besucht (8). Nach den Aussagen der Mutter Theoklia, Thekla sei einer „großen Freude zugewandt" (8) und „von einer nie gekannten Begierde und unheimlichen Leidenschaft ergriffen" (9), wandeln sich die Gefühle des Thamyris: Er verspürt Liebe und Furcht zugleich, als er mit diesem Wissen um seine Verlobte auf sie trifft (10).

Zuerst noch ambivalent gezeichnet zeigen ihn die darauffolgenden Szenen deutlich negativ. In den nun folgenden Gesprächen des Thamyris mit den Reisegefährten Demas und Hermogenes und dem Auftritt vor dem Statthalter werden seine Emotionen weiter spezifiziert: Er springt auf (11), ist besorgt um Thekla (13), zugleich aber voll von „Eifersucht und Zorn" (15) und verleiht dem auch vor dem Statthalter Ausdruck, wenn er mit „lautem Geschrei" zu ihm spricht (16). Er bewegt sich immer mehr weg von der Verlobten und nimmt deren Veränderung als ein Verfallensein der Figur Paulus gegenüber wahr.

Alexander

Der Type Alexander, noch unverheiratet, einer der Ersten der Antiochener, eine einflussreiche Figur, veranlasst die zweite Vernehmung Theklas und dadurch ihren weiteren Weg. Er steht innerhalb des zweiten Erzählteils für die Gegenseite und fungiert als Mittel zum Zweck. Als Syriarch und Organisator der Spiele zeigt er sich zunächst entschlossen, Thekla in den Kampf mit Tieren treten zu lassen. Er stellt eigene, mächtige und starke Tiere zur Verfügung, die letztlich, wie er auch, an Thekla scheitern. Sie dienen als Abbild seiner vordergründigen, politischen Macht, die aber gegen die Kraft des Glaubens als chancenlos dargestellt wird. Die Figur Alexander verhilft Thekla somit einerseits dazu, sich nach ihrem großen Schritt auf die Seite des Paulus hin zu bewähren. Andererseits bringt er sie ihrer Rolle als Lehrende und Apostelin näher, in der sie sich gegen weltliche Mächte bewähren kann. Erst als er aufgrund des Ohnmachtsanfalls Tryphänas, der als Tod gedeutet wird, Probleme mit der weltlichen Macht auf sich zukommen sieht, lässt er Thekla frei – eine Wendung, die aber nicht aufgrund von Überzeugung, sondern aus Angst zustande kommt.

Theoklia

Als dritte Gruppe können Figuren festgemacht werden, die im Erzählverlauf eine Veränderung signalisieren oder durchscheinen lassen.

Eine bedeutende Rolle spielt Theoklia. Anfangs wird sie noch als besorgt und unsicher im Hinblick auf das Verhalten der Tochter geschildert. Sie verlässt ihre Mutterrolle dann aber immer mehr, entwickelt sich zur Gegnerin der Tochter und begibt sich zunehmend auf die andere Seite. Sie spricht schließlich mehrmals die entscheidenden Worte und treibt so die Handlung voran: Auf ihre Aussage hin wird zum einen Thamyris tätig und sucht seine Verlobte auf (8–9), zum anderen drängt sie beim Verhör vor dem Statthalter auf das Urteil. Auch als ihre Tochter auf die Frage des Statthalters mit Schweigen reagiert, ergreift sie das Wort. Sie gibt sogar die Art der Strafe vor und fordert für ihre Tochter die Verbrennung (20). Am Ende des zweiten Erzählteils (43) wird ein Zusammentreffen mit Thekla geschildert, in dessen

Kontext ein Appell an Theoklia ergeht, sich dem Gott Theklas zuzuwenden. Ob und wie sich die Figur dazu äußert, lässt der Text offen, eine mögliche Veränderung ist zumindest angedeutet.

Statthalter

Der Type Statthalter spielt eine besondere Rolle. Er fungiert zwischen den beiden Parteien, nicht nur aufgrund seines Amtes, sondern auch aufgrund seiner Haltung. Er nimmt vorerst eine neutrale Position ein. Diese ändert sich aber nach der Rede des Paulus und er gerät immer mehr in Bedrängnis. Er findet Gefallen an den Worten des Paulus, gibt aber den Forderungen der Ankläger nach und lässt Paulus aus der Stadt vertreiben und Thekla zum Verbrennen verurteilen. Außerdem handelt er gegenteilig zu seiner inneren emotionalen Haltung. Auch bei der zweiten Verhandlung bestätigt sich dieses Bild: Er entscheidet nicht selber, sondern verurteilt Thekla gemäß der Bitte Alexanders und gibt dann während der Spiele die Verantwortung an diesen ab. Nach dem Abbruch der Kämpfe zeigt er sich wiederum auf Theklas Seite und gibt sie letztlich mit einer Verfügung frei, die als Bekenntnis seinerseits zu ihr gedeutet werden kann.

Dritter Teil

Ergebnis

An dieser Stelle werden die Ergebnisse aus den Analysen in Verbindung mit den Überlegungen der Hinführung auf den Punkt gebracht. Die historisch-informierte narrative Analyse des Textes mit Hauptaugenmerk auf die Figurenführung zeigt: Apokryphe Apostelakten sind Texte, die in mehrfacher Hinsicht „offen" konzipiert sind und so auch auf sehr unterschiedliche Weise gelesen werden können. Als solche sind sie als Quellen mit literarischem Eigenwert anzusehen, die auf einer Metaebene historische Informationen geben können und wertvolle Zeugnisse der Glaubens- und der Lebenspraxis ihrer eigenen Zeit darstellen, die ernst genommen werden wollen und aus denen mithilfe geeigneter Analysemethoden authentische Informationen zu gewinnen sind.

Ein Mehrwert narrativer Texte liegt somit darin, dass aus einer „einfachen" eine paradigmatische Erzählung werden kann. Wie dies erzählerisch geschieht, zeigen folgende Aspekte:

(1) Die Untersuchung von Figuren und deren Führung durch den Text wird in Bezug zu Analysen von Orts- und Raumstrukturen, die mit Figurenkonstellationen in Verbindung stehen, gesetzt. Am Beispiel der Paulus- und Theklaakten ist so zu erkennen, wie Charaktere zunehmend erzählerisch geformt und auf eine Veränderung hin ausgerichtet werden.

Die Analyse der Erzählung nimmt die Figur Thekla in den Fokus und zeigt, wie durch den Einsatz verschiedener erzählerischer Mittel Veränderungen dieser und ihrer Umwelt gestaltet sind. Die narrative Analyse stellt einerseits ein Zu- und Nebeneinander der Figuren und den Wechsel von Konstellationen und Dynamiken vor, andererseits werden die nebeneinanderstehenden erzählten Welten dadurch repräsentiert und zugleich zunehmend voneinander abgegrenzt.

Die Erzählung kann so als eine Konversionsgeschichte eingeordnet werden, die Konversion als einen Wechsel zwischen zwei Welten, die einander konträr gegenüberstehen, beschreibt. Der Text gibt weder eine explizite Definition von Konversion noch wird der Begriff genannt, sondern er entwirft mittels narrativer Elemente verschiedene Perspektiven, in denen das Phänomen in den Blick genommen wird. Die Erzählung ist als Mehr-Ebenen-Drama zu lesen, das die Thematik Konversion als einen Weltenwechsel beschreibt. So wird die Figur Thekla in der Erzählung als Figur gezeichnet, die, obwohl

sie die andere Seite schon berührt und sie aus ihrer „alten Welt" bereits her-
ausgerissen wird, zugleich noch Teil dieser bleibt. Der Text erzeugt somit
bereits von Beginn der Erzählung an eine Spannung zwischen Figuren, deren
Lebenswelten und Lebensräumen, die sich immer mehr zu einem Konflikt
zwischen zwei Welten formiert.

(2) Durch das Lesen der Erzählung mit paulinischen Gedanken im Hintergrund erhält der Text ein Profil, das sich paradigmatisch einordnen lässt in
die Thematik „Konversion im zweiten Jahrhundert", ohne diesen Begriff
explizit zu erwähnen. Zudem lässt er sich im Kontext paulinischer Literatur
neu lesen: Die Analyse der Erzählung als Ganzer liefert erstens einen Beitrag
dazu, was „Christusanhänger werden und sein" im zweiten Jahrhundert
inhaltlich meint, und zweitens, wie dies vermittelt wird, was die Seite, zu der
man sich bekehren soll, ausmacht und wie die Welten dahinter aussehen.
Durch die narrative Umsetzung paulinischer Theologie wird die Erzählung
für Glaubende der Welt des zweiten Jahrhunderts eine Erzählung mit Sinn
und Bedeutung.

(2.1) Durch narrative Umsetzung kanonischer Texte, insbesondere paulinischer Gedanken, betreibt der Verfasser auf subtile und neue Art Paulus-
exegese. Im Zentrum steht dabei 1Thess 1,9–10. Die Erzählung setzt narrativ
um, was Paulus in seinem ersten Brief an die Thessalonicher als Konversion
beschreibt: Die Thessalonicher haben sich von den Götzen zu Gott bekehrt
(αὐτοὶ γὰρ περὶ ἡμῶν ἀπαγγέλλουσιν ὁποίαν εἴσοδον ἔσχομεν πρὸς ὑμᾶς, καὶ
πῶς ἐπεστρέψατε πρὸς τὸν θεόν), um ihm, dem Lebendigen, zu dienen, und
sie erwarten dessen Sohn (ἀναμένειν τὸν υἱὸν αὐτοῦ), der Rettung bringt, da
er sie aus dem Gericht Gottes entreißt (Ἰησοῦν τὸν ῥυόμενον ἡμᾶς ἐκ τῆς
ὀργῆς τῆς ἐρχομένης).

Ohne diese explizit zu definieren oder zu erwähnen, kann die Erzählung
um Thekla als Konversionsgeschichte einer Figur gelesen werden, die sich
auf ihrem Weg aus Fesseln befreit und immer mehr zu Gott, dem Wahren und
Lebendigen, bewegt und dabei von Jesus Christus, dem Sohn, gerettet wird.

(2.2) Neben der narrativen Umsetzung paulinischer Gedanken setzt sich
die Erzählung mit den Pastoralbriefen auseinander. Ein Verfasser, der Paulus
aus dieser Literatur kennt, der aber zugleich gewisse Lehren nicht annimmt
bzw. sich von der Vorgabe der Pastoralbriefe löst und theologisch dazu Stellung nimmt, kann dahinter vermutet werden. So wird in den Paulus- und Theklaakten eine Paulusfigur dargestellt, die nicht akzeptiert, dass Frauen nicht
lehren, die eine asketische Kirche will, die gewisse hierarchische Konzepte
übergeht und „normale" Christen nicht als Christen zweiter Klasse darstellt
und die für eine Hauskirche eintritt. Die Akten des Paulus und der Thekla
denken die „Christusanhänger" als dynamische Gruppe, die „Standardchris-
ten" mehr ermöglicht. Sie denken im Gegensatz zu den Pastoralbriefen an die
Möglichkeit von Konversion, die sogar so weit geht, dass eine Frau Apostelin

sein kann. Sie bieten dazu mit Thekla eine Figur, die Paulus porträtiert, die sich mit den Gegebenheiten nicht zufriedengibt, sondern auf ihrem Weg der Nachfolge Initiativen ergreift.

(3) Die Analyse der Figurendynamiken und das Lesen des Textes mit paulinischem Gedankengut im Hintergrund zeigen paradigmatisch Konversionen als Wege auf, die aus mehreren Phasen bestehen. Der Begriff Konversion und auch dessen Inhalte werden innerhalb der Erzählung nicht explizit genannt. Unter Einbeziehung des gesamten Kontextes lassen sich dennoch folgende vorbereitende und begleitende Elemente festmachen:

Das Hören der Lehre, die als eine Hin- und Einführung erzählt wird, ist Voraussetzung und grundlegender Vorbereitungsschritt. Ἀκούω dient als zentraler Begriff, um die Tätigkeit von Personen im Kontext Nachfolge, Christwerden und Einführung in den Glauben zu beschreiben.

Der inhaltliche Schwerpunkt der Worte liegt jeweils auf Themen, die für Figuren, die sich auf dem Weg der Bekehrung befinden, zentral sind. Sie thematisieren die grundlegende falsche und richtige Ausrichtung des Lebens: Im Zentrum steht dabei Paulus als Lehrer. Als solcher spricht er Seligpreisungen, die ermahnenden Charakter haben, die aber zugleich auch Rat und Hoffnung geben, sowie Gebete und Bekenntnisse, die den Heilsplan Gottes erklären.

Eng mit der Einführung ist der Eintritt in eine (Haus-)Gemeinde verbunden. Dieser ist nicht gebunden oder abhängig vom Stand der Person. Die Verhältnisse scheinen geradezu umgekehrt. Die Einführung in die Inhalte der Gemeinschaft sowie die Zugehörigkeit zu dieser Gruppe haben eine Mitgliedschaft zur Folge, die auf eine andere Dimension der Zugehörigkeit verweist: ein Teil der Gemeinschaft der Glaubenden zu sein. Deren Zusammenkünfte sind von Brotbrechen, Verkündigung und Gebet geprägt und zeichnen sich durch Harmonie aus.

Das Hören der Worte hat Glauben zur Folge. Dieser entwickelt sich im Lauf der Erzählung, er ist zunächst vom Hören bedingt, drängt aber dann zu weiteren Schritten. Glaube bedeutet eine eigene, aktive Hinwendung zu Gott. Dies zeigt sich durch das Sprechen von eigenen Gebeten und Bekenntnissen, wie an den Figuren Thekla und Tryphäna festgemacht werden kann.

Die Nachfolge von Vorbildern und Leitfiguren spielt eine große und entscheidende Rolle. Diese zeigt sich sowohl in einer Nachahmung von deren Lebensweise und Lebensform – die materielle Solidarisierung mit Armen – sowie einer aktiven Nachfolge, die ein Aufbrechen von Strukturen und ein Eingehen von neuen Bindungen meint. Nachfolge, so gesehen, meint theologisch eine Mimesis, wie sie Phil 3,17 oder 1Kor 11,1 schildern: Die Imitatio Pauli führt mit diesem zusammen einerseits zu Christus und formiert andererseits die christliche Gemeinschaft. Diese Nachfolge kann so als Konsequenz von Konversion gesehen werden, die selbst zum Auslöser weiterer Konversionen wird.

An der Figur Thekla zeigt sich ein weiterer Schritt: Sie ist bereit, gewohnte und sichere Strukturen zu verlassen, folgt ihrem Vorbild, zieht umher und lehrt selbst das Wort Gottes.

Die erzählerisch stark betonte Einführung in die Lehre kann zusammenfassend als eine Art von Katechumenat eingeordnet werden, das vor allem von einem mehrmaligen Hören der Worte Christi in einer Gemeinschaft geprägt ist.

Der von Thekla selbst vollzogene Initiationsvorgang scheint mehr ein mögliches, nicht aber notwendiges Element auf dem Weg der Konversion zu sein.

Die Paulus- und Theklaakten schildern durch die vielfältige Zeichnung der Figur Thekla auf narrative Weise Konversion, die von Nachfolge, die auch Nachahmung bedeutet, und einer kontinuierlichen Entwicklung des eigenen Glaubens geprägt ist.

(4) Schließlich zeigt die Erzählung durch die geschilderte Konversion auch die Funktion dieser auf: Für einen Leser, der die Erzählung mit Kenntnis der Paulusbriefe bzw. paulinischer Gedanken aufnimmt, wird ein Vorgang geschildert, der geradezu als ein Musterbeispiel für Konversion verstanden werden kann, deren Inhalt einem Wechsel von Welten entspricht.

Wie ein Leser letztlich mit derartigen Schilderungen von Konversionen umgeht und ob er durch die Konfrontation mit den Paulus- und Theklaakten eine solche erfahren kann oder soll, ist nicht generell zu beantworten. Durch die parallel zur Erzählung über Thekla geschilderte Veränderung einer weiteren Figur, Tryphänas, zeigt der Text jedoch verschiedene Wege der Konversion auf und lässt sie auch zu. So wird dem Leser zumindest ein weiterer Weg vergegenwärtigt, der neben den spektakulären Schilderungen um Thekla Orientierung und Anknüpfungspunkt für ein eigenes Umdenken bieten kann. Eine dritte Möglichkeit, sich Gott zuzuwenden, wird durch eine weitere Figur, die sich zu Beginn als aktive Gegnerin Theklas erwiesen hat – deren Mutter Theoklia –, aufgezeigt. Diese gegen Ende der Erzählung scheinbar bewusst offengehaltene Andeutung einer möglichen Gesinnungsänderung der Figur nimmt einen aufmerksamen Leser so mitten in das Geschehen hinein und zeigt diesem, dass selbst aus einer zunächst den Glauben bekämpfenden Position heraus Änderung stattfinden kann.

Literaturverzeichnis

Die Abkürzungen für kanonische, außerkanonische und patristische Schriften folgen den Konventionen der: Abkürzungen Theologie und Religionswissenschaft nach RGG[4], herausgegeben von der Redaktion der RGG[4], UTB 2868, Tübingen 2007.

Weitere apokryphe Literatur wird abgekürzt nach den Angaben bei: Antike christliche Apokryphen in deutscher Übersetzung, Band I: Evangelien und Verwandtes, herausgegeben von MARKSCHIES, CHRISTOPH und SCHRÖTER, JENS, Tübingen [7]2012.

Sonstige antike Quellen folgen den Konventionen bei: Der Neue Pauly. Enzyklopädie der Antike, herausgegeben von CANCIK, HUBERT, Band 1–3, Stuttgart 1996–2003.

Die bibliographischen Abkürzungen folgen den Konventionen bei: SCHWERTNER, SIEGFRIED M., Internationales Abkürzungsverzeichnis für Theologie und Grenzgebiete, Berlin [3]2014.

Biblische Texte

Biblia Hebraica Stuttgartensia, herausgegeben von ELLIGER, KARL und RUDOLPH, WILHELM, Stuttgart [5]1997.

Nestle-Aland. Novum Testamentum Graece, herausgegeben von NESTLE, EBERHARD und ALAND, KURT, Stuttgart [28]2012.

Septuaginta. Id est Vetus Testamentum graece iuxta LXX interpretes, herausgegeben von RAHLFS, ALFRED und HANHART, ROBERT, Stuttgart 2006.

Septuaginta Deutsch. Das griechische Alte Testament in deutscher Überlieferung, herausgegeben von KRAUS, WOLFGANG und KARRER, MARTIN, Stuttgart 2009.

Hilfsmittel

BAUER, WALTER, Griechisch-deutsches Wörterbuch zu den Schriften des Neuen Testaments und der frühchristlichen Literatur, herausgegeben von ALAND, KURT und ALAND, BARBARA, Berlin/New York [6]1988.

BLASS, FRIEDRICH, DEBRUNNER, ALBERT und REHKOPF, FRIEDRICH, Grammatik des neutestamentlichen Griechisch, Göttingen [18]2001.

Calwer Bibelatlas, erarbeitet von ZWICKEL, WOLFGANG, Stuttgart 2000.

GEERARD, MAURICE (Hrsg.), Clavis apocryphorum Novi Testamenti, Turnhout 1992.

GEMOLL, WERNER und VRETSKA, KARL, Gemoll, Griechisch-deutsches Schul- und Handwörterbuch, München u. a. [10]2006.

LAMPE, GEOFFREY W. H. (Hrsg.), A Patristic Greek Lexicon, Oxford 1961.

LEGGEWIE, OTTO (Hrsg.), Ars Graeca. Griechische Sprachlehre, neu bearb. von MEHR-
LEIN, ROLF, RICHTER, FRIEDRICH und SEELBACH, WILHELM, Paderborn 2007.
LIDDELL, HENRY GEORGE, SCOTT, ROBERT und JONES, HENRY STUART, A Greek-English
Lexicon. With a revised Supplement, Oxford ⁹1996.

Lexikonartikel

Calwer Bibellexikon, herausgegeben von BETZ, OTTO, EGO, BEATE und GRIMM, WERNER
2 Bände, ²Stuttgart 2006:
– DIETZFELBINGER, ERNST, „Titus", 2:1356.
– RÖCKER, FRITZ, „Christen", 1:220.
Der neue Pauly. Enzyklopädie der Antike, Gesamtwerk, herausgegeben von CANCIK, HU-
BERT und SCHNEIDER, HELMUTH, 15 Bände, Stuttgart/Weimar 1996–2003:
– HÜNEMÖRDER, CHRISTIAN, „Löwe", 7:390–393.
– JAMESON, MICHAEL, „Rind III", 10:1015–1017.
– NISSEN, HANS JÖRG und RENGER, JOHANNES, „Rind II", 10:1014–1015.
– RAEPSAET, GEORGES, „Rind I", 10:1014.
– RAEPSAET, GEORGES, „Rind IV", 10:1018–1020.
Exegetisches Wörterbuch zum Neuen Testament, herausgegeben von BALZ, HORST und
SCHNEIDER, GERHARD, 3 Bände, Stuttgart ²1992:
– HORSTMANN, AXEL, „αἰσχύνομαι", 1:100–101.
– KRATZ, REINHARD, „τηρέω", 3:849–851.
– SCHNEIDER, GERHARD, „ἀκούω", 1:126–131.
– SCHNEIDER, GERHARD, „Χριστιανός", 3:1146–1147.
Reallexikon für Antike und Christentum, herausgegeben von KLAUSER, THEODOR, Band 2
(1954), herausgegeben von SCHÖLLGEN, GREGOR, Band 20 (2004), 21 (2006), 23
(2010), 24 (2012):
– BREMMER, JAN N., Perpetua und Felicitas, 27:178–190 (übersetzt von CHRISTINE MÜH-
LENKAMP).
– ENGEMANN, JOSEF, „Kranz (Krone)", 21:1006–1034.
– FRENSCHKOWSKI, MARCO, „Magie", 23:857–957.
– METZGER, MARCEL, „Katechumenat", 20:497–574.
– NOCK, ARTHUR DARBY, „Konversion", 2:105–118.
– VAN HENTEN, JAN WILLEM, „Martyrium II", 24:300–325.
– VOGT, JOSEPH, „Christenverfolgung I", 2:1159–1208.
Theologische Realenzyklopädie, herausgegeben von KRAUSE, GERHARD und MÜLLER,
GERHARD, 36 Bände, Berlin 1976–2004:
– ALPERS, KLAUS, „Physiologus", 36:596–602.
– RATSCHOW, CARL HEINZ, „Magie I", 21:686–691.
Theologisches Begriffslexikon zum Neuen Testament, herausgegeben von COENEN,
LOTHAR und HAACKER, KLAUS, Neubearbeitete Ausgabe, 1. Sonderauflage, Wupper-
tal/Neukirchen-Vluyn 2005:
– BEASLEY-MURRAY und GEORGE RAYMOND, „βαπτίζω", 1693–1702.
– BEASLEY-MURRAY und GEORGE RAYMOND, „λούω", 1702–1705.
– BECKER, OSWALD, „παρθένος", 484–486.
– BETZ, OTTO, „εὐαγγέλιον", 432–442.
– BEYREUTHER, ERICH, FINKENRATH, GÜNTHER und FREY, JÖRG, „χαίρω", 537–543.

- BEYREUTHER, ERICH und HEILIGENTHAL, ROMAN, „καλός", 860–861.
- BIETENHARD, HANS, „λέων", 1714–1715.
- COENEN, LOTHAR, „ἐκκλησία", 1136–1150.
- DEINES, ROLAND, „δύω/δύνω", 1170–1178.
- FRENSCHKOWSKI, MARCO, „ὕψος", 981–982.
- GOETZMANN, JÜRGEN, „οἶκος", 875–879.
- GOETZMANN, JÜRGEN, „μετανοέω", 234–236.
- HAACKER, KLAUS, „σέβομαι", 553–556.
- HAACKER, KLAUS, „Χριστιανός", 1088–1089.
- HAHN, HANS CHRISTOPH, „ἀπόλλυμι", 1731–1733.
- HAHN, HANS CHRISTOPH und THIELE, FRIEDRICH, „ζῆλος", 145–147.
- HEILIGENTHAL, ROMAN und SCHIPPERS, REINIER, „σφραγίς", 1116–1119.
- KLAPPERT, BERTOLD, „δεῖπνον", 912–926.
- LAUBACH, FRITZ und GOETZMANN, JÜRGEN, „ἐπιστρέφω", 230–232.
- LINK, HANS-GEORG, „αἰδώς", 1547–1550.
- MUNDLE, WILHELM, „ἀκούω", 987–991.
- SCHNEIDER, WALTER, „πειρασμός", 1790–1793.
- SÖDING, THOMAS, „ἀγαπάω", 1318–1326.
- SÖDING, THOMAS, „φιλέω", 1329–1331.
- VOLLENWEIDER, SAMUEL, „δοῦλος", 494–499.
- WEGENAST, KLAUS, „κατηχέω", 1265–1266.

Theologisches Wörterbuch zum Neuen Testament, herausgegeben von KITTEL, GERHARD
u. a., 10 Bände, Stuttgart 1933–1979:
- GRUNDMANN, WALTER, „χρίω κτλ.", 9:482–576.
- OEPKE, ALBRECHT, „ἀπόλλυμι", 1:393–396.

Wissenschaftliches Bibellexikon: http://www.bibelwissenschaft.de/wibilex/:
- LÜTTICKE, LENA, „Brief des Lentulus" (in Vorbereitung).

Textausgaben und Übersetzungen der Acta Pauli

BONNET, ALFRED und LIPSIUS, RICHARD (Hrsg.), Acta Apostolorum Apocrypha. Acta
Petri, Acta Pauli, Acta Petri et Pauli, Acta Pauli et Theclae, Acta Thaddaei, Band 1,
Darmstadt 1959.

KASSER, RODOLPHE und LUISIER, PHILIPPE, Le Papyrus Bodmer XLI en Édition Princeps
l'Épisode d'Ephèse des Acta Pauli en Copte et en Traduction, in: Le Muséon 117
(2004), 281–384.

RORDORF, WILLY, Actes de Paul, in: Écrits apocryphes chrétiens 1: Édition publiée sous la
direction de FRANÇOIS BOVON et PIERRE GEOLTRAIN. Index établis par SEVER J.
VOICU, Bibliothèque de la Pléiade 442, Paris 1997, 1117–1177.

SCHMIDT, CARL, Acta Pauli aus der Heidelberger koptischen Papyrushandschrift Nr. 1
(Nachdruck der Ausgabe 1904/05), Leipzig 1965.

SCHMIDT, CARL und SCHUBART, WILHELM, ΠΡΑΞΕΙΣ ΠΑΥΛΟΥ. Acta Pauli nach dem
Papyrus der Hamburger Staats- und Universitätsbibliothek, Veröffentlichungen aus der
Staats- und Universitätsbibliothek Hamburg, Neue Folge 2, Glückstadt u. a. 1936.

SCHNEEMELCHER, WILHELM, Paulusakten [Einleitung und Übersetzung], in: DERS.
(Hrsg.), Neutestamentliche Apokryphen in deutscher Übersetzung, Band 2: Apostolisches, Apokalypsen und Verwandtes, Tübingen ⁶1997, 193–243.

VOUAUX, LÉON, Les actes de Paul et ses lettres apocryphes, Les apocryphes du nouveau testament; Documents pour servir à l'étude des origines chrétiennes, Paris 1913.

Quellen neben den Acta Pauli

Acta Philippi et Acta Thomae. Accedunt Acta Barnabae, herausgegeben von BONNET, ALFRED und LIPSIUS, RICHARD ADELBERT, Band 2/2, Darmstadt 1959.

Acts of the Christian Martyrs, herausgegeben von MUSURILLO, HERBERT A., Oxford 1972.

Die Apostolischen Väter. Griechisch-deutsche Parallelausgabe, herausgegeben von LINDE-MANN, ANDREAS und PAULSEN, HENNING, Tübingen 1992.

Apuleius, Über die Magie. Eingeleitet, übersetzt und mit interpretierenden Essays versehen von HAMMERSTAEDT, JÜRGEN, HABERMEHL, PETER, LAMBERTI, FRANCESCA, RITTER, ADOLF M. und SCHENK, PETER, TzF/Sapere V, Darmstadt ²2008.

Aristoteles, Historia animalium, herausgegeben von BALME, DAVID M., Cambridge Classical Texts and Commentaries 1, Cambridge 2002.

Aulus Gellius, Attische Nächte. Aus einem Lesebuch der Zeit des Kaisers Marc Aurel, herausgegeben von BERTHOLD, HEINZ, Leipzig 1987.

Egeria, Itinerarium, Reisebericht. Mit Auszügen aus: Petrus Diaconus, De locis sanctis. Die heiligen Stätten. Lateinisch-deutsch, übersetzt und eingeleitet von RÖWEKAMP, GEORG, FC 20, Freiburg i. Br. ²2000.

Euripides, Sämtliche Tragödien und Fragmente. Griechisch-deutsch, Band 1: Alkestis. Medeia. Hippolytos, übersetzt von BUSCHOR, ERNST, herausgegeben von SEECK, GUSTAV ADOLF, Sammlung Tusculum, München 1972.

Eusebius von Cäsarea, Historia ecclesiastica: Eusebius Werke II. Die Kirchengeschichte, herausgegeben von SCHWARTZ, EDUARD und MOMMSEN, THEODOR, 3 Bde., 2., unveränderte Auflage herausgegeben von WINKELMANN, FRIEDHELM, GCS NF 6,1–3, Berlin ²1999.

Flavius Josephus, De bello Iudaico – Der jüdische Krieg. Griechisch-deutsch, herausgegeben, eingeleitet und mit Anmerkungen versehen von BAUERNFEIND, OTTO und MICHEL, OTTO, 3 Bände, Darmstadt 2013.

Homer, Ilias. Griechisch-deutsch, übersetzt von RUPÉ, HANS, Sammlung Tusculum, Berlin ¹⁶2013.

– Odyssee. Griechisch-deutsch, herausgegeben und übersetzt von WEIHER, ANTON, Sammlung Tusculum, Düsseldorf 2003.

Irenäus von Lyon, Adversus Haereses. Gegen die Häresien, übersetzt und eingeleitet von BROX, NORBERT, FC 8/3, Freiburg i. Br. 1995.

Johannesakten, eingeleitet und übersetzt von SCHÄFERDIEK, KURT, in: SCHNEEMELCHER, WILHELM (Hrsg.), Neutestamentliche Apokryphen in deutscher Übersetzung, Band 2: Apostolisches, Apokalypsen und Verwandtes, Tübingen ⁶1997, 138–193.

Justin der Märtyrer, Apologiae pro Christianis, herausgegeben von MARCOVICH, MIRO-SLAV, PTS 38, Berlin/New York, 1994.

– Apologie pour les chrétiens. Introduction, Texte critique, Traduction et Notes, herausgegeben von MUNIER, CHARLES, SC 507, Paris 2006.

– Dialogus cum Tryphone, herausgegeben von MARCOVICH, MIROSLAV, PTS 47, Berlin/New York 1997.

– Dialog; Pseudo-Justinus, Mahnrede, aus dem Griechischen übersetzt von HAUSER, PHILIPP, BKV 33, Kempten/München 1917.

Martial, Epigramme. Lateinisch-deutsch, herausgegeben von BARIÉ, PAUL, Tusculum Studienausgabe, Düsseldorf 2000.
– Liber spectaculorum, herausgegeben von COLEMAN, KATHLEEN M., Oxford 2006.
Oppian, Halieutica – Oppian, der Fischfang. Einführung, Text, Übersetzung in deutscher Sprache von FAJEN, FRITZ, Stuttgart 1999.
Origenes, Contra Celsum Libri 8, herausgegeben von MARCOVICH, MIROSLAV, SVigChr 54, Leiden u. a. 2001.
Ovid, Fasti, herausgegeben von HOLZBERG, NIKLAS, Sammlung Tusculum, München 1995.
– Metamorphosen. Lateinisch-deutsch, herausgegeben von FINK, GERHARD, Tusculum Studienausgabe, Düsseldorf ⁵2009.
Petrusevangelium und Petrusapokalypse. Die griechischen Fragmente mit deutscher und englischer Übersetzung, herausgegeben von KRAUS, THOMAS und NICKLAS, TOBIAS, GCS NF 1 = Neutestamentliche Apokryphen 1, Berlin/New York 2004.
Philonis Alexandrini opera quae supersunt, herausgegeben von COHN, LEOPOLD, WEND-LAND, PAUL und REITER, SIEGFRIED, 7 Bände, Berlin 1962–1963.
Physiologus. Griechisch-deutsch, übersetzt und herausgegeben von SCHÖNBERGER, OTTO, Reclam, Stuttgart 2005.
Plinius d. Ä., Naturalis historia, herausgegeben von JAN, LUDWIG VON und MAYHOFF, KARL, 6 Bände, BSGRT, Nachdr. Stuttgart 1967–2002.
Plinius d. J., Briefe. Epistularum Libri Decem. Lateinisch-deutsch, herausgegeben von KASTEN, HELMUT, Sammlung Tusculum, Düsseldorf ⁸2014.
Tertullian, Apologeticum. Verteidigung des Christentums. Lateinisch-deutsch, herausgege-ben, übersetzt und erläutert von BECKER, CARL, München ²1996.
– Contre Marcion. Introduction, Texte critique, Traduction, notes et index des Livres I–III, herausgegeben von BRAUN, RENÉ, SC 199, Paris 1994.
– De pallio. Tertullians private und katechetische Schriften, übersetzt von KELLNER, CARL A. H., BKV 7, Kempten/München 1912.
Thomasakten, eingeleitet und übersetzt von DRIJVERS, JAN WILLEM, in: SCHNEEMELCHER, WILHELM (Hrsg.), Neutestamentliche Apokryphen in deutscher Übersetzung, Band 2: Apostolisches, Apokalypsen und Verwandtes, Tübingen ⁶1997, 289–367.
Thomasevangelium: Das Evangelium nach Thomas, übersetzt von BETHGE, HANS-GEB-HARD, in: MARKSCHIES, CHRISTOPH und SCHRÖTER, JENS (Hrsg.), Antike christliche Apokryphen in deutscher Übersetzung. Evangelien und Verwandtes, Tübingen ⁷2012, 483–522.

Sekundärliteratur

ADAMIK, TAMÁS, The Baptized Lion in the Acts of Paul, in: BREMMER, JAN N. (Hrsg.), The Apocryphal Acts of Paul and Thecla, Studies on the Apocryphal Acts of the Apostles 2, Kampen 1996, 60–74.
ALKIER, STEFAN, Identitätsbildung im Medium der Schrift, in: GROHMANN, MARIANNE (Hrsg.), Identität und Schrift. Fortschreibungsprozesse als Mittel religiöser Identitätsbil-dung, BThS 169, Göttingen 2017, 105–162.
– Die Realität der Auferweckung in, nach und mit den Schriften des Neuen Testaments, NET 12, Tübingen 2009.

AUBIN, MELISSA, Reversing Romance? The Acts of Thecla and the Ancient Novel, in: HOCK, RONALD F., BRADLEY, CHANCE J. und PERCINS, JUDITH (Hrsg.), Ancient Fiction and Early Christian Narrative, SBL.SymS 6, Atlanta 1998, 257–272.

AUGUSTIN, PHILIPP, Die Juden im Petrusevangelium, BZNW 214, Berlin 2015.

AUNE, DAVID E., „Magic" in Early Christianity and Its Ancient Mediterranean Context. A Survey of Some Recent Scholarship, in: ASEs 24/2 (2007), 229–294.

AVEMARIE, FRIEDRICH, Die Tauferzählungen der Apostelgeschichte, WUNT 139, Tübingen 2002.

BAMBERG, MICHAEL, Identity and Narration, in: HÜHN, PETER, MEISTER, JAN CHRISTOPH, PIER, JOHN und SCHMIDT, WOLF (Hrsg.), Handbook of Narratology, Band 1, Berlin 2014, 241–252.

BAR-EFRAT, SHIMON, Wie die Bibel erzählt. Alttestamentliche Texte als literarische Kunstwerke verstehen (aus dem Englischen übersetzt von MENZEL, KERSTIN, bearbeitet von NAUMANN, THOMAS), Gütersloh 2006.

BAUCKHAM, RICHARD, The *Acts of Paul*. Replacement of Acts or Sequel to Acts?, in: Semeia 80 (1997), 159–168, auch veröffentlicht in: DERS., The Christian World around the New Testament. Collected Essays II, WUNT 386, Tübingen 2017, 563–571.

– The *Acts of Paul* as a Sequel to Acts, in: WINTER, BRUCE W. und CLARKE, ANDREW D. (Hrsg.), The Book of Acts in Its Ancient Literary Setting, Grand Rapids 1993, 105–152, auch veröffentlicht in: DERS., The Christian World around the New Testament. Collected Essays II, WUNT 386, Tübingen 2017, 521–561.

BECKER, JÜRGEN, Das Evangelium nach Johannes. Kapitel 1–10, ÖTK 4/1, Gütersloh/ Würzburg [3]1991.

– Das Evangelium nach Johannes. Kapitel 11–21, ÖTK 4/2, Gütersloh/Würzburg [3]1991.

BENOÎT, ANDRÉ und MUNIER, CHARLES, Die Taufe in der Alten Kirche (1.–3. Jahrhundert), TC 9, Bern 1994.

BERGER, KLAUS, Exegese des Neuen Testaments, Heidelberg/Wiesbaden [3]1991.

BERLIN, ADELE, Poetics and Interpretation of Biblical Narrative, Bible and Literature Series 9, Sheffield 1983.

BETZ, MONIKA, Die betörenden Worte des fremden Mannes. Zur Funktion der Paulusbeschreibung in den Theklaakten, in: NTS 53 (2007), 17–23.

BOLLÓK, JÁNOS, The Description of Paul in the Acta Pauli, in: BREMMER, JAN N. (Hrsg.), The Apocryphal Acts of Paul and Thecla, Studies on the Apocryphal Acts of the Apostles 2, Kampen 1996, 1–15.

BRADSHAW, PAUL F., Eucharistic Origins, ACC 80, London 2004.

– The Search for the Origins of Christian Worship. Sources and Methods for the Study of Early Liturgy, London [2]2002.

BRAUN, HEIKE, Geschichte des Gottesvolkes und christliche Identität, WUNT 2/279, Tübingen 2010.

BREMMER, JAN N., The Apocryphal Acts. Authors, Place, Time and Readership, in: DERS. (Hrsg.), The Apocryphal Acts of Thomas, Studies on Early Christian Apocrypha 6, Leuven 2001, 149–170.

– Conversion in the Oldest Apocryphal Acts, in: SECHER BØGH, BIRGITTE (Hrsg.), Conversion and Initiation in Antiquity. Shifting Identities – Creating Change, Early Christianity in the Context of Antiquity 16, Frankfurt a. M. 2014, 59–76.

– Greek Religion and Culture, the Bible and the Ancient Near East, Leiden 2008, 224–232.

- Magic, Martyrdom and Women's Liberation in the Acts of Paul and Thecla, in: DERS. (Hrsg.), The Apocryphal Acts of Paul and Thecla, Studies on the Apocryphal Acts of the Apostles 2, Kampen 1996, 36–59.
- The Onomastics and Provenance of the Acts of Paul, in: BARONE, FRANCESCA PROMETEA (Hrsg.), Philologie, herméneutique et histoire des textes entre Orient et Occident. Mélanges en hommage à Sever J. Voicu, Turnhout 2017, 527–547.
- The Portrait of the Apostle Paul in the Apocryphal Acts of Paul (erscheint in: GREUB, THIERRY und ROUSSEL, MARTIN [Hrsg.], Figurationen des Porträts, Paderborn 2017).
- Women in the Apocryphal Acts of John, in: DERS. (Hrsg.), The Apocryphal Acts of John, Studies on Early Christian Apocrypha 1, Kampen 1995, 37–56.
- BREMMER, JAN N. und FORMISANO, MARCO, Perpetua's Passions. A Brief Introduction, in: DIES. (Hrsg.), Perpetua's Passions. Multidisciplinary Approaches to the Passio Perpetuae et Felicitatis, Oxford 2012, 1–13.
- BROX, NORBERT, Der Glaube als Zeugnis, Kleine Schriften zur Theologie, München 1966.
- BÜLLESBACH, CLAUDIA, „Ich will mich rundherum scheren und dir folgen". Begegnungen zwischen Paulus und Thekla in den Acta Pauli et Theclae, in: GRESCHAT, KATHARINA und OMERZU, HEIKE (Hrsg.), Körper und Kommunikation, Beiträge aus der theologischen Genderforschung, Leipzig 2003, 125–146.
- Das Verhältnis der Acta Pauli zur Apostelgeschichte des Lukas. Darstellung und Kritik der Forschungsgeschichte, in: HORN, FRIEDRICH WILHELM (Hrsg.), Das Ende des Paulus, BZNW 106, Berlin 2001, 215–237.
- BUSCH, PETER, Magie in neutestamentlicher Zeit, FRLANT 218, Göttingen 2006.
- BUSCHMANN, GERD, Martyrium Polykarpi 4 und der Montanismus, in: VigChr 49 (1995), 105–145.
- CHANIOTIS, ANGELOS, Gedenktage der Griechen. Ihre Bedeutung für das Geschichtsbewußtsein griechischer Poleis, in: ASSMANN, JAN (Hrsg.), Religiöse Kontrapunkte zur Alltagswelt. Das Fest und das Heilige, Studien zum Verstehen fremder Religionen 1, Gütersloh 1991, 123–145.
- COLEMAN, KATHLEEN M., Fatal Charades. Roman Executions Staged as Mythological Enactments, in: JRS 80 (1990), 44–73.
- Launching into History. Aquatic Displays in the Early Empire, in: JRS 83 (1993), 48–63.
- COOK, JOHN GRANGER, Crucifixion in the Mediterranean World, WUNT 327, Tübingen 2014.
- CZACHESZ, ISTVÁN, The Acts of Paul and the Western Text of Luke's Acts: Paul between Canon and Apocrypha, in: BREMMER, JAN N. (Hrsg.), The Apocryphal Acts of Paul and Thecla, Studies on the Apocryphal Acts of the Apostles 2, Kampen 1996, 107–125.
- Magic and Mind. Toward a Cognitive Theory of Magic, with Special Attention to the Canonical and Apocryphal Acts of the Apostles, in: ASE 24/2 (2007), 295–321.
- DEHANDSCHUTTER, BOUDEWIJN, The Martyrium Polycarpi. A Century of Research, in: DERS., Polycarpiana. Studies on Martyrdom and Persecution in Early Christianity. Collected Essays, BEThL 205, Leuven 2007, 43–83.
- Research on the Martyrdom of Polycarp. 1990–2005, in: DERS., Polycarpiana. Studies on Martyrdom and Persecution in Early Christianity. Collected Essays, BEThL 205, Leuven 2007, 85–92.
- DEN DULK, MATTHIJS, I Permit no Woman to Teach Except for Thecla. The Curious Case of the Pastoral Epistles and the Acts of Paul Reconsidered, in: NT 54 (2012), 176–203.
- DINKLER, ERICH, Kreuzzeichen und Kreuz – Tav, Chi und Stauros, in: JAC 5 (1962), 93–112.

– Signum Crucis. Aufsätze zum Neuen Testament und zur christlichen Archäologie, Tübingen 1967.
– Zur Geschichte des Kreuzsymbols, in: ZThK 48 (1951), 148–172.
DRIJVERS, JAN WILLEM, Der getaufte Löwe und die Theologie der Acta Pauli, in: DERS. (Hrsg.), History and Religion in Late Antique Syria, CStS 464, Ashgate 1994, 181–189.
DUNN, JAMES D. G., Jesus Remembered. Christianity in the Making, Volume 1, Cambridge 2003.
DUNN, PETER W., The Influence of 1 Corinthians on the „Acts of Paul", in: SBL.SP 35 (1996), 438–454.
– The New Testament in the Acts of Paul, in: ROESSLI, JEAN-MICHAEL und NICKLAS, TOBIAS (Hrsg.), Christian Apocrypha. Receptions of the New Testament in Ancient Christian Apocrypha, Novum Testamentum Patristicum 26, Göttingen 2014, 149–172.
EBNER, MARTIN, Gemeindestrukturen in Exempeln. Eine eindeutig frauenfeindliche Kompromisslösung, in: DERS. (Hrsg.), Aus Liebe zu Paulus? Die Akte Thekla neu aufgerollt, SBS 206, Stuttgart 2005, 180–186.
– Paulinische Seligpreisungen à la Thekla. Narrative Relecture der Makarismenlehre in ActThecl 5f., in: DERS. (Hrsg.), Aus Liebe zu Paulus? Die Akte Thekla neu aufgerollt, SBS 206, Stuttgart 2005, 64–79.
– Sein und Schein auf dem „Königsweg". Figurenaufstellung und „Einspurung" des Lesers (ActThecl 1–4), in: DERS. (Hrsg.), Aus Liebe zu Paulus? Die Akte Thekla neu aufgerollt, SBS 206, Stuttgart 2005, 52–63.
EBNER, MARTIN und LAU, MARKUS, Überlieferung, Gliederung und Komposition, in: EBNER, MARTIN (Hrsg.), Aus Liebe zu Paulus? Die Akte Thekla neu aufgerollt, SBS 206, Stuttgart 2005, 1–9.
ECK, WERNER, Senatorische Familien der Kaiserzeit in der Provinz Sizilien, in: ZPE 113 (1996), 109–128.
ECO, UMBERTO, Lector in Fabula. Die Mitarbeit der Interpretation in erzählenden Texten, München/Wien ³1998.
EHLEN, OLIVER, Leitbilder und romanhafte Züge in apokryphen Evangelientexten. Untersuchungen zur Motivik und Erzählstruktur (anhand des Protoevangelium Jacobi und der Acta Pilati Graec. B), Altertumswissenschaftliches Kolloquium 9, Stuttgart 2004.
ERIKSON, ERIK, Identität und Lebenszyklus, Frankfurt a. M. ²2004.
ESCH, ELISABETH, Thekla und die Tiere. Oder: Die Zähmung der Widerspenstigen, in: EBNER, MARTIN (Hrsg.), Aus Liebe zu Paulus? Die Akte Thekla neu aufgerollt, SBS 206, Stuttgart 2005, 159–179.
ESCH-WERMELING, ELISABETH, Thekla – Paulusschülerin wider Willen? Strategien der Leserlenkung in den Theklaakten, NTA NF 53, Münster 2008.
ESCH, ELISABETH und LEINHÄUPL-WILKE, ANDREAS, Auf die Spur gekommen. Plädoyer für eine leserorientierte Literarkritik, in: EBNER, MARTIN (Hrsg.), Aus Liebe zu Paulus? Die Akte Thekla neu aufgerollt, SBS 206, Stuttgart 2005, 30–51.
FAURE, PAUL, Magie der Düfte. Eine Kulturgeschichte der Wohlgerüche. Von den Pharaonen zu den Römern, München 1990.
FELDMEIER, REINHARD, Der erste Brief des Petrus, ThHK 15/1, Leipzig 2005.
– Der Höchste. Studien zur hellenistischen Religionsgeschichte und zum biblischen Gottesglauben, WUNT 330, Tübingen 2014.
FERGUSON, EVERETT, Baptism in the Early Church. History, Theology, and Liturgy in the First Five Centuries, Grand Rapids 2009.

FINNERN, SÖNKE, Narration in Religious Discourse (The Example of Christianity), in: HÜHN, PETER, MEISTER, JAN CHRISTOPH, PIER, JOHN und SCHMIDT, WOLF (Hrsg.), Handbook of Narratology, Band 1, Berlin 2014, 435–446.

– Narratologie und biblische Exegese. Eine integrative Methode der Erzählanalyse und ihr Ertrag am Beispiel von Matthäus 28, WUNT 2/285, Tübingen 2010.

FITZGERALD JOHNSON, The Life and Miracles of Thekla. A Literary Study, Hellenic Studies 13, Cambridge, Mass. 2006.

GALLAGHER, EUGENE, Conversion and Salvation in the Apocryphal Acts of the Apostles, in: SecCen 8/1 (1991), 13–29.

GATHERCOLE, SIMON J., The Gospel of Thomas. Introduction and Commentary, TENT 11, Leiden/Boston 2014.

GEMÜNDEN, PETRA VON, Die urchristliche Taufe und der Umgang mit den Affekten, in: ASSMANN, JAN und STROUMSA, GUY G. (Hrsg.), Transformations of the Inner Self in Ancient Religion, Leiden 1999, 115–136.

GIELEN, MARLIS, Der Polykarpbrief und der 1. Petrusbrief. Versuch einer Neubestimmung ihres literarischen Verhältnisses, in: EISELE, WILFRIED, SCHAEFER, CHRISTOPH und WEIDEMANN, HANS-ULRICH (Hrsg.), Aneignung durch Transformation. Beiträge zur Analyse von Überlieferungsprozessen im frühen Christentum. FS für Michael Theobald, HBS 74, Freiburg i. Br. u. a. 2013, 416–444.

GNILKA, JOACHIM, Johannesevangelium, NEB, Würzburg 1983.

– Das Markusevangelium, EKK 2, Zweite Auflage der Studienausgabe, Neukirchen-Vluyn 2015.

GRANT, ROBERT M., The Description of Paul in the Acts of Paul and Thecla, in: VigChr 36 (1982), 1–4.

GUTSCHMID, ALFRED FREIHERR VON, Die Königsnamen in den apokryphen Apostelgeschichten. Ein Beitrag zur Kenntniß des geschichtlichen Romans, in: RMP NF 19 (1864), 161–183.

HAACKER, KLAUS, Der Brief des Paulus an die Römer, ThHK 6, Leipzig 1999.

HALBWACHS, MAURICE, Das kollektive Gedächtnis, Stuttgart 1967.

HAMMAN, ADALBERT GAUTIER, Das Gebet in der Alten Kirche (aus dem Französischen ins Deutsche übertragen von SPOERRI, ANNEMARIE), TC 7, Bern 1989.

HEINEMANN, WOLFGANG und VIEHWEGER, DIETER, Textlinguistik. Eine Einführung, Germanistische Linguistik 155, Tübingen 1991.

HELDERMAN, JAN, Die Anapausis im Evangelium Veritatis, NHS 18, Leiden 1984.

HERCZEG, PÁL, New Testament Parallels to the Acta Pauli Documents, in: BREMMER, JAN N. (Hrsg.), The Apocryphal Acts of Paul and Thecla, Studies on the Apocryphal Acts of the Apostles 2, Kampen 1996, 142–149.

HERZ, PETER, Herrscherverehrung und lokale Festkultur im Osten des römischen Reiches (Kaiser/Agone), in: CANCIK, HUBERT und RÜPKE, JÖRG (Hrsg.), Römische Reichsreligion und Provinzialreligion, Tübingen 1997, 238–264.

HIEKE, THOMAS, „Biblische Texte als Texte der Bibel auslegen". Dargestellt am Beispiel von Offb 22,6–21 und anderen kanonrelevanten Texten, in: BALLHORN, EGBERT und STEINS, GEORG (Hrsg.), Der Bibelkanon in der Bibelauslegung. Methodenreflexion und Beispielexegesen, Stuttgart 2007, 331–345.

HILHORST, ANTHONY, Tertullian on the Acts of Paul, in: BREMMER, JAN N. (Hrsg.), The Apocryphal Acts of Paul and Thecla, Studies on the Apocryphal Acts of the Apostles 2, Kampen 1996, 150–163.

HILLS, JULIAN, The Acts of the Apostles in the Acts of Paul, in: SBL.SP 130 (1994), 24–54.

HITZLER, RONALD und HONER, ANNE, Bastelexistenz. Über subjektive Konsequenzen der Individualisierung, in: BECK, ULRICH und BECK-GERNSHEIM, ELISABETH (Hrsg.), Riskante Freiheiten, Frankfurt a. M. [6]2004, 307–315.

HÖFER, RENATE und KEUPP, HEINER, Identitätsarbeit heute. Klassische und aktuelle Perspektiven der Identitätsforschung, Frankfurt a. M. 2007.

HOFFMAN, LAWRENCE A., Beyond the Text. A Holistic Approach to Liturgy, Indianapolis 1987.

HOFFMANN, R. JOSEPH, Porphyry's Against the Christians. The Literary Remains, New York 1994.

HÖLSCHER, MICHAEL, „Rezension zu: Sönke Finnern, Narratologie und biblische Exegese. Eine integrative Methode der Erzählanalyse und ihr Ertrag am Beispiel von Matthäus 28", online verfügbar unter www.biblische-bucherschau.de/2011/Finnern_Narratologie. pdf (abgerufen am 10. Februar 2015).

HOLTZ, GOTTFRIED, Die Pastoralbriefe, ThHK 13, Berlin [4]1986.

HOLTZ, TRAUGOTT, Der erste Brief an die Thessalonicher, EKK 13, Neukirchen-Vluyn [3]1998.

HOSSFELD, FRANK LOTHAR und ZENGER, ERICH, Die Psalmen I. Psalm 1–50, NEB, Würzburg 1993.

HOUGHTON, HUGH A. G., The Discourse of Prayer in the Major Apocryphal Acts of the Apostles, in: Apocrypha 15 (2004), 171–200.

HOWE, E. MARGARET, Interpretations of Paul in the Acts of Paul and Thecla, in: HAGNER, DONALD ALFRED und HARRIS, MURRAY J. (Hrsg.), Pauline Studies. Essays Presented to Professor F. F. Bruce on his 70th Birthday, Grand Rapids 1980, 33–49.

INSELMANN, ANKE, Freude im Lukasevangelium. Ein Beitrag zur psychologischen Exegese, WUNT 2/322, Tübingen 2012.

JACKSON-MCCABE, MATT, Women and Eros in Greek Magic and the „Acts of Paul and Thecla", in: AHEARNE-KROLL, STEPHEN P., HOLLOWAY, PAUL A. und KELHOFFER, JAMES A. (Hrsg.), Women and Gender in Ancient Religions, WUNT 263, Tübingen 2010, 267–278.

JENSEN, ANNE, Thekla – die Apostelin. Ein apokrypher Text neu entdeckt, Kaiser-Taschenbücher 172, Gütersloh 1999.

JOHNSON, FITZGERALD, The Life and Miracles of Thekla. A Literary Study, Hellenic Studies 13, Cambridge, Mass. 2006.

JUNOD, ÉRIC, Créations romanesques et traditions ecclésiastiques dans les Actes apocryphes des Apôtres, in: Augustinianum 23 (1983), 271–285.

KAESTLI, JEAN-DANIEL, Les principales orientations de la recherche sur les Actes apocryphes des Apôtres, in: BOVON, FRANÇOIS u. a. (Hrsg.), Les Actes apocryphes des Apôtres. Christianisme et monde païen, Publications de la Faculté de Théologie de l'Université de Genève 4, Genf 1981, 49–67.

KLAUCK, HANS-JOSEF, Apokryphe Apostelakten. Eine Einführung, Stuttgart 2005.

– Die apokryphe Bibel. Ein anderer Zugang zum frühen Christentum, Tübingen 2008.

– Magie und Heidentum in der Apostelgeschichte des Lukas, SBS 167, Stuttgart 1996.

KLEIN, HANS, Das Lukasevangelium, KEK 1/3, Göttingen [10]2006.

KLIJN, ALBERTUS F., The Apocryphal Acts of the Apostles, in: VigChr 37/2 (1983), 193–199.

KLING, DAVID W., Conversion to Christianity, in: FARHADIAN, CHARLES E. und RAMBO, LEWIS R. (Hrsg.), The Oxford Handbook of Religious Conversion, Oxford 2014, 598–631.

KÖNIG, JASON, Saints and Symposiasts. The Literature of Food and the Symposium in Greco-Roman and Early Christian Culture, Greek Culture in the Roman World, Cambridge 2012.

KONRADT, MATTHIAS, Bekehrung – Berufung – Lebenswende. Perspektiven auf das Damaskusgeschehen in der neueren Paulusforschung, in: MERKT, ANDREAS, NICKLAS, TOBIAS und VERHEYDEN, JOSEPH (Hrsg.), Ancient Perspectives on Paul, NTOA 102, Göttingen 2013, 96–120.

KÖTZEL, MICHAEL, Thekla und Alexander – oder: Kleider machen Leute. Dramatische Ouvertüre des Antiochia-Zyklus, in: EBNER, MARTIN (Hrsg.), Aus Liebe zu Paulus? Die Akte Thekla neu aufgerollt, SBS 206, Stuttgart 2005, 91–109.

KRAPOTH, HERMANN und LABORDE, DENIS (Hrsg.), Erinnerung und Gesellschaft. Mémoire et Sociéte. Hommage à Maurice Halbwachs (1877–1945), Jahrbuch für Soziologiegeschichte, Wiesbaden 2005.

KRAUS, THOMAS J., Fürbitte für die Toten im frühen Christentum. „Ich werde … den gewähren, den sie aus der Strafe erbitten", in: KLEIN, HANS, MIHOC, VASILE und NIEBUHR, KARL-WILHELM (Hrsg.), Das Gebet im Neuen Testament. Vierte europäische orthodox-westliche Exegetenkonferenz in Sâmbâta de Sus, 4.–8. August 2007, WUNT 249, Tübingen 2009, 355–396.

KRAUS, THOMAS J. und NICKLAS, TOBIAS, Antikes Christentum und „Magie". Verhältnisbestimmungen, in: ASEs 24/2 (2007), 221–228.

KRETSCHMAR, GEORG, Die Geschichte des Taufgottesdienstes in der alten Kirche, in: MÜLLER, KARL FERDINAND und BLANKENBURG, WALTER (Hrsg.), Leiturgia. Handbuch des evangelischen Gottesdienstes, Band 5: Der Taufgottesdienst, Kassel 1970, 1–348.

LALLEMAN, PIETER J., The Resurrection in the Acts of Paul, in: BREMMER, JAN N. (Hrsg.), The Apocryphal Acts of Paul and Thecla, Studies on the Apocryphal Acts of the Apostles 2, Kampen 1996, 126–141.

LAU, MARKUS, Enthaltsamkeit und Auferstehung. Narrative Auseinandersetzung in der Paulusschule, in: EBNER, MARTIN (Hrsg.), Aus Liebe zu Paulus? Die Akte Thekla neu aufgerollt, SBS 206, Stuttgart 2005, 80–90.

LEHTIPUU, OUTI, The Example of Thecla and the Example(s) of Paul. Disputing Women's Role in Christianity, in: AHEARNE-KROLL, STEPHAN P., HOLLOWAY, PAUL A. und KELHOFFER, JAMES A. (Hrsg.), Women and Gender in Ancient Religions, WUNT 263, Tübingen 2010, 349–378.

LEINHÄUPL-WILKE, ANDREAS, Vom Einfluss des lebendigen Gottes. Zwei Bekenntnisreden gegen den Strich gelesen, in: MARTIN EBNER (Hrsg.), Aus Liebe zu Paulus? Die Akte Thekla neu aufgerollt, SBS 206, Stuttgart 2005, 139–158.

LIEBSCH, KATHARINA, Identität und Habitus, in: KORTE, HERMANN und SCHÄFERS, BERNHARD (Hrsg.), Einführung in die Hauptbegriffe der Soziologie, Wiesbaden [8]2010, 69–86.

LIEU, JUDITH, Christian Identity in the Jewish and Graeco-Roman World, Oxford 2006.

– Gedächtnis und Identität. Die frühchristliche Entdeckung einer Vergangenheit, in: DUMMER, JÜRGEN und VIELBERG, MEINOLF (Hrsg.), Leitbilder im Spannungsfeld von Orthodoxie und Heterodoxie, Altertumswissenschaftliches Kolloquium 19, Stuttgart 2008, 157–170.

– Neither Jew nor Greek? Constructing Early Christianity, Bloomsbury 2002.

LINCICUM, DAVID, Thecla's Auto-immersion (APTh 4.2–14 [3,27–39]). A Baptism for the Dead, in: Apocrypha 21 (2011), 203–214.

LINDEMANN, ANDREAS, Sakramentale Praxis in Gemeinden des 2. Jahrhunderts, in: GRUN-DEKEN, MARK und VERHEYDEN, JOSEPH (Hrsg.), Early Christian Communities between Ideal and Reality, WUNT 342, Tübingen 2015, 1–27.

LIPSETT, B. DIANE, Desiring Conversion. Hermas, Thecla, Aseneth, Oxford 2011.

LIPSIUS, RICHARD A., Die Apokryphen Apostelgeschichten und Apostellegenden, 2 Bände, Amsterdam 1976 (Neudruck der Ausgabe Braunschweig 1883–1890).

LÖHR, HERMUT, Formen und Traditionen des Gebets bei Paulus, in: KLEIN, HANS, MIHOC, VASILE und NIEBUHR, KARL-WILHELM (Hrsg.), Das Gebet im Neuen Testament. Vierte europäische orthodox-westliche Exegetenkonferenz in Sâmbâta de Sus, 4.–8. August 2007, WUNT 249, Tübingen 2009, 115–132.

– Kindertaufe im frühen Christentum. Beobachtungen an den neutestamentlichen Apokryphen, in: HELLHOLM, CHRISTER, HELLHOLM, DAVID, NORDERVAL, ØYVIND und VEGGE, TOR (Hrsg.), Ablution, Initiation, and Baptism. Late Antiquity, Early Judaism, and Early Christianity, 3 Bände, BZNW 176, Berlin 2011, Band 2, 1531–1552.

– Studien zum frühchristlichen und frühjüdischen Gebet. Untersuchungen zu 1Clem 59–61 in seinem literarischen, historischen und theologischen Kontext, WUNT 160, Tübingen 2003.

LONA, HORACIO E., Die Wahre Lehre des Kelsos, KfA, Ergänzungsband 1, Freiburg i. Br. 2005.

LUZ, ULRICH, Conversion in the New Testament, in: LIENEMANN, WOLFGANG und LIENEMANN-PERRIN, CHRISTINE (Hrsg.), Religiöse Grenzüberschreitungen. Studien zu Bekehrung, Konfessions- und Religionswechsel, Studien zur Außereuropäischen Christentumsgeschichte 20 (engl. Orig.: Crossing Religious Borders. Studies on Conversion and Religious Belongings), Wiesbaden 2012, 227–250.

MACDONALD, DENNIS R., Introduction: The Forgotten Novels of the Early Church, in: Semeia 38 (1986), 1–6.

– The Legend and the Apostle. The Battle for Paul in Story and Canon, Philadelphia 1983.

MALHERBE, ABRAHAM J., A Physical Description of Paul, in: HThR 79 (1986), 170–175.

MAREK, CHRISTIAN, Ein Zeugnis aus Kaunos für den Senator Pompeius Falco, in: MH 57 (2000), 88–93.

MARGUERAT, DANIEL, Actes de Paul et Actes canoniques. Un phénomène de relecture, in: Apocrypha 8 (1997), 207–224.

– The „Acts of Paul" and the Canonical Acts. A Phenomenon of Rereading, in: Semeia 80 (1997), 169–183.

– L'héritage de Paul en débat. Actes des Apôtres et Actes de Paul, in: FV 94 (1995), 87–97.

– Magic and Miracle in the Acts of the Apostles, in: KLUTZ, TODD E. (Hrsg.), Magic in the Biblical World. From the Rod of Aaron to the Ring of Solomon, JSNT.S 245, New York 2003, 100–124.

– Paul in Acts and Paul in His Letters, WUNT 310, Tübingen 2013.

– Reception of Paulinism in Acts, BEThL 229, Leuven u. a. 2009.

MARKSCHIES, CHRISTOPH, Haupteinleitung, in: DERS. und SCHRÖTER, JENS (Hrsg.), Antike christliche Apokryphen in deutscher Übersetzung. Evangelien und Verwandtes, Tübingen [7]2012, 1–180.

– Hohe Theologie und schlichte Frömmigkeit? Einige Beobachtungen zum Verhältnis von Theologie und Frömmigkeit in der Antike, in: GRIESER, HEIKE und MERKT, ANDREAS (Hrsg.), Volksglaube im antiken Christentum, Darmstadt 2009, 456–471.

– Kaiserzeitliche christliche Theologie und ihre Institutionen. Prolegomena zu einer Geschichte der antiken christlichen Theologie, Tübingen 2007.

– Zwischen den Welten wandern. Strukturen des antiken Christentums, Europäische Geschichte, Frankfurt a. M. [2]2001.

MAYORDOMO, MOISÉS, „Conversion" in Antiquity and Early Christianity. Some Critical Remarks, in: LIENEMANN, WOLFGANG und LIENEMANN-PERRIN, CHRISTINE (Hrsg.), Religiöse Grenzüberschreitungen. Studien zu Bekehrung, Konfessions- und Religionswechsel, Studien zur Außereuropäischen Christentumsgeschichte 20 (engl. Orig.: Crossing Religious Borders. Studies on Conversion and Religious Belongings), Wiesbaden 2012, 211–226.

MCGINN, SHEILA E., The Acts of Thecla, in: SCHÜSSLER FIORENZA, ELISABETH (Hrsg.), Searching the Scriptures, Band II: A Feminist Commentary, New York [2]1998, 800–828.

MCGOWAN, ANDREW B., Ascetic Eucharists. Food and Drink in Early Christian Ritual Meals, Oxford Early Christian Studies, Oxford 1999.

MEAD, GEORGE HERBERT, Geist, Identität und Gesellschaft, Frankfurt a. M. [14]2005.

MERKT, ANDREAS, Das Fegefeuer. Entstehung und Funktion einer Idee, Darmstadt 2010.

– „Volk" – Bemerkungen zu einem umstrittenen Begriff, in: GRIESER, HEIKE und MERKT, ANDREAS (Hrsg.), Volksglaube im antiken Christentum, Darmstadt 2009, 17–27.

MERZ, ANNETTE, Die fiktive Selbstauslegung des Paulus. Intertextuelle Studien zur Intention und Rezeption der Pastoralbriefe, Göttingen/Fribourg 2004.

– Tränken und Nähren mit dem Wort. Der Beitrag der Mahlszenen zur narrativen Theologie der Paulusakten, in: HARTENSTEIN, JUDITH, PETERSEN, SILKE und STANDHARTINGER, ANGELA (Hrsg.), „Eine gewöhnliche und harmlose Speise"? Von den Entwicklungen frühchristlicher Abendmahlstraditionen, Gütersloh 2008, 269–295.

MEßNER, REINHARD, Einführung in die Liturgiewissenschaft, UTB 2173, Paderborn [2]2009.

– Der Gottesdienst in der vornizänischen Kirche, in: PIETRI, LUCE (Hrsg.), Die Geschichte des Christentums. Religion – Politik – Kultur, Band 1: Die Zeit des Anfangs (bis 250), Freiburg i. Br. u. a. 2003, 340–441.

– Grundlinien der Entwicklung des eucharistischen Gebets in der frühen Kirche, in: GERHARDS, ALBERT, BRAKMANN, HEINZGERD und KLÖCKENER, MARTIN (Hrsg.), Prex Eucharistica, Volumen 3: Studia, Pars prima: Ecclesia antiqua et occidentalis, SpicFri 42, Fribourg 2005, 3–41.

MISSET-VAN DE WEG, MAGDA, A Wealthy Woman Named Tryphaena. Patroness of Thecla of Iconium, in: BREMMER, JAN N. (Hrsg.), The Apocryphal Acts of Paul and Thecla, Studies on the Apocryphal Acts of the Apostles 2, Kampen 1996, 16–35.

MORROW, JEFFREY, The Sign of the Cross in the Acts of Paul and Thecla?, in: Proceedings EGL & MWBS 23 (2002), 91–100.

MOSS, CANDIDA R., On the Dating of Polycarp. Rethinking the Place of the Martyrdom of Polycarp in the History of Christianity, in: Early Christianity 1 (2010), 539–574.

– The Other Christs. Imitating Jesus in Ancient Christian Ideologies of Martyrdom, New York 2010.

– Polycarphilia, the Martyrdom of Polycarp and the Origins and Spread of Martyrdom, in: SCHRÖTER, JENS und ROTHSCHILD, CLARE K. (Hrsg.), The Rise and Expansion of Christianity in the First Three Centuries of the Common Era, WUNT 301, Tübingen 2013, 401–417.

MÜLLER, ULRICH B., Der Brief des Paulus an die Philipper, ThHK 9, Leipzig [2]2002.

MUSSNER, FRANZ, Der Galaterbrief, HThK 9, Freiburg i. Br. u. a. 1988.

MUTSCHLER, BERNHARD, Glaube in den Pastoralbriefen. Pistis als Mitte christlicher Existenz, WUNT 256, Tübingen 2010.

NASRALLAH, LAURA SALAH, „Out of Love for Paul". History and Fiction and the Afterlife of the Apostle Paul, in: RAMELLI, ILARIA und PERKINS, JUDITH (Hrsg.), Early Christian and Jewish Narrative, WUNT 348, 73–96.

NICKLAS, TOBIAS, Ablösung und Verstrickung. „Juden" und Jüngergestalten als Charaktere der erzählten Welt des Johannesevangeliums und ihre Wirkung auf den impliziten Leser, Regensburger Studien zum Neuen Testament 60, Frankfurt a. M. 2001.

– Die Akten des Titus, in: ASEs (im Druck).

– Altkirchliche Diskurse um das „Wohnen Gottes". Eine Spurensuche bis zur Zeit der Konstantinischen Wende, in: JANOWSKI, BERND und POPKES, ENNO E. (Hrsg.), Das Geheimnis der Gegenwart Gottes. Zur Schechina-Vorstellung in Judentum und Christentum, WUNT 318, Tübingen 2014, 305–324.

– Ancient Christian Care for Prisoners, in: TOLMIE, FRANÇOIS (Hrsg.), Perspectives on the Socially Disadvantaged in Early Christianity, Acta Theologica. Supplementa 23, Bloemfontein 2016, 49–65.

– Beyond „Canon". Christian Apocrypha and Pilgrimage (im Druck).

– Biblische Texte als Texte der Bibel interpretiert. Die Hochzeit zu Kana (Joh 2,1–11) in „biblischer Auslegung", in: ZKTh 126/3 (2004), 241–256.

– Christliche Apokryphen als Spiegel der Vielfalt frühchristlichen Lebens. Schlaglichter, Beispiele und methodische Probleme, in: ASEs 23/1 (2006), 27–44.

– Christliche Apokryphen lesen. Definition – hermeneutisches und methodisches Programm. Mit einer Interpretation des „unbekannten Evangeliums" auf P. Egerton 2, Habilitationsschrift (derzeit unveröffentlicht).

– „Écrits apocryphes chrétiens". Ein Sammelband als Spiegel eines weitreichenden Paradigmenwechsels in der Apokryphenforschung, in: VigChr 61 (2007), 70–95.

– Fragmente Christlicher Apokryphen und die Textgeschichte des Neuen Testaments, in: ZNW 96 (2005), 129–142.

– Gebete in frühchristlichen Märtyrerakten, in: KLEIN, HANS, MIHOC, VASILE und NIEBUHR, KARL-WILHELM (Hrsg.), Das Gebet im Neuen Testament. Vierte europäische orthodox-westliche Exegetenkonferenz in Sâmbâta de Sus, 4.–8. August 2007, WUNT 249, Tübingen 2009, 397–426.

– Gedanken zum Verhältnis zwischen christlichen Apokryphen und hagiographischer Literatur. Das Beispiel der Veronika-Traditionen, in: NedThT 62/1 (2008), 45–63.

– Jews and Christians? Second Century ‚Christian' Perspectives on the ‚Parting of the Ways', Annual Deichmann Lectures 2013, Tübingen 2014.

– Die „Kirche" im Jakobusbrief (im Druck).

– Leitfragen leserorientierter Exegese. Methodische Gedanken zu einer „biblischen Auslegung", in: BALLHORN, EGBERT und STEINS, GEORG (Hrsg.), Der Bibelkanon in der Bibelauslegung. Methodenreflexion und Beispielexegesen, Stuttgart 2007, 45–61.

– Literarkritik und Leserrezeption. Ein Beitrag zur Methodendiskussion am Beispiel Joh 3,22–4,3, in: Biblica 83 (2002), 175–192.

– No Death of Paul in the Acts of Paul and Thecla, in: BARCLAY, JOHN M. G., PUIG I TÀRRECH, ARMAND und FREY, JÖRG (Hrsg.), The Last Years of Paul, WUNT 352, Tübingen 2015, 333–342.

– Traditions about Jesus in Apocryphal Gospels (with the exception of the Gospel of Thomas), in: HOMÉN, TOM und PORTER, STANLEY E. (Hrsg.), Handbook for the Study of the Historical Jesus, Leiden/Boston 2007, 2081–2118.

– Zur historischen und theologischen Bedeutung der Erforschung neutestamentlicher Textgeschichte, in: NTS 48 (2002), 145–158.

NICKLAS, TOBIAS und NIEDERHOFER, VERONIKA, „Glaube" und „Glauben" in den apokryphen Akten des Paulus und der Thekla, in: FREY, JÖRG, UEBERSCHAER, NADINE und SCHLIEßER, BENJAMIN (Hrsg.), Glaube. Das Verständnis des Glaubens im frühen Christentum und in seiner jüdischen und hellenistisch-römischen Umwelt, WUNT 373, Tübingen 2017, 753–772.

NICKLAS, TOBIAS und SCHLÖGEL, HERBERT, Mission to the Gentiles, Construction of Christian Identity, and Its Relation to Ethics according to Paul, in: KOK, JACOBUS, NICKLAS, TOBIAS u.a. (Hrsg.), Sensitivity towards Outsiders. Exploring the Dynamic Relationship between Mission and Ethics in the New Testament and Early Christianity, WUNT 2/364, Tübingen 2014, 324–339.

NIEDERHOFER, VERONIKA, Gebete in Worten und Taten. Das Beispiel der apokryphen Akten des Paulus und der Thekla, in: Hermeneutische Blätter 2 (2014), 49–63.

NOCK, ARTHUR DARBY, Conversion. The Old and the New in Religion from Alexander the Great to Augustine of Hippo, Oxford 1969.

NOLAN, STEVE, Narrative as a Strategic Resource for Resistance. Reading the „Acts of Thecla" for Its Political Purposes, in: BROOKE, GEORGE J. und KAESTLI, JEAN-DANIEL (Hrsg.), Narrativity in Biblical and Related Texts, BEThL 149, Leuven 2000, 225–242.

OBERLINNER, LORENZ, Die Pastoralbriefe. Kommentar zum Ersten Timotheusbrief, HThK 11/2, Freiburg i. Br. u.a. 1994.

ÖHLER, MARKUS, Das ganze Haus. Antike Alltagsreligiosität und die Apostelgeschichte, in: ZNW 102 (2011), 201–234.

OMERZU, HEIKE, Der Prozeß des Paulus. Eine exegetische und rechtshistorische Untersuchung der Apostelgeschichte, BZNW 115, Berlin 2002.

OSTMEYER, KARL-HEINRICH, Kommunikation mit Gott und Christus. Sprache und Theologie des Gebetes im Neuen Testament, WUNT 197, Tübingen 2006.

PEARSON, BIRGER A., Baptism in Sethian Gnostic Texts, in: HELLHOLM, CHRISTER, HELLHOLM, DAVID, NORDERVAL, ØYVIND und VEGGE, TOR (Hrsg.), Ablution, Initiation, and Baptism. Late Antiquity, Early Judaism, and Early Christianity, 3 Bände, BZNW 176, Berlin 2011, Band 1, 119–143.

PÉRÈS, JACQUES-NOËL, Untersuchungen im Zusammenhang mit der sogenannten Epistula Lentuli, in: Apocrypha 11 (2000), 59–75.

PERVO, RICHARD I., The Acts of Paul. A New Translation with Introduction and Commentary, Eugene 2014.

– God and Planning. Footprints and Providence in Acts and in the Acts of Paul, in: MCGOWAN, ANDREW BRIAN und RICHARDS, KENT H., Method and Meaning. Essays on New Testament Interpretation in Honor of Harold W. Attridge, Atlanta 2011, 259–277.

– A Hard Act to Follow. The Acts of Paul and the Canonical Acts, in: JHC 2 (1995), 3–32.

– The Hospitality of Onesiphorus. Missionary Styles and Support in the Acts of Paul, in: ROTHSCHILD, CLARE K. und SCHRÖTER, JENS, The Rise and Expansion of Christianity in the First Three Centuries of the Common Era, WUNT 301, Tübingen 2013, 341–351.

PESCH, RUDOLF, Die Apostelgeschichte, EKK 5, Studienausgabe, Neukirchen-Vluyn 2012.

PESTHY, MONIKA, Thecla in the Fathers of the Church, in: BREMMER, JAN N. (Hrsg.), The Apocryphal Acts of Paul and Thecla, Studies on the Apocryphal Acts of the Apostles 2, Kampen 1996, 164–178.

PETERSON, ERIK, Einige Bemerkungen zum Hamburger Papyrusfragment der Acta Pauli, in: VigChr 3 (1949), 142–162.

– Frühkirche, Judentum und Gnosis, Rom u.a. 1959.

PETERSEN, SILKE, „Zerstört die Werke der Weiblichkeit". Maria Magdalena, Salome und andere Jüngerinnen Jesu in christlich-gnostischen Schriften, NHMS 48, Leiden 1999.

PLÜMACHER, ECKHARD, Apokryphe Apostelakten, Sonderausgaben der Paulyschen Real-encyclopädie der classischen Altertumswissenschaft, München 1987.

PRIEUR, JEAN-MARC, L'eucharistie dans les Actes apocryphes des apôtres, in: GRAPPE, CHRISTIAN (Hrsg.), Le Repas de Dieu/Das Mahl Gottes. 4. Symposium Strasbourg, Tübingen, Upsal, Strasbourg, 11–15 septembre 2002, WUNT 169, Tübingen 2004, 253–269.

PUELMA, MARIO, Die Dichterbegegnung in Theokrits „Thalysien", in: MH 17 (1960), 144–164.

REBILLARD, ÉRIC, Christians and Their Many Identities in Late Antiquity, North Africa, 200–450 CE, Ithaca 2012.

REICHERT, ANGELIKA, Durchdachte Konfusion. Plinius, Trajan und das Christentum, in: ZNW 93 (2002), 227–250.

RESSEGUIE, JAMES L., Narrative Criticism of the New Testament. An Introduction, Grand Rapids 2005.

RHEE, HELEN, Early Christian Literature. Christ and Culture in the Second and Third Centuries. The Apologies, Apocryphal Acts and Martyr Acts, London u. a. 2007.

RHODE, JOACHIM, Pastoralbriefe und Acta Pauli, in: Studia Evangelica 5/TU 103 (1968), 303–310.

ROLOFF, JÜRGEN, Der Erste Brief an Timotheus, EKK 15, Neukirchen-Vluyn 1988.

RORDORF, WILLY, In welchem Verhältnis stehen die apokryphen Paulusakten zur kanoni-schen Apostelgeschichte und zu den Pastoralbriefen?, in: DERS., Lex Orandi, Lex Cre-dendi. Gesammelte Aufsätze zum 60. Geburtstag, Freiburg i.Br. u.a. 1993, 449–465, zuerst veröffentlicht in: BAARDA, TJITZE u.a. (Hrsg.), Text and Testimony. Essays in Honour of A. F. J. Klijn, Kampen 1988, 225–241.

RUMSCHEID, JUTTA, Kranz und Krone. Zu Insignien, Siegespreisen und Ehrenzeichen der römischen Kaiserzeit, IF 43, Tübingen 2000.

SANCHEZ, HECTOR, Paulus nachfolgen – aber wie? Die Bedeutung des „Hauses" in den Theklaakten, in: EBNER, MARTIN (Hrsg.), Aus Liebe zu Paulus? Dic Akte Thekla neu aufgerollt, SBS 206, Stuttgart 2005, 124–138.

SANDNES, KARL OLAV, Seal and Baptism in Early Christianity, in: HELLHOLM, CHRISTER, HELLHOLM, DAVID, NORDERVAL, ØYVIND und VEGGE, TOR (Hrsg.), Ablution, Initia-tion, and Baptism. Late Antiquity, Early Judaism and Early Christianity, 3 Bände, BZNW 176, Bd. 2, 1441–1481.

SCHERER, HILDEGARD, Haus-Frauen-Geschichten. Die beiden Mutterfiguren in den The-klaakten, in: EBNER, MARTIN (Hrsg.), Aus Liebe zu Paulus? Die Akte Thekla neu auf-gerollt, SBS 206, Stuttgart 2005, 110–123.

SCHLIEßER, BENJAMIN, Was ist Glaube? Paulinische Perspektiven, ThSt(B) NF 3, Zürich 2011.

SCHMELLER, THOMAS, Der Zweite Brief an die Korinther (2Kor 1,1–7,4), EKK 8/1, Neu-kirchen-Vluyn 2010.

SCHNEEMELCHER, WILHELM, Die Apostelgeschichte des Lukas und die Acta Pauli, in: ELTESTER, WALTHER (Hrsg.), Apophoreta. Festschrift für Ernst Haenchen, BZNW 30, Berlin 1964, 236–250.

– Apostelgeschichten des 2. und 3. Jahrhunderts. Einleitung, in: DERS., Neutestament-liche Apokryphen, Band II: Apostolisches, Apokalypsen und Verwandtes, Tübingen ⁶1997, 71–81.

– Der getaufte Löwe in den Acta Pauli, in: HERMANN, ALFRED und STUIBER, ALFRED (Hrsg.), Mullus. Festschrift Theodor Klauser, JbAC.E 1, Münster 1964, 316–326, auch veröffentlicht in: SCHNEEMELCHER, WILHELM, Gesammelte Aufsätze zum Neuen Testament und zur Patristik, herausgegeben von BIENERT, WOLFGANG A. und SCHÄFER-DIEK, KNUT, ΑΝΑΛΕΚΤΑ ΒΛΑΤΑΔΩΝ 22, Thessaloniki 1974, 223–239.

SCHNEIDER, HORST, Thekla und die Robben, in: VigChr 55 (2001), 45–57.

SCHNELLE, UDO, Die ersten 100 Jahre des Christentums 30–130 n.Chr. Die Entstehung einer Weltreligion, UTB 4411, Göttingen 2015.

– Das Evangelium nach Johannes, ThHK 4, Leipzig 1998.

SCHOTTROFF, LUISE, „Ich kenne die Frau nicht … sie ist auch nicht mein", in: JOST, RENATE (Hrsg.), Wie Theologien Frauen sehen, Freiburg i.Br. u.a. 1993, 9–21.

SCHREIBER, STEFAN, Der erste Brief an die Thessalonicher, ÖTK 13/1, Gütersloh 2014.

SCHRÖTER, JENS, The Apocryphal Gospels in the Context of Early Christian Theology. Colloquium Biblicum Lovaniense 60 (July 26–28, 2011), in: ETL 88 (2012), 233–244.

– Die Apokryphen Evangelien im Kontext der frühchristlichen Theologiegeschichte, in: DERS. (Hrsg.), The Apocryphal Gospels in the Context of Early Christian Theology, BEThL 260, Leuven 2013, 19–66.

– Die Apostelgeschichte und die Entstehung des neutestamentlichen Kanons. Beobachtungen zur Kanonisierung der Apostelgeschichte und ihrer Bedeutung als kanonischer Schrift, in: AUWERS, JEAN-MARIE und DE JONGE, HENK JAN (Hrsg.), The Biblical Canons, BEThL 163, Leuven 2003, 396–427.

– V. Paulus in den apokryphen Apostelakten, in: HORN, FRIEDRICH W. (Hrsg.), Paulus Handbuch, Tübingen 2013, 557–560.

SCHUBERT, CHRISTOPH, Minucius Felix. Octavius, KfA 12, Freiburg i.Br. u.a. 2014.

SEVRIN, JEAN-MARIE, Le dossier baptismal Séthien. Études sur la sacramentaire gnostique, Bibliothèque copte de Nag Hammadi, Section Études 2, Québec 1986.

SNYDER, GLENN E., Acts of Paul. The Formation of a Pauline Corpus, WUNT 2/352, Tübingen 2013.

– Conversions of Paul. Comparing Acts and Acts of Paul, in: BURKE, TONY (Hrsg.), Forbidden Texts on the Western Frontier. The Christian Apocrypha in North American Perspectives, Eugene 2015, 282–301.

SNYDER, JULIA, Language and Identity in Ancient Narratives. The Relationship Between Speech Patterns and Social Context in the Acts of the Apostles, Acts of John, and Acts of Philip, WUNT 2/370, Tübingen 2014.

SÖDER, ROSA, Die apokryphen Apostelgeschichten und die romanhafte Literatur der Antike, Würzburger Studien zur Altertumswissenschaft 3, reprograf. Nachdruck der 1. Aufl. Stuttgart 1932, Darmstadt 1969.

SPINKS, BRYAN D., Early and Medieval Rituals and Theologies of Baptism. From the New Testament to the Council of Trent, Liturgy, Worship and Society, Aldershot u.a. 2006.

SPITTLER, JANET, Animals in the Apocryphal Acts of the Apostles. The Wild Kingdom of Early Christian Literature, WUNT 2/247, Tübingen 2008.

STEINS, GEORG, Der Bibelkanon als Denkmal und Text. Zu einigen methodologischen Aspekten kanonischer Schriftauslegung, in: AUWERS, JEAN-MARIE und DE JONGE, HENK JAN (Hrsg.), The Biblical Canons, BEThL 163, Leuven 2003, 177–198.

STRAUB, JÜRGEN, Identität, in: Handbuch der Kulturwissenschaften, Band 1: Grundlagen und Schlüsselbegriffe, herausgegeben von JAEGER, FRIEDRICH und LIEBSCH, BURKHARD, Stuttgart 2004, Sonderausgabe 2011, 277–303.

SULLIVAN, RICHARD, Dynasts in Pontus, in: ANRW II/7/2 (1980), 313–330.

THEIßEN, GERD, Die urchristliche Taufe und die soziale Konstruktion des neuen Menschen, in: ASSMANN, JAN und STROUMSA, GUY G. (Hrsg.), Transformations of the Inner Self in Ancient Religion, Leiden 1999, 87–114.

THOMAS, CHRISTINE M., The Acts of Peter, Gospel Literature, and the Ancient Novel. Rewriting the Past, Oxford u. a. 2003.

– Die Rezeption der Apostelakten im frühen Christentum, in: ZNT 9/18 (2006), 52–63.

– Stories Without Texts and Without Authors. The Problem of Fluidity in Ancient Novelistic Texts and Early Christian Literature, in: HOCK, RONALD F., CHANCE, BRADLEY J. und PERKINS, JUDITH (Hrsg.), Ancient Fiction and Early Christian Narrative, SBL.SS 6, Atlanta 1998, 273–291.

USPENSKY, BORIS, A Poetics of Composition. The Structure of the Artistic Text and Typology of a Compositional Form, Los Angeles 1973.

VAN DER WATT, JAN G., Again: Identity, Ethics, and Ethos in the New Testament. A Few Tentative Remarks, in: DERS. (Hrsg.), Identity, Ethics, and Ethos in the New Testament, BZNW 141, Berlin 2006, 611–632.

VEGGE, TOR, Baptismal Phrases in the Deuteropauline Epistles, in: HELLHOLM, CHRISTER, HELLHOLM, DAVID, NORDERVAL, ØYVIND und VEGGE, TOR (Hrsg.), Ablution, Initiation, and Baptism. Late Antiquity, Early Judaism, and Early Christianity, 3 Bände, BZNW 176, Berlin 2011, Band 1, 497–556.

VIELHAUER, PHILIPP, Geschichte der urchristlichen Literatur. Einleitung in das Neue Testament, die Apokryphen und die Apostolischen Väter, GLB, Berlin 1975.

VISCONTI, ENNIO QUIRINO, Iconographie Grecque, Tomus II tab. IX, 3, S. 201–202, online verfügbar unter: http://reader.digitale-sammlungen.de/de/fs1/object/display/bsb1021196 3_00013.html. (abgerufen am 17. Januar 2016).

VITALE, MARCO, Koinon Syrias. Priester, Gymnasiarchen und Metropoleis der Eparchien im kaiserzeitlichen Syrien, KLIO.B NF 20, Berlin 2013.

VOUGA, FRANÇOIS, An die Galater, HNT 10, Tübingen 1998.

YSEBAERT, JOSEPH, Greek Baptismal Terminology. Its Origins and Early Development, GCP 1, Nijmegen 1962.

WAGENER, FREDERIK, Figuren als Handlungsmodelle. Simon Petrus, die Samaritische Frau, Judas und Thomas als Zugänge zu einer narrativen Ethik des Johannesevangeliums, WUNT 2/408, Tübingen 2015.

WEHN, BEATE, „Selig die Körper der Jungfräulichen" – Überlegungen zum Paulusbild der Thekla-Akten, in: JANSSEN, CLAUDIA, SCHOTTROFF, LUISE und WEHN, BEATE (Hrsg.), Paulus. Umstrittene Traditionen – lebendige Theologie. Eine feministische Lektüre, Gütersloh 2001, 182–198.

WEIDEMANN, HANS-ULRICH, Taufe und Mahlgemeinschaft, WUNT 338, Tübingen 2014.

– Taufe und Taufeucharistie. Die postbaptismale Mahlgemeinschaft in Quellen des 2. und 3. Jahrhunderts, in: HELLHOLM, CHRISTER, HELLHOLM, DAVID, NORDERVAL, ØYVIND und VEGGE, TOR (Hrsg.), Ablution, Initiation, and Baptism. Late Antiquity, Early Judaism and Early Christianity, 3 Bände, BZNW 176, Band 2, 1483–1530.

– Titus, der getaufte Heide – Überlegungen zu Tit 3,1–8, in: EISELE, WILFRIED und WEIDEMANN, HANS-ULRICH (Hrsg.), Ein Meisterschüler. Titus und sein Brief, SBS 214, Stuttgart 2008, 31–54.

WENGST, KLAUS, Das Johannesevangelium, 2. Teilband: Kapitel 11–21, ThKNT 4/2, Stuttgart 2001.

WHITAKER, EDWARD CHARLES, Documents of the Baptismal Liturgy, rev. und überarb. von JOHNSON, MAXWELL E., Collegeville 2003.

WICK, PETER, „Ahmt Jesus Christus mit mir zusammen nach!" Phil 3,17. Imitatio Pauli und imitatio Christi im Philipperbrief, in: FREY, JÖRG und SCHLIEßER, BENJAMIN (Hrsg.), Der Philipperbrief des Paulus in der hellenistisch-römischen Welt, WUNT 353, Tübingen 2015, 309–326.

WILCKENS, ULRICH, Der Brief an die Römer, EKK 6, Studienausgabe, Neukirchen-Vluyn ²2014.

WLOSOK, ANTONIE, Die Rechtsgrundlagen der Christenverfolgungen der ersten zwei Jahrhunderte, in: KLEIN, RICHARD (Hrsg.), Das frühe Christentum im römischen Staat, WdF 267, Darmstadt 1971, 275–301.

WOHLENBERG, GUSTAV, Die Pastoralbriefe, Leipzig 1906.

WOLTER, MICHAEL, Die Auferstehung der Toten und die Auferstehung Jesu, in: GRÄB-SCHMIDT, ELISABETH und PREUL, REINER (Hrsg.), Auferstehung, MThSt 116, Leipzig 2012, 13–54.

– Die Entwicklung des paulinischen Christentums von einer Bekehrungsreligion zu einer Traditionsreligion, in: Early Christianity 1 (2010), 15–40.

– Die Pastoralbriefe als Paulustradition, FRLANT 146, Göttingen 1988.

– Paulus. Ein Grundriss seiner Theologie, Neukirchener Theologie, Neukirchen-Vluyn 2011.

ZAMFIR, KORINNA, Asceticism and Otherworlds in the Acts of Paul and Thecla, in: NICKLAS, TOBIAS, VERHEYDEN, JOSEPH, EYNIKEL, ERIK und GARCÍA MARTÍNEZ, FLORENTINO, Other Worlds and Their Relation to this World. Early Jewish and Ancient Christian Traditions, JSJ.S 143, Leiden/Boston 2010, 281–303.

– Is the ekklēsia a Household (of God)? Reassessing the Notion of οἶκος θεοῦ in 1Tim 3,15, in: NTS 60 (2014), 511–528.

– Men and Women in the Household of God. A Contextual Approach to Roles and Ministries in the Pastoral Epistles, NTOA 103, Göttingen 2013.

ZIMMERMANN, RUBEN, Figurenanalyse im Johannesevangelium. Ein Beitrag zu Sinn und Wahrheit narratologischer Exegese, in: ZNW 105 (2014), 20–53.

– Formen und Gattung als Medien der Jesus-Erinnerung. Zur Rückgewinnung der Diachronie in der Formgeschichte des Neuen Testaments, in: EBNER, MARTIN (Hrsg.), Die Macht der Erinnerung, JBT 22, Neukirchen-Vluyn 2008, 131–168.

– „The Jews". Unreliable Figures or Unreliable Narration?, in: HUNT, STEVEN A., TOLMIE, FRANÇOIS und ZIMMERMANN, RUBEN (Hrsg.), Character Studies in the Fourth Gospel. Narrative Approaches to Seventy Figures in John, WUNT 314, Tübingen 2013, 71–109.

– Kompendium der frühchristlichen Wundererzählungen, Band 2: Die Wunder der Apostel, Gütersloh 2017.

Stellenregister

(in Auswahl)

Altes Testament

Neues Testament

Frühjüdische und frühchristliche Schriften und Autoren

Griechisch-römische Autoren

Sachregister

Griechische Begriffe sind im Alphabet nach ihrem Lautwert bzw. nach der deutschen Schreibung ihrer Buchstaben eingereiht: aspirierte griechische Anfangsvokale unter „h", Chi unter „ch", Phi unter „ph", Theta unter „th".

Wissenschaftliche Untersuchungen zum Neuen Testament

Herausgegeben von Jörg Frey (Zürich)

Mitherausgeber:
Markus Bockmuehl (Oxford) · James A. Kelhoffer (Uppsala)
Hans-Josef Klauck (Chicago, IL) · Tobias Nicklas (Regensburg)
J. Ross Wagner (Durham, NC)

WUNT I ist eine internationale Buchreihe für das ganze Feld des frühen Christentums und seiner jüdischen und griechisch-römischen Umwelt. In ihrem historisch-philologischen Profil und ihrer disziplinübergreifenden Ausrichtung geprägt durch den langjährigen Herausgeber Martin Hengel, wird sie durch ein internationales Herausgeberteam geleitet, das verschiedene Forschungstraditionen und ein breites Spektrum von Themen der neutestamentlichen Wissenschaft repräsentiert. Ausschlaggebend für die Aufnahme ist allein die wissenschaftliche Qualität und der bleibende Wert der Arbeiten. Neben Fachmonographien erfahrener Forscher, darunter Habilitationsschriften, erscheinen Aufsatzbände von renommierten Gelehrten, Quellensammlungen und Editionen sowie Tagungsbände von Kompendiumscharakter zu zentralen Themen des Fachgebiets.

WUNT II ist das in Broschur ausgestattete Komplement zur Ersten Reihe. In *WUNT II* erscheinen herausragende Dissertationen und Monographien jüngerer Forscher sowie innovative Tagungsbände zu wesentlichen Themen der neutestamentlichen Forschung. Die historisch-philologische Prägung sowie die internationale, exegetische Schulen und Fächergrenzen überschreitende Ausrichtung entspricht der Ersten Reihe, deren Herausgeberteam auch für die wissenschaftliche Qualität der Zweiten Reihe einsteht.

WUNT I:
ISSN: 0512-1604
Zitiervorschlag: WUNT I
Alle lieferbaren Bände finden
Sie unter *www.mohr.de/wunt1*

WUNT II:
ISSN: 0340-9570
Zitiervorschlag: WUNT II
Alle lieferbaren Bände finden
Sie unter *www.mohr.de/wunt2*

Mohr Siebeck
www.mohr.de